LA

COLONISATION

SCIENTIFIQUE

DU MÊME AUTEUR

LA GÉOGRAPHIE MÉDICALE

PAR LE Dʳ A. BORDIER

Tome X de la *Bibliothèque des sciences contemporaines.*
1 vol. in-8. Paris, C. Reinwald, 1884.

LA COLONISATION

SCIENTIFIQUE

ET

LES COLONIES FRANÇAISES

PAR

M. le Dr A. BORDIER

PROFESSEUR DE GÉOGRAPHIE MÉDICALE A L'ÉCOLE D'ANTHROPOLOGIE

PARIS

C. REINWALD, LIBRAIRE-ÉDITEUR

15, RUE DES SAINTS-PÈRES, 15

1884

Tous droits réservés.

TABLE ANALYTIQUE

LIVRE I
De la Colonisation en général.

Chapitre I
Migrations humaines.

L'émigration. — Ses causes. — Exemples d'émigration dans les temps anciens. — Exemples dans les temps modernes. — Formes successives des migrations. — Reproduction sociale. — Évolution coloniale 1

Chapitre II
Émigration.

Action de l'émigration sur la mère patrie. — Populations denses. — Populations peu denses. — Utilité des colonies. — Leur classification 17

Chapitre III
L'Émigré.

Transport des émigrants. — Fréquence des mariages chez les émigrés. — Grand nombre de naissances. — Acclimatement; importance du temps 32

Chapitre IV
L'Immigrant.

L'émigré devenu immigrant. — Conduite impolitique des Européens avec les indigènes. — Dangers pour l'indigène du contact d'une civilisation étrangère. — Utilité du croisement entre l'immigrant et l'indigène 38

Chapitre V
Choix des colons.

Race. — Aptitude coloniale. — Age. — État civil. — Condition sociale. — État moral. — Convicts. — Esclaves. — Coolies 54

CHAPITRE VI
Choix des colonies.

L'empirisme et l'histoire naturelle des sociétés. — Pays froids. — Pays chauds. — Altitude. — Le danger des pays chauds réside surtout dans l'impaludisme. — Pays chauds sans impaludisme; ventilation. — Géologie. — Configuration géographique. — Climats locaux. — Époque du départ.. 88

CHAPITRE VII
Hygiène coloniale.

I. HYGIÈNE INDIVIDUELLE. Genre de vie. — Habitation. — Vêtements. — Alimentation.. 108

II. HYGIÈNE PUBLIQUE. Organisation du service médical dans les colonies. — Préparation et assainissement du sol. — Disparition de la malaria devant la culture. — Acclimatation des animaux et des végétaux : de l'acclimatation en général; influence des migrations humaines sur le faune et la flore. — Histoire de l'acclimatation. — Acclimatation des mammifères : lamas, chameaux, éléphants, bœufs, moutons, chèvres, chevaux, lièvres, lapins, kangourous. — Acclimatation des oiseaux : autruches, oiseaux divers. — Acclimatation des poissons : saumon, truite, gourami, poissons divers. — Acclimatation des insectes : abeilles, bombyx, cochenille. — Acclimatation des végétaux : cinchona, opium, coton, thé, café, vigne, houblon, canne à sucre, sorgho, sucre, tabac, blé, avoine, orge, maïs, jalap, ipecacuanha, garance, brome de Schrader, soaprot. — Destruction des animaux nuisibles. — Solidarité de tous les êtres d'un même pays... 113

III. HYGIÈNE SOCIALE. La colonie doit être administrée par les colons. — Utilité de l'association et de l'initiative individuelle. — Dangers du monopole. — Le régime colonial. — Le régime libéral.......... 159

LIVRE II
Les Colonies françaises.

CHAPITRE I
Algérie.

I. LE MILIEU COLONIAL. — I. *Territoire*. — II. *Climat*. — III. *Population*. A. Indigènes. Superposition des races. Les Berbères. Les Arabes. Décadence des indigènes. — B. Européens : Acclimatement des Européens. — Immigration des Européens non Français. — Acclimatement des Européens non Français. — Acclimatement des Français... 169

II. LA COLONISATION. — I. *Action sur les hommes*. A. La colonisation et les indigènes. Des méthodes de colonisation. Écoles. Vie politique. — B. La colonisation et les Européens. Lenteurs de la colonisation. Condition d'acclimatement des Français. Acclimatation des Français. Colonisation officielle. Colonisation libre. — II. *Action sur le pays. A.* Travaux publics : chemins de fer algériens. La mer intérieure. Puits artésiens. Les mahara. Chemin de fer transsaharien. Le Soudan. Le Sahara. Le chemin de fer. — *B.* Faune : destruction des animaux nuisibles. Élevage du mouton, des bœufs. La chèvre angora. Domestication de l'autruche. Poissons. — *C.* Flore : culture, acclimatation ; l'Algérie doit être une station d'acclimatation. Agriculture : déboisement des forêts, reboisement. Acclimatation ou culture de certains végétaux : chinchonas, bambous, corya alba, carnauba, ramie, kauri, lin, canne à sucre, arbre à suif, coton, tabac, vigne, alfa, diss, palmier nain, citronnier.................. 187

Chapitre II
Sénégal.

I. Milieu colonial. — I. *Territoire. Constitution géographique.* — II. *Climat.* — III. *Population. A.* Indigènes : Yoloffs, Soninkés, Mandingues, Bambarras, Lahobés, Moké-Forés, Maures, Peuls. — *B.* Européens. — IV. *Acclimatement des diverses races :* Européens, Algériens, Maures, Noirs. Maladies du Sénégal............. 258

II. Colonisation. — I. *Hygiène.* Choix des soldats, fonctionnaires et colons. Installation des postes ; travaux d'assainissement. Sanatorium de Kita. Mesures contre la fièvre jaune. — II. *Croisements.* — III. *Politique ethnique.* — IV. *Le haut Niger, le Fouta-Djalon, Chemins de fer du Sénégal.* — V. *Tombouctou, Commerce, Traite des noirs.* — VI. *Culture et acclimatation.* — VII. *Écoles....... 278

Chapitre III
Comptoirs de la côte de Guinée.

I. Milieu colonial. — I. *Nos comptoirs.* — II. *Climat.* — III. *Population :* Crowmen, Minas, Yorubas, Géjis, Ashantis, Métis....... 296

II. Colonisation.. 299

Chapitre IV
Le Gabon.

I. Milieu colonial. — I. *Territoire.* — II. *Climat.* — III. *Population :* M'Pongués, Cammas, Boulous, Bakellés, Pahouins. — IV. *Acclimatement au Gabon.* — V. *Faune et flore.* Faune, flore.. 301

II. Colonisation. — I. *Culture.* — II. *Commerce.* — III. *L'Afrique centrale.* — IV. *Le Congo :* le fleuve Congo ; climat, population, commerce. — V. *L'Ogowé, l'Alima :* le fleuve Ogowé, populations de l'Ogowé. Le plateau entre l'Ogowé et l'Alima. La rivière Alima. Population de l'Alima. Les Français au Congo. De Brazza et Stanley. Stations hospitalières du comité français de l'association africaine. Commerce..................................... 307

Chapitre V
Obock.

I. *Territoire.* — II. *Climat.* — III. *Utilité.* — IV. *Population* : Çomalis, Bogos, Barea, Abyssins. — V. *La France sur la mer Rouge* : possessions françaises, commerce.................................. 327

Chapitre VI
La Réunion.

I. Milieu colonial. — I. *Territoire.* — II. *Climat.* — III. *Population.* Blancs et petits blancs, noirs, coolies, acclimatement......... 332

II. Colonisation. — I. *Salubrité.* La fièvre, déboisement, travaux d'assainissement, reboisement. — II. *Acclimatation, culture.* Facilité de l'acclimatation à la Réunion. Son histoire. L'avenir de l'acclimatation à la Réunion. — III. *Travaux publics* : ports, chemins de fer. Câble sous-marin.................................... 338

Chapitre VII
Mayotte.

I. *Territoire.* — II. *Climat, maladies.* — III. *Population.* — IV. *Faune et flore.* La faune, la flore. — V. *Exploitation*......... 351

Chapitre VIII
Nossi-Bé.

I. *Situation, territoire.* — II. *Climat.* — III. *Faune et flore.* Faune, flore. — IV. *Population.* Acclimatement des Européens. — V. *Colonisation.* Travaux publics. Hygiène publique. Reboisement. Croisements.. 354

Chapitre IX
Sainte-Marie de Madagascar.

I. *Territoire.* — II. *Climat.* — III. *Population.* — IV. *Utilité.* Nos droits sur Madagascar. Station navale. Assainissement............ 359

Chapitre X
Colonies françaises dans l'Inde.

I. Mahé. — I. *Territoire.* — II. *Climat.* Acclimatement. — III. *Population*... 362

II. Karikal. — I. *Territoire.* — II. *Climat.* Acclimatement. — III. *Commerce*.. 364

III. Pondichéry. — I. *Territoire.* — II. *Climat.* Maladies. — III. *Faune et flore.* — IV. *Population.* — V. *Colonisation*.................. 365

IV. Yanaon. — *Territoire. Situation*............................ 370

V. Chandernagor. — I. *Territoire.* — II. *Colonisation*............ 370

VI. Loges françaises.. 371

TABLE ANALYTIQUE. IX

VII. De l'Inde française en général. — I. *Territoire*. — II. *Population*. — III. *Colonisation*. Culture. Industrie. Commerce. La France et l'Inde française... 371

Chapitre XI
Cochinchine.

I. Milieu colonial. — I. *Territoire*. Le Mékong. Le lac du Cambodje. — II. *Climat*. Salubrité. Maladies. Hygiène et prophylaxie. Dysenterie, choléra, diarrhée parasitaire, impaludisme, fièvre typhoïde, ulcère de Cochinchine. — III. *Faune et flore*. — IV. *Population de l'Indo-Chine :* Noirs. Mongols et Malais. Malais continentaux. Jaunes. Aryens. Revanche des jaunes. Cambodjiens. Annamites. Chinois. Métis. Acclimatement des Européens.............. 377

II. Colonisation. — I. *Administration*. Initiative individuelle. Politique indigène. Commerce. La Cochinchine et les convicts. Écoles. Importance méconnue du Malais. — II. *Culture et acclimatation*. Le jardin botanique de Saïgon et la ferme expérimentale des Mares. — Eucalyptus. Caoutchouc. Vin de Cochinchine. Suif végétal. Produits divers. — *Hygiène et travaux publics*. Eau potable. Travaux d'irrigation. Chemins de fer. Télégraphes. — IV. *Le Yunnan*. Richesse du Yunnan. Population. Commerce. Les débouchés du Yunnan. — *Le Tonking*. Le fleuve. Dupuis. Le *Bourayne*. Garnier. La possession du Tonking. Commerce. Productions du Tonking. Travaux publics. Climat. Maladies. Population...................... 398

Chapitre XII
Taïti.

I. Milieu colonial. — I. *Situation. Territoire*. Constitution générale des îles océaniennes. — II. *Climat*. Absence d'impaludisme. — III. *Population*. Polynésiens en général. Polynésiens de Taïti. Démographie. Maladies... 429

II. Colonisation. — I. *Commerce. Administration*. Le canal de Panama. Administration. — II. *Agriculture, acclimatation*.......... 435

Chapitre XIII
Les Marquises.

I. *Territoire. Situation*. — II. *Climat*. — III. *Population*. — IV. *Exploitation et administration*............................ 439

Chapitre XIV
Iles Gambier et Pomotou.

I. *Situation*. — II. *Population*. — III. *Utilité*..................... 441

Chapitre XV
Nouvelle-Calédonie.

I. *Territoire*. — II. *Climat*. Acclimatement des Européens. Absence de paludisme. Maladies. Acclimatement des animaux. — III. *Popu-*

lation. — IV. *Faune et flore.* — V. *Culture et acclimatation.* — VI. *Mines* — VII. *Colonisation.* Immigrants volontaires. Travaux publics. Écoles. Transportation des convicts. Nouvelles-Hébrides.... 413

Chapitre XVI
Guyane.

I. Milieu colonial. — I. *Territoire.* — II. *Configuration. Climat.* Maladies. Impaludisme. Fièvre bilieuse inflammatoire, fièvre jaune. — III. *Faune.* — IV. *Mines d'or.* — V. *Population.* Indigènes. Nègres marrons. Acclimatement des diverses races. Déportation, convicts... 462

II. Colonisation. — I. *Administration. Hygiène.* — II. *Culture. Acclimatation.* Forêts. Cultures diverses. Élevage. — III. *L'Amazone* 481

Chapitre XVII
Les Antilles.

I. *Situation. Climat.* — II. *Population.* Blancs. Nègres. Mulâtres. — III. *Travaux publics.* — IV. *Culture et acclimatation*........ 488

I. La Martinique. Climat, maladies, population, administration, acclimatation... 492

II. La Guadeloupe. Territoire, climat, maladies, population, administration 494

III. La Désirade... 496

IV. Saint-Barthélemy... 496

Chapitre XVIII
Saint-Pierre et Miquelon.   497

PRÉFACE

La *politique coloniale!* c'est là un de ces clichés, qui font aisément fortune dans notre langue, parce qu'ils donnent à la conversation une clarté apparente, en dispensant ceux qui les emploient de réfléchir aux sens des mots. La valeur de cette expression dépend en effet de l'idée, qu'on se fait de la politique et de la conception, qu'on a du rôle des colonies.

Il est des hommes encore aujourd'hui nombreux, pour qui la politique est l'art de naviguer empiriquement, sans boussole, au jour le jour, au milieu des événements comme sur un océan, dont les flots capricieux montent les uns sur les autres en vertu de lois qu'on ignore et qu'on ne cherche même pas à connaître; ces gens-là, riches en expédients, font parfois des prodiges de coup d'œil, d'assurance et d'adresse pour conserver l'équilibre au milieu des phénomènes sociaux, qui se heurtent, se succèdent et se compliquent. Si en même temps ils regardent les colonies comme une matière exploitable et pressurable, les colons et les indigènes comme un troupeau, dont on prend la laine, le lait, le travail et enfin la chair, on comprend, que pour ces empiriques la politique coloniale c'est l'exploitation des pays, qui paraissent le moins capables de se défendre, au hasard, sans méthode et sans profit pour personne. Ces gens-là sont de la même école que les Indiens, qui exploitent les quinquinas des forêts de la Bolivie en abattant les arbres, dont ils aperçoivent de loin la cime au-dessus du massif de verdure, sans se soucier des lois de culture dont la connaissance permet de conserver l'arbre et d'en retirer une plus grande quantité d'un quinquina meilleur.

Pour d'autres la politique est un art, je le veux bien, mais un art basé sur une science : la sociologie est en effet aujourd'hui assez avancée, pour qu'on puisse dire, que les phénomènes sociaux, au lieu d'être, comme on le croyait, enchevêtrés au hasard les uns dans les autres, obéissent à des lois et que l'évolution des peuples est un phénomène aussi calculable et aussi expérimentalement modifiable que l'évolution d'un être vivant. Ainsi comprise la politique devient une science naturelle et aussi précise, que celle qui nous permet de connaître et de modifier le devenir des races, dont les éleveurs ont appris à diriger le développement; c'est une science expérimentale : le tout est d'apprendre à connaître ce que Cl. Bernard nommait le *déterminisme* de chaque phénomène, c'est-à-dire les conditions précises et *sine quâ non*, qui lui donnent naissance. Ceux qui ont cette notion de la science sociale, voient dans les colonies autre chose qu'un objet de jouissance et de lucre : la colonisation dans la vie des peuples adultes devient à leurs yeux quelque chose de très comparable à la reproduction dans l'existence des individus adultes; c'est une fonction. La colonie devient un enfant, qu'il faut élever et qui, lorsqu'il sera grand, s'émancipera. Les liens, qui l'unissent à la mère patrie, deviennent alors des liens de parenté, un mode d'association pour la production et cessent d'être des chaînes rivant un esclave à un maître. C'est dans le but de développer ces idées que ce livre a été écrit.

A défaut d'autres qualités il a au moins celle de l'actualité : il l'a peut-être même à un trop haut degré, car les événements se succèdant à mesure que les pages s'écrivaient, il est arrivé, que tel vœu émis hier est devenu ce matin un fait accompli, alors que le tirage était déjà terminé; mais cet inconvénient ne s'applique malheureusement qu'à des phénomènes secondaires, car, au fur et à mesure que j'écrivais, je sentais au contraire s'imposer davantage la nécessité de montrer, que la politique coloniale doit être, comme toute politique, *scientifique* et que la *colonisation* ne peut se faire que par la *science*.

En général le hasard, la convoitise plus ou moins bien justifiée président au choix des colonies; l'empirisme, la routine décident de leur administration; la passion fait le reste. Mais arriver sur un point choisi à bon escient avec des idées arrêtées et motivées sur le climat, l'hygiène, les ressources du pays, sa faune, sa flore, la facilité qu'il peut offrir à l'acclimatation, les races qui l'habitent, les aptitudes spéciales de chacune d'elles, les services qu'on est en droit d'en attendre, voilà ce qui ne s'est jamais vu chez nous!

Cela ne s'est jamais vu pour une raison bien simple, c'est que les documents nécessaires à cette manière de procéder sont inconnus des administrateurs et que, ce qui est plus grave, la méthode scientifique, qui leur permettrait de les mettre en œuvre, s'ils leurs étaient communiqués, leur est souvent complètement étrangère.

Nourris de vieilles idées, qui sont à la politique et à la science sociale, ce que la métaphysique est à la philosophie expérimentale, la plupart croient pouvoir résoudre les questions les plus délicates d'économie politique, sans savoir comment un peuple naît, vit, se multiplie et meurt; à quels signes on reconnaît sa grandeur et sa décadence; par quels moyens on favorise ou retarde l'une et l'autre de ces destinées; sans savoir quelle influence ont sur un groupe ethnique les migrations qui fondent les colonies. Ils pensent pouvoir coloniser un pays tout différent du leur, sans tenir compte des enseignements de la climatologie médicale, de l'anthropologie et de l'ethnologie; le plus souvent les fonctionnaires, que la métropole envoie dans les colonies, sont dans un ordre d'idées, qui n'a rien de commun avec toutes ces sciences : ils croient n'avoir qu'à gouverner et à diriger, alors qu'ils devraient se borner à faciliter les échanges et à acclimater les uns aux autres et tous au pays nouveau les choses, les bêtes et les gens. L'acclimatation, celle des animaux et des plantes, qui augmente et étend le pouvoir de l'homme, celle des colons à la colonie, enfin celle des indigènes à la civilisation nouvelle qu'on leur apporte, c'est là presque toute la science de la colonisation.

Il m'a semblé intéressant d'exposer dans la première partie de ce volume les principes de la *colonisation scientifique* et de faire dans la seconde, autant que possible, l'application de ces principes à chacune des *colonies françaises* en particulier.

En étudiant l'histoire de nos colonies j'ai pu me convaincre à chaque pas, combien la comparaison cependant exacte entre la colonisation et la reproduction sociale semblait peu justifiée par l'étude de l'histoire. La colonisation dans le passé est plutôt en effet une œuvre de destruction. J'ai compris alors pourquoi certains esprits s'élèvent contre la politique coloniale : ils ont certainement raison, si celle de l'avenir doit ressembler à celle du passé. Mais il n'en est plus de même, si nous devons, au lieu de détruire les races, les vivifier, les mettre en valeur et faire avec elles des croisements féconds; si, à l'esprit de conquête nous devons substituer celui d'association pacifique; si, au prosélytisme religieux qui irrite les races inférieures, au moins autant que le prosélytisme en faveur de leurs fétiches irriterait les catholiques, nous devons substituer l'instruction et des témoignages convaincants en faveur des avantages que notre civilisation apporte au bonheur individuel comme au bonheur collectif. Il n'en est plus de même si, renonçant aux doctrines protectionnistes, nous devons développer le commerce, les relations, les chemins, les correspondances, faire circuler partout la vie et rendre, sous l'égide de la libre concurrence, la vie de chaque homme dans chaque race plus agréable, plus féconde et plus utile à ses concitoyens, aux hommes de son temps et à la postérité.

Dr A. Bordier.

Paris, juin 1884.

LIVRE I

DE LA COLONISATION

EN GÉNÉRAL

CHAPITRE I

Migrations humaines.

L'Émigration. — Ses causes. — Exemples d'émigration dans les temps anciens. — Exemples dans les temps modernes. — Formes successives des migrations. — Reproduction sociale. — Évolution coloniale.

§ 1. *L'émigration est un phénomène normal.* — Lorsque l'on considère que la surface entière de notre planète est depuis longtemps recouverte d'êtres humains et que l'humanité a cependant commencé par un nombre très restreint de petits groupes initiaux, on est forcé d'admettre, que chacun de ces petits groupes, à mesure qu'il devenait plus considérable et plus important, s'est étendu en surface, à la manière d'une tache d'huile sur un tapis, de façon à rencontrer les autres groupes, dont chacun s'était de son côté progressivement élargi.

C'est par voie de *migration* que l'humanité, d'abord disséminée, a fini par devenir compacte sur la terre ; les premiers hommes marchaient devant eux, tant qu'ils ne rencontraient pas d'obstacles, soit à la poursuite du gibier, soit à la recherche d'une contrée plus agréable ou plus commode, soit qu'un autre groupe humain les eût chassés de la contrée qui les avait vu naître. Plus tard, lorsque toutes les places furent prises, chaque nouveau flot humain qui propageait l'onde d'émigration, au lieu de rencontrer, comme au début, le calme et la solitude, se heurta contre d'autres flots; les taches d'huile, dont je parlais tout à l'heure, se rencontrèrent bord à bord, ou se superposèrent plus ou moins complètement et, pour continuer la comparaison, il en fut de ces taches humaines en voie de s'étendre, comme il en serait de liquides de couleurs différentes renversés sur un tapis : sur certains points on verrait juxtaposées, mais non mêlées, deux couleurs différentes; sur d'autres on observerait le mélange parfait de deux couleurs en produire une troisième. Sur d'autres enfin on constaterait ce phénomène d'optique, l'absorption d'une ou plusieurs couleurs par ses voisines.

Ces phénomènes de *juxtaposition*, de *fusion*, d'*absorption* se sont, en effet, produits sur les flots humains qui ont été successivement heurtés, mêlés, confondus, brassés à la surface de la terre. Il en résulte, que, depuis tant de siècles que se produisent des migrations en longitude, en latitude, comme en altitude, on peut dire, qu'il n'existe plus une seule race pure dans l'humanité.

En présence de ces migrations, toujours et partout constatées, il faut donc reconnaître, qu'elles constituent un phénomène normal, une véritable fonction dans la vie de l'humanité, comme dans celle d'un grand nombre de plantes et d'animaux, qui, d'abord cantonnés, ont fini par s'étendre au moyen de procédés absolument comparables. « En supposant, dit Lyell, que le genre humain disparût en entier, à l'exception d'une seule famille, fût-elle placée sur l'océan ou sur le nouveau continent, en Australie ou sur quelque îlot madréporique de l'océan Pacifique, nous pouvons être certains, que ses descendants finiraient, dans le cours des âges, par envahir la terre entière. » Cette fonction s'exécute dans l'humanité, comme en vertu de certaines lois, autrement dit, elle est déterminée par un certain nombre de causes, qui sont toujours les mêmes dans tous les temps et chez tous les peuples.

§ 2. *Causes déterminantes des migrations.* — Il semble que les lois, qui mettent en mouvement l'un sur l'autre deux liquides de densité différente ou d'une même densité, mais occupant un niveau différent dans des vases communiquants, sont les mêmes, que celles qui mettent une population plus dense que ses voisines en mouvement et la font s'écouler sur elles, jusqu'à ce que l'équilibre soit établi entre elles. Dans les deux cas, il sera possible de calculer la vitesse de l'écoulement du milieu le plus dense sur celui qui l'est moins, tant il est vrai que les lois démographiques sont aussi rigides et aussi inéluctables que celles de la physique.

Plus une population est dense, plus elle tend à s'écouler sur ses voisines, autrement dit, plus elle présente d'émigrants. En voici un exemple : l'Angleterre, qui présente 133 habitants par kilomètre carré, donne chaque année 6 émigrants par 1 000 habitants, tandis que le Palatinat, qui compte 137 habitants par kilomètre carré, donne 6,4 émigrants. Nous voyons, au contraire, la France, qui ne possède que 68 habitants par kilomètre carré, fournir seulement 1 émigrant par an et par 1 000 habitants. La démographie donne donc raison, jusque dans la manière même dont elle est exprimée, à cette pensée de Burke : « Il est aussi naturel aux hommes d'affluer vers les contrées riches et propres à l'industrie, quand, pour une cause quelconque, la population est faible, qu'il est naturel à l'air comprimé de se précipiter dans la couche d'air raréfié. »

La misère est la conséquence fréquente d'un excès de densité des populations, en vertu de cette loi constante et formulée par Achille Guillard, la loi d'*équation générale des subsistances*, qui veut que constamment la population se proportionne aux substances disponibles. Du jour où la population d'un pays est devenue trop considérable pour la quantité de subsistances dont dispose ce pays, il faut que ceux qui sont de trop quittent la table parcimonieusement servie du banquet. Or il n'y a que deux issues : la mort ou l'émigration. — On émigre, disait J. Hübner, « pour trouver du pain, article qu'il n'est pas toujours aisé de se procurer dans notre Europe. »

C'est la misère qui détermina peut-être la première vocation coloniale de l'Angleterre. Cet état de misère, qui lui fut propre à la fin du XVIe siècle, était dû, d'après William Jacob, à la transformation qui venait de s'opérer de toutes les terres labourables en prairies; on proscrivait les charrues pour faire du bétail. La conséquence de ce changement fut la mise hors du travail d'un grand nombre de bras, qui ne demandèrent qu'à émigrer. A la même époque, les artisans se plaignent de leur côté que l'industrie et le commerce des villes ne vont plus, depuis « que les *gentlemen* changent toute la terre en pâturage » et « qu'on ne voit plus partout que des moutons, des moutons, des moutons. »

Les Irlandais et les Allemands nous montrent encore aujourd'hui à quel degré la misère peut pousser l'émigration.

La population allemande obéit encore à un autre sentiment en émigrant; elle obéit à ce sentiment qui nous fait fuir le despotisme et les excès de militarisme. On émigre, disait encore Hübner, « pour trouver la liberté, l'espace, l'égalité, c'est-à-dire la liberté du travail et l'égalité des succès. »

Mais le despotisme évite souvent à ses victimes la peine de le fuir; il honore de l'exil ceux dont la supériorité lui fait ombrage. C'est ainsi que la révocation de l'édit de Nantes fut pour la France la cause déterminante d'une émigration, qui nous enleva les intelligences désignées comme les plus élevées par leur amour du libre examen et par leur indépendance relative pour l'époque dans la question religieuse : cette émigration forcée priva l'industrie française de ses meilleurs artisans, qui allèrent porter ailleurs ce qui eût fait plus tard notre force. Rien ne se perd, il est vrai, dans la nature, mais ce fut le grand Électeur de Brandebourg, Frédéric-Guillaume Ier, celui qu'on nomma le voleur de sujets, qui sut attirer à lui les exilés français ainsi que tous ceux qui quittaient les grands États de l'Europe pour fuir la persécution religieuse. Telle est l'origine de la prospérité de la Prusse. En 1740, sur 2 400 000 sujets du roi de Prusse, 600 000 étaient des réfugiés ou des fils de réfugiés ; en 1786, le tiers de la population prussienne n'avait pas d'autre origine ; à l'heure qu'il est, les noms français ne sont pas rares parmi les sommités intellectuelles que compte la Prusse dans les différentes branches du savoir humain.

Il est des époques où l'émigration n'est la conséquence que d'une recherche plus ou moins chevaleresque des aventures. Les *conquistadores* de l'Amérique obéirent en grand nombre à ce sentiment. Cet état mental répond assez bien aux nécessités d'une conquête, mais il est moins fait pour servir à la colonisation; aussi, faut-il plutôt regretter sa persistance parmi nous que chercher à l'entretenir. Des aventuriers peuvent faire des trouées brillantes dans un pays nouveau, ils ne sauraient fonder une colonie ; ce rôle est réservé à de plus humbles, plus prosaïques, mais plus pacifiques et plus utiles travailleurs.

L'amour de l'indépendance, car il y a de tout dans le mobile complexe qui préside à l'émigration, pousse aussi bon nombre d'hommes hors des limites de leur pays originel : les Basques partent actuellement dans une proportion considérable pour la Plata et Buenos-Ayres, dans le but d'échapper aux rigueurs de la conscription militaire; il y a même certains cantons des Basses-Pyrénées où, au moment du tirage au sort, on constate l'absence du quart, parfois même de la moitié des conscrits, qui devraient être présents.

Enfin les vieilles sociétés, où fermentent tant d'éléments divers, où bouillonnent tant de passions, ont toujours un déchet, un résidu, déclassés de tout genre, retardataires sur la route du progrès social, insoumis divers que le corps social rejette, parce qu'il ne peut plus rien en faire et que, dans les mille canaux de son organisation complexe, ils jouent le rôle de corps étrangers. A diverses époques un grand nombre de nations, notamment l'Angleterre, ont rejeté ces scories par voie d'émigration et ont cherché à édifier sur elles l'édifice nouveau de leurs jeunes colonies. La France songe à mettre en œuvre dans ses colonies ces matériaux impropres au service de la mère patrie; les indisciplinés que l'opinion publique à force d'en parler a, pour ainsi dire, dotés d'un titre et d'un grade dans notre nomenclature sociale, celui de *récidivistes*, seront sans doute bientôt transformés en graine de peuplement colonial. Il y a beaucoup à dire sur ce sujet; nous y reviendrons dans la suite de ce livre.

§ 3. *Exemples d'émigration dans les temps anciens.* — Toutes ces causes, à des époques diverses de l'histoire de l'humanité, ont simultanément ou successivement joué leur rôle ; ce sont elles qui, décorées de noms divers, selon les temps, les lieux et les races, ont, sous leur souffle puissant, comme les grands vents atmosphériques charrient au loin les graines des plantes, greffé, sur une population, les rameaux arrachés à une autre population souvent très éloignée et opéré, par la voie des migrations, les mélanges auxquels on aurait dû le moins s'attendre.

L'histoire nous montre les Aryens quittant les hauts plateaux de l'Asie centrale, entre les sources de l'Oxus, de l'Iaxarte et de l'Indus, par 34° à 41° de latitude et déversant lentement leurs flots successifs jusque dans l'Europe actuelle, où ils deviennent les Pélages, les Hellènes, les Slaves, les Goths, les Germains. Elle nous fait voir ensuite, partant de ces populations comme d'un centre nouveau, autant de migrations secondaires qui reportent encore plus loin la vague partie primitivement de l'Asie centrale : les Hellènes s'étendent, par émigration, le long des rivages méditerranéens, les Celtes envahissent l'Europe, les Romains s'étendent dans la Gaule et jusque dans la Grande-Bretagne; sous le nom de Barbares, d'autres Aryens, Cimbres, Teutons, Wisigoths envahissent à leur tour le vieil empire romain et de cet inextricable réseau de migrations enchevêtrées les unes dans les autres, résulte l'Europe moderne. A ces exemples il faudrait joindre les migrations de la race jaune dans les Amériques par le détroit de Behring, l'invasion des Chichimèques, du nord au sud, dans le continent américain et la longue migration de Polynésiens, d'île en île, dans l'Océanie.

Sans doute pour le chroniqueur tous ces mouvements de peuples les uns sur les autres évoquent mille détails horribles, habitations ravagées, femmes violées, guerriers massacrés, esclaves emmenés en captivité; partout nous admirons l'héroïsme dicté par le patriotisme et nous prenons fait et cause pour les envahis, mais quel philosophe, considérant la marche générale du progrès humain, voudrait affirmer que cette fusion d'éléments si divers, bien qu'opérée par la force, n'a pas été souvent un bien?

§ 4. *Exemples d'émigration dans les temps modernes*. — Tant de déplacements et d'oscillations avaient eu lieu d'un peuple à l'autre, lorsque le Nouveau Monde fut découvert, qu'une sorte d'équilibre relatif s'était établi dans l'ancien et que les migrations étaient devenues de plus en plus rares comme de moins en moins importantes. La découverte de terres inoccupées, ou du moins beaucoup moins peuplées que celles de l'ancien continent, devint le point de départ d'un mouvement continu, qui dure encore. Comme un immense aspirateur qui attirerait les molécules pressées de la vieille Europe dans le vide relatif de ses plaines ouvertes, la jeune Amérique attire à elle, depuis sa découverte, tout le surplus de nos populations: il suffit, pour se faire une idée de l'intensité de ce phénomène, de considérer que, de 1819 à 1874, c'est-à-dire dans le court espace de 55 ans, les États-Unis à eux seuls ont reçu 9 665 916 Européens.

Il n'est pas sans intérêt de savoir sur quelle population porte surtout cette colossale aspiration exercée par l'Amérique.

Ce sont les populations britanniques qui fournissent actuellement le chiffre le plus considérable d'émigrants: de 1863 à 1870, le nombre des émigrés par année et par 1 000 habitants a été de 3,21 pour l'Angleterre, de 5,1 pour l'Ecosse et de 16,4 pour l'Irlande; en réunissant ces trois chiffres empruntés à Bertillon, on voit que le coefficient d'émigration pour le Royaume-Uni tout entier est par année de 24,71 pour 3 000 habitants, c'est-à-dire de 8,23 pour 1 000. Une moyenne de 150 000 sujets britanniques émigre, chaque année, surtout vers les Etats-Unis, puis vers les colonies britanniques, l'Australie et la Nouvelle-Zélande.

Après les Anglais viennent les Allemands. Ils fournissent chaque année plus de 100 000 émigrants; ce chiffre a même été de 169 034 en 1882. Dans l'espace de 55 ans (1813-1874), ils en ont donné 2 501 000; dans la seule année 1872, 80 418 émigrants se sont embarqués à Brême.

Parmi les Allemands, ce sont les Prussiens qui fournissent le plus d'émigrants et, fait surprenant, jamais ce mouvement d'exportation des hommes n'a été si prononcé chez eux, que depuis l'importation forcée qu'ils ont faite, dans leur pays, des 5 milliards de la France. Cela prouve une fois de plus, que, non seulement l'argent ne fait pas le bonheur, ce qui n'est pas précisément une nouveauté, mais qu'au contraire rien n'est mauvais pour un peuple, souvent même pour un individu, comme la brusque irruption de l'or. Tout l'or du Pérou n'a pas jadis enrichi l'Espagne et nos 5 milliards, changeant brusquement en Prusse la valeur de toutes choses, ont augmenté, dans ce pays, la misère, qui déjà pourtant était grande. La Prusse, en 1872, a donné 43 000 émigrants, alors qu'elle en donnait 24 000 en 1871. Du reste, pour l'Europe en général, le nombre des émigrants qui se rendent en Amérique a, depuis 1870, augmenté de 30 pour 100.

Les Allemands vont presque tous dans les États-Unis; mais ils donnent le spectacle d'un phénomène démographique, qui, pour être connu, n'en est pas moins curieux : autrefois, alors que les États de l'Est étaient peu peuplés, le courant d'émigration se produisait surtout vers eux; aujourd'hui que leur densité a augmenté et que l'équilibre semble établi entre leur population et celle de la vieille Europe, l'aspiration se fait ailleurs et les Allemands, notamment, émigrent surtout (les deux tiers environ) vers l'Ohio, le Missouri, le Visconsin, dans les États encore peu peuplés de l'Ouest. Ils y immigrent tellement, qu'il se forme là, disent les voyageurs, une jeune population moitié irlandaise, moitié allemande, qui diffère complètement de l'ancienne population anglo-saxonne.

Les Allemands émigrent aussi vers le Brésil : on en comptait, au dernier recensement, 60 000 dans la province de Rio-Grande, 20 000 dans la province de Sainte-Catherine et 6 000 dans celle d'Espiritu-Santo.

Sans quitter l'Europe, beaucoup d'Allemands émigrent en Hongrie, en Transylvanie et en Bohême. On peut même dire que, par une lente et sourde infiltration, le niveau de leur population s'élève dans tous les États d'Europe.

Après l'Angleterre et l'Allemagne, viennent, au point de vue de coefficient d'émigration, la Suède, qui fournit, d'après Bertillon, 6,87 émigrés par an et par 1 000 habitants; la Norvège, qui en fournit 5,5; le Danemark, 2,2. L'émigration scandinave se porte surtout sur le Minnesota, l'Utah, l'Alabama; dans le seul État de Minnesota, on compte 60 000 Scandinaves.

La France qui, de 1854 à 1861, a fourni 36 000 émigrés par an, soit 1 pour 1 000 habitants et par an, vient en dernier lieu. Encore, ainsi que je disais plus haut, ce petit nombre d'émigrés est-il presque tout entier fourni par les départements pyrénéens !

La race jaune fournit à l'émigration un chiffre élevé. Ainsi les Etats-Unis, de 1851 à 1860, ont reçu 41 400 Chinois et 68 000 de 1861 à 1870. Mais ces émigrants ne tardent pas à retourner dans leur pays; néanmoins, les États-

Unis en comptaient 63 042 en 1870 ; Cuba en comptait, en 1873, 25 000 et l'Australie 25 000. La Californie en recevait récemment beaucoup, mais depuis plusieurs mois l'entrée des ports est refusée aux *coolies* chinois, qui, travailleurs aux rabais, font dans l'Amérique et pourront quelque jour faire en Europe un tort considérable à la valeur de la main-d'œuvre. La Californie leur refuse actuellement l'entrée.

Un rapport du consul de Chine à San-Francisco nous apprend que, depuis la mise en vigueur de la nouvelle loi, il n'est débarqué dans le port californien que 20 Chinois, tandis que 5 000 en sont partis, les uns pour retourner dans leur pays, les autres pour se rendre dans la Colombie anglaise, où la construction du Canadia-Pacific-Railway leur assure un travail rémunérateur.

Parmi les races africaines nous voyons, à l'heure qu'il est, les Pahouins s'avancer vers le Gabon sur une largeur d'environ 400 kilomètres.

§ 5. *Formes successives que prennent les migrations.* — Si la migration, en elle-même, est un phénomène normal dans la vie de l'humanité, il n'en est pas moins vrai, qu'elle prend une forme différente suivant le temps et suivant les milieux sociaux où elle s'accomplit.

Nous sommes loin, dans nos pays modernes, de l'époque où tout un peuple, au moins la grande partie d'une population, prenait lentement la route de l'émigration, avec armes et bagages. C'était alors un long et interminable défilé d'hommes, de femmes et d'enfants, à cheval ou dans de lourds chariots, suivis de piétons conduisant les bêtes domestiques; c'est dans cet attirail que les Barbares fondirent sur l'empire romain, que les Hicsos envahirent l'Egypte et qu'encore aujourd'hui émigreraient les Arabes. Les Kalmouks firent au siècle dernier une émigration de ce genre. Les croisades virent chez nous le dernier de ces défilés, où les traînards sont toujours plus nombreux que le gros de l'armée.

Plus tard, la migration prend volontiers la forme d'une véritable armée ; ce sont plutôt des conquérants qui s'avancent en armes, que des émigrés qui viennent demander une place au milieu d'une société nouvelle pour eux. Cette phase militaire de la migration a son apogée sous les XVIe, XVIIe et XVIIIe siècles. Il est malheureusement impossible de nier qu'elle possède encore de nombreux partisans en plein XIXe siècle. De trop récents événements sont là pour retenir la plume ; nous sommes cependant en progrès et l'opinion publique finit par comprendre que la meilleure des migrations est celle qui se fait pacifiquement *par* et *pour* le commerce ou l'agriculture.

D'ailleurs le but des migrations ne peut plus être le même qu'autrefois. Il ne s'agit plus, bien entendu, de l'exode de tout un peuple ; il ne sera plus possible, dans ce qu'on a nommé, par ironie, le programme du XXe siècle, d'entreprendre une conquête guerrière ; l'écoulement pacifique d'une population de laboureurs, de colons cherchant à peupler une terre nouvelle ne sera lui-même bientôt plus possible ; il a déjà cessé de l'être, tant les places vacantes ont été rapidement prises et remplies ou tout au moins retenues. Mais si l'ère des colonies de peuplement est passée, l'avenir appartient maintenant aux colonies de commerce ; c'est là la forme plus limitée, moins bruyante, mais plus fructueuse, que le phénomène *migration* est appelé à prendre dans l'humanité de l'avenir.

§ 6. *Rôle de la migration dans le corps social. Reproduction sociale.* — Lorsqu'on étudie l'*histoire naturelle* des sociétés, seule méthode scientifique qu'il soit désormais permis de suivre, on ne tarde pas à reconnaître, ainsi que Spencer l'a largement démontré, que le corps social est un véritable organisme, qui, comme tous les organismes vivants, passe par des phases successives et inévitables d'état embryonnaire, d'enfance, d'adolescence, d'âge adulte, puis de vieillesse et de décrépitude, pour arriver tôt ou tard à la mort, c'est-à-dire à l'annulation de la raison sociale sous laquelle se groupaient les molécules composantes de l'individu pour en faire une entité, et à la dispersion de ces molécules, qui vont s'engager encore une fois dans des assemblages nouveaux, pour constituer, temporairement encore, des organismes nouveaux. Le corps social possède une structure compliquée et appropriée à ses fonctions comme tout corps organisé vivant. Il a ses organes producteurs, ses organes distributeurs, représentés par les industriels, les commerçants, ses organes régulateurs ; il subit des métamorphoses, et les phases, par lesquelles passe une société, depuis l'époque où elle était la société fuégienne actuelle jusqu'à celle où elle a son Newton, son Shakespeare, son Pasteur, sont certes plus dissemblables l'une de l'autre, que l'état de chrysalide l'est, pour le bombyx, de l'état de papillon ou que l'état organique d'un embryon l'est de celui d'un homme adulte. Le corps social a de même ses fonctions de reproduction et la colonisation n'est autre chose que l'œuvre de reproduction ; la migration est le moyen.

Cela est tellement vrai, que les diverses formes que prend la migration, à mesure qu'on en suit l'évolution, ainsi que je viens de le faire au § 5, dans la série des métamorphoses successives du corps social, correspondent exactement aux divers modes de reproduction, qu'on observe dans la série des êtres, depuis le bas de l'échelle jusqu'au degré d'organisation le plus avancé.

Les animaux les plus inférieurs, les monades, n'ont d'autre mode de reproduction que la *scissiparité :* l'individu se divise tout simplement en deux ; vous aviez 1 organisme, vous en avez 2 ; par le même moyen vous en aurez bientôt 4, puis 8, puis 16, etc. Les sociétés les moins avancées, celles où le corps social est comparable comme organisation à un être inférieur, se reproduisent absolument de la même manière : nous avons vu (§ 5) qu'une partie de la population partait avec armes et bagages, emmenant tout avec elle; la population initiale s'est en réalité divisée en deux : c'est là un phénomène auquel le nom de *scissiparité* ne convient pas moins qu'au dédoublement de la monade en deux monades identiques.

Plus haut dans l'échelle des êtres, la reproduction ne se fait plus par simple et grossière division : un *bourgeon*, une gemme se détache, tout petit, du corps de l'organisme reproducteur ; une fois qu'il est détaché, ce bourgeon grossit, se développe et devient tout à fait identique à son progéniteur. Parallèlement, nous voyons une société déjà élevée en organisation laisser sortir d'elle-même un noyau de colons, d'émigrants, qui forme un véritable bourgeon, une gemme; ce bourgeon, porté dans l'Amérique ou dans l'Australie, grossit, se développe et devient identique à son progéniteur. Ce n'est plus, comme tout à l'heure, la mère patrie qui s'est divisée en deux ; ce sont quelques individus, un noyau colonial, qui ont évolué et qui, lentement, progressivement, après évolution, ont égalé, souvent même dépassé le type qui les avait produit.

Jusqu'ici nous n'avons considéré, dans la reproduction des organismes animaux ou végétaux et dans la reproduction des organismes sociaux, que le mode qui ne comporte qu'un seul individu progéniteur : c'est une seule monade qui s'est reproduite, c'est une seule société qui a bourgeonné.

Mais certaines sociétés ont présenté dans l'histoire un phénomène identique à la reproduction par accouplement de deux organismes en produisant un troisième, qui tient une sorte de moyenne entre ses deux progéniteurs. De la conjugaison entre la société romaine fécondée par la société Barbare qui l'envahissait et la recouvrait, sont nés les peuples modernes ; un semblable accouplement n'est-il pas présenté par les populations maure et espagnole conjuguées, par les Arabes et les Nègres à la côte orientale d'Afrique et ailleurs encore !

Je disais tout à l'heure que l'avenir n'était pas aux colonies de peuplement, mais bien aux colonies commerciales, à ce que la vieille langue de la vieille politique coloniale, avec un assez grand bonheur d'expression, nomme des *comptoirs*. Je vois là la véritable image d'un mode de reproduction très usité dans la haute culture végétale, la *greffe*. En quoi consiste la greffe, qui est en réalité un mode rapide, pratique et savant de reproduction? Il existe un individu sain, robuste, plein de sève, qui ne demande qu'à croître, qu'à pousser, qu'à fructifier, mais cet individu est un sauvage ou, pour employer le terme technique, un *sauvageon*; il existe à côté un individu vieux, épuisé, depuis longtemps domestiqué, cultivé, civilisé, dont on connaît la personnalité supérieure de parfum, d'aptitude, de nature. On greffe une branche, un faible rameau, une partie très petite de ce vieux civilisé sur le tronc du vigoureux sauvageon et cette association a pour résultat, que la sève riche, vigoureuse et abondante du sauvage fournit au civilisé ce qui lui manque le plus, la rusticité, la force et entretient ainsi, en les décuplant, au profit de l'un et de l'autre, les qualités spécialisées du dernier.

Le phénomène est le même, lorsque sur une population saine, robuste, pleine de sève, qui ne demande qu'à croître et à fructifier, mais qui manque de débouchés et de cette qualité spéciale aux populations depuis longtemps civilisées, vous greffez un petit nombre choisi d'individus empruntés à une société vieillie, épuisée, mais depuis longtemps civilisée. La sève du pays sauvage se répand abondante et fécondante dans les vieux canaux, que vous avez adaptés sur son parcours, et avec deux sociétés inégales dont l'une, la plus fine, a été greffée sur l'autre, jeune et vigoureuse, vous arrivez à faire comme tout à l'heure avec deux arbres, l'un fin et cultivé, greffé sur l'autre sauvage mais rustique, un troisième organisme doué de force native autant que de qualités acquises.

Cette comparaison, qui pourra paraître artificielle à quelques esprits peu habitués aux procédés de la science, n'étonnera pas ceux qu'une trop longue habitude de la métaphysique n'aura pas, pour toujours, détournés de la méthode naturelle.

§ 7. *Évolution coloniale.* — D'ailleurs la comparaison ne me semble pas seulement vraie, au point de vue de l'acte même de la reproduction sociale : on peut la poursuivre jusque dans le produit du véritable accouplement de deux sociétés réunies pour en faire une troisième.

A peine formé, l'embryon, l'enfant, je veux dire la colonie, a besoin de protection, de tutelle ; elle ne saurait être abandonnée à elle-même. La mère patrie, comme la plupart des parents, ne se refuse pas à cette protection. Au contraire, comme souvent les pères, le pays reproducteur prétend maintenir cette tutelle le plus longtemps possible, même à une époque où le fils est devenu un homme. Sous l'ancien régime, où le fils toujours mineur, en quelque sorte, devait plier sous le joug de l'autorité paternelle, les mœurs autoritaires de la famille avaient leur pendant dans les mœurs tout aussi volontaires de la mère patrie vis-à-vis la colonie. Le *régime colonial*, qui a fait tant de mal aux colonies, n'était qu'une conséquence du régime paternel qui faisait loi dans les familles.

Dépassant même ici les espérances qu'un père est en droit de fonder sur son fils, la mère patrie prétendait souvent retirer directement de l'argent de sa fille la colonie, alors qu'elle eût dû comprendre, au contraire, que l'éducation d'un enfant coûte beaucoup, ne rapporte rien et que les seuls bénéfices, que le père soit en droit d'attendre du fils, sont les bénéfices indirects qui résultent, quand ce fils est grand, de son libre développement et de son libre amour.

Tout imbue de ces principes de l'ancien régime, l'Europe ne se souciait donc nullement de l'*éducation* de ses colonies, de leur développement en pleine liberté, et ne leur reconnaissait que des devoirs, sans leur reconnaître aucun droit.

C'est le moindre mérite de l'analogie que je viens de montrer entre la reproduction des êtres vivants et la reproduction sociale, que d'enseigner que pour les colonies, comme pour les enfants, la loi de la nature demande la tutelle d'abord, l'émancipation ensuite. Ce fils que vous caressez dans son enfance, il faut vous faire à l'idée qu'il s'émancipera, lorsqu'il sera grand, et n'attendre de lui qu'une association dictée par l'amour et la reconnaissance filiale ; cette colonie que vous tenez en tutelle, il faut vous attendre à la voir s'émanciper plus tard, à la voir faire acte d'indépendance et n'attendre d'elle qu'une augmentation d'influence, ainsi qu'une libre mais filiale association. « L'un des buts de la colonisation, dit Leroy-Beaulieu, si ce n'est le seul, c'est la création d'un grand état riche, industrieux et libre. » Au surplus, la mère patrie ne perd jamais à reconnaître l'indépendance de la colonie qu'elle a enfantée. A partir de 1783, lorsque fut signé le traité de paix qui reconnut l'indépendance de l'Amérique émancipée après sommations peu respectueuses, les relations des deux pays, loin de cesser, se multiplièrent. C'était toujours en Angleterre, dit encore Leroy-Beaulieu, que les Américains trouvaient le plus long crédit et au meilleur marché ; l'exportation de l'Angleterre pour les États-Unis passa, du coup, de 3 064 000 livres sterling à 3 359 864 ; tant il est vrai, que, comme le dit encore l'auteur que je viens de citer : « L'analogie des mœurs, la communauté des langues et encore plus les habitudes commerciales invétérées rattachaient l'un à l'autre les deux pays par un lien beaucoup plus fort que le *pacte colonial.* »

CHAPITRE II

Émigration.

Action de l'émigration sur la mère patrie. — Populations denses. — Populations peu denses. — Utilité des colonies. — Leur classification.

§ 1. *Action de l'émigration sur le pays qui la fournit.* — L'émigration est une fonction de l'individu social, puisqu'elle est son mode de reproduction ; c'est donc une fonction assurément utile à l'entretien de l'espèce, en donnant, pour le moment, le nom d'espèce à l'ensemble des peuples et des nations; mais est-elle également nécessaire à la conservation de l'individu, en donnant ce nom à chaque peuple considéré isolément? Autrement dit, un peuple est-il toujours dans les conditions de constitution intérieure, de tempérament et surtout d'âge, qui rendent la reproduction utile pour lui? C'est ce que nous allons examiner.

J'ai déjà dit que la population d'un pays est réglée et maintenue à un certain niveau par la quantité de subsistances disponibles, en vertu de la loi qu'Achille Guillard a formulée, sous le nom d'*équation générale des subsistances*, en disant : « La population moyenne d'un pays se proportionne aux substances disponibles »; on traduit encore cette loi, en disant que « là où naît un pain, naît un homme », on peut ajouter : là où un homme disparaît, le pain, que cet homme consommait, devient vacant.

Il suffit de consulter l'histoire pour acquérir la preuve que les choses se passent réellement ainsi et que toute place laissée vacante est aussitôt réoccupée.

Les guerres produisent ce résultat constant : ainsi, en 1814, le nombre des décès fut, en France, considérable; on en constata 98 000 de plus qu'en 1813. Or, en 1815-1816, on enregistra 130 000 naissances de plus qu'à l'ordinaire. Les places vacantes furent donc prises ; il y eut même plus de candidats que de places ; les pertes furent donc réparées et au delà par les naissances.

L'effet des épidémies est absolument le même : ainsi, de 1832 à 1835, le choléra avait tellement élevé le nombre des décès, qu'on en avait constaté 227 000 de plus que dans toute autre période de même durée ; or, dans les trois années 1833-36, on enregistra 75 000 naissances de plus que dans les trois années 1829-32 ; l'excédant fut moins grand que tout à l'heure, mais les naissances furent néanmoins provoquées par le grand nombre de morts.

Les famines agissent comme les guerres ou les épidémies : Jacques Bertillon a constaté, que la famine, qui a sévi en Finlande en 1867-68, avait réduit la natalité dans ce pays de 36 à 34, tandis que, lorsque la famine eut cessé et que l'abondance compensatrice lui succéda, la natalité s'éleva brusquement au-dessus de 36. On pouvait vraiment, et sans métaphore, dire ici qu'avec les pains naissaient des hommes.

Que les habitants d'un pays en sortent par la porte noire que leur ouvrent les guerres, les épidémies ou les famines, ou qu'ils prennent volontairement la route de l'émigration, le résultat est encore le même et, plus longue est la file de ces émigrés, plus nombreux sont les jeunes citoyens, qui s'empressent d'éclore, pour combler les vides laissés par les partants. Nous voyons toujours le nombre des naissances croître comme l'émigration : en Angleterre, à une époque où le nombre des émigrés était, chaque année, de 6 pour 1 000 habitants, le nombre des naissances annuelles était d 35 pour 1 000, mais le Palatinat qui comptait, dans le mêm temps, 7 émigrés, donnait 54 naissances, tandis que la Franc qui ne comptait que 1 émigré, donnait 26 naissances. Autr exemple : en Irlande, nulle part l'émigration n'est aussi con sidérable que dans la province d'Ulster ; or nulle part le naissances ne sont plus abondantes. La petite île de Skye, sur la côte d'Écosse, fournit une preuve, en quelque sorte schématique, à l'appui de ce que je viens de dire : elle comptait, au début du XVIIIe siècle, 11 000 habitants; en 1755, elle en perdit 8 000 qui émigrèrent; mais la natalité s'éleva tellement, sur les 3 000 qui restaient, qu'à la fin du XVIIIe siècle, la petite île comptait 12 000 habitants; non seulement les 8 000 places abandonnées avaient été réoccupées par de nouvelles recrues, mais la natalité avait encore donné un excédant de 1 000 individus. Encore deux exemples empruntés à des pays différents : l'Angleterre a donné le spectacle d'oscillations dans l'émigration accompagnées d'oscillations parallèles dans le chiffre des naissances; plus l'émigration s'élevait, plus les naissances étaient nombreuses : de 1841 à 1851, l'émigration s'était un peu ralentie, l'accroissement de la population était tombé, pendant cette période, à 3,2 pour 100; de 1851 à 1861, l'émigration ayant pris un plus grand développement, l'accroissement de la population s'éleva au taux de 5,5 pour 100. D'une manière générale, l'Angleterre a montré, que l'émigration était loin d'amoindrir une population, car ce pays, qui, en dix ans, a perdu par l'émigration 2 000 000 de ses habitants, s'est cependant accru de 1 000 000. La Suisse nous fournit encore une autre preuve : son gouvernement voulant mettre un terme à l'émigration qu'elle avait longtemps pratiquée, défendit les engagements militaires à l'étranger, qui étaient devenus une habitude; or, de ce jour, la natalité diminua dans les pays helvétiques. Il n'est donc pas juste de répéter, avec Montesquieu, que « le principal effet des colonies est d'appauvrir le pays d'où on les tire »; elles ne l'appauvrissent pas, du moins en hommes; cela ne pourrait être vrai, que lorsqu'une émigration forcée prive la nation de l'élite intellectuelle et industrielle de ses citoyens, comme cela fut le cas après la révocation de l'édit de Nantes.

Tout ce qui précède ne s'applique pas moins justement à la

France : les départements de l'est et ceux du midi, qui fournissent le plus fort contingent à sa faible émigration, donnent aussi le plus de naissances ; on a vu, au dernier recensement, le département des Basses-Pyrénées, où l'émigration, comme je l'ai dit plus haut, se fait dans une proportion énorme, présenter un accroissement de 4 000 individus, tandis qu'au contraire la riche Normandie, qui ne donne rien à l'émigration, présente chaque année un excédant des décès sur les naissances ; en 1865, notamment, elle présenta 61 443 naissances pour 65 902 décès, soit un excédant de décès de 7 pour 100.

L'émigration agit donc sur la population qui en fait les frais, à la façon d'un stimulant ; ce courant de sortie des flots humains produit, sur le courant d'entrée, une véritable aspiration, quelque chose de comparable à ce qui se passe dans un siphon, qu'on vient d'amorcer. La séparation d'un certain nombre d'individus d'avec le tronc de leur patrie semble, en somme, être, pour elle, aussi favorable que l'émondation l'est pour un arbre ; la sève n'en circule que mieux et cette sorte de saignée, que certains pays se pratiquent annuellement, augmente, en réalité, le nombre de leurs habitants, absolument comme une saignée pratiquée à un animal a pour résultat d'augmenter, en quelques jours, d'une manière compensatrice, la masse entière de son sang.

§ 2. *Populations d'une densité considérable.* — En présence de cet effet presque assuré de l'émigration, l'augmentation proportionnelle de la population de la mère patrie, il est permis de se demander, si un pays, qui abuse de la saignée, je veux dire de l'émigration, ne court pas risque, contrairement à ce qu'on aurait pu supposer tout d'abord, de marcher à la pléthore d'un pas d'autant plus rapide, que ses habitants émigrent, chaque année, en plus grand nombre.

Mais la pléthore n'est jamais que relative ; tout dépend de la quantité des subsistances disponibles et cet état pathologique d'une population ne commence, qu'au moment où, pour employer la métaphore consacrée, le nombre des hommes devient supérieur au nombre des pains. Malthus n'a pas dit autre chose ; on l'a accusé d'immoralité, de cynisme et de dureté, alors qu'il n'a fait qu'exprimer la loi très dure, en effet, mais loi, qu'il avait constatée mais non inventée. Voici, au surplus, la phrase incriminée : « Un homme qui naît dans un monde déjà occupé, si sa famille n'a pas le moyen de le nourrir, ou si la société n'a pas besoin de son travail, n'a pas le moindre droit à réclamer une portion quelconque de nourriture et il est réellement de trop sur la terre. Au grand banquet de la nature, il n'y a point de couvert mis pour lui. La nature lui commande de s'en aller et elle ne tardera pas à mettre elle-même cet ordre à exécution. »

Cette phrase constate et exprime un fait, brutal comme tous les faits ; la loi de Guillard, sur l'équation des subsistances, ne fait guère autre chose. Bacon, lui-même, avait déjà fait la même découverte, lorsqu'en 1606, il écrivait à Jacques Ier : « Un effet de la paix dans les royaumes fertiles, où le peuple n'éprouvant aucun arrêt ou aucune diminution, par suite de guerres, ne cesse de s'accroître et de multiplier, doit être une exubérance et un superflu de population, si bien que le territoire puisse à peine nourrir les habitants. Il en résulte un état de misère et d'indigence. »

Malthus avait donc absolument raison, comme Bacon, comme Guillard, comme tous les économistes qui se sont occupés du rapport entre le nombre des consommateurs et la quantité des subsistances ; mais où Malthus était dans l'erreur, c'était dans la manière purement théorique, abstraite, virtuelle, dont il appréciait la multiplication des hommes et celle des subsistances, ne tenant aucun compte de ces mille circonstances imprévues, qui sont précisément celles que, en biologie sociale, on doit le plus sûrement prévoir.

Tout le monde connaît son calcul basé sur la multiplication des hommes, qui se fait suivant une progression géométrique, c'est-à-dire en passant de 1 à 2, à 4, à 8, à 16, à 32, 64, 128,

256, 512, etc., et sur celle des subsistances qui se fait, au contraire, suivant une progression arithmétique, c'est-à-dire en passant par les chiffres 1, 2, 3, 4, 5, 6, 7, 8, 9. En présence de la multiplication des consommateurs bien autrement rapide que celle des substances consommées, il prévoyait que deux siècles après lui, la population serait aux subsistances, comme 256 est à 9 et que, trois siècles après lui, le rapport serait devenu comme celui de 4 096 à 13. 4 096 hommes devant se partager 13 pains sont évidemment destinés à s'entredévorer ou à périr.

Ce qui se passe dans l'Europe civilisée depuis un demi-siècle, montre, contrairement à ce que prévoyait Malthus, que les subsistances se sont accrues beaucoup plus vite que la population ; les premières se sont accrues, en France, d'environ 40 pour 100, tandis qu'en 57 ans (1821-1878), la population s'est accrue d'environ 23 pour 100 seulement.

Nous n'avons donc pas à craindre la pléthore. La place manque même si peu à notre table, que beaucoup d'étrangers viennent s'y asseoir et mangent ainsi, en le gagnant je le reconnais, le pain que des Français gagneraient et mangeraient, car ils naîtraient tout exprès, si 750 000 étrangers, surtout Belges, Italiens, même Allemands, n'occupaient, en France, 750 000 places. Il est bien évident, que si l'émigration d'un certain nombre d'individus, qui quittent leur pays, augmente proportionnellement le nombre des naissances dans ce pays, l'immigration d'étrangers en France présente un résultat tout contraire, puisque des hommes tout faits se substituent à des hommes à faire.

Malthus ne se contentait pas de supposer à la multiplication des subsistances une lenteur qu'elle n'a pas toujours et qu'elle a de moins en moins, à mesure que la science donne à l'industrie moderne un essor inouï jusqu'ici ; il supposait, par une erreur inverse, au peuplement humain, une rapidité qu'il aurait peut-être, si rien ne dérangeait les calculs, mais que les mille obstacles de la vie de chacun de nous l'empêchent de présenter. Il calculait qu'une population se double en 25 ans ; Bastiat, par un calcul tout aussi conventionnel, arrivait même à trouver que ce doublement se devait faire en 12 ans ; la vérité est, qu'à l'heure actuelle, l'allure que présente la marche de la population est tout autre. La population se double :

En Turquie,	en	....	255 ans.
Suède,	—	....	227 —
France,	—	....	138 —
Espagne,	—	....	106 —
Hollande,	—	....	100 —
Allemagne,	—	....	76 —
Russie,	—	....	43 —
Angleterre,	—	....	25 —
États-Unis,	—	....	25 —

Et encore les États-Unis doivent-ils cet accroissement rapide en grande partie à l'immigration, dont ils sont le centre.

Nous n'avons donc pas à redouter encore la pléthore. Une augmentation de population, qui résulterait d'un accroissement dans notre natalité, amené lui-même par l'augmentation du courant d'émigration, n'aurait pas lieu de nous effrayer : les places ne manquent pas chez nous, puisque nous ne les occupons pas toutes et que nous en laissons pas mal à des étrangers. D'ailleurs arriverions-nous à cette pléthore, arriverions-nous à devenir trop nombreux pour nos subsistances disponibles, ce dont nous sommes fort éloignés, que nous aurions encore dans l'émigration une sorte de soupape de sûreté. Il peut paraître étrange, au premier abord, qu'on donne l'émigration comme une panacée. Voulez-vous augmenter la population d'un pays ? poussez à l'émigration ! — Voulez-vous diminuer cette population ? poussez encore à l'émigration ! Cela est, en somme, beaucoup moins contradictoire qu'on le pense peut-être au premier abord ; c'est que plus un pays donne d'émigrés, plus il a d'enfants, parce que les places vides ne manquent pas ; mais il est également vrai, que plus un pays a d'enfants et plus il fournit d'émigrés, parce que les places sont trop rares dans ce pays. Tout cela se résume en une balance d'entrée et de sortie, en une équation entre les subsistances disponibles et les habitants ; c'est ainsi que, selon la constitution d'un individu, selon le mouvement d'entrée et de sortie, d'assimilation et de dépense dont ses organes seront le théâtre, la gymnastique le fera maigrir ou le fera engraisser. Il en est de même de l'émigration : on peut compter sur elle pour stimuler la natalité, comme on doit compter sur elle pour soulager le pays accablé par une excessive natalité et pour débrider le faisceau social trop dense ou trop comprimé. Coloniser, disait Bacon à Jacques Ier, c'est pour un prince « une situation analogue à celle d'un propriétaire qui serait incommodé par l'abondance des eaux dans le lieu où il aurait sa demeure et qui s'aviserait d'employer ce superflu en étangs, ruisseaux et canaux, pour l'utilité. »

§ 3. *Populations d'une faible densité*. — Nous n'avons donc, dans aucun cas, à craindre une augmentation trop considérable de notre population. Nous avons, au contraire, de bonnes raisons pour nous occuper de sa décroissance ou, ce qui revient au même, de son très lent accroissement.

On l'a dit depuis longtemps : nulle part la natalité n'est aussi faible que dans notre pays, ainsi qu'on peut en juger par le tableau suivant, qui donne, dans chacun des pays désignés, le nombre des naissances par an et par 1 000 habitants :

Bavière	40
Prusse	38
Suède	32
Belgique	31
Suisse	30
France	26

Sans doute, ce phénomène démographique, comme tous les phénomènes biologiques, résulte de causes multiples, dont l'ensemble est très complexe ; mais, dans l'analyse de ces causes, doit figurer en première ligne un état social, qui nous est propre et qui est caractérisé par l'extrême division de la propriété. Bertillon a constaté, en effet, que, dans nos divers départements, les naissances sont d'autant moins nombreuses, que la propriété est plus divisée. Dans les départements où l'on compte 285 propriétaires et plus par 1 000 habitants, le chiffre des naissances annuelles est de 24 pour 1 000 habitants ; dans ceux où le nombre des propriétaires est en moyenne de 240, le chiffre des naissances s'élève à 26 ; dans ceux où il n'est que de 177, ce chiffre monte à 28.

C'est qu'en effet le père de famille, qui n'a qu'un petit lopin de terre à partager entre ses enfants, songe à en réduire le nombre, afin que la part de chacun ne soit pas trop petite ; tandis que ceux-là ne comptent pas, qui ont, comme en Angleterre, de grands domaines à diviser ou qui, n'ayant rien à laisser, n'ont pas à compter et se soucient peu du partage. Beaucoup d'économistes ne voient pas avec peine cette faible natalité. Sans aucun doute, de toutes les causes qui la limitent chez nous, celle que je viens de signaler est la moins regrettable ; je dirai même qu'elle ne l'est pas du tout, car de toutes les manifestations sociales « que l'Europe nous envie », la division de la propriété est certainement la plus précieuse. Il faut donc admettre ses conséquences forcées et ne pas espérer que notre natalité s'élèvera, comme elle le fait sans risque, chez ceux qui ne comptent pas, soit parce qu'ils ont trop, soit parce qu'ils n'ont rien. Il y a en France un équilibre moyen de la propriété, qu'il n'est pas à souhaiter de voir détruire et qui, inhérent à notre constitution démocratique, ne fera que s'accentuer davantage ; un chiffre assez restreint de natalité est donc chez nous une conséquence forcée et fait partie de l'aisance *moyenne*, qui tend à se généraliser chez nous ; mais il faut prendre garde de descendre trop bas, car si l'excès de population a son remède dans l'émigration, comme nous venons de le voir, la diminution de notre population présente, en revanche, des dangers, auxquels il est difficile de remédier. Voyons-en les conséquences : notre accroissement annuel est extrêmement faible ; il est par an et par 1 000 habitants :

En Saxe,	de	16
Angleterre,	—	12
Prusse,	—	9
Écosse,	—	9
Russie,	—	8
Autriche,	—	8
Italie,	—	7
France,	—	3,5

de telle sorte que, dans 50 ans, en 1933, si l'allure avec laquelle chaque pays marche vers l'accroissement se continue, voici quelle sera la population respective des principaux États :

États-Unis	130 millions
Russie	158 —
Allemagne	83 —
Royaume-Uni	63 —
Autriche-Hongrie	51 —
France	44 —

Nous serons donc alors 6,9 pour 100 de la population civilisée du monde, alors qu'aujourd'hui nous en sommes encore 13 pour 100 avec nos 37 000 000 d'habitants. Mais, en 1815, nous en étions le 20 pour 100 avec 29 500 000 habitants ; en 1789, nous en étions le 27 pour 100 avec 26 000 000 d'habitants et en 1698 nous en étions à peu près le 38 pour 100.

Ainsi aura successivement décru notre importance numérique et proportionnelle, ce qui ne serait rien, si ce mouvement décroissant ne signifiait diminution de l'influence intellectuelle, sociale, scientifique, commerciale, industrielle, diminution de richesse, de bien-être, de puissance, enfin, puisqu'il faut encore avoir des armées et sacrifier le meilleur de son sang et la plus grande partie de son argent à ce reste de sauvagerie qui a nom la guerre, diminution du nombre des bras capables de défendre la patrie. Ainsi que l'a dit excellemment Ch. Richet : « C'est un mauvais calcul pour un pays que d'avoir peu d'enfants. Il croit par là assurer sa richesse, mais il n'y a qu'une seule garantie de sa richesse, c'est sa force ; or la force dépend de la population. Les nations très peuplées sont très puissantes. Les peuples faibles sont destinés à être tôt ou tard asservis par les forts. »

Polybe avait raison, lorsqu'il disait que Sparte, qui visait à la qualité des hommes plus qu'à leur quantité et pratiquait à cet effet une rigoureuse sélection, avait péri par le manque d'hommes et J.-J. Rousseau ne faisait que constater le même fait, en disant : « Il n'y a pas, pour un pays, de pire disette que celle des hommes. »

§ 4. *Utilité des colonies.* — Nous sommes donc amenés à conclure que, dans l'état de décroissance numérique où se trouve actuellement la population française, en présence de l'accroissement rapide des autres nations et des mœurs encore barbares qui régissent les rapports internationaux, il est de notre intérêt de lutter contre notre tendance fâcheuse à la décroissance numérique. Or nous avons vu précédemment que l'émigration était un moyen d'accroître la natalité dans un pays ; nous aurions donc tort de ne pas chercher à employer ce remède.

Mais ici se présente une objection : « Le départ de cent mille émigrants par an, dit J.-B. Say, équivaut à la perte d'une armée de cent mille hommes, qui, tous les ans, seraient engloutis en passant la frontière, avec armes et bagages. » S'il en est ainsi, on ne voit pas trop où est le bénéfice, si ce n'est dans un renouvellement des citoyens de la nation ; on écoule les anciens, ceux qui sont tout faits, on en procrée un nombre égal et même plus considérable de jeunes ; mais on ne voit guère l'avantage d'une semblable pratique. Comment, cependant, contester que la sortie annuelle d'un certain nombre de citoyens soit, en réalité, une émission d'argent faite par leur pays? Aux États-Unis, on estime en moyenne à 4 000 francs par tête, la valeur d'un immigrant. L'Allemagne envoie chaque année 100 000 de ses enfants en Amérique, c'est donc en réalité 400 000 000 de francs qu'elle envoie dans ce pays et cet argent est absolument perdu pour la mère patrie ; les États-Unis seuls en profitent. On calcule que depuis 50 ans l'Europe leur a envoyé, en hommes, une valeur de 31 milliards de francs ; d'après le même compte, la France, qui n'envoie que 16 000 émigrés par an, jetterait ainsi tous les ans une somme de 64 000 000 de francs, qui est perdue pour elle.

La conséquence de ceci, c'est qu'un pays, qui a besoin d'émigration, doit avoir des colonies à lui. C'est alors chez lui, dans ses colonies, qu'il envoie ses hommes et son argent.

Un pays trouve, en outre, des avantages de toute sorte dans la possession de bonnes colonies, à la condition *sine quâ non* de savoir les choisir et les administrer, deux choses que nous semblons ignorer en France ; cela augmente son influence, cela accroît pour ses habitants le commerce, les salaires, le bien-être, les jouissances de la vie et, si cela lui coûte au début, il rentre plus tard indirectement dans ses avances, à condition, je le répète, que la colonie soit bien choisie et bien administrée, c'est-à-dire le moins administrée possible ; ce sont là des dépenses productives comme celles qu'on fait pour construire, chez soi, des routes et des canaux.

Élevons-nous plus haut que la conception de la série des citoyens qui composent un pays ; considérons ce pays tout entier comme un seul individu : lorsque la colonie se sera émancipée par une évolution fatale, ne sera-ce pas une satisfaction pour le pays d'avoir fondé un état libre et industrieux? Il n'y a pas deux manières de comprendre le devoir, une pour les peuples, une pour les individus, et, comme l'a dit un orateur contemporain, « le devoir d'un pays c'est d'être honnête homme. »

Plaçons-nous à un point de vue plus général encore ; prenons l'intérêt de l'humanité et de la civilisation : cet intérêt veut que le plus grand nombre d'hommes possible vivent le plus heureusement et le plus longtemps possible, en donnent le plus grand rendement possible dans le commerce, dans l'industrie, dans les arts, dans les sciences, dans tout ce qui peut hâter le progrès humain ; à ce point de vue il est d'utilité générale, que là ou 50 000 individus à un degré peu avancé de civilisation, vivent, heureux peut-être, mais incapables de mettre en valeur leur territoire et d'en répandre les fruits, un million de civilisés vivent plus heureux encore et mettent en valeur un pays dont les richesses rendront service de proche en proche à l'humanité tout entière.

Je n'ignore pas que c'est une chose dangereuse..... pour les autres, que celle qui consiste à exproprier ses voisins pour cause d'utilité générale ; il ne faut pas abuser de ce prétexte; il convient, en tout cas, de bannir toujours la force, de procéder par les moyens que dicte la morale la plus vulgaire et dont la science démontre l'utilité et la valeur. Aux armées je préfère toujours les commerçants, les cultivateurs ; à des conquérents qui prétendent s'imposer à une population inférieure ou réputée telle, il convient de préférer les civilisés, qui se donnent comme associés, comme collaborateurs, comme frères supérieurs et comme éducateurs mais non comme destructeurs. Malheureusement ce n'est pas une expérience qu'on rencontre fréquemment dans l'histoire : on la trouve cependant et toujours elle a été faite à l'avantage des deux populations ainsi mises en contact. Pourquoi la science n'entreprendrait-elle pas de démontrer que cette conduite est non seulement plus honnête, mais encore, ce qui s'associe plus souvent à l'honnêteté que le pensent les petits Machiavel, plus habile?

Ainsi comprise, mais non autrement, je crois que la *politique coloniale*, expression qu'on va bientôt gâter et fausser par l'usage qu'on en fait, est pour un pays une politique bonne et sage. Mais la première condition, est que les citoyens de ce pays comprennent la valeur d'une colonie, le rôle qu'elle peut jouer, les services qu'elle peut rendre et aussi, j'allais dire surtout, ceux qu'on lui doit. C'est jusqu'ici ce qui a été le plus méconnu. Peut-être Coligny eut-il réussi, si, comme il en avait le désir, il avait pu fonder dans l'Amérique du Sud une France protestante; mais, déjà sous Louis XIII, l'utilité des colonies était si peu comprise, que lorsque nous perdîmes une première fois le Canada, en 1625, on faillit, dit Raynal, ne pas le redemander plus tard, tant la chose paraissait sans importance, lorsque, en 1631, fut signé le traitement de Saint-Germain en Laye. C'est toujours dans le même esprit que Voltaire lui-même riait des Anglais assez fous pour disputer aux Français le Canada, « ces quelques lieues carrées de neige » et que Montesquieu, après avoir dit que le principal effet des colonies est d'affaiblir les pays d'où on les tire, ajoutait : « sans peupler ceux où on les envoie. »

§ 5. *Classification des colonies.* — Il importe, du reste, avant de s'occuper du choix et de l'administration des colonies, de se demander quel est le genre de colonies qui convient à un pays donné, à la France par exemple.

Je comparais la colonisation à un phénomène de reproduction sociale : l'hygiène d'un peuple doit, en pareille matière, recommander les mêmes préceptes que l'hygiène individuelle. Il faut qu'un peuple soit jeune, plein de vie, de sève, d'exubérance, plein d'hommes surtout, pour qu'on songe à lui conseiller de fonder une colonie de peuplement. La reproduction, à un certain âge, comporte plus de sagesse, plus de calme et moins d'ambition. A supposer, d'ailleurs, que l'émigration, le jour où la France en voudra faire l'expérience, augmente notablement sa natalité, ce qui semble assuré, nous ne devons pas néanmoins nous attendre à une prolifération tellement intense, que notre pays déborde jamais, comme un vase trop plein. La propriété est pour cela chez nous trop divisée, la fortune trop égalisée; les classes sont confondues et se confondront encore davantage, à mesure que l'instruction se répandra plus uniformément; le bien-être circule et circulera avec une égale pression dans les canaux les plus humbles de notre société démocratique; il n'y a plus de cadets pour s'en aller et laisser la place à leurs aînés; pour toutes ces causes, en compensation de tous ces bienfaits, la France doit probablement se résigner à ne pas devenir la plus peuplante des nations; qu'elle augmente sa natalité dans la mesure du possible, par une sage émigration, mais il faut borner son ambition. Elle n'a donc point à songer à des colonies de *peuplement*, comme furent jadis les États-Unis, comme le Canada, comme l'Australie. On comprend que devant l'exubérance de la population de l'Allemagne, le Conseil économique de l'empire ait émis, en 1881, le vœu que 125 millions soient consacrés en dix ans à acquérir des terres vacantes, pour y fonder des colonies; mais notre situation en France est différente. D'ailleurs, il n'en est plus beaucoup de vacants de continents inoccupés!

Les colonies de *commerce* conviennent, au contraire à la France; elle a de l'argent plus que des hommes, elle a une marine importante; le caractère français est entreprenant plus que patient. Qu'elle établisse, par voie pacifique, des comptoirs, des factoreries, comme les Portugais en ont en Afrique et en Asie, comme les Hollandais en ont aux Indes, comme les Anglais en ont à Aden, à Singapore, à Hong-Kong. Si je voulais poursuivre la comparaison si féconde entre la colonisation et la reproduction, je dirais que l'arbre français est trop vieux pour se reproduire par graine; il porte les meilleurs fruits, il est très heureusement modifié par la haute culture; qu'il propage donc ses qualités par la greffe, qu'il dépose quelques-uns des jeunes rameaux que représentent les générations nouvelles, sur le tronc de quelque vieille société orientale; avec cette sève attirée à lui il retrouvera sa puissance, sa jeunesse et sa force, sans rien perdre de ses qualités de culture; que pacifiquement le peuple français prenne par la main quelque société attardée, mais pleine d'avenir; qu'il lui enseigne comment la civilisation est supérieure à la barbarie, qu'il en fasse un associé, un élève, un ami.

Il possède d'ailleurs une colonie mixte, moitié colonie de peuplement, moitié de commerce : qu'il s'adonne à celle-là, qu'il rompe avec les vieux préjugés et, puisqu'il convient de solliciter en France une émigration, qu'il fasse tout pour attirer sur cette colonie le courant grossi et fécondant des émigrés français.

CHAPITRE III

L'Émigré.

Transport des émigrants. — Fréquence des mariages chez les émigrés. Grand nombre de naissances. — Acclimatement ; importance du temps.

§ 1. *Le transport des émigrants.* — C'est à coup sûr un mauvais moyen d'encourager l'émigration, que d'arrêter les yeux de ceux qui hésitent à partir, sur les mille dangers auxquels l'émigrant se trouve exposé dès le premier pas fait hors du domicile qu'il va quitter pour toujours, pour longtemps au moins. Il est cependant bon de ne rien cacher, mais il est surtout utile de montrer combien le sort des émigrants s'est, au seul point de vue du transport, amélioré petit à petit.

Les anciennes migrations des peuples primitifs ne se faisaient pas, sans que la longue caravane égrenât sur son chemin une bonne partie d'elle-même : les malades, les traînards, ceux qui changent d'avis en route et se fixent à une étape plus ou moins éloignée, faisaient, dans les rangs, des vides, que les populations, au milieu desquelles on passait et qui ne recevaient pas toujours bien leurs nouveaux hôtes, ne faisaient qu'agrandir ; les Kalmouks, dans leur célèbre *exode* de 1771, sont partis du Volga au nombre de 600 000; cinq mois après, il en arrivait seulement 350 000 sur les frontières de la Chine.

Les colons, qui quittaient l'Europe pour gagner l'Amérique depuis sa découverte jusque dans les temps tout à fait modernes, ne trouvaient guère de meilleures conditions. Ils avaient à compter avec la cupidité des racoleurs, avec la dureté des armateurs, qui les entassaient dans l'entrepont de ces anciens voiliers, où le scorbut allégeait le bâtiment pendant les longues traversées et qui avaient reçu le nom de *tombeaux-flottants*. Sans remonter bien loin, en 1847, alors que, après la terrible famine qui avait désolé l'Irlande en 1846, l'émigration achevait d'enlever ceux que la mort n'avait pas pris, 89 738 émigrés s'embarquèrent pour le Canada, dans les différents ports de la Grande-Bretagne : 5 293 moururent en mer; 10 037 succombèrent en touchant la terre promise; 30 265 durent recevoir, en arrivant, des soins médicaux plus ou moins prolongés.

Aujourd'hui les steamers sont moins mal aménagés, la traversée est moins longue, enfin les colonies, les États-Unis surtout, ont, dans leurs principaux ports, des agences de placement, où l'on peut consulter le plan cadastral des terres vacantes et le bilan des fonctions ou emplois disponibles. L'émigration a donc sous ce rapport fait un progrès réel.

§ 2. *Fréquence des mariages chez les émigrés*. — Suivons le nouveau débarqué et voyons quels phénomènes démographiques va présenter sa nouvelle situation. Parmi la population des émigrés les mariages sont plus fréquents que dans la mère patrie : ainsi, tandis qu'en France le nombre des mariages est de 80 par 10 000 habitants, il est en Algérie de 98.

Ce premier fait présente une conséquence, qu'il ne faut pas laisser passer sans la signaler : les mariages étant plus nombreux dans la nouvelle colonie, le nombre des enfants illégitimes se trouve, par cela même, diminué ; or, partout et pour des raisons diverses, la mortalité des enfants illégitimes est supérieure à celle des enfants légitimes, les seconds étant généralement mieux soignés que les premiers ; l'augmentation du nombre des mariages a donc pour effet de diminuer la mortalité des enfants dans la colonie, résultat d'autant plus précieux qu'assez d'autres causes tendront d'autre part à augmenter la mortalité infantile.

§ 3. *Fréquence plus grande des naissances*. — A cette augmentation du nombre des mariages il faut ajouter un autre phénomène, qui n'est pas toujours lié au premier, l'augmentation du nombre des naissances : c'est que l'espace ne manque plus dans le nouveau pays qu'on vient d'adopter et qu'on n'a plus les mêmes motifs de restriction que dans la vieille patrie.

Au Canada, du temps qu'il était colonie française, chaque ménage avait 8-10-15 enfants ; aussi la population s'accroissait-elle rapidement, environ de 25-40 pour 1 000 habitants et par an. Ce sont 10 000 Français qui sont partis pour le Canada en 1678 ; leurs descendants se trouvaient en 1861 au nombre de 880 000. La Nouvelle-Écosse reçut, en 1671, 394 individus ; en 1749 on en comptait 12 000. Le phénomène est général : les Français, qui présentent, chez eux, 26 naissances par an et par 1 000 habitants, en ont 41 en Algérie ; les Espagnols, qui, chez eux, présentent 37 naissances par an et par 1 000, en ont 41 à Cuba et 46 en Algérie.

Cette augmentation de la natalité a bien pour cause le peu de densité de la population nouvelle, car à mesure que cette densité augmente, à mesure que la colonie vieillit et que l'équilibre entre la population moyenne et les subsistances disponibles tend à s'établir, la natalité se ralentit : on avait jadis 8-10 enfants par ménage, en Pensylvanie ; on n'en a aujourd'hui que 2-4. Les naissances sont, au contraire, encore très nombreuses dans les jeunes états de l'Ohio, du Mississipi, d'Indiana et de l'Oregon.

Si tout à l'heure nous remarquions, que la plus grande proportion des naissances légitimes a pour effet de diminuer la mortalité infantile, nous devons ici reconnaître que le grand nombre absolu des enfants a une influence opposée et prépondérante, l'augmentation absolue du nombre de décès. A aucun âge, en effet, la mort ne frappe autant de coups que dans la première année, de 0-1 an. Il suffit de prendre pour exemple la France : la mortalité des enfants de 0-1 an y est de 220 pour 1 000, tandis que celle des adultes de 20-30 ans est de 9 pour 1 000. C'est grâce au nombre élevé des décès d'enfants, qu'on trouve, si l'on calcule la mortalité de la population tout entière, le chiffre très élevé de 24 pour 1 000.

Du moment que nous sommes prévenus du grand nombre des enfants dans une colonie, il faut donc nous attendre à ce que le chiffre de la mortalité générale soit également élevé et c'est se mal renseigner, pour porter un jugement sur l'état démographique d'une colonie, que de se borner à constater le nombre des décès, car ce chiffre est forcément élevé; mais peu importe, pour la population totale, qu'il meure beaucoup d'enfants, s'il en reste encore beaucoup ! Ce qu'il importe donc de considérer, ce n'est pas le chiffre absolu des décès, mais le rapport entre le nombre des décès et celui des naissances. Si les décès surpassent les naissances, il est clair que la colonie est en mauvaise voie. Dans une bonne colonie, l'excédant des naissances sur les décès doit même être supérieur à ce qu'il est dans la mère patrie : ainsi, tandis qu'en Espagne on trouve 36 naissances pour 27 décès, soit un excédant de 9, on trouve à Cuba un excédant de 17 (41 naissances pour 24 décès).

Tout en reconnaissant ce rapport comme le critérium d'une bonne colonie, il faut cependant, avant de porter un jugement défavorable, dans le cas où les décès dépasseraient les naissances, tenir compte de l'âge de la colonie et de l'intensité du mouvement d'immigration dont elle est le centre. La mortalité des colons nouvellement débarqués est en effet toujours très supérieure à celle des colons déjà installés et plus ou moins acclimatés ; la différence sera d'ailleurs d'autant plus grande, que le climat de la colonie différera davantage du climat quitté par les émigrants. Walther a constaté qu'à la Guadeloupe la mortalité des immigrants est de 7,56, tandis qu'elle est de 3,28 pour le même nombre de créoles, dans le même temps ; si donc la colonie reçoit encore beaucoup de nouveau-venus, cet apport continu pourra pendant quelque temps augmenter notablement le chiffre de ses décès, sans qu'il faille trop s'en alarmer, pourvu toutefois que le phénomène ne soit que passager ; en résumé, comme le dit le docteur Vallin, la *colonisation* élève les naissances, mais la *colonie* (à son début et si elle est peu salubre) élève la mortalité.

§ 4. *Acclimatement. Importance du temps.* — Lorsque l'excès des naissances sur les décès se maintient constamment au même chiffre supérieur, on peut dire que les colons sont acclimatés à leur nouveau pays. Cet acclimatement est nécessaire et indispensable. Il se caractérise, toutes les fois qu'il existe, par un certain nombre de modifications dans la structure, dans la composition physico-chimique des tissus comme des humeurs, par un certain nombre d'aptitudes ou d'immunités physiologiques et pathologiques, par un *habitus* total. Le Yankee, certes très acclimaté, diffère de l'Anglo-Saxon qui l'a produit et ne se rapproche pas du Peau-Rouge, ainsi que l'ont prétendu les partisans excessifs de l'action du milieu. Cette action est déjà assez puissante pour qu'on n'ait pas besoin de l'exagérer ; il a pris un cachet à lui, caractérisé par la maigreur, la perte du tissu cellulo-adipeux, la diminution du système glandulaire, surtout chez la femme, enfin par une activité toute spéciale. Il est complètement acclimaté et grande est l'erreur de ceux qui pensent, que, si l'émigration cessait, les

États-Unis reviendraient aux Peaux-Rouges, car l'accroissement dû aux naissances est supérieur à ce qu'il est en Europe chez les peuples les plus favorisés.

Nous-mêmes combien ne différons-nous pas de ce qu'étaient nos pères, les Aryens, quand ils ont quitté les hauts plateaux de l'Asie pour venir acclimater leur descendance jusque dans l'Europe occidentale ! Mais ce phénomène, comme tous ceux qui sont relatifs à l'acclimatement et par conséquent à l'acclimatation, a demandé, pour s'accomplir, une série d'étapes par lesquelles les Aryens sont passés, avant d'arriver jusqu'aux rivages de l'Océan ; c'est de proche en proche, de jour en jour, d'année en année, que nos pères se sont avancés; jamais le changement de milieu n'a donc été pour eux très brusque; ils n'ont jamais eu a effectuer que ce qu'on nomme le *petit acclimatement*.

Il n'en est plus de même aujourd'hui de ceux qui s'embarquent en Angleterre et qui, quelques jours après, débarquent aux Antilles. Là, c'est le *grand acclimatement* qui est nécessaire : or celui-là est plus difficile; il exige surtout un temps fort long. Le *temps*, c'est là un facteur dont les colonisateurs officiels des bureaux ne tiennent pas assez compte !

Si cependant nous avions l'habitude de chercher des données sociales, plus souvent qu'on le fait, dans l'*histoire naturelle ;* autrement dit, si nous nous avisions de les chercher là où elles sont, nous verrions avec quelle lenteur tous les êtres s'acclimatent.

Lorsqu'on porta pour la première fois notre blé d'Europe à Sierra-Leone, on remarqua que la première année ne donna pour ainsi dire que de l'herbe et peu de grains ; la seconde année, du petit nombre de graines qu'on avait pu semer, très peu germèrent; celles qui le firent, donnèrent des pieds plus féconds que ceux de la première année ; d'année en année, le nombre des graines et des bonnes graines devint plus considérable; mais il a fallu plusieurs années pour arriver à produire un blé identique à celui qu'on avait apporté d'Europe;

or plusieurs années représentent autant de générations de blé et, s'il s'était agi d'hommes, non de blé, le même nombre de générations aurait supposé un nombre d'années bien autrement considérable.

Un autre exemple pris dans le règne animal : le voyageur Roulin raconte, que, lorsqu'on importa les oies à Bogota, elles donnèrent peu d'œufs ; la plupart de ces œufs étaient clairs, ceux qui réussissaient donnaient des petits peu viables ; l'année suivante, le nombre des œufs fut plus considérable, celui des œufs clairs relativement plus faible et le nombre des petits qu'on parvint à élever augmenta ; d'année en année les conditions s'améliorèrent et, au bout de 20 ans, l'oie était arrivée à se reproduire à peu près comme en Europe, sur le plateau de Santé-Fé-de-Bogota. Il avait fallu 20 générations, c'est-à-dire 20 ans ; si au lieu d'oies il se fût agi d'hommes, les 20 générations, à 25 ans chacune, auraient fait un total de 500 années ; ceux qui, au bout de 50 ans, auraient désespéré de l'acclimatation, auraient donc porté un jugement trop hâtif. J'appelle l'attention sur ces faits ; ils montrent quelle est l'importance du *temps* dans les phénomènes biologiques. Il en est de même pour les phénomènes démographiques.

CHAPITRE IV

L'Immigrant.

L'Émigré devenu immigrant. — Conduite impolitique des Européens avec les indigènes. — Dangers pour l'indigène du contact d'une civilisation étrangère. — Utilité du croisement entre l'immigrant et l'indigène.

§ 1. *Les immigrants.* — Jusqu'ici nous n'avons considéré que le courant même d'émigration, qui, parti d'un pays, s'écoule sur un pays plus ou moins éloigné. Il nous faut maintenant considérer la rencontre des deux populations, celle des autochtones stationnaires et celle de nos émigrants de tout à l'heure, qui, au point où nous nous plaçons maintenant, deviennent des immigrants.

Lorsque les deux populations sont à peu près d'égale composition, d'égale qualité de civilisation, d'égale densité, le courant n'est généralement ni violent, ni rapide et ne trouble pas, en apparence, le milieu qui le reçoit : c'est lentement que les Allemands s'infiltrent au milieu de plusieurs populations européennes ; le phénomène se passe sans bruit, au moins jusqu'au jour où les étrangers, devenus plus nombreux et plus forts que les autochtones, déclarent que *la maison est à eux* de par le droit des langues et des nationalités.

J'ai dit plus haut que les émigrants prenaient, dans un pays civilisé, comme la France, par exemple, la place d'autant de Français, qui naîtraient pour l'occuper, si ces étrangers n'en étaient les détenteurs ; le travail de leurs bras ou de leur intelligence profite sans doute au pays qui les reçoit, mais ce pays ne peut compter sur ces bras ni sur cette intelligence pour le défendre en cas de guerre..... au contraire ! Lorsque les émigrants sont, comme les coolies chinois, des prolétaires, travailleurs à prix réduit, ils ont pour effet de faire baisser le prix de la main-d'œuvre au grand détriment des travailleurs du pays où ils immigrent ; aussi la lente invasion chinoise préoccupe-t-elle à bon droit les économistes. Au surplus ce sont là des questions très importantes pour ceux qui vivent au moment où elles se posent, mais, dans la marche générale de l'humanité, tout finit par prendre, pour quelque temps au moins et jusqu'à une nouvelle révision, un état d'équilibre stable.

Il en est tout autrement, comme cela est le cas dans la véritable colonisation, lorsque les deux populations sont d'inégale composition, d'inégale qualité de civilisation et de densité inégale : lorsque l'on considère alors le conflit de ces deux populations non équivalentes, la comparaison que j'ai faite plus haut entre la colonisation et la reproduction sociale semble bien fausse ; c'est plutôt l'idée de dévastation, qui vient à l'esprit. J'en appelle à l'histoire des Européens dans le Nouveau-Monde.

§ 2. *Conduite impolitique des Européens.* — Je n'ai pas l'intention de raconter ici toutes les horreurs qui ont marqué la conquête de l'Amérique ; la guerre, même encore aujourd'hui, a toujours pour effet de mettre à nu les sentiments de cruauté, que le civilisé cache avec plus ou moins de soin, sous un vernis plus ou moins transparent ; mais ce qui est particulièrement grave, inexcusable, c'est la dureté systématique, calculée, voulue et absolument impolitique, dont les Espagnols, qui furent cependant, à certains égards, moins cruels que d'autres Européens, ont fait preuve avec les Indiens. Pour eux le descendant des Incas était devenu une bête de somme et Humboldt raconte, que l'obstacle que rencontra l'introduction du chameau dans les terres chaudes du Mexique, fut la crainte qu'eurent les colons de perdre le droit à la *corvée* sur l'Indien-porteur. A bien des époques de l'histoire, on voit d'ailleurs l'abondance et la presque complète gratuité des bras devenir un obstacle aux progrès de l'industrie et de l'agriculture ; plus tard l'esclavage et encore aujourd'hui l'emploi des coolies ont le même effet : tant que les colons des Antilles eurent des bras noirs à discrétion, ils dédaignèrent les machines les plus simples, même les charrues.

Ce qui fut en outre très contraire aux progrès de l'agriculture dans les jeunes colonies espagnoles, ce fut l'état de minorité où les Indiens étaient retenus par la métropole. La loi les empêchait même de posséder : *No pueden tratar y contratar.*

Les Anglo-Saxons ont été et sont encore plus systématiquement durs avec les Peaux-Rouges : « Il est bien plus simple, déclare en 1622 le Manifeste de la Virginie, de les conquérir que de les civiliser par des moyens loyaux. » Cela ne peut vraiment pas s'appeler un euphémisme ! Plus tard, en 1630, un autre manifeste proclame la « Défense de faire jamais la paix avec les Indiens ».

Il faut cependant signaler une remarquable exception à cette politique aussi inhumaine que contraire aux propres intérêts des colons : Guillaume Penn et les quakers procédèrent tout autrement : les quakers, par leurs mœurs simples, rudes et franches, surent s'attacher les Peaux-Rouges et réussirent à en former plusieurs tribus à l'agriculture ; Penn voulait que les contestations inévitables entre les deux populations fussent jugées par un arbitrage mi-parti rouge, mi-parti blanc. C'est là un idéal, qui trouva malheureusement peu d'imitateurs.

Je doute que, pour observer une forme plus correcte et plus diplomatique, les rapports des Yankees avec les Peaux-Rouges soient inspirés aujourd'hui par un esprit bien puissant de confraternité ; en tout cas les Européens commettent encore à l'égard des populations, qu'ils nomment sauvages, des actes de véritable barbarie : en 1842, deux navires anglais abordent à l'île Sandwich, une des Nouvelles-Hébrides, pour couper du bois de santal, qu'on vend ensuite fort cher aux Chinois ; les indigènes s'y opposent, ce qui est absolument leur droit ; on tire alors sur eux, on en tue 26 et on refoule les autres dans une caverne, où on les enfume. A une époque encore plus rapprochée de nous florit une autre industrie, le *kidnapping* ou *vol d'enfants*, qu'on prend en Melanésie et qu'on engage comme coolies volontaires (?). Mais on se procure encore des coolies d'une autre manière : M. Markham raconte qu'un navire s'approcha un jour d'une des îles Salomon ; il fut bientôt entouré de pirogues montées par des indigènes, qui venaient mendier du tabac, du rhum, des miroirs, même au besoin des couvercles de boîtes à sardines, qui, pendus au cou des élégants, constituent un ornement fort recherché ; quand les pirogues furent accostées, on les fit chavirer en y jetant quelques-uns de ces saumons de fonte, qui servent de lest ; on profita alors du désordre pour repêcher les malheureux et..... leur couper la tête au fur et à mesure. C'était un moyen indirect de se procurer des coolies, car, avec ces têtes coupées, cadeau auquel un chef papou ne résiste guère, on se procurait, par voie d'échange, un bien plus grand nombre de têtes vivantes et dûment attachées à un tronc vigoureux, garni de bras utilisables. Il ne s'agit, il est vrai, que d'engagés temporaires, mais M. de Quatrefages rapporte que sur 382 insulaires qui, en 1867, avaient été engagés pour trois ans, 78 seulement furent ramenés chez eux. Nulle part, la conduite des Européens n'a été plus atroce que celle des Anglais en Tasmanie ; deux mots tristement célèbres, *la guerre noire* et *la grande traque*, rappellent la guerre contre les indigènes et les procédés employés. En 72 ans, une terre de 4400 lieues carrées a été complètement dépeuplée de sa race spéciale, dont la dernière représentante, Truganina, connue aussi sous le nom de Lalla-Rouk, est morte en 1877, après avoir vu périr le dernier homme de sa race.

Les Européens ont vraiment mauvaise grâce, après de tels procédés, à déclarer pompeusement, qu'il n'y a rien à faire avec les races inférieures. Voici, du reste, la leçon qui fut donnée par un Malgache à un missionnaire, qui cherchait à lui faire apprécier les beautés du catéchisme : « Vous couchez avec nos femmes, vous venez voler notre terre, piller le pays et nous faire la guerre, et vous voulez nous imposer votre Dieu, disant qu'il défend le vol, le pillage et la guerre ! Allez ! vous êtes blancs d'un côté et noirs de l'autre, et si nous passions la rivière, ce n'est pas nous que les caïmans prendraient. » Il est probable qu'usant du procédé cher aux religions, qui consiste à faire peur d'un croquemitaine, le missionnaire avait menacé le malin Malgache des dents du caïman, s'il ne se rendait pas à l'évideuce du mystère de la Trinité. Du reste, un Européen, M. Roze, ne se faisait pas plus d'illusion sur notre conduite dans les pays qu'il avait visités : « Ces peuples, dit-il, sont simples et confiants quand nous arrivons, perfides quand nous les quittons. De sobres qu'ils étaient, nous les faisons ivrognes ; de courageux, lâches ; d'honnêtes gens, voleurs ; après leur avoir inoculé nos vices, ces vices mêmes nous servent d'argument pour les détruire. »

Cette conduite, qui consiste à maltraiter les indigènes, est d'autant moins pardonnable, que, tout sentimalisme mis de côté, et on m'accordera que le mot n'est pas exagéré, notre intérêt égoïste devrait nous dicter une politique tout opposée. Nous avons partout besoin de bras, mais, dans les pays chauds particulièrement, nous ne pouvons pas nous servir des nôtres et, après avoir détruit les indigènes, nous sommes obligés d'avoir recours à des nègres, à des Indous et à des Chinois. En Algérie la terre est remuée par les Arabes et par les Kabyles ; en Égypte elle est travaillée par les Fellahs. Au lieu de détruire partout les malheureuses populations auxquelles nous prétendons porter la civilisation, alors que nous leur apportons la mort, ne ferions-nous pas une besogne à la fois plus honnête et plus utile en les élevant à nous, non comme esclaves, mais comme collaborateurs?

§ 3. *Conséquence du contact de la civilisation.* — Nous leur apportons bien réellement la mort, alors même que nous serions imbus des meilleures intentions. Il y a longtemps que Darwin avait remarqué que toutes les fois qu'un navire européen aborde dans une île habitée par une de ces populations primitives, comme celles de la Polynésie, des maladies inconnues jusque-là sévissaient dans l'île et que la mort y fauchait largement, comme si le navire eût apporté dans ses flancs un souffle empoisonné. Le fait est, qu'il a suffi de notre contact, pour faire décroître à vue d'œil toutes les populations autochtones auxquelles nous nous sommes imposés. Les Peaux-Rouges des États-Unis étaient au nombre de 2 000 000 au début du XVIIIe siècle ; à la fin de ce même siècle, ils n'étaient plus que 500 000 ; en 1866 ils étaient tombés à 306 475 ; il n'en restait plus que 297 381 en 1870, 226 000 en 1876 et 253 000 en 1880. En Algérie nous avons trouvé

3 000 000 d'indigènes; il n'y en avait plus que 2 625 000 en 1866 et que 2 125 000 en 1872. Aux îles Sandwich la population, en moins d'un siècle, est tombée de 300 000 à 55 000; à Taïti de 240 000 à 80 000, puis à 7 000; à la Nouvelle-Zélande de 500 000 à 30 000.

En présence de cette dépopulation fatale des pays incivilisés devant l'homme civilisé, les métaphysiciens, après avoir convenablement déploré le fait, se sont contentés de s'incliner devant ce qu'ils ont nommé la loi mystérieuse, qui veut que « l'incivilisé disparaisse devant le civilisé » et, après cette explication, leur conscience s'est trouvée tranquille. Les causes de ce phénomène n'ont pourtant rien de mystérieux : d'abord les sauvages n'obéissent pas moins que les Européens à la loi inconnue pour eux, mais inflexible cependant, de l'*équation des subsistances*. Si, dans nos pays d'industrie et de culture, nous pouvons dire que « Là où naît un homme, naît un pain », du moins, jusqu'à un certain degré de densité spécifique de la population, on ne saurait dire à une population de chasseurs que, là où il lui naît un homme, naît une proie; — c'est le contraire qui est vrai. — Nous avons réduit le territoire où les Peaux-Rouges chassaient le buffalo, où les Australiens lançaient leur boumerang et tuaient le kangourou; nous avons donc réduit le nombre des pains métaphoriques, c'est-à-dire le nombre réel des kilogrammes de matière alibile disponible; le nombre des hommes devait donc se réduire proportionnellement, pour la même cause qui fait que chez nous « quand un pain disparaît, un homme disparaît. »

Mais nous activons encore l'effet de cette loi de la concurrence, moins encore, comme on l'a dit, par l'alcool que nous apportons, car la plupart de ces peuples fabriquent depuis longtemps des liqueurs alcooliques, que par les germes de maladies contagieuses que nous transportons avec nous. Dans nos vieilles races, depuis que tant de générations se sont succédé avant la nôtre, chacun de nous compte, dans ses ancêtres, un certain nombre d'individus qui étaient vaccinés contre une foule de ces maladies contagieuses, qu'on n'a qu'une seule fois dans sa vie, parce qu'ils les avaient eues déjà. Ces ancêtres nous ont laissé quelque chose de l'immunité qu'ils avaient acquise et nous naissons tous, à un certain degré, vaccinés et mis à l'abri de leurs coups. Ces maladies nous attaquent moins facilement; elles le font moins gravement. Souvent même l'immunité que nous possédons vient, non de nos ancêtres, mais de nous-mêmes, si nous avons eu la maladie dans notre enfance. Nous vivons donc dans un état moyen et relatif de demi-vaccination, qui donne à toutes ces maladies contagieuses et de toute antiquité permanentes chez nous, un caractère très atténué. Il n'en est pas de même chez les populations encore préservées de l'importation du germe morbide. La maladie éclate alors brusquement; elle atteint tous les âges, elle tue tous ceux qu'elle atteint. Un navire emporte d'un port d'Europe le germe de la rougeole; aucun homme de l'équipage n'a cependant contracté la rougeole, parce que tout le monde l'a eue déjà; mais à peine le navire accoste-t-il un pays où la rougeole est inconnue, qu'éclate une épidémie terrible, qui fait périr la moitié de la population. Je pourrais citer des exemples nombreux pour la rougeole, la variole, la fièvre typhoïde, la syphilis...... et même pour la phtisie pulmonaire, dont le caractère inoculable et contagieux est aujourd'hui démontré. C'est, comme le dit M. de Quatrefages, *ce mal d'Europe* qui, partout où nous avons envahi, même à peu près pacifiquement, les populations sauvages, les fait disparaître. Il n'y a donc là rien de mystérieux.

En résumé, des deux causes qui rendent l'arrivée des Européens dangereuse pour les peuples enfants, celle que je viens d'exposer disparaîtra au fur et à mesure que ces populations auront été, par notre voisinage, de plus en plus acclimatées, comme nous-mêmes, aux germes des maladies; quant à la première, celle qui a sa source dans la loi d'*équation* des subsistances, il ne tient qu'à nous de la faire disparaître : il suffit, pour cela, de cesser de voler leur terre aux sauvages et de leur apprendre, au contraire, quel intérêt ils ont à la cultiver.

Mais, pour cela, il ne faut pas traquer les indigènes comme on l'a fait en Tasmanie ; il ne suffit même pas de les cantonner à côté de nous, suivant des conventions plus ou moins respectées. Il faut que le colon se fasse l'ami de la famille indigène, qu'il tende la main au père et lui dise : « Donne-moi ta fille. » Il faut, en un mot, qu'à la méthode de spoliation et de substitution, on fasse succéder la méthode des *croisements*.

§ 4. *Utilité du croisement des immigrants avec les indigènes.* — La femme indigène serait d'autant mieux venue au foyer du colon, que le défaut de la plupart des colonies à leur début, c'est de manquer de femmes. Il y a des colons qui émigrent précisément pour laisser leur femme, d'autres que leur femme ne veut ou ne peut suivre. En 1865 on comptait en Algérie 87 femmes pour 100 hommes, tandis qu'en France il existe 102 femmes pour 100 hommes ; à la Réunion on ne trouvait, à la même époque, que 61 femmes pour 100 hommes. Dans les colonies qui se recrutent de convicts, la disproportion de nombre entre les deux sexes est bien plus considérable encore.

Les Américains sont des gens trop pratiques, pour n'avoir pas signalé tous les inconvénients de l'absence relative des femmes : ainsi en 1857, comme on venait de constater dans l'état d'Iowa, que le nombre des hommes dépassait celui des femmes de 33 640, le journal *The Iowa reporter* fit appel à des Sabines volontaires, dans un article chaleureux, qui se terminait ainsi : « Nous sommes à court de 60 000 femmes, pour établir une *balance* égale. » Mais ce déficit n'aurait pas eu lieu si les Anglo-Saxons avaient consenti à s'allier avec la femme peau-rouge.

Cette infériorité numérique de la femme européenne dans les colonies n'est pas la seule raison qui milite en faveur du croisement : je pourrais ajouter, en effet, la difficulté qu'éprouve la femme européenne à s'acclimater dans les pays chauds : cela a été constaté par les Hollandais comme par les Anglais ; aux Indes, les femmes anglaises sont sujettes à des pertes et le nombre des fausses couches est considérable.

En dehors de ces raisons il en est une plus importante et plus digne de toucher tous ceux qui s'intéressent à l'avenir des colonies, je veux parler de l'acclimatement : les oies européennes transportées à Bogota, dont je parlais tout à l'heure, ont mis 20 ans à s'acclimater à leur nouveau milieu ; mais s'il y avait eu déjà des oies à Bogota et qu'on eût fait des croisements entre les oies indigènes et les oies européennes, ces dernières auraient mis beaucoup moins de temps, pour arriver au même degré d'acclimatement. Il en est de même des hommes : les métis issus du croisement d'une race déjà acclimatée avec une race non encore acclimatée naissent avec un demi-acclimatement, de sorte que, si plusieurs générations se succèdent ainsi, l'acclimatement complet arrive très rapidement. Les types ne s'améliorent en somme que par les croisements ; c'est la sélection qui les perfectionne. Les Aryens migrateurs, dont j'ai déjà parlé, n'ont pas procédé autrement : outre qu'ils ne tentaient que le *petit acclimatement*, ne s'avançant que par étapes, ils se sont, dès le début, fortement croisés avec les populations envahies. Le métissage avec les indigènes est donc la voie la plus rapide, la seule peut-être que doive prendre une population, qui prétend à s'acclimater dans un pays très différent du sien. C'est d'ailleurs vraiment à ce prix, que la colonisation devient un phénomène de reproduction social d'ordre élevé ; il s'agit bien vraiment, alors, de la formation d'un individu social, qui est, en quelque sorte, la résultante de deux progéniteurs sociaux différents ; à ce prix seulement on crée une race coloniale ; autrement on n'a que des marchands et des fonctionnaires.

Malheureusement ce côté vraiment pratique de la colonisation n'a jamais été compris ni même encouragé par les métropoles : Louis XIV défendait même expressément les croisements à ses sujets des colonies, dans la crainte non dissimulée que « cessant d'être ennemis, le métis et ses parents de sang blanc ne pussent s'entendre contre la métropole. » Comme on reconnait bien là la maxime des gouvernants : *Divide et imperes*, Diviser pour régner !

Le maréchal Pélissier avait cependant compris que la clef de notre colonisation en Algérie était dans le croisement des Français avec les races indigènes; encouragés depuis par M. Ricoux, les partisans de cette méthode avaient même proposé de permettre aux Français d'Algérie d'acheter des femmes indigènes et de se marier suivant la loi arabe. Malheureusement, ce qui serait plus essentiel que toute loi, les mœurs des colons ne sont pas disposées à ce croisement, car de 1867 à 1872, il ne s'est contracté en Algérie que 32 mariages croisés seulement ; cela est regrettable. Il y aurait pourtant un effort à tenter; ce serait non seulement de donner quelques avantages à ceux qui épouseraient une femme indigène, mais surtout de rendre par l'éducation et par l'instruction la femme indigène plus capable de charmer le foyer du Français et d'y jouer le rôle d'une épouse.

Je n'ignore pas qu'il est un autre obstacle à ces mariages; cet obstacle, qui se trouve surtout du côté des indigènes, c'est la religion. Il est triste qu'à notre époque on doive encore compter avec un pareil préjugé ; il est cependant permis d'espérer, que la religion mahométane, pas plus que ses rivales, ne résisterait à l'instruction laïque convenablement dirigée.

Mais à supposer qu'on triomphât de tous ces obstacles au croisement, quelques personnes se demanderont peut-être, au nom de la science, si le métissage n'est pas un moyen d'obtenir une race abâtardie; elles seraient d'autant plus excusables de se poser la question, qu'elle a déjà été tranchée dans le sens de l'affirmation par des savants d'un mérite incontestable. Pour eux le métissage est, dans l'histoire, la cause de la dégénérescence des peuples; l'avenir n'appartientrait qu'aux pur-sang. Mais l'histoire ne se charge-t-elle pas précisément de donner un démenti à cettte théorie? Les grandes civilisations des Assyriens, de l'Inde et de l'Égypte sont précisément l'œuvre de races mélangées et non d'une race unique. A quel moment les Arabes ont-ils tenu le flambeau de la civilisation? A celui-là même, où ils se sont mélangés avec les Maures et avec les Espagnols eux-mêmes déjà métissés. Nous-mêmes Européens, qui ne sommes pas inférieurs à l'antiquité au point de vue de la civilisation, ne résultons-nous pas d'un mélange de races inextricable et vingt fois renouvelé? Je crois qu'il serait plus juste de dire, si, en pareille matière, les opinions trop absolues n'étaient le plus souvent fausses, que l'avenir appartient aux sang-mêlés. M. de Quatrefages a, du reste, formulé cette opinion en disant : « Une race, qui resterait complètement pure, fournirait, dans un temps donné, une certaine somme d'idées de progrès, mais elle resterait stationnaire et demeurerait toujours dans le même cercle. » Si l'on voulait illustrer cette proposition par un exemple, on pourrait citer les Chinois, un des peuples les moins mélangés et qui, dans le métissage de l'avenir, est, je le crois, appelé à jouer un rôle considérable, dont nous ne nous doutons pas assez en Europe.

Au surplus il ne convient pas plus de dire, que tous les métis sont bons, que d'affirmer qu'ils sont tous mauvais. Les mélanges, en général, valent plus ou moins, selon ce que valent elles-mêmes les races composantes. Il y a, dans l'humanité, des croisements qui ne sont pas *eugénésiques*, c'est-à-dire qui ne donnent pas des produits indéfiniment féconds entre eux et avec leurs parents; ceux-là sont évidemment à éviter. La race australienne ne semble pas, pour cette raison, appelée à figurer avantageusement dans les croisements; il est, au contraire, des croisements parfaitement eugénésiques et dont les métis ont de la valeur : ceux-là doivent être encouragés.

Il est d'ailleurs un moyen bien simple de juger de la valeur du métissage, c'est de compter les métis sur la terre et de voir quel rôle ils jouent. Sans doute nous sommes tous des métis, en ce sens qu'aucun de nous n'est de sang pur; mais, pour prendre un exemple plus frappant, nous ne nous occuperons que des métis, qui résultent des croisements de la race blanche avec les races à peau colorée. D'Omalius estimait approximativement le nombre de ces métis à 18 000 000.

Mais avant de les étudier, il importe de tenir compte de deux conditions : la première, c'est que le métis, celui du moins dont il est ici question et qui résulte du mélange de la race blanche avec une race colorée, est généralement dans une condition sociale inférieure : méprisé des blancs, il méprise ses parents colorés, qui lui rendent sentiment pour sentiment; il a donc une excellente excuse pour être resté, comme rendement social, inférieur à sa valeur réelle. La seconde condition, dont nous devons aussi tenir compte pour apprécier le rôle des croisements dans l'avenir, est plus avantageuse : ce mépris même, qui ne s'attache que trop souvent au métis dont je parle, a pour effet, que la femme métisse s'unit plus volontiers au blanc qu'à l'homme de couleur et cela d'autant plus, qu'elle se rapproche elle-même davantage de la couleur blanche. Il en résulte que, dans le croisement de deux races, une supérieure et une inférieure, le métis, par suite d'une sélection inconsciente, retourne, dans la suite des générations, au type supérieur.

Ceci dit, voyons quelle figure font dans le monde les métis très tranchés, les seuls dont nous parlions :

En Afrique, les Hollandais se sont unis aux Hottentotes; il en est résulté une population métisse, celle des *Basters;* ces Basters sont devenus nombreux et puissants ; ils ont même inquiété leurs voisins, Européens purs, qui les ont chassés et refoulés au delà du fleuve Orange, où ils continuent à prospérer sous le nom de *Griquas.* Ils ont de nombreux villages, s'adonnent avec succès à l'agriculture et à l'élevage du bétail; il faudra quelque jour compter avec eux. Divers autres métis de Hollandais et de noirs sont connus sous le nom d'*Afrikanders*. Les nombreuses tribus *cafres* résultent d'un mélange, qui remonte à une très haute antiquité, de sang nègre et de sang sémite. Le mélange du maure et du nègre a produit la population très active des *Toucouleurs*; enfin celui de l'élément turc et de l'élément maure a produit la population très féconde et remuante des *Kouloughlis*.

En Asie le *Chinois*, bien que relativement pur, nous offre cependant un mélange de sang jaune et de sang blanc allophyle. Il en est de même du *Japonais*, chez qui se retrouve, en outre, l'élément malais. L'*Indou* nous présente un inextricable mélange de trois races, qui sont dans l'ordre chronologique où elles se sont superposées, la noire autochtone, la jaune et la blanche; enfin, la femme indoue des castes inférieures, c'est-à-dire celle qui présente une prédominance du sang jaune et surtout du sang noir sur le blanc, a donné, avec l'anglo-saxon, un certain nombre de métis, environ 60 000, qui sont connus sous le nom d'*Europasiens*, *Eurasiens* ou *Half-Caste*, *Middlrace*, *Country born*. On a songé à faire, à Bombay, un régiment uniquement composé de ces Indo-Anglais; intelligents, ils sont généralement employés dans les télégraphes et dans les différents bureaux de l'armée. Il faut encore, dans l'Inde, citer les *Topas*, métis de Portugais, de Français, de Hollandais, avec la femme indoue.

Les *Malais* sont eux-mêmes issus du croisement de plusieurs races. Leur croisement avec les Chinois semble excellent; du croisement du Chinois avec la Malaise est résultée en effet une population très laborieuse, qui, dans plusieurs points, notamment à Malacca, a constitué une véritable petite Chine. Aux Philippines, notamment à Luçon, les métis de Chinois et ceux d'Espagnol avec la femme *tagale* ont formé une population excellente; à Luçon, à côté de 5 000 européens et de 10 000 Chinois, on trouve 20 000 métis d'Espagnol et 16 000 métis de Chinois; partout le commerce est entre leurs mains. Je le répète, le peuple chinois est appelé à jouer un grand rôle dans le croisement des races qui régénérera quelque jour le vieux globe.

Je dois encore citer, à Java, les *Lipplapen*, métis de Hollandais et de femme indigène et, à Mindanao, 8 000 métis d'Espagnol et de femme indigène, qui semblent avoir réussi.

J'ai dit que l'Australie semblait ne pas donner de croisements eugénésiques; on prétend cependant qu'en 1825, Stokes vit, dans le détroit de Bass, une population très douce, qui résultait du croisement de pêcheurs anglais avec des femmes tasmaniennes.

L'Océanie nous donne de nombreux exemples de métissage. Je ne veux citer que celui de la petite île Pitcairn, car il est bien propre à montrer ce que peut devenir une race de métis, quand elle est dans de bonnes conditions de milieu. En 1789 des matelots anglais, au nombre de 9, se révoltèrent, abandonnèrent leur pavillon et se réfugièrent dans cette petite île, alors inhabitée. Ils emmenaient avec eux 6 Tahitiens et 15 Tahitiennes. C'était plus d'Hélènes qu'il n'en fallait pour allumer la guerre: elle fut terrible et, en 1793, il ne restait plus que 4 blancs et 10 Tahitiennes, qui s'entendaient à peu près. Ils s'entendaient même si bien, que le capitaine Beechey, visitant cette île en 1825, y trouva 66 individus issus des premiers arrivés. En 1830 la petite colonie comprenait 87 personnes; en 1856 elle s'élevait à 193 individus. Voilà donc une population de métis, qui avait doublé en 25 ans et triplé en 33 ans. On ne saurait soutenir qu'elle était en voie de dégénérescence.

Mais si nous voulons voir ce que peut faire le croisement, allons en Amérique. Nous y trouverons, au Canada, les *Bois-brûlés*, métis de Français et d'Algonquine, d'Iroquoise ou de Huronne; nous trouvons même, dans le Kansas, quelques métis d'Anglais et d'Osage; au Mexique surtout nous voyons l'énorme quantité de métis, qui résulte de l'union de l'Espagnol avec la femme indienne. Le docteur Jourdanet estim aux 2/3 de la population le nombre des métis ; ils sont environ 6 000 000 sur 8 000 000 d'habitants. Mieux faits que l'Espagnol pour résister au climat des altitudes, à la décompression atmosphérique et à l'anémie qu'elle entraîne, ils ont les qualités intellectuelles de l'européen. Juarès était un de ces métis. Mais l'Amérique du Sud est, par excellence, le pays des métis : au Nicaragua, à côté de 10 000 blancs, de 80 000 Indiens et de 15 000 nègres, on trouve 150 000 métis, sans compter les tribus de *Ladinos*, métis d'Espagnols et d'Indiennes, et les *Mosquitos*, métis de nègre et d'Indien. Les Ladinos, dit un voyageur, pourraient à eux seuls mettre l'Amérique centrale en plein rapport. Ils forment également la majorité dans la Nouvelle-Grenade et dans le Venezuela. Au XVIIe siècle, en 1650, près de Pernambuco, des métis de noirs fugitifs et d'Indiennes ont fondé la petite république de *Palmarès* qui, pendant plus d'un demi-siècle, sut se faire une situation prospère. Il en est de même au Pérou et au Brésil. Je signalerai surtout les *Cafusos*, métis de nègre et d'Indienne et les *Paulistas*, issus du croisement de convicts portugais avec des femmes gayanazes et carijos. Cette population très bonne, très intelligente a été la première à introduire la culture de la canne à sucre au Brésil et élève de nombreux troupeaux.

On voit que les Espagnols, au milieu des nombreuses fautes qui caractérisent leur politique coloniale, ont cependant montré, pour le croisement avec les indigènes, moins de répugnance que les autres Européens et qu'ils ont ainsi réussi, sinon à garder leurs colonies, ce qui est une autre question dépendant de causes multiples, au moins à fonder des empires florissants et même des républiques d'avenir. Ce bonheur dans le croisement tient d'ailleurs à une cause très physiologique : l'Espagnol est lui-même le résultat d'un croisement avec la race syro-arabe ; le sang maure coule encore dans les veines du Castillan et c'est ce sang, qui donne une si grande fécondité à ses alliances avec les races colorées. Sa présence explique, en outre, le penchant que, dans la sélection sexuelle, l'Espagnol a volontiers pour la femme de couleur. La fréquence de ces unions tient encore à ce que, dès le début, les filles des Incas furent recherchées par les chefs espagnols, exemple qui fut imité de haut en bas. Un des premiers et des meilleurs historiens de la conquête, Garcilasso de la Véga, était un des premiers métis.

Il résulte de ce long chapitre sur les croisements, que l'avenir des colonies repose sur la tendance qu'auront les peuples colonisateurs à s'y livrer : utile à l'indigène, qu'il élève au niveau du blanc, le croisement l'est aussi à la génération de métis, qui trouve alors, dans son origine, le meilleur et le plus rapide des acclimatements. Quant à l'humanité tout entière, elle n'a qu'à gagner dans cette confusion des sangs. L'unification des races, que les siècles passés ont amenée, petit à petit, dans notre Europe, où elles communiquaient toutes facilement entre elles, se fera désormais d'un continent à l'autre, dans le globe entier, dont tous les points sont aujourd'hui reliés par des communications faciles et nombreuses.

CHAPITRE V

Choix des colons.

Race. — Aptitude coloniale. — Age. — État civil. — Condition sociale; État moral. — Convicts. — Esclaves. — Coolies.

§ 1. *Race.* — Alors même que les colons comprendraient qu'il y va de leur intérêt comme de celui de la colonie et par conséquent de celui de la mère patrie tout entière, de rendre les unions avec les femmes indigènes de plus en plus fréquentes, il n'en serait pas moins essentiel, pour que ce grand moyen d'acclimatement d'une race pût avoir toute sa puissance, que l'acclimatement individuel de la génération même qui a émigré fût le moins difficile qu'il est possible. Il importe que le colon appartienne à une race qui ne soit pas réfractaire à l'acclimatement.

Or toutes les races ne subissent pas avec une égale souplesse un changement considérable dans leur milieu extérieur. Le cheval s'acclimate moins bien que le bœuf dans les pays chauds ; mais toutes les races de chevaux ne présentent pas la même résistance : les chevaux de notre pays ne peuvent supporter le climat de la Cochinchine, ni celui de la Côte-d'Or ; les moutons *Leicester* n'ont jamais pu être acclimatés dans les monts Cheviot. Il en est de même des végétaux : parmi ceux qui vivaient dans notre pays à l'époque glaciaire, la plupart ont disparu ; quelques espèces se sont cependant faites au nouveau climat et sont restées chez nous, semblables, comme le dit Martins, à des descendants des Goths ou des Huns que nous distinguerions aujourd'hui au milieu de nos populations celtiques, grecques ou latines ; d'autres espèces, dont les congénères ont été témoins des périodes chaudes qu'a présentées notre climat, sont de même chez nous les représentants isolés d'une flore aujourd'hui purement exotique et tropicale ou subtropicale. Le palmier nain (*Chamœrops humilis*) en Espagne, en Italie, naguère à Nice, le laurier d'Apollon (*Nericum oleander*), l'arbre de Judée, sont pour le botaniste, comme dit encore Martins, ce que serait pour l'anthropologiste, une famille de Nègres ou de Mongols établie dans un village du centre de la France.

Il en est absolument de même pour les races humaines. Toutes ne présentent pas la même souplesse.

La *race blanche* ne s'acclimate pas facilement dans les pays beaucoup plus chauds que ceux qu'elle habite normalement. L'Anglais ne s'acclimate pas dans l'Inde et le docteur Wise, après trente années de pratique dans l'Indoustan, déclare n'avoir jamais rencontré un seul individu issu du sang européen à la troisième génération ; aussi les Anglais peuvent-ils dominer l'Inde, mais ils ne la colonisent pas. Les

Hollandais ne sont pas acclimatés davantage à Malacca. Il est bien peu resté en Italie et en Espagne des Goths et des Wisigoths, moins encore que des plantes qui, comme eux, étaient venues du Nord. Les Vandales se sont également fondus an soleil de l'Afrique. Cependant les pays chauds ont toujours pour les peuples du Nord un attrait irrésistible et, encore aujourd'hui, les peuples de l'Europe tendent toujours, dans leur expansion coloniale, à franchir les limites que la science et l'expérience leur imposent, pour aller chercher dans les pays tropicaux je ne sais quel *Eldorado*, qui cependant les a toujours trompés.

Si les populations de race blanche s'acclimatent mal à la chaleur, il faut cependant reconnaître que cette inaptitude n'est pas également marquée chez toutes. Les populations blanches dont l'habitant est méridional se font plus facilement que les populations septentrionales au climat des régions tropicales ou subtropicales. Ainsi les Espagnols et les Italiens s'acclimatent mieux que les Français; parmi ces derniers, les Provençaux s'acclimatent mieux que les Normands ou que les Picards; enfin les Français eux-mêmes s'acclimatent mieux que les Allemands ou que les Anglais. C'est même là une aptitude favorable, que nous ne savons pas assez mettre à profit : on envoie en Algérie des troupes quelconques, recrutées en Auvergne aussi bien que dans l'Artois ou dans la Flandre, alors qu'on n'y devrait envoyer que des hommes de nos départements méridionaux. Je sais qu'un pareil classement serait difficile; on m'objectera d'ailleurs que nos populations sont aujourd'hui bien mêlées et qu'un soldat né dans l'Artois est peut-être le descendant de Provençaux. Il serait cependant possible et peut-être utile d'éliminer les blonds des contingents destinés à l'Afrique et de ne laisser que les bruns, car toutes les apparences font supposer chez les seconds un sang et des aptitudes méridionales plus marquées que chez les premiers.

La transition du froid au chaud semble du reste, dans la

race blanche, plus difficile à supporter que le déplacement inverse du chaud vers le froid ; ainsi, dans la retraite de Russie, les méridionaux ont mieux résisté au froid que les septentrionaux eux-mêmes; enfin nulle part les colons ne se sont si bien acclimatés que dans la Nouvelle-Écosse et au Canada. Un vieux proverbe disait dans ce pays de bûcherons « qu'un Français ne meurt qu'à coups de hache. »

Dans la race blanche, les Juifs jouissent, il faut le reconnaître, d'un précieux privilège : on les trouve partout également acclimatés, à Bornéo comme en Hollande, en Syrie comme en Suède ou en Algérie. Il est vrai que, presque nulle part le Juif n'est un colon cultivant la terre de ses mains et exposé par conséquent aux maladies propres aux hommes qui, dans les pays chauds, déchirent le sol du soc de leur charrue ; néanmoins partout, surtout dans les colonies, le Juif est un utile auxiliaire par le négoce dont il a le génie à un si haut degré.

Son acclimatement s'accuse, en Algérie comme partout, par une grande vitalité : les ménages israélites ont, en moyenne, 13 enfants dans notre colonie, tandis que ce nombre est, dans le même pays, de 4,40 pour les ménages européens. Aux avantages d'une grande natalité, se joignent ceux d'une faible mortalité; aussi le rapport de leurs naissances à leurs décès s'exprime-t-il, en Algérie, par un chiffre bien différent de celui qui, dans le même pays, exprime le même rapport chez les Français. Tandis que 1000 Français colons en Algérie présentent 37,58 naissances pour 36 décès, les Juifs présentent 42,50 naissances pour 20,6 décès. C'est donc une excellente acquisition qu'a faite notre colonie, lorsque, sur la proposition de Crémieux, le décret du 24 octobre a naturalisé Français tous les Juifs nés en Algérie. Cela nous a valu un contingent précieux de 34 000 natifs.

La *race noire* nous intéresse ici d'une façon toute particulière par le rôle qu'elle a joué dans toutes les colonies fondées par les Européens dans les pays chauds. Il est malheureusement difficile de juger son aptitude plus ou moins grande à l'acclimatement ; l'expérimentation n'a certes pas manqué, mais elle a toujours été faite dans des conditions tellement défavorables, qu'on ne doit accorder qu'une confiance modérée aux résultats qu'elle a donnés. L'esclavage faisait, en effet, aux nègres dans nos colonies une situation absolument artificielle ; les mauvais résultats, qu'a donnés sa race là où l'on l'exploitait, ne prouvent donc absolument rien contre sa souplesse. A ne juger que par l'expérience des pays où l'on exploitait le nègre, où on en tirait ce qu'on pouvait, quitte à changer de nègre quand l'outil était usé, il paraît certain que la race nègre ne s'acclimatait pas dans nos colonies, car ses décès étaient plus nombreux que ses naissances ; aucun soin, beaucoup de travail, à ces conditions quelle autre espèce animale ou végétale se serait acclimatée dans aucun pays ? Mais les résultats sont déjà plus favorables dans les pays où le nègre n'a pas été seulement exploité, mais cultivé, dans les États de l'Amérique qui, ne faisant pas de coton, *faisaient du nègre* pour le vendre aux planteurs. Dans ces États le nègre cultivé jouissait des mêmes avantages que le bétail dans un pays d'élevage et sa race prospérait, parce que c'était l'intérêt des maîtres. L'acclimatement semble bien supérieur là où le nègre a été libéré, cependant la jouissance de la liberté n'est pas pour lui assez ancienne, le passage de l'esclavage à ce nouvel état est une transition assez brusque pour bouleverser momentanément les phénomènes démographiques. Enfin l'acclimatement semble complet là où le nègre devenu *marron* a repris depuis longtemps une liberté qu'on ne songeait pas encore à lui rendre : dans l'Amérique du Sud, dans le Haut-Maroni, Crevaux a vu des tribus nègres splendides de formes, de santé et d'agilité. Le nègre semble donc très acclimatable, même dans cette partie de la zone torride qui n'est pas la sienne.

Il possède d'ailleurs un caractère absolument spécial et qui fait de lui le travailleur par excellence dans les contrées encore non cultivées de cette zone, c'est son immunité presque absolue pour la fièvre jaune et l'immunité relativement très grande qu'il présente également pour l'impaludisme ou au moins pour ses accidents graves : les bataillons nègres seuls ont pu résister à la Vera-Cruz, là où nos troupes étaient décimées par la fièvre jaune ; le nègre seul peut vivre dans les terrains marécageux de la côte occcidentale d'Afrique, précieuse immunité, mais qui lui a valu l'esclavage !

Il faut cependant convenir qu'il présente un inconvénient grave, c'est son peu de résistance au froid et au refroidissement. C'est ainsi que, même en Afrique, il supporte mal le déplacement, qu'il s'acclimate mal en Égypte comme en Algérie et qu'il ne s'acclimate pas du tout en Europe. On affirme, il est vrai, que dans la Nouvelle-Écosse des familles nègres depuis longtemps libérées sont prospères, mais c'est là un fait exceptionnel.

En résumé le nègre n'est un colon précieux que dans les pays très chauds, où règnent la fièvre jaune et la fièvre paludéenne : il est là un travailleur indispensable ; mais sa race, en tant que race pure, *exempte de mélange*, semble destinée à rester dans l'Afrique et encore dans les parties les plus chaudes de ce continent.

La *race jaune* s'étend sous des climats bien différents, en Asie comme en Amérique, où elle règne de l'extrémité boréale de ce continent à sa pointe australe. Cependant les Turcs qui appartiennent à l'un des rameaux de la race jaune ne semblent pas s'acclimater dans l'Europe orientale, ni même en Égypte ou en Algérie, car les mameloucks d'Égypte ne se maintenaient que par d'incessants apports, mais n'étaient pas acclimatés. Les Chinois présentent partout une merveilleuse aptitude à l'acclimatement, qui se caractérise partout où ils vont, comme chez les Juifs, dont ils ont d'ailleurs les mœurs casanières ainsi que l'aptitude au négoce et à l'épargne, par un excédant constant des naissances sur les décès. La race jaune a, d'ailleurs, par voie de métissage, fourni de vraies races pleines de sève et d'avenir, les Malais, par exemple, et il est permis de penser que, lorsque son expansion au dehors de ses frontières, déjà si prononcée, sera devenue plus générale, elle fournira par un croisement, qui ne s'effectuera plus, comme par le passé, avec des races inférieures, mais avec la race blanche, des générations douées de qualités précieuses pour la colonisation. Dans deux siècles, disait Garnier, nos neveux auront plus d'égards que nous pour la race jaune. Seront-ils même assez forts pour lui résister?

§ 2. *Aptitude coloniale.* — Il importe de distinguer, dans l'aptitude complexe des races à la civilisation, l'aptitude à l'acclimatement et l'aptitude intellectuelle et d'ordre social à coloniser. Ces dispositions sont loin de marcher parallèlement. Ainsi la *race blanche*, qui est peut-être la moins facile à acclimater, est la seule qui ait, à proprement parler, le génie colonial; il semble qu'elle rachète par une force d'expansion considérable, ce que son organisme a de trop rigide; aussi lui est-il permis d'espérer mettre un jour à la disposition de son cerveau colonisateur des organes rendus plus acclimatables par un croisement avec d'autres races, moins bien douées sous le rapport de l'idée coloniale, mais moins sensibles au changement de climat. On a dit, avec raison, que le sang blanc est l'élément vivace de toute colonisation; c'est avec la race jaune ou ses dérivés, que son croisement sera quelque jour le plus grand et le plus utile.

La *race noire* n'a pas, même en Afrique, le génie de l'expansion; elle est partout envahie et nulle part elle ne s'étend. Aucune race n'a fourni autant de colons qu'elle, mais aucune n'est moins colonisatrice.

La *race jaune* pure n'a point encore formé de colonies; elle donne en ce moment de nombreux travailleurs aux colonies, mais elle ne colonise pas, à proprement parler. Il n'en est pas de même de ses dérivés mixtes, les *Malais* et les *Polynésiens*, dont les premiers surtout ont colonisé depuis le Japon jusqu'à Madagascar et peuvent devenir de puissants auxiliaires et même d'utiles associés.

§ 3. *Age*. — Pour affronter toutes les modifications de milieu que suppose le départ d'un colon, l'organisme doit être déjà assez formé pour résister, mais encore assez souple pour pouvoir se transformer suivant les exigences du milieu nouveau. Partout la mortalité de l'enfance est énorme, même lorsqu'on ne l'expose à aucun changement ; il ne faut donc pas s'étonner que cet âge ne résiste pas aux efforts de l'acclimatement. Un colon doit avoir plus de 10 ans. Je recommande cette considération à ceux qui s'occupent en ce moment de la réalisation d'une pensée généreuse, la colonisation de l'Algérie par les *enfants abandonnés :* outre qu'il faudra tenir compte de la question de races et se souvenir que les Français du nord ne s'acclimatent pas en Algérie, il ne faudra pas oublier, que le colon doit avoir de 12 à 16 ans. C'est donc fort sagement que l'administration refusait autrefois le passage gratuit pour l'Algérie à tout jeune colon qui n'avait pas 12 ans. A partir de cet âge le colon semble être dans d'excellentes conditions : ainsi, d'après le Dr Cazalas, ancien médecin principal de l'armée d'Afrique, tandis que la colonie agricole de Mettray perdait annuellement 1 enfant sur 43, l'orphelinat de Ben-Aknoun en perdait 1 sur 53 et celui du Bon-Pasteur, à El-Biar ; 1 sur 74. D'une manière générale, la mortalité des pénitenciers de jeunes détenus de la France est à celle des mêmes établissements en Algérie, comme 55 est à 20.

Il ne faut pas que le colon ait plus de 40 ans ; car plus tard l'organisme a pris des plis qu'il ne saurait plus perdre, pour en prendre de nouveaux. Si cependant l'organisme est déjà acclimaté, on peut faire encore un excellent colon. Le maréchal Bugeaud recommandait les vieux soldats de l'armée d'Afrique ; le colonel Quinemant a repris cette idée en 1877.

§ 4. *État civil.* Le colon doit être marié. Bien des raisons lui font du mariage une obligation : d'abord la mortalité des enfants illégitimes est partout considérable; or plus grand sera le nombre des colons mariés et moindre sera le nombre des enfants illégitimes, moindre par conséquent sera le nombre des décès d'enfants toujours considérable dans un pays nouveau; en second lieu, les chances de mort du colon sont déjà assez augmentées par son nouvel état, sans qu'il les augmente encore; or partout la mortalité des célibataires est supérieure à celle des gens mariés; en se mariant le colon augmente donc ses chances de succès et par conséquent sa valeur. J'ajoute qu'il augmente celle de sa propriété, qui sera mieux tenue, mieux cultivée; on l'a bien compris ainsi, en Algérie, lorsque le 16 octobre 1871 on déclara, qu'on n'accorderait plus de concessions de terrain aux célibataires. J'ai dit plus haut que les colonies manquaient de femmes; la nécessité du mariage est donc un argument de plus en faveur du croisement avec les indigènes ou avec une autre race mieux acclimatée ou plus facilement acclimatable.

§ 5. *Condition sociale; état moral.* — Le plus important pour une colonie, c'est peut-être la nature des matériaux vivants avec lesquels on prétend construire une société nouvelle. L'Espagne, qui a possédé tant de colonies, peut nous servir d'exemple, non de modèle; elle nous montre combien il est mauvais pour une colonie de ne recevoir de la mère patrie que de vieux matériaux : qu'a-t-elle envoyé au Pérou? des nobles dont le blason pensait s'enrichir des pierreries de l'Amérique; ils formaient à Lima le tiers de la population blanche, dit Leroy-Beaulieu. Ces nobles étaient les possesseurs jaloux d'autant de majorats, qui mirent, dès le début de la colonie, une entrave à la libre disposition du sol; au-dessus de ces nobles, ou à côté, un clergé tout-puissant multipliait les biens de mainmorte; au-dessous de ces maîtres de la terre toute une armée de fonctionnaires plus ou moins tarés dans leur patrie, mue par l'unique pensée de s'enrichir et d'exploiter le pays et ses habitants indigènes autant que colons, conspirait et mettait à mal les finances de la colonie; derrière tout cela un fond de citadins déclassés, incapables de mettre une terre en valeur et d'aventuriers, gens de cape et d'épée, plus souvent encore de sac et de corde, ne songeant qu'à emplir leurs poches.

La France n'a pas d'ailleurs eu la main plus heureuse dans plus d'une circonstance : ce furent également des gentilshommes qui en 1763, sous le ministère Choiseul, partirent pour la Guyane, qu'ils allaient coloniser au nom de Louis XV. Ils s'embarquèrent pour le Kourou, comme on montait en coche pour aller à Trianon. Instruments de musique et champagne, des filles, des robes et de jolies épées, on n'avait rien oublié : on arriva à la Guyane, à peu près comme arrivèrent récemment les naïfs colons de Port-Breton, dans l'eldorado catholique qui était censé les attendre. Ce fut cependant d'abord plus gai ; on y dansa le menuet, on fit des salles de verdure, on dressa des théâtres, mais on avait oublié les pelles, les pioches et les charrues ; les mains étaient d'ailleurs trop blanches pour servir et ces 14 000 colons élégants périrent de faim, sans que les 33 000 000 de francs, qu'ils avaient mangés, aient pu les préserver.

Nos colons du Canada avaient été mieux choisis, mais les aventuriers, les voyageurs téméraires y dominaient encore. On cherchait des fleuves nouveaux, au lieu d'arroser les champs qu'on possédait avec la rivière qu'on connaissait.

Les misérables, les pauvres et les mendiants ne valent souvent guère mieux pour coloniser que les jolis seigneurs de la cour de Louis XV. Il suffit, pour apprécier leur valeur, de voir comment ils sont cotés dans les colonies mêmes : il y a quelques années la Suisse avait fait un chargement de tous ses infirmes, aveugles, manchots et mendiants ; toute une cour des Miracles avait été expédiée aux États-Unis; mais les Yankee, qui n'apprécient que le travail, réexpédièrent les infirmes, aveugles, manchots et mendiants avec la mention :

travailleurs insuffisants. Notre colonie d'Algérie a été de même souvent encombrée de non-valeurs, qu'il a fallu rapatrier aux frais de la société.

Il faut aussi se méfier de ces cerveaux fêlés, qui donnent volontiers dans toutes les aventures, mais qui ne sauraient prêter à aucune entreprise le moindre appui sérieux : on dit que parmi les colons de la Nouvelle-Zélande, on compte 1 fou sur 509 habitants.

Combien valaient mieux que tous ces déclassés, ces irréguliers du siècle dernier qui avaient nom les *Boucaniers*, gens équivoques peut-être, mais travailleurs à coup sûr ; combien valaient mieux surtout, et ils l'ont bien prouvé, ces véritables artisans, qui partirent d'Angleterre et fondèrent les États-Unis! Ceux-là n'emportaient pas, comme le dit Leroy-Beaulieu, le chimérique espoir de fonder une société vieille dans un pays neuf; ils partaient lassés de la vieille routine et résolus à bâtir à neuf sur un sol neuf. « Les Anglo-Américains, dit Michel Chevalier, ne quittèrent le vieux monde, qu'après qu'il eut été tout entier labouré par la révolution intellectuelle. Ce grand événement avait déjà semé dans l'esprit humain les germes que les siècles suivants devaient voir éclore. L'Angleterre était déjà grosse des habitudes de travail, de méthode et de légalité, qui devaient en faire la première nation industrielle et politique de l'ancien monde. Ils s'embarquèrent après avoir subi les épreuves de l'eau et du feu, après avoir été sept fois essayés entre le marteau de la persécution et l'enclume de l'exil. Ils arrivèrent, las des querelles politiques et résolus à appliquer leur énergique volonté à un usage pacifique et productif. » Voilà les bons matériaux qui fondent les colonies durables. Ce sont les mêmes sentiments qui animèrent les Hollandais partant pour le Cap et qui les ont fait réussir.

§ 6. *Convicts*. — Il est cependant d'autres éléments, que les colonies peuvent utiliser, lorsqu'on sait les employer suivant certaines indications voulues et, pour ainsi dire, à dose mesurée : ce sont les convicts.

Il n'est pas inutile de chercher à nous rendre compte du rôle qu'ils ont joué dans la colonisation. Le moment ne saurait d'ailleurs être mieux choisi, puisque, à l'heure où j'écris, on se préoccupe beaucoup de ce qu'on fera des *récidivistes* et que cette fraction peu intéressante, mais très encombrante, de la société devient comme un parti avec lequel il faut compter.

Les Portugais semblent être les premiers colonisateurs, qui aient songé à construire avec ces matériaux de mauvaise qualité. Le pape venait de donner le Brésil au Portugal ; le cadeau était aussi beau à recevoir que peu ruineux à faire ; mais, bien que à pays donné il soit bien permis de ne pas regarder, les Portugais ne trouvèrent pas assez de métaux précieux dans cette magnifique contrée et la déclarèrent bonne pour les condamnés ou pour les Juifs, ce qui était tout un dans l'esprit d'un bon catholique. Les Juifs réussirent à merveille ; on n'a pas à s'en étonner, d'après ce que j'ai dit plus haut. Les convicts réussirent également et les *Paulistas* sont en partie leurs descendants. Leroy-Beaulieu remarque d'ailleurs, avec raison, que les colonies, qui ont été peuplées à leur *berceau* d'éléments irréguliers, de dissidents et de criminels, ont toujours réussi plus vite que les autres.

Cromwell vendit les condamnés, et même les condamnés politiques, aux planteurs des Indes occidentales. Jacques II vendit les mécontents qui avaient été compromis dans la conspiration de Monmouth. L'Angleterre, dans tout le cours du XVIIIe siècle, pratiqua très en grand l'extradition des convicts, des récidivistes, comme nous disons aujourd'hui ; ainsi en 1750 le Maryland n'en possédait pas moins de 1 981. Mais le niveau moral de la société de Maryland n'avait pas baissé pour cela ; c'est, au contraire, ce pays travailleur qui avait modifié favorablement les criminels, qui les avait relevés et *renfloués ;* aussi en 1774, les convicts eux-mêmes, devenus honnêtes gens, s'indignaient-ils qu'on les confondît avec les nouveaux convicts ; cette habitude prise par l'Angleterre de se débarrasser de ses criminels au profit de l'Amérique fut même un des griefs mis en avant par la ligue de l'indépendance : « Que dirait l'Europe, demandait Franklin, si nous lui envoyions nos serpents à sonnettes? » Pour qui nous prenez-vous? demandaient les condamnés d'hier devenus honnêtes gens depuis la veille !

Cependant l'Angleterre s'encombrait de plus en plus de condamnés, dont elle ne savait que faire. En 1781 une recrudescence retentissante dans la criminalité passionna l'opinion publique, comme nous le voyons aujourd'hui en France ; il y eut alors, comme aujourd'hui, la question des *récidivistes*, bien que le mot ne fût pas encore inventé ; mais le Maryland refusa nettement de les recevoir.

Que ce fait nous serve d'exemple. Quand une colonie est naissante, tous les éléments sont bons ; il ne faut pas même y regarder de trop près ; la lutte pour l'existence se charge de niveler, de modeler, d'éliminer, d'équilibrer tout. Les criminels séparés d'une vieille société qu'ils gênaient et qui les gênait par sa discipline, par ses prohibitions nombreuses, se trouvent retrempés en pleine nature, repris en sous-œuvre par la concurrence naturelle livrée à elle-même ; mais quand la colonie a grandi, qu'elle est devenue une société dense et compliquée comme la mère patrie, elle est alors pour les condamnés un milieu aussi peu régénérateur que l'était la vieille société et sa résolution bien arrêtée de n'en plus recevoir devient aussi énergique et aussi légitime, que l'était le besoin de s'en débarrasser ressenti par la métropole ; c'est ce qu'ont méconnu chez nous les membres du parlement, qui ont proposé l'envoi des condamnés *récidivistes* dans notre colonie d'Algérie. Elle n'aurait rien pu faire de bon avec eux ; ils n'auraient fait que la gêner et elle aurait certainement dit, comme Franklin : gardez vos serpents.

L'Angleterre se le tint pour dit et, comprenant qu'il

fallait planter ses graines avariées dans une terre neuve, elle songea à l'Australie : en 1786 elle nomma gouverneur de la Nouvelle-Galles du sud un homme plein d'intelligence et d'énergie, Philipp et, le 13 mars 1787, onze navires partaient pour l'Australie avec 800 convicts des deux sexes et des magasins d'instruments. Huit mois après, le 18 janvier 1788, on arrivait à Botany-Bay et, six jours plus tard, Philipp fondait Sydney. De 1787-1836, 102 957 convicts furent successivement envoyés par l'Angleterre. Il est bon de remarquer que cet égout continu d'une vieille société n'empêcha pas d'affluer le cours plus limpide des émigrés volontaires. Il en vint dans le même temps 60 000. C'est à la même époque (1771) que, pour peupler la colonie du Mississipi fondée par Law, la France envoyait en Amérique ses criminels, ses filles et ses déclassés, entreprise dont il ne nous reste que l'histoire plus ou moins embellie par l'abbé Prévost d'une de ces transportées, la célèbre *Manon Lescaut*.

Il est intéressant, afin d'apprécier les résultats du peuplement de l'Australie par les convicts, de voir quelle fut la méthode employée par Philipp et par ses successeurs : il eut pour principe la *responsabilité* des condamnés. Il ne compta, pour les diriger dans la voie de l'amendement, que sur le développement chez eux du respect de la justice et de la loi. La première maison qu'il fit construire ne fut ni une prison monumentale, ni une caserne à effet, ni un hôpital somptueux, comme cela se fut fait ailleurs, mais un temple de la justice, un tribunal, une maison d'arbitrage. A qui, dans ce tribunal, son successeur Macquarie confiera-t-il le poste suprême de chef de la magistrature ? à un ancien convict libéré pour sa bonne conduite. Ce ne fut pas le seul juge ainsi choisi et ces magistrats d'un nouveau genre furent toujours, paraît-il, les plus sévères. Un jour une révolte éclata parmi les convicts : tout autre que Philipp eût renoncé à son système de la liberté et de la responsabilité; un bon régime de compression eut vite terrifié les meneurs. Philipp s'adressa à ceux des convicts qui n'étaient pas encore dans la révolte ; il leur parla, comme à d'honnêtes gens, de leur loyauté, de leur respect de la loi, de leur amour du bien public et, plein de confiance, leur donna des armes pour combattre eux-mêmes l'insurrection. Elle fut vaincue facilement, tant il est vrai que ce n'est pas par la force mais par la justice et par l'appel aux nobles sentiments qu'on conduit le mieux les hommes, même ceux qui sembleraient à nos vieux autoritaires d'Europe les moins propre au *self governement*.

La liberté était relativement grande en Australie. Le *pénitencier* ne contenait qu'un petit nombre de condamnés, généralement les nouveau-venus ou quelques rebelles. Ceux-là étaient employés aux travaux publics et c'était à eux qu'incombait la charge de cette œuvre, que les Anglais ne négligent jamais dans leurs colonisation, la *préparation coloniale*. Au lieu de planter des villages d'après le plan capricieusement élaboré dans une administration centrale, dussent ces villages rester des culs-de-sac inhabités, les Anglais font d'abord des routes et des canaux et s'en remettent à l'intérêt particulier pour faire naître les villages au point voulu, le long de ces artères. La plupart des convicts étaient *assignés*, c'est-à-dire placés comme serviteurs chez un colon libre ou parfois libéré lui-même, qui devait les entretenir et adresser un rapport sur leur conduite et leur travail. Au bout d'un certain stage les assignés devenaient *propriétaires*, puis étaient *libérés*.

L'Angleterre sut, on le voit, s'inspirer, en Australie, dans sa manière de faire avec les condamnés, de cette maxime formulée plus tard par H. Spencer : « Diminuer la contrainte et augmenter la responsabilité. » « L'affaire de la société, dit ailleurs ce grand penseur, c'est de se protéger contre le coupable et c'est affaire à lui seul de trouver sa vie de son mieux au milieu des entraves que la société a dû lui imposer. Tout ce qu'il a le droit de demander, c'est qu'on le mette à même d'avoir de l'ouvrage et d'échanger son travail contre les objets nécessaires à la vie ». A l'île Norfolk et à la terre de Van-Diemen le capitaine Maconochie avait complètement réalisé cet idéal : il avait imaginé, dans la prison même, un système de bons, qui étaient la monnaie, le numéraire du condamné ; tout travail était payé en bons, toute bonne conduite récompensée d'un bon ; toute mauvaise action devait au contraire être payée par le condamné, qui rendait un bon. Rien ne lui était donné gratuitement : effets, aliments, instruction même, faveur, tout, le condamné devait l'acheter et le payer avec ses bons ; il ne se libérait même qu'en achetant sa liberté avec les bons qu'il avait gagnés et économisés. « Cela rapproche, dit Spencer, la discipline imposée aux prisonniers de la discipline de la vie courante : on ne leur fait porter en fait de maux et de biens, que le résultat naturel de leur conduite. »

Les résultats, que l'Angleterre retira de bonne heure et retire encore aujourd'hui du système qu'elle avait inauguré en Australie, doivent encourager les autres peuples à imiter son exemple, qui mérite d'être médité par les hommes politiques : huit ans après la fondation de Sydney, à une époque où la jeune colonie comptait déjà 4 000 condamnés, tous assassins, voleurs, faux-monnayeurs, il n'y avait pas encore eu un seul meurtre commis ! Quelques années plus tard un gouverneur écrivait en Angleterre au ministre des colonies : « Il y a maintenant 3 000 convicts libérés, qui sont dispersés à travers ma province et j'affirme que la vie et la propriété sont aussi bien en sûreté ici que dans toute autre partie de l'empire britannique. » En vain alléguerait-on les atrocités commises par les convicts en Tasmanie sur les malheureux indigènes. Tous les blancs et non les seuls convicts furent ici également coupables.

Un fait digne d'être noté : ces hommes naguère indisciplinables ont trouvé, dans les nouvelles conditions qui leur étaient faites, un tel élément de force, que nulle part la vie municipale, qui est leur œuvre de chaque jour, n'est plus florissante qu'en Australie. Ceux qu'une excessive centralisation eût réduits au rôle d'ilotes, sont devenus par la décentralisation, qui développe la responsabilité, des citoyens libres et respectueux de leurs devoirs. En 1802 le quart du revenu de la colonie était déjà consacré à l'instruction publique ; en 1815, sur 40 000 habitants, 20 000 étaient d'anciens convicts; les deux tiers étaient d'honnêtes gens dans toute l'acception du mot; un tiers était, il est vrai, détestable, mais la majorité honnête fondait des maisons d'école, des orphelinats, des journaux, etc.

La vie agricole n'était pas moins active que la vie municipale. En 1790 James Ruse arrivé comme convict venait d'être libéré ; il s'unit à quelques camarades, libérés comme lui, pour élever un certain nombre de moutons envoyés par un officier irlandais Mac Arthur. Ce fut là l'origine de la grandeur de l'Australie, aujourd'hui le premier marché du monde pour les laines. En 1807 on exporte de Sydney 245 livres de laine mérinos; en 1820 on en exportait 100 000 livres ; ce chiffre devient 3 564 532 en 1830 et plus de 7 000 000 en 1840. A la même époque, le commerce d'importation d'Angleterre en Australie s'élevait déjà à 1 176 000 livres sterling de marchandises.

Il en fut de même à Melbourne, dans la colonie de Victoria. C'est en 1803 que le colonel Collins y débarqua avec un détachement de convicts ; c'est en 1835 qu'un convict échappé en 1803 du convoi de Collins, William Buckley, après avoir vécu 33 ans parmi les noirs et être devenu chef d'une tribu, se joignit à une troupe de nouveaux émigrants et donna à la colonie une impulsion que la découverte de mines d'or, en 1851, ne fit qu'augmenter. Aujourd'hui on trouve à Melbourne les institutions politiques et sociales les plus élevées; une bibliothèque de plus de cent mille volumes est mise gratuitement, et sans aucune de ces formalités bureaucratiques de la vieille Europe, à la disposition d'un public, qui, dit Désiré Charnay, « entre sans billet, se sert si bon lui semble, remet le livre à sa place ou le laisse sur la table. » La colonie de Victoria affectait, en 1878, plus de 20 000 000 de francs à son budget scolaire, ce qui, pour sa population de moins de 900 000 habitants, équivaut, pour la France, à un budget de 900 000 000.

Le noyau d'anciens convicts amenés par Philipp était devenu une colonie d'honnêtes gens; la société australienne était arrivée à cet âge et à cet état social, qui sont incompatibles avec le rôle d'égout de la mère patrie; les convicts la gênaient et elle n'était déjà plus le milieu jeune, embryonnaire, qui convient à la refonte sociale d'un homme; en 1864 l'*antitransportation league* de Melbourne menaça donc d'une révolte, si on continuait à envoyer les condamnés en Australie : l'Angleterre céda, comme elle avait dû le faire avec le Maryland en 1781 et, le 10 janvier 1868, le *Houguemont* débarqua le dernier convoi de convicts. L'aversion que les colonies devenues adultes, après avoir, dans leur enfance, reçu des condamnés, ont pour les convicts, est tellement grande, que récemment le congrès des colonies australiennes, sortant d'ailleurs de la réserve qu'il aurait dû s'imposer, a cru devoir protester contre le projet avoué par la France de transporter ses récidivistes dans le Pacifique.

Jérémie Bentham avait donc tort, lorsqu'il se refusait à croire, qu'on pût, avec de mauvais bois, faire une maison solide; les mauvais matériaux peuvent servir, mais c'est à la condition, qu'on les emploiera dans une colonie naissante; une vieille colonie n'a pas plus besoin de *récidivistes* que la mère patrie elle-même!

Ce serait donc, encore une fois, mal profiter des leçons de l'expérience, que d'envoyer en Algérie les criminels incorrigibles qui encombrent notre société. Ce serait nuire à l'Algérie, sans profit pour les criminels, qu'il ne faut jamais désespérer d'amender, au moins dans leur descendance.

La plupart de ces criminels apportent, ainsi que je crois

l'avoir démontré dans un travail précédent (1), une organisation crânienne et cérébrale vicieuse; des mesures crâniométriques, auxquelles je me suis livré, il résulte pour moi, que les assassins sont nés avec des caractères, qui étaient propres aux races préhistoriques, caractères qui ont disparu chez les races actuelles, mais qui reviennent chez eux par une sorte d'*atavisme*. Le criminel, ainsi compris, est un anachronisme, un sauvage en pays civilisé, une sorte de monstre et quelque chose de comparable à un animal, qui, né de parents depuis longtemps domestiqués, apprivoisés, habitués au travail, apparaîtrait brusquement avec la sauvagerie indomptable de ses premiers ancêtres. On voit, parmi les animaux domestiques, des exemples de ce genre : ces animaux rétifs, indomptables, insoumis, ce sont les criminels. Évoquons, par la pensée, un de nos ancêtres préhistoriques et introduisons-le dans les rangs serrés et hiérarchisés de notre ordre social; ce sera un criminel. Le criminel actuel est venu trop tard : plus d'un, à l'époque préhistorique, eût été un chef respecté de sa tribu.

L'expérience nous montre que c'est perdre son temps, le plus souvent, que de chercher à combattre ce funeste atavisme, cette force puissante, qui fait remonter le cours de tant de siècles et qui laisse son empreinte jusque dans la forme des os; la société doit donc se débarrasser de cette note qui détonne dans l'harmonie sociale, mais elle peut aussi l'utiliser. Le moyen de faire produire quelque chose à cet obstiné sauvageon, sur lequel la greffe civilisatrice n'a pas pris, c'est de le mettre dans un milieu en rapport avec son état rudimentaire, c'est de renoncer pour lui à la culture intensive de la civilisation et de le replacer en pleine terre, dans les conditions primordiales de la naissance et du début des sociétés.

Supposez une île déserte, dans laquelle on déposerait tous ces hommes, qui sont encore, au XIXe siècle, des sauvages préhistoriques; qu'arriverait-il? Placés dans leur milieu na-

---

(1) *Étude anthropologique sur une série de crânes d'assassins*, par le Dr A. Bordier. G. Masson, Paris, 1881, et *Revue d'Anthropologie*, 1873.

turel, ils subiraient les rigueurs de la lutte pour l'existence, qui éliminerait d'abord les plus mauvais. Les plus forts, les plus courageux, les plus violents, les moins bêtes finiraient par l'emporter et par dominer. Sans doute ce ne serait pas une cité modèle le pays que je suppose, mais ce serait l'image exacte de toutes les sociétés au degré le plus bas de la civilisation, degré par lequel elles ont toutes passé, comme tous les êtres ont passé par l'état d'embryon. Ce serait la reproduction des sociétés qui existaient sur notre sol même, à l'époque préhistorique. Là tout serait livré au jeu des passions brutales et il n'y aurait d'autre droit que la force; mais, comme toutes les parties de cette société enfant seraient en harmonie entre elles et avec leur milieu, cette société infime bénéficierait de la loi commune à tous les êtres qui sont dans un milieu approprié, elle *évoluerait;* elle subirait les métamorphoses progressives que subissent tout être qui vit, toute société qui existe. Les nombreux archipels de l'Océanie, la Nouvelle-Calédonie, l'archipel Gambier, peut-être un jour Madagascar, la Guyane même et surtout le Maroni (mais une île est préférable) offriraient un territoire suffisamment grand, salubre et producteur, pour permettre l'évolution de la société ainsi semée. On trouverait là, sous le soleil ardent, assez de puissance et de chaleur pour faire, en quelque sorte, recuire à nouveau les parties manquées et restées informes de l'argile dont sont pétries les sociétés civilisées et, dans deux cents ans, nos successeurs verraient sortir de l'Océanie, comme aujourd'hui de l'Australie, une civilisation nouvelle. De vieilles familles de l'archipel Gambier ou d'ailleurs se vanteraient peut-être de dater de la naissance de la colonie, oubliant que leur aïeul avait passé plusieurs fois en cour d'assises pour viol, fausse-monnaie ou assassinat.

Au surplus Darwin, qui cependant se montre peu disposé à baser quelque confiance sur l'honorabilité des convicts, reconnaît lui-même que, « en vertu de ce qu'on pourrait appeler un progrès légal, il se passe dans cette population de convicts, bien peu de choses qui tombent sous l'application de la loi » et il reconnaît que la transportation « a réussi, dans une mesure plus grande qu'on pouvait peut-être l'espérer, comme moyen de donner à des criminels l'air d'honnêtes gens et comme moyen de convertir des vagabonds absolument inutiles dans un hémisphère en citoyens si actifs dans un autre hémisphère, qu'ils ont créé un pays magnifique et un grand centre de civilisation. »

§ 7. *Esclaves.* — Pour apprécier froidement quels ont été le rôle et l'influence de l'esclavage dans nos colonies, il faut, bien entendu, mettre de côté toute la rhétorique sentimentale qui roule sur la fraternité de l'homme *noir* et de l'homme *blanc*. La porte de l'émancipation étant toute grande ouverte, d'ailleurs, il est inutile de s'évertuer, comme si on voulait l'enfoncer. Ainsi étudié philosophiquement l'esclavage apparaît alors, lorsqu'on suit son évolution dans l'histoire, comme un véritable progrès social : le premier homme qui fut vainqueur dans son premier combat avec un autre homme, traita son ennemi, comme il avait coutume de traiter le gibier ; il le mangea. On ne s'amuse pas à faire des prisonniers et à laisser perdre une *jolie pièce*, quand on est nomade et qu'on ne mange pas tous les jours. Ce ne fut donc que lorsqu'une population fut devenue sédentaire et largement pourvue de réserves alimentaires, qu'elle put songer à employer l'ennemi vaincu à la satisfaction d'autres besoins que ceux de l'estomac. L'idée d'utiliser le travail du vaincu put naître alors dans l'esprit du vainqueur, qui prit le parti de le garder (*servare*) pour le faire travailler à sa place. Le mot serf, de *servus*, n'a pas d'autre origine. La guerre devint même une chasse à l'esclave ; elle n'avait pas d'autre but et, pendant longtemps encore, les armées s'approvisionnèrent de menottes et de chaînes avec autant de soin que d'armes de guerre ; elles étaient suivies de marchands d'esclaves, prêts à se faire recéleurs et trafiquants immédiats des captures trop nombreuses, un peu comme les armées modernes sont suivies de maquignons, qui s'emparent des chevaux échappés ou blessés et les revendent plus tard à gros bénéfices. C'est ainsi que l'esclavage se rencontre, comme un progrès, dans les premières étapes de l'évolution sociale; on voit alors, comme le dit Voltaire, « le très petit nombre enchaîner le plus grand ». Encore aujourd'hui, dans la plupart des grands États de l'Afrique, l'esclavage est la condition des quatre cinquièmes de la population; il est le sort non seulement des vaincus mais des coupables qui, voleurs ou adultères, rapportent ainsi au lieu de lui coûter, à la société qui les punit et se préserve de leurs méfaits. Il est même permis de remarquer, que la race la moins industrieuse, celle qui semble la moins faite pour inventer des machines, est précisément celle qui a pris l'habitude d'employer le plus grand nombre de bras serviles. Ce que nous regardons aujourd'hui, à bon droit, comme la manifestation d'un état social inférieur, n'en a donc pas moins été un progrès à son heure; n'admirons-nous pas l'institution de l'esclavage dans les si curieuses sociétés qu'ont su fonder les fourmis, ces Primates du monde des insectes? On sait que plusieurs espèces — *F. rufescens, F. sanguinea, F. strongylognathus,* — sont esclavagistes; elles font accomplir leurs travaux, relativement immenses, par d'autres fourmis, qu'elles se procurent par la guerre, laquelle est leur constante occupation et n'a d'autre but que d'approvisionner la société de nombreux travailleurs.

L'esclavage a d'ailleurs été partout le point de départ d'une division favorable du travail; l'Égypte, l'Assyrie ne nous auraient pas laissé tant de monuments gigantesques, je parle de ceux de la pensée aussi bien que des pyramides, des obélisques et des temples, si des armées de travailleurs n'avaient permis à un plus petit nombre le culte exclusif de la pensée. Aristote, comme Télécide, comme Cratès, rêvaient un âge d'or, où les esclaves seraient remplacés par des machines agissant d'elles-mêmes; mais en réalité l'absence de machines ne pouvait être compensée que par l'esclavage et par un état où la société, faisant flèche de tout bois, ne songeait qu'à utiliser le coupable ou le vaincu, *damnatus ad molam*.

Par un singulier oubli de leurs intérêts les Européens, lorsqu'ils découvrirent l'Amérique, n'eurent pas même le souci de *servare*, conserver les Indiens et de les réduire en esclavage à la façon antique; tout en les utilisant et même en les gaspillant dans les mines, ils songèrent surtout à les détruire, moins soigneux que la prévoyante fourmi. C'est là une négligence, à laquelle le nom de philanthropie ne saurait assurément convenir, car l'esclavage méthodique eût mieux valu pour les Indiens que la destruction sauvage dont ils furent victimes. L'esclavage n'en vint pas moins d'ailleurs déshonorer cette société, qui avait déjà franchi l'étape où cette institution peut être considérée relativement comme un progrès; il s'y infiltra, non plus comme manifestation d'une évolution qui amène chaque chose en son temps, mais comme une institution surannée, comme un anachronisme dicté par le plus bas des sentiments, l'appât du lucre.

Les Portugais s'étaient d'ailleurs de longue date, dans leurs relations avec les Maures, familiarisés en Afrique avec la vente des esclaves nègres. Dès 1464 il se vendait même des esclaves noirs en Portugal, à Lagos. Il s'en vendait un peu plus tard à Séville, à Madère, aux Canaries. En 1510 on envoyait déjà des esclaves africains à Saint-Domingue, en 1521 à Cuba; en 1517 Charles-Quint avait conféré aux Flamands le privilège de ce négoce; c'est même un navire hollandais qui, en 1620, amena le premier convoi de 20 nègres sur le continent même de l'Amérique, à James-Town.

Il est remarquable, et cela prouve bien quelle était la largeur d'esprit des fondateurs de la grande colonie américaine, que les États, qui devaient former plus tard les États-Unis, s'indignèrent d'abord de ce commerce et ne s'y prêtèrent que de mauvaise grâce. Jusqu'en 1749 la Virginie et la Géorgie refusent absolument d'acheter des esclaves; en

1776, même, la convention de Williamsbourg reproche à Georges III de se livrer à ce honteux trafic; mais les marchands anglais avaient trop d'intérêt à importer en Amérique un article, qui leur coûtait aussi peu cher que le nègre, pour ne pas insister; il est d'ailleurs si commode de se reposer, quand d'autres travaillent à votre place, que les colonies finirent par se laisser faire. Les deux Carolines devinrent le principal *marché aux noirs*. Enfin, tant est rapide la prise d'un mauvais pli, l'apport des nègres en Amérique prit une telle extension, que, dès 1790, le P. Dana estime à 1 601 302 le nombre des esclaves africains existant en ce moment en Amérique. Il n'ignorait pas que la mortalité des convois était énorme (environ 25 0/0) et que celle des nouveaux débarqués était encore de 25 0/0; il calculait donc que pour être arrivé à ce chiffre, il avait fallu en amener de 70 000 à 80 000 par an, soit, depuis l'origine, 20 000 000, ce qui, à 30 livres sterling par tête, représentait, disait-il, un capital de 600 000 000 de livres, soit 15 000 000 000 de francs.

On ne saurait s'étonner de l'effroyable mortalité des esclaves pendant la traversée, lorsqu'on songe aux conditions absolument contraires à l'hygiène, au milieu desquelles ils se trouvaient dans l'entrepont des navires négriers, ainsi qu'aux traitements barbares, que subissaient parfois les esclaves de la part même de ceux qui les vendaient, marchands aussi peu soigneux de leur cargaison, que ces camelots ambulants qui promènent dans les rues de Paris des cages basses et étroites, où sont empilés des chardonnerets pris la veille au filet dans les champs et destinés à mourir le lendemain. Le capitaine Perron nous a laissé le récit de la façon dont, à la côte d'Angola, les marchands d'esclaves savaient écouler leur marchandise avariée : « S'agit-il d'une simple hernie, le marchand d'esclaves, avant d'ariver au comptoir, s'arrête dans quelque endroit écarté; le malade est couché sur le dos; on le frappe sur le ventre à coups de baguette, jusqu'à ce que la hernie soit rentrée. Les femmes ne sont pas traitées avec moins de rigueur. Malheur à elles si l'âge a flétri leurs attraits! Lorsque leur sein, fatigué par les ans, a perdu son élasticité première, on y introduit un chalumeau, à l'aide duquel on souffle, jusqu'à ce qu'il ait repris ses formes arrondies. »

Les conditions dans lesquelles se trouvaient les Africains ainsi transplantés constituaient au surplus pour eux un milieu spécial, qui vaut la peine d'être étudié, si l'on veut se rendre compte du rôle que l'esclavage a joué dans nos colonies. On compare souvent l'action de l'esclavage sur l'homme à celle de la domestication sur les animaux; c'est là une erreur profonde : tandis que nos animaux domestiques sont l'objet de la part de l'homme de soins assidus qui, les faisant bénéficier de notre civilisation et de notre industrie, allongent la durée moyenne de leur vie, éloignent d'eux les maladies et augmentent surtout leur fécondité, les esclaves humains, soit qu'ils ne trouvent pas auprès du maitre commun la même sollicitude que l'animal domestique, soit que, comme certains animaux, l'homme ne soit pas domesticable, présentent une extrême mortalité et une très faible natalité : la vie moyenne d'un nègre esclave était de 10 ans à Cuba, de 16 ans à la Barbade anglaise ; la décoloration de sa peau, qui perdait son beau noir, était constante et elle tenait à un état de souffrance et d'anémie, non à un commencement de blanchiment physiologique, comme le prétendaient ceux qui croient que le climat d'Afrique fait un nègre d'un blanc et que nos climats peuvent faire au contraire un blanc d'un nègre. La population noire en Amérique ne subsistait d'ailleurs pas par elle-même; d'après Bryan Edwards, sa décroissance annuelle à la Barbade était de 2,50 %. Sur une population esclave de 80 000 têtes, la mort en prélevait chaque année 5 000. Il en était partout de même : à la Jamaïque le nombre des nègres, qui était 346 000 en 1817, était devenu 322 000 en 1829. A la Trinité il était de 26 000 en 1816 et de 21 000 en 1831; à la Dominique de 18 000 en 1817 il était devenu 15 000 en 1826.

L'esclave est toujours un travailleur détestable, car un homme ne travaille jamais bien, lorsqu'il n'a aucun intérêt au résultat de son travail ; mais l'esclavage eut pour les colonies une conséquence désastreuse : l'abondance des bras empêcha la recherche de tout progrès dans l'outillage industriel ou agricole. La charrue elle-même, que les colons français avaient importée dans nos colonies, disparut, lorsque Colbert eut autorisé la traite et ainsi réduit le prix de la main-d'œuvre ; la présence de l'esclavage rendit en outre le blanc horriblement paresseux : les Boucaniers, lorsqu'au XVIIe siècle ils ravagèrent les côtes de l'Amérique du sud, ne reconnaissaient plus les fiers Castillans dans ces hommes qui « se ruaient aux églises au moindre cri d'alarme ». Il était tellement rare, à l'époque où florissait l'esclavage, de voir un blanc travailler, que Lallemand raconte avoir été témoin de la stupéfaction d'une négresse, au moment où elle débarquait à Bordeaux avec ses maîtres ; en présence de ces hommes blancs qui déchargeaient les navires dans le port, elle ne pouvait croire ses yeux et ne cessait de répéter, comme si elle venait d'être témoin d'un phénomène miraculeux : *Ah! li blancs qui travaillent!* C'est qu'en effet le travail était devenu aussi impossible aux propriétaires d'esclaves qu'à ces fourmis esclavagistes, dont j'ai déjà parlé. Hubert prit un jour une trentaine de ces animaux appartenant à l'espèce *Polyergus rufescens* et les déposa seuls, privés de leurs esclaves, dans une boîte abondamment pourvue de nourriture. Les malheureux insectes ne purent manger ; plus de la moitié mourut de faim en deux jours. Il introduisit alors quelques esclaves, qui se mirent aussitôt en devoir de ranger les larves, de débarrasser plusieurs jeunes fourmis qui étaient sur le point de quitter l'état de puppes et d'alimenter leurs maîtresses survivantes : c'est qu'était survenue chez les fourmis esclavagistes, comme chez tous les parasites, la disparition des organes qui servent à l'individu à gagner sa vie. Que ferait de ces organes celui qui vit aux dépens d'autrui? Les mandibules avaient perdu leurs dents et étaient devenues des pinces, qui n'étaient plus bonnes qu'à faire la guerre pour se procurer des esclaves. Il en est de même de beaucoup de créoles, qu'une longue habitude d'être servis par des esclaves a rendus incapables de faire œuvre de leurs bras et même de leurs doigts; c'est ainsi, d'une manière générale, que toute classe sociale, qui en exploite une autre, finit, par un juste châtiment, par subir le sort qui attend tous les parasites : la dégénérescence !

L'esclavage eut encore une autre conséquence dans nos colonies : il a empêché la division du sol en favorisant les grandes usines agricoles, qui ne demandent que des capitaux et des bras et où l'on cultive exclusivement la canne à sucre. La culture de plus en plus répandue de cette précieuse plante contribua du reste, à son tour, à donner à la traite une extension de plus en plus grande. L'étroite union entre la culture de la canne et l'esclavage est si évidente, que les Hollandais, qui, eux, n'avaient pas besoin de beaucoup de bras, puisqu'ils se spécialisèrent de bonne heure dans la récolte des épices, abolirent la traite dès 1638 dans leurs colonies.

L'esclavage, qui avait d'abord trouvé quelque résistance à ses débuts, avait fini par prendre dans les colonies des racines si solides, qu'il fut plus difficile de l'abolir, qu'il n'avait été de l'instituer : tout le monde sait que c'est dès 1773 que Wilberforce fit paraître son premier pamphlet contre la traite, tentative suivie d'une seconde due en 1780, devant le Parlement, à Thomas Clarkson, puis d'une troisième faite par Wilberforce lui-même en 1787; on sait que ce n'est qu'en 1812 que la traite fut abolie dans les colonies anglaises; mais l'esclavage lui-même ne fut aboli en principe que le 1er août 1834. En France la Convention décréta d'enthousiasme son abolition, le 16 pluviôse an II, mais le navire qui apportait le décret aux colonies fut reçu à coups de canon. La traite ne fut abolie dans les colonies françaises qu'en 1830 et l'esclavage ne cessa qu'en 1848. La traite ne cessa au Brésil qu'en 1850, car en 1849 on importait encore 50 000 noirs; Cuba en recevait encore 30 000 en 1860.

Les gouvernements se préoccupaient beaucoup de la transition entre l'esclavage et la liberté; on cherchait à rendre cette transition douce et insensible, comme si, pour empêcher une chaîne de retenir un esclave, il y avait d'autre moyen que de la briser. L'Angleterre imagina de transformer les esclaves en apprentis laboureurs (*apprenticed labourers*) qui devaient travailler, pour 6 ans encore, au profit des mêmes maîtres. C'était, comme le dit Leroy-Beaulieu, promettre la liberté sans la donner et les noirs, insensibles au nouveau titre, obtinrent ou prirent leur émancipation définitive avant son échéance.

Les conséquences de l'émancipation furent du reste tout autres que le pensaient les colons : les colonies ne furent pas ruinées le moins du monde; elles gagnèrent au contraire une modification importante de la propriété, qui devint plus divisée : la culture de la canne devint moins générale; avec la petite propriété la culture vivrière prit naissance et répandit dans les colonies un bien-être, que son absence avait rendu jusqu'alors incomplet. Il se produisit surtout un phénomène, qu'il eût été aisé de prévoir, si l'on se fût plus tôt rendu compte de l'influence atrophiante de l'esclave sur le maître : l'industrie agricole prit un essor inconnu; forcés de ne plus compter sur les bras de l'esclave, les propriétaires eurent recours aux machines. On améliora les routes, on construisit des canaux ; des chemins de fer sillonnèrent la Jamaïque, la Barbade, la Guyane, la Trinité ; la besogne, qui était mal faite par trois hommes, fut exécutée par un seul et mieux que par le passé.

Quant aux esclaves, la conséquence de la liberté fut pour eux tout autre aussi qu'on le pensait: il ne manquait pas de propriétaires d'esclaves, qui gémissaient sur le sort qui allait être réservé à ces pauvres noirs, incapables de se suffire eux-mêmes et de se passer de la tutelle..... ainsi que des coups.

A supposer que la tutelle fût aussi indispensable qu'on le disait, raisonner ainsi c'était méconnaître que l'espèce humaine, comme l'a dit Voltaire, « aime mieux se pourvoir que dépendre et que les chevaux nés dans les forêts (?) les préfèrent aux écuries. » Ceux qui craignaient pour les noirs libres se trompaient en outre sur l'aptitude de la race noire : les esclaves de la veille sont devenus dès le lendemain propriétaires. On comptait en 1838, à la Jamaïque, 2 114 propriétaires de couleur ; ils étaient 7 340 en 1840. A la Guyane on a vu l'*association*, encore aujourd'hui si mal appréciée par les blancs, mise en pratique par les nègres : 150 ou 200 noirs s'associent pour acheter et exploiter en commun un domaine de 200 000 à 400 000 francs. En somme à la Guyane anglaise, déjà en 1840, de nombreuses familles nègres représentant un total de 15 906 individus libres avaient construit 3 322 maisons. Le nègre se trouve d'ailleurs tellement bien de la liberté, que la population noire augmente aux États-Unis et que même, dans certains États, elle dépasse numériquement celle des blancs. La population totale des États-Unis est de 50 000 000 de sujets. Or, parmi eux, on comptait, en 1870, 4 880 000 noirs libres et 6 577 151 en 1880 ; la population noire a donc augmenté de 35 % en 10 ans. Où sont d'ailleurs ces noirs ? Dans les États mêmes où ils travaillaient jadis comme esclaves, à la Louisiane, au Mississipi, dans la Caroline du Sud. Aux Antilles françaises les nègres sont aujourd'hui cinq ou six fois plus nombreux que les blancs ; ils se forment à la vie politique. Il y a là de quoi réjouir tous ceux qui s'intéressent aux colonies et je m'étonne de voir Leroy-Beaulieu, dont le livre sur la colonisation est si riche de matériaux, que j'ai d'ailleurs souvent mis à profit, se prendre à s'effrayer des progrès de la race noire dans les colonies. La vie politique, avec le suffrage universel, avec le jury, peut cependant seule effacer la vieille division des couleurs plus absurde encore que celle des castes. L'intelligence de la race noire se développe tellement sous l'action de la liberté, le fonctionnement cérébral s'élève tellement, que, par une conséquence forcée de cette loi qui veut que, plus on se sert d'un organe, plus les chances de maladie sont nombreuses pour lui, le cerveau des nègres libres est plus souvent malade que celui des nègres esclaves : l'aliénation mentale est chez les premiers beaucoup plus fréquente que chez les seconds. Ainsi tandis que la fréquence de l'aliénation mentale est de 0,76 pour 1000 chez les blancs, elle était de 0,10 pour 1000 chez les noirs esclaves et elle est de 0,71 chez les noirs libres.

L'abolition de l'esclavage n'a donc pas été seulement un acte de justice, elle a été un acte de bonne politique ; cette institution était non seulement une honte, mais de plus un anachronisme. La traite a-t-elle à l'heure actuelle complètement cessé? on dit que non. Un médecin distingué de la marine, le Dr Corre (1) s'exprime ainsi : « Il ne faudrait point se hâter d'admirer la conduite des Anglais, en ce qui concerne le traite et l'esclavage des noirs. C'est à tort qu'on a prétendu que le nègre était mieux traité dans les colonies anglaises que chez les Espagnols et chez les Français. » Quant au rôle des croiseurs, *protecteurs de l'Africain*, voici ce qu'en dit un autre de nos confrères de la marine (2), cité par le Dr Corre, qui ajoute : « J'ai pu vérifier par moi-même, à Nossi-Bé, sous quel mobile réel et de quelle façon s'exécute la surveillance des officiers britanniques. » « L'Angleterre, dit M. Carles, entretient sur la côte de Loango et du Congo un nombre considérable de croiseurs... Ces croiseurs, le plus ordinairement de marche rapide, sont parfaitement instruits de toutes les opérations qui se font en rivière et quand un négrier parvient à s'échapper à travers la croisière, avec son chargement humain, c'est qu'ils veulent bien le laisser passer, pour ne pas décourager un commerce auquel s'attache pour eux un intérêt qui n'est pas minime. Mais malheur au navire qui doit être pris par eux ! il n'a pas

---

(1) *Revue d'anthropologie*, 15 janvier 1882.
(2) Dr Carles, *De l'émigration*. Thèse de Montpellier, 1863.

plutôt fait quelques milles au large, qu'il soit passé de nuit ou de jour, qu'il voit à l'horizon un long panache de fumée : c'est le croiseur qui se précipite à tire d'aile, qui s'élance en vainqueur sur son pont, qui fait main-basse sur tout, mais principalement sur l'argent et les effets du capitaine et de l'équipage; puis, après avoir abandonné celui-ci et ses hommes dans une frêle embarcation, sans vivres, sans défense, exposés à mourir de faim sur le premier endroit de la côte où le jettera le vent ou le courant, reste possesseur de sa proie. Vous croyez peut-être qu'après ce trait de bravoure, jouissant du bonheur d'avoir fait tomber les fers de ces malheureux entassés pêle-mêle dans le navire, il va prendre celui-ci à la remorque, remonter avec lui la rivière et rendre ces noirs qu'il vient de délivrer à leur pays, à leurs familles? Erreur. Le noir, pour la délivrance duquel l'Angleterre a armé ses croiseurs, elle le confisque au profit de ses colonies! Il a seulement changé de destination : au lieu d'aller à la Havane ou dans l'Amérique du Sud, il a le droit d'aller travailler vingt ans et plus dans une colonie anglaise..... Il est vrai que le croiseur en tient un compte exact, car il touche par tête de noir ainsi délivré et acquis à son pays 5 livres sterling (125 fr.). Cette somme, partagée proportionnellement au grade, fait à ces officiers de la marine anglaise d'assez beaux bénéfices et explique parfaitement l'ardeur avec laquelle ils s'emparent des bâtiments... » J'ai tenu à citer les sources où j'a puisé ce document, tant il me paraissait grave et tant j'ai de peine à le croire exact; j'aurais même hésité à le reproduire sans l'autorité des noms, sous la responsabilité entière desquels je le laisse d'ailleurs. Aussi bien les efforts de Samuel Baker et de Livingstone prouvent assez que, si ces faits sont vrais, ils sont exceptionnels.

Au surplus la traite subsiste d'une manière plus ouverte non seulement dans le Soudan, mais dans toute la Mélanésie, sous le nom de *Labour Trade*. Les Australiens l'encouragent de toutes les manières et ne se heurtent même pas au sujet des *frères noirs* d'Océanie à la commisération qui est de mode pour les *frères noirs* d'Afrique. J'ai parlé plus haut du *Kidnapping;* le vol des enfants entre tribus de la Nouvelle-Guinée et leur vente comme esclaves sont des institutions quasi-régulières; l'esclave y est même, à proprement parler, l'étalon monétaire. Néanmoins les euphémismes, qui sont employés pour désigner ces sortes de transactions, prouvent assez, que ceux mêmes qui en vivent, les réprouvent et ils permettent d'espérer, que nous assistons à l'évolution dernière d'un phénomène social qui disparaît.

§ 8. *Coolies*. L'esclavage avoué a été ostensiblement remplacé par l'emploi habituel de ce qu'on nomme des *coolies*. Cette habitude disparaitra à son tour; elle est le dernier retranchement de la rapacité des races supérieures, mais après tout l'acheminement vers un état meilleur que le siècle prochain verra sans doute.

Dès le siècle dernier il s'était fait pour le Maryland une véritable *traite des blancs :* des racoleurs engageaient principalement en Angleterre et en Allemagne de pauvres diables, qui prenaient aux Etats-Unis le nom d'*Intented servants*, au Mexique celui de *Repartimentos* ou de *Encomidos;* ces hommes étaient libres, moyennant toutefois l'engagement, pour un temps déterminé, d'un service personnel auprès d'un maître qui pouvait donner ou refuser pour leur mariage un consentement indispensable et même les céder à un autre maître; c'était voisin de l'esclavage. Les *Intented servants* n'existent plus; ils sont remplacés par des engagés volontaires ou soi-disant tels, qu'on racole en Chine et dans l'Inde. C'est même une tribu de l'Inde, dont les membres, mélange de Bhils, d'Indous, de Radjpouts, exercent le plus souvent le métier de portefaix, la tribu des *Kôles* ou *Cooles*, dont le nom est devenu l'origine du mot générique de *Coolies* employé pour désigner ces travailleurs.

L'émigration chinoise, qui se fait en partie sous cette forme, préoccupe beaucoup, en ce moment, les économistes; elle est réelle et j'en ai parlé plus haut comme d'un phénomène avec lequel il faudra compter quelque jour; mais elle a été beaucoup exagérée, notamment par Hepwort-Dickson, en Angleterre. En réalité le dernier recensement des États-Unis a montré, que, dans cette population de 50 millions d'hommes, les Chinois comptaient pour 105 717 en 1880; il est vrai qu'ils n'étaient, en 1870, que 56 157. Ces émigrants ne sont pas, à proprement parler, des colons; ils ne présentent donc aucun avantage. Sobres, économes, vivant de peu, ils abaissent évidemment le prix de la main-d'œuvre sur le marché; quelques entrepreneurs s'enrichissent à ce métier, mais cela fait concurrence aux habitants du pays. C'est un peu le rôle qui est joué par les Piémontais dans nos départements du sud-est. En outre, ces Chinois retournent toujours dans leur pays, au bout de peu de mois; leurs compatriotes remportent même leur corps, lorsqu'ils viennent à mourir. Ils choisissent surtout les États qui donnent sur le Pacifique : ainsi la Californie, l'Orégon et la Nevada en comptent environ 90 000, tandis qu'on n'en trouvait, en 1880, que 942 dans l'État de New-York, 252 dans le Massachuset, 483 dans la Louisiane. Ces coolies ne sont pas toujours aussi volontaires qu'on se plaît à le dire, car, en 1857, la population de Canton s'indigna des manœuvres de racolage et décapita dix-huit Chinois qui passaient pour embaucher de gré ou de force pour la Havane. La même année le gouverneur de Sang-Haï protesta auprès des consuls des différentes nations contre les abus de ce recrutement. Dans plusieurs circonstances ce sont les coolies mêmes, qui ont protesté par la force : plusieurs révoltes de Chinois, jaloux de reconquérir leur liberté, ont éclaté en pleine mer, notamment sur la *Carméline* (de Bordeaux) en 1868, sur l'*Espérance* (de Nantes) en 1869 et sur la *Thérésa*, dont l'équipage fut massacré par les Chinois révoltés.

Les coolies indous appartiennent aux castes inférieures.

Partis misérables ils arrivent plus misérables encore ; le docteur Roubaud, qui eut l'occasion d'accompagner, comme médecin, un convoi de 478 coolies transportés de Pondichéry à la Pointe-à-Pitre, estime que la ventilation des transports est insuffisante et la nourriture précaire. Pendant ce long voyage, qui dura 107 jours, il eut 352 malades, soit 3220 journées d'hôpital, soit 30 malades par jour. Ces coolies sont de médiocres travailleurs ; il est, d'ailleurs, d'autant plus imprudent de ne pas apprendre à nous passer d'eux, qu'ils nous manqueront, le jour où cela plaira à l'Angleterre. Il lui suffira d'empêcher leur départ de l'Inde.

Tout le tort, que l'esclavage a pu faire aux colonies, les coolies le leur font au moins autant ; le trop grand nombre de bras à bas prix amène les mêmes inconvénients dans les deux cas : ainsi Maurice, qui n'avait jadis que 23 000 nègres esclaves, emploie aujourd'hui 94 000 coolies. La Jamaïque n'avait, en 1844, que 250 coolies ; elle en avait 1 735 en 1845 ; 2 515 en 1846. La Guyane a vu le nombre de ses coolies passer, dans le même temps, de 556 à 3 497, puis à 4 120 ; la Trinité a élevé le chiffre des siens de 220 à 2 083 et enfin à 2 076.

Aux Chinois et aux Indous ajoutons les Africains libres (?) dont l'Angleterre, depuis le 6 février 1843, ne permet, il est vrai, le départ que de Sierra-Leone, de Bonavista et de Loando et nous comprendrons que l'excès des bras est à la veille de faire aux colonies une situation comparable à celle que leur créait l'esclavage. De 1849 à 1855 seulement les colonies anglaises ont reçu 27 906 Africains, 26 533 Madériens, 2 170 Chinois et 151 191 Indous, soit 207 737 travailleurs sans racine dans les colonies ; ajoutons, qu'à certains points de vue, ces travailleurs ne valent pas les anciens esclaves noirs : ainsi tandis qu'on constatait jadis à la Réunion 1 crime pour 3 000 esclaves, on en constate aujourd'hui 1 par 60 Indous et 1 par 13 Chinois, soit 1 par 73 coolies.

A tous les points de vue cet emploi des coolies est donc

regrettable : la profusion des bras à bon marché empêche les progrès industriels et agricoles; Duval fait observer, avec raison, que la Réunion, qui, depuis huit ans, a dépensé 24 000 000 de francs pour se procurer tous ses coolies, aurait beaucoup mieux fait d'employer la même somme à perfectionner son agriculture. Cette immigration de misérables présente l'inconvénient de détourner de l'émigration dans les colonies des Européens plus actifs et qui ne demanderaient qu'à se fixer. Le seul avantage de ces coolies est qu'ils appartiennent à des races, qui, par leur facile acclimatement, sont précieuses dans les pays chauds ; elles le sont, il est vrai, moins que les nègres d'Afrique ; mais si on savait fixer ces colons, les Chinois surtout, on pourrait obtenir, de leur croisement avec les Européens, des métis, qui, au point de vue intellectuel, auraient des chances d'être bien supérieurs à ceux que le nègre peut nous donner.

CHAPITRE VI

Choix des colonies.

L'empirisme et l'histoire naturelle des sociétés. — Pays froids. — Pays chauds. — Altitude. — Le danger des pays chauds réside surtout dans l'impaludisme. — Pays chauds sans impaludisme ; ventilation. — Géologie. — Configuration géographique. — Climats locaux. — Époque du départ.

§ 1. *L'empirisme et l'histoire naturelle des sociétés.* — Lorsque l'on considère les places vacantes à la surface du globe, on n'a vraiment que l'embarras du choix pour décider d'un point de colonisation : on estime en effet à environ 1391 *millions* d'habitants la population totale de la planète; or l'Europe, l'Inde et la Chine, qui ne forment que 1/7 de la terre, contiennent les 3/4 de cette population, soit 946 *mil-*

lions, ce qui donne à ces pays environ 38 habitants par kilomètre carré; les 6 autres septièmes, qui ne contiennent par conséquent que le 1/4 de la population totale, quelque chose comme 445 *millions*, ont donc 1 habitant par kilomètre carré. Nous n'avons pas à craindre, que la place fasse de sitôt défaut à ceux qui voudront coloniser; mais encore faut-il faire choix d'un pays. Or, en semblable matière, l'empirisme a été jusqu'ici le seul guide. On a profité des occasions, sans méthode, sans plan arrêté d'avance, sans consulter cette science complexe, qui a nom l'*Histoire naturelle des sociétés* et qui aurait cependant appris à connaître, quel est le milieu qui convient le mieux à l'évolution coloniale de chacune de nos vieilles sociétés. Il ne suffit pas en effet de montrer beaucoup d'activité, de dépenser beaucoup d'argent et de prétendre à une politique coloniale; tout cela est perdu, si l'on ne s'inspire pas des conseils de la science. La colonisation ne peut être solide, que si elle repose sur l'hygiène et sur l'anthropologie, sur la connaissance des climats et sur celle des races. Mais, comme l'a dit Bertillon, « nos gouvernants, gens lettrés quelquefois, n'ont jamais eu la moindre dose d'esprit scientifique et, dans leurs déterminations, ils interrogent leur raison au lieu de s'informer de la raison des choses; quand il s'agit des hommes, les convenances biologiques sont le dernier de leurs soucis. »

La *colonisation scientifique* a cependant eu des précurseurs, qui, à défaut d'une science qui n'existait pas encore, se préoccupaient au moins de la méthode. En 1576 Richard Hackluyt, géographe éminent, qui fut de son temps l'oracle des navigateurs, recommandait à ses compatriotes de choisir, pour établir leurs colonies, un climat tempéré, une bonne situation maritime, de s'assurer que l'eau douce est bonne, que le pays n'est pas dépourvu de provisions ou de vivres, enfin qu'il renferme, et à proximité, du combustible et des matériaux de construction; à ce sentiment de l'hygiène et du confort, Bacon ajoutait, dans son *Essay on plantations*, qu'il ne fallait coloniser que sur un sol vierge et non sur une terre, qui ne peut devenir vacante que par l'extermination des indigènes. Le dernier de ces conseils n'est pas celui qui a été le plus écouté.

§ 2. *Pays froids.* — L'idéal des colons c'est un climat chaud ; l'*Eldorado* rêvé par tous les voyageurs est toujours sous les tropiques et il semble qu'il n'y ait rien à faire dans les pays froids. L'histoire nous apprend cependant le contraire : la Nouvelle-Écosse, qui, bien que sous la latitude de 45° comme la France, se trouve, comme le Danemark, sous l'isotherme de + 5° ou + 6°, a cependant été un terrain favorable pour les 500 émigrés français qui l'abordèrent en 1671, car le nombre de leurs descendants s'élève à 70 000. Il en a été de même au Canada : Sully, un des hommes cependant les plus utiles à la France que nous présente l'histoire, commettait donc une erreur, lorsqu'il disait : « Je mets au nombre des choses faites contre mon opinion la petite colonie, qui fut envoyée, cette année, au Canada. Il n'y a aucune sorte de richesse à espérer de tous les pays du Nouveau-Monde, qui sont au-delà du 40° de latitude. » La petite colonie avait cependant produit en 1760 plus de 70 000 rejetons et leur nombre est aujourd'hui de 1 600 000 ; elle s'est de 1844 à 1851 accrue de plus de 4,25 %.

Il y a cependant une limite à l'expansion de notre race aryenne vers le nord : bien que les Danois vivent encore sur la côte ouest du Groënland, les colonies, que les Scandinaves ont fondées à diverses reprises sur cette terre du froid, ont en effet disparu ; les jaunes Esquimaux vivent seuls à l'aise dans ces parages ; les Islandais eux-mêmes supportent mal le climat de leur île, car la mortalité est énorme chez eux et Ch. Edmond a constaté leur facies mou, éteint ; leur nombre décroît du reste et de 100 000 est descendu à 60 000. Les Russes s'acclimatent, il est vrai, dans le nord de la Sibérie, mais, outre que la population russe comprend déjà, par suite de mélanges antérieurs, un élément finnois, ils se croisent en Sibérie avec les femmes ougriennes et donnent ainsi naissance à une population métisse facilement acclimatée.

§ 3. *Pays chauds.* — Les pays chauds sont souvent moins propres à l'acclimatement que les pays froids. Vitruve avait déjà de son temps apprécié combien le déplacement d'un pays moins chaud vers un pays plus chaud est plus pénible qu'un déplacement équivalent mais en sens inverse, car il disait : *Quæ a frigidis regionibus corpora traducuntur in calidas non possunt durare, sed dissolvuntur. Quæ autem ex calidis sub septentrionum regiones frigidas, non modo non laborant immutatione loci valetudinibus, sed etiam confirmantur.* D'une manière générale la mortalité d'une race augmente, à mesure qu'elle se déplace vers l'équateur ; les Allemands, sauf dans certaines conditions spéciales que nous apprécierons tout à l'heure, échouent au sud de la Méditerranée ; leur mortalité est en Algérie de 49, tandis que celle des Espagnols y est de 34 ; les troupes anglaises ont à Malte une mortalité très supérieure à celle des troupes maltaises : les premières ont une mortalité de 15,3 pour 1000, les secondes en ont une de 9,5 pour 1000. La nature même des maladies diffère chez les Anglais et les Maltais ; ainsi les maladies gastro-intestinales sont 5 fois plus fréquentes chez les premiers que chez les seconds. Les Espagnols, les Portugais réussissent au contraire fort bien dans les pays chauds : à Cuba leur mortalité est moindre qu'en Espagne et le rapport des naissances aux décès est dans ce pays de 41 à 24 ; aussi la population s'est-elle élevée, de 1774 à 1861, du chiffre de 96 440 à celui de 793 484. Il est vrai que l'émigration a contribué pour une part à ce résultat. A Porto-Rico la population blanche, c'est-à-dire espagnole, a passé, dans la période 1851-1861, de 188 970 à 300 406. Quant aux Français, ceux du nord ne s'acclimatent pas dans les pays chauds aussi facilement que ceux du midi. Dans le choix des colonies on doit donc toujours tenir compte du point de départ de la race qui veut coloniser. Si vous voulez coloniser dans les pays chauds, adressez-vous aux Français du Midi, mais détournez ceux du Nord d'une entreprise pour laquelle ils n'ont aucune aptitude et dont l'insuccès serait assuré.

L'effet des pays chauds se caractérise d'une manière qui ne confirme pas les idées reçues en pareille matière; leur climat augmente le nombre et la gravité des cas de phtisie pulmonaire : ainsi à Malte les cas de phtisie sont, dans l'armée, deux fois plus fréquents chez les soldats anglais que chez les soldats maltais; nulle part les cas de cette maladie ne sont aussi fréquents chez les Anglais qu'en Australie et surtout qu'aux Indes, où, avec la fièvre intermittente et l'hépatite, cette maladie joue le principal rôle parmi les causes de décès.

Les pays chauds ont une action particulièrement funeste, lorsqu'ils ne présentent pas une sorte d'hiver ou au moins une saison relativement fraîche, pendant laquelle l'organisme des hommes du nord puisse se refaire et se reposer. Sous ce rapport notre Algérie présente des conditions très favorables; aussi la mortalité y diminue-t-elle chaque année, de décembre à mai.

Au dire des médecins hollandais, les femmes des pays du nord résistent encore moins que leurs maris, au climat des pays très chauds. Le Dr Overbeck de Meijer a remarqué, aux Indes, qu'elles perdent très rapidement leur fraîcheur et leur grâce; leur intelligence même semble s'y affaisser plus vite que celle de l'homme. Les médecins anglais ont également signalé dans l'Inde chez leurs compatriotes la fréquence des métrorrhagies et le grand nombre des avortements qui en sont la conséquence. Il y a là un argument de plus en faveur de la nécessité qui s'impose de favoriser le plus possible le mariage des colons du nord avec les femmes des pays chauds où ils se sont installés.

§ 4. *Altitude*. — Les Européens ont, du reste, un excellent moyen de vivre dans les pays chauds, c'est de combattre l'augmentation de chaleur due au déplacement en *latitude*, en cherchant dans un déplacement vertical, en *altitude*, une diminution proportionnelle de la température. Les médecins hollandais déclarent tous, que la culture est impossible à leurs compatriotes sous les tropiques, sauf sur les hauteurs; les Hollandais, qui cultivent le quinquina sur les hauteurs de Java, se portent en effet bien. Les Anglais, dans l'Inde, se réfugient pendant les grandes chaleurs dans leurs *sanitaria* des Nilghéries. A la Réunion les *petits blancs* ne sont prospères, que parce qu'ils vivent et cultivent sur les hauteurs. Il en est de même du plateau de l'Anahuac, au Mexique, et des plateaux du Liban, ainsi que des montagnes de la Kabylie où Tlemcem, Médéah, Sétif, Batna sont des localités saines et où les Alsaciens-Lorrains, qu'on a établis dans les villages de Tizi-Ouzou, Azib-Zamoun, Bou-Kalfa, réussiront peut-être à s'acclimater malgré la latitude trop basse pour eux.

§ 5. *Le danger des pays chauds réside surtout dans l'impaludisme.* — « Deux grandes questions, dit Bouchardat, dominent l'hygiène du séjour dans les régions tropicales : la misère et le *marais*. » Il est incontestable, en effet, que ce qui est surtout dangereux dans les pays chauds, c'est moins la chaleur en elle-même que les manifestations telluriques auxquelles elle donne le plus souvent naissance; c'est moins le ciel que le sol qui est redoutable. La santé des équipages à la mer se maintient bonne, même sous les latitudes équatoriales, et les maladies surviennent surtout, au moment où l'on s'approche des côtes et alors qu'on se place sous leur vent. Les colons eux-mêmes résistent assez bien, tant qu'ils ne veulent pas *colere*, cultiver la terre, la remuer, la retourner et mettre à nu les germes qu'elle contient. A la rigueur, disent les médecins hollandais, qui se sont beaucoup préoccupés de ces questions, les colons peuvent vivre à Java, mais à la condition de ne pas *cultiver* eux-mêmes, de ne pas *défricher* le sol. Ce n'est que lorsque le sol est depuis longtemps défriché, cultivé, que l'écoulement des eaux, leur absorption par les végétaux ont été assurés, que le marais disparaît et que le pays devient sain. En réalité les bases d'une colonie dans les pays chauds sont d'autant plus solides, qu'elles reposent sur un plus grand nombre de squelettes de *défricheurs* de la première heure !

La première enquête à faire avant la fondation d'une colonie est donc relative à l'existence ou à l'absence de marais et des manifestations pathologiques qu'ils provoquent chez les habitants, y compris les animaux. Les anciens ne manquaient pas du reste avant d'établir, ne fût-ce qu'un camp, dans une région, de sacrifier quelques animaux pour examiner leurs viscères. Les augures pouvaient rire entre eux du caractère religieux que le vulgaire donnait à cette cérémonie ou qu'on tentait de lui donner, mais au fond ces sacrificateurs relativement instruits cherchaient dans le foie et dans la rate des animaux le signe constant de l'impaludisme. De nos jours pas un boucher de la Sologne ne se trompe non plus sur la valeur des lésions de la rate, qu'il rencontre à l'abattoir. Vitruve, dans son traité *de Electione locorum salubrium*, approuve avec raison cet usage antique ; il recommande même d'examiner les plantes et il cite, à l'appui, l'exemple des deux rives du fleuve Pothérée, qui coule, dit-il, entre les villes de Gnosos et de Gortyne, en Crète. Les animaux qui paissent sur une des rives, ont une rate tuméfiée, tandis que ceux qui paissent sur l'autre, n'en ont pas l'apparence. Vitruve ne doute pas que cette immunité soit due à ce que sur la rive saine, on trouve une plante qui diminue la rate, *quod etiam asplenium Cretenses vocitant*. Les Crétois attribuaient à tort à la plante en question un pouvoir *direct* sur la rate, mais en réalité, la présence de cette plante, qui poussait dans un terrain où les animaux ne prenaient pas une grosse rate, prouve qu'elle ne se plaisait pas dans les terrains marécageux ; il suffisait donc de la rencontrer dans un endroit, pour présumer que cet endroit n'était pas marécageux. Ces consultations ne sauraient être trop demandées à la flore des pays où l'on se propose d'aller coloniser. C'est ainsi que lorsqu'on monte de la Vera-Cruz sur le plateau du Mexique, l'apparition du chêne vert indique que l'on a dépassé la limite de la fièvre jaune.

Si l'on peut être directement renseigné sur les maladies ou sur la mortalité du pays, cela vaut encore mieux ; ainsi le Dr Lombard a fait une remarque assez importante : « Recherchez, dit-il, la saison dans laquelle tombe le maximum des décès ; si c'est en été, tenez pour certain que le pays où s'observe ce maximum est essentiellement marécageux. »

Ces renseignements ont d'autant plus d'importance, que, je le répète, c'est à l'impaludisme que les pays chauds empruntent leur caractère pernicieux ; il me suffira d'en citer quelques-uns à titre d'exemple :

L'estuaire du Gabon est inhabitable même pour les nègres et cependant des envahisseurs à peau noire, les Pahouins, s'avancent vers lui par une migration progressive.

L'Égypte est incapable d'être colonisée par les Européens : le Dr Schnepf disait, au bout d'un long séjour en ce pays, ne pas connaître une seule famille européenne, qui ait prospéré et qui se soit propagée dans une suite de plusieurs générations. Avis aux Anglais ! L'impaludisme ne joue, du reste, pas ici le principal rôle et le ciel semble au moins aussi inclément que le sol ; un grand nombre des enfants européens y meurent de méningite. Méhémet-Ali, qui a eu près de cent enfants, n'en a laissé que deux adultes ; les nègres eux-mêmes ne s'y acclimatent pas.

La Côte-d'Or et Sierra-Leone sont pour les Européens un des climats telluriques les plus pernicieux. Pour le Dr Colin, le seul fait d'y résider constitue pour le soldat européen un danger aussi grand que l'invasion d'une épidémie très grave de fièvre jaune ou de choléra. De 1817-1837, la garnison anglaise de Sierra-Leone a donné pour 1 000 hommes 2 973 entrées à l'hôpital et 483 décès ; aussi les Anglais ont-ils fini par renoncer aux garnisons européennes et par adopter le système des contingents noirs; encore ceux-ci sont-ils eux-mêmes fort éprouvés.

Dans tous ces pays chauds, l'impaludisme, ainsi que l'a judicieusement montré le Dr Pauly, est dû au manque de ventilation. Certaines parties de l'Amérique centrale en sont surtout un exemple : ainsi la côte des Mosquitos et celle de Costa-Rica sont inhabitables pour l'Européen. La nature y est superbe, mais le climat chaud, humide, énervant, comme un parfum, n'est compatible avec aucun mouvement; dans toute cette partie de l'isthme de Panama le sol, le long du golfe du Mexique, est absolument horizontal, dans une largeur de 6 ou 7 lieues tout au plus et la côte aboutit, dans ce court espace, au mur abrupt des Cordillères, sur lequel se heurte l'alizé nord-est. Il résulte de cette disposition une véritable stagnation de l'air, qui reste calme et immobile. La même disposition amène le même résultat à Aspinwall, où les nègres seuls peuvent vivre. Aussi tout s'y vend-il cher, dit Élisée Reclus, car on n'a pas le temps d'attendre longtemps la fortune ; il faut se hâter de s'enrichir et d'aller jouir ailleurs, car le père qui amène là ses enfants, ajoute le voyageur, les tue aussi sûrement, que s'il leur plongeait un poignard dans le cœur. Le chemin de fer de l'isthme a coûté la vie de milliers de travailleurs, pour la plupart irlandais ; la panique s'empara des Chinois, qui se tuèrent et on prétend que les cadavres d'ouvriers sont aussi nombreux que les traverses de la ligne; en tout cas ce chemin de fer a coûté cher, environ 500 000 francs le kilomètre. On en peut dire autant, comme insalubrité, de Porto-Bello surnommé, malgré son site enchanteur, « le Tombeau des Espagnols ».

Dans l'Amérique du Sud Rio-de-Janeiro, dont l'air est rendu stagnant par la ceinture de montagnes qui met la ville à l'abri de l'alizé sud-est et qui d'ailleurs se trouve dans la zone des calmes, jouit également d'une assez mauvaise réputation. C'est d'ailleurs un des points les plus humides que l'on connaisse : l'hygromètre y est toujours à saturation, ce qui rend la chaleur encore plus insupportable.

Mais si nous voulons voir une colonie insalubre, parlons de l'Inde ou, du moins, de la plus grande partie de la presqu'île de l'Indoustan, pays mal ventilé, chaud, humide, impaludique et bien propre à maintenir la population dans cet état de mollesse légendaire, qui en a fait le jouet de tous les conquérants successifs, superposés dans ce pays sans jamais s'être acclimatés, jaunes et blancs, Mongols, Afghans, Européens, Anglais pour le moment. Deux régions de l'Inde sont particulièrement insalubres, l'une au pied de l'Himalaya, le Teraï, l'autre à l'embouchure du Gange, la région des Sonderbunds.

Le *Teraï* ou *Tariyana* est une bande horizontale, qui s'étend au pied de l'Himalaya, à une altitude de 900 pieds au-dessus du niveau de la mer; c'est la forêt impénétrable, la jungle, le marais. Au moment des grandes pluies l'atmosphère chaude et étouffante y est, dit un voyageur, plus pestilentielle que dans la célèbre grotte du Chien (Heber). Malheur aux Européens qui s'engagent dans cette zone de mort où règne un épais brouillard nommé *Oul* (le hibou) par les Indous! Les singes eux-mêmes s'enfuient d'avril à octobre; le tigre monte dans l'Himalya; l'antilope et le sanglier descendent dans la plaine.

La région des *Sonderbunds*, dans le delta du Gange, est une zone plate, au milieu de laquelle le grand fleuve étale à l'aise, sous le soleil de l'Inde, ses eaux qui charient des cadavres. La fièvre toujours, le choléra souvent y règnent sur une étendue de 55 lieues de long et de 20 à 30 de large; dans certaines saisons tout Européen est sûr d'y rencontrer la mort. Calcutta se ressent de ces conditions fâcheuses : la vie y est, pendant les grandes chaleurs, absolument impossible; on n'y dort qu'à grand renfort de punkas; on n'y mange que grâce au karri, au piment; on ne sait comment se soustraire au soleil, que V. Jacquemont appelait « l'ennemi public » et qui n'est caché que par un brouillard digne de Londres, qui donne aux poumons la sensation d'une étuve. Le sol y est tellement marécageux, que les édifices s'y fendillent, dit Heber.

Du reste, dans tout le Bengale, la mortalité est énorme; elle frappe notamment les enfants européens; ainsi, tandis que, en Angleterre, la mortalité des enfants de 0-5 ans est de 67,58 pour 1000, celle des enfants anglais dans le Bengale est, à cette période, de 148,10. De 5-10 ans la mortalité, qui est de 8,80 en Angleterre, devient 17,73 au Bengale; de 10-15 ans la mortalité, de 4,98 en Angleterre, devient 11,51 au Bengale. Quant aux adultes Tulloch assure, que, de 1823 à 1836, 23431 militaires européens ont donné 13596 cas de fièvre; il cite ailleurs, encore au Bengale, une troupe de 8700 hommes, qui, en 7 ans, présenta 4722 cas de fièvre.

Le Bengale ne jouit pas seul de ce privilège : à Madras la fièvre figure pour 50 °/₀ dans les maladies et à Bombay pour 40 °/₀ dans les décès.

On voit combien il importe de se méfier de ces pays enchanteurs, où les splendeurs de la végétation, l'intensité du soleil ravissent pour un instant nos yeux européens, mais où nous ne tardons pas à regretter nos climats plus *pratiques*.

§ 6. *Pays chauds sans impaludisme. Ventilation.* — Combien sont différents les pays, où une large ventilation modère la chaleur et empêche surtout les phénomènes paludéens de se produire !

D'une manière générale, et cela pour des causes diverses, l'hémisphère sud est incomparablement plus sain que l'hémisphère nord; l'impaludisme en particulier y est beaucoup moins fréquent. Pour donner une idée de la différence des deux hémisphères à ce point de vue, on a dit que la fièvre paludéenne était 200 fois plus fréquente au nord de l'équateur qu'au sud; ce qui est plus précis, c'est l'estimation du nombre de cas observés au-dessus et au-dessous de l'équateur chez les troupes d'un même pays : or les troupes anglaises et françaises présentent, au nord de l'équateur, 11 fois plus de cas de fièvre qu'au sud, premier point qui doit attirer dans ces dernières régions les émigrants en quête d'une colonie.

Voyez avec quel succès les Hollandais ont en effet colonisé dans l'Afrique australe ! Les Boërs de la république du Transvaal sont absolument acclimatés. Il en est de même de ces Français, qui, lors de la révocation de l'édit de Nantes, se réfugièrent à Constance ; voyez les Anglais qui, au Cap, par une température moyenne de $+18°$ à $+19°$, sont en pleine prospérité. Ils étaient 187 430 blancs au Cap, en 1865 ; en 1875, ils étaient 236 782. L'accroissement avait donc été de 49 352 en 10 ans. C'est que dans ce pays règne un vent sud-est dont l'influence est tellement appréciée, que les colons le désignent sous le nom significatif de *Médecin du Cap*. A Sainte-Hélène, à Maurice, à la Réunion, point ou peu d'impaludisme. Or la place ne manque pas encore dans l'Afrique australe ; c'est donc là qu'un peuple qui veut coloniser doit porter ses regards. On y trouve des régions de plaines et fertiles, comme la plaine de Karroo, au-dessus du Cap.

Dans l'Inde une contrée fait exception au sombre tableau que j'ai tracé plus haut, c'est le plateau du Dekkan, dont les terrasses superposées et rafraîchies par les brises de deux mers jouissent de tous les avantages des régions chaudes sans en avoir les dangers. A côté du cocotier, du manglier, du cannelier se trouvent le pin, le riz, les céréales d'Europe, nos arbres fruitiers et les prairies de la Normandie. Aussi est-ce au sein de sa population non amollie par le climat que la civilisation indoue a pris naissance.

Le Nicaragua, bien qu'à la faible altitude de 36^m, doit à la large ventilation, dont le fait bénéficier la disposition de la Cordillère, un climat excessivement sain quoique chaud. La chaîne de montagnes est en effet interrompue ici de place en place : au lieu de représenter, comme dans l'Amérique centrale, une muraille à pic, elle est constituée, en réalité, par une série de pics disséminés çà et là et séparés les uns des autres par de vastes couloirs, par de véritables plaines ouvertes, dans lesquelles le vent alizé du N.-E., le *Norte* s'engouffre, se précipite avec violence et qu'il traverse de part en part pour sortir sur le Pacifique. Grâce à ce vent régulier la chaleur est tempérée et les fièvres n'existent pas; aussi les Espagnols avaient-ils comparé ce pays délicieux au paradis de Mahomet; la population y est vive, alerte, amie des exercices du corps et diffère complètement des populations amollies des régions voisines.

C'est également grâce à la ventilation, dont jouissent les *Campos* de Pernambuco, que cette ville, quoique bien plus proche de l'équateur que Rio de Janeiro, doit son extrême salubrité : l'air y est vivifiant; aussi le *Sertao* de Pernambuco et de Bahia est-il à peu près le seul point du Brésil, avec Minas-Geraes, où les blancs puissent travailler la terre sans danger. L'état moral des *Sertanejos* se ressent de ces conditions: c'est, en effet, à Pernambuco que fut lancé le premier cri de l'indépendance du Brésil; c'est là que se livra en 1817 le premier combat entre les Portugais et l'armée insurrectionnelle, qui était surtout composée de *Lavradores* et de *Moradores*, tous laboureurs et petits colons d'origine européenne.

C'est de même à la ventilation, dont jouit le puerto de la Santissima Trinidad de Buenos-Ayres, comme l'avait nommé Mendoza, son fondateur en 1535, que ce pays doit l'excellence de son climat; bien que des milliers de cadavres de bœufs soient abandonnés à la putréfaction aux portes de Buenos-Ayres, comme à Montevideo, bien que d'immenses marais soient peu éloignés, le vent, qu'on a nommé dans ce pays le grand balayeur des miasmes, empêche l'existence de toute endémie.

Ces conditions avantageuses existent d'ailleurs dans toute l'immense vallée de la Plata : l'alizé du N.-E., au-dessus de l'équateur, l'alizé du S.-E. au-dessous soufflent avec continuité et se résolvent, pour tout le pays, en un vent d'est moyen, continu, qui, là comme au bord de la mer, donne aux arbres, d'ailleurs rares, de la pampa l'aspect rabougri qui les caractérise. Bonpland, qui a passé de nombreuses années à San-Borja, écrivait en 1849 : « Quoique cette petite ville se trouve bâtie entre l'Uruguay et d'immenses marais, elle est très saine. Depuis 1831 je connais cette ville, dont la latitude est de 28° 40' et, pendant ces 18 années, je n'ai vu que 2 cas de fièvre intermittente, qui ont cédé facilement à l'usage de la quinine. » Une des conséquences de la salubrité extrême de toute la vallée de la Plata, c'est le chiffe élevé de la natalité, qui est à la mortalité comme 2,50 est à 1. Les familles européennes y sont si bien acclimatées, qu'elles y ont de nombreux enfants : le nombre moyen des enfants par chaque ménage est en effet de 5,50 à Montevideo, de 5,25 à Buenos-Ayres, de 5,10 à Catamarca, de 6,10 à Tucuman, à Cordava de 7 chez les Hispano-Américains et de 8,75 chez les métis. On ne saurait donc trop recommander ce vaste et magnifique pays à l'émigration européenne. Du reste sa réputation ne saurait être mieux établie, que par les lettres que les émigrants ne manquent pas d'envoyer dans leur pays d'origine ; l'influence de ces rapports favorables se fait sentir chaque année davantage, car le nombre des Européens débarqués en 1872 à Montevideo et à Buenos-Ayres s'élevait à 37 000. Déjà les Basques français ont choisi cette voie et sont entraînés vers la Plata, comme par un courant naturel ; il serait à plusieurs points de vue préférable pour la France, que ce courant d'émigration de nos compatriotes se détournât à notre profit et vînt grossir notre colonie d'Algérie, mais ces sortes de courants humains ne sauraient être détournés par voie administrative ; ce qu'il y a de mieux à faire c'est de les utiliser, de les régler et, puisque l'instinct de nos populations pyrénéennes les pousse dans cet immense et fertile bassin, pourquoi les capitaux français ne trouveraient-ils pas leur emploi dans ce riche pays, qu'il ne s'agit que de mettre en valeur? Ce sont là des conquêtes pacifiques, qui ne demandent que des commerçants, des propriétaires et point d'armées, qui n'excitent point la jalousie des peuples voisins et qui ne leur portent aucun préjudice. Notre commerce trouverait là plus de 60 espèces d'arbres de construction, d'ébénisterie ou de teinture, des matières filamenteuses végétales, des huiles, le caoutchouc, le coton, le cacao, le café, le riz, l'indigo, le girofle, la muscade, le tabac, le sucre, etc..., sans parler des chevaux et des bœufs.

Le Dr Pauly signale d'ailleurs une entreprise, qui serait de nature à tenter un peuple commerçant : la plus grande partie de l'Amérique du Sud, depuis les Llanos de l'Orénoque jusque dans les plaines de la Patagonie ou au moins jusqu'à l'embouchure de la Plata, constitue, en réalité, une seule et unique vallée de 60° de longueur, au milieu de laquelle on ne rencontre d'autre relief du sol que le plateau des Parécis, dont l'altitude ne dépasse pas 300^m. C'est de ce plateau que sort le Paraguay. Sur un de ses contreforts se fait la ligne de partage des eaux, qui se rendent les unes au Midi par le Paraguay et la Plata jusqu'au 35° lat. Sud, les autres au Nord, par le R. Madeira, dans le fleuve des Amazones, presque sous l'équateur même. Or, précisément à ce point de séparation, à 38 lieues de Guaporé, par 16° 31' lat. S. et 16° 18' long. O., deux sources jaillissent à *trois* mètres de distance l'une de l'autre : l'une forme le Rio-Alegre, qui va se jeter dans le Jauru affluent du Paraguay, l'autre forme le Rio Aguapey, qui va se jeter dans le Guaporé affluent de la Madeira, laquelle va se jeter à son tour dans l'Amazone. D'ailleurs le Rio-Alegre et le Rio-Aguapey sont navigables dès leur naissance et, au point où tous deux commencent à l'être, ils ne sont séparés que par une bande de terre de 6 470 mètres. Il suffirait donc de couper ce petit isthme, pour faire en réalité communiquer les eaux de l'Amazone avec celles de la Plata et, comme les eaux de l'Orénoque communiquent elles-mêmes avec celles de l'Amazone, il suffirait de percer ces 6 000 mètres, pour permettre à un bateau à vapeur d'entrer dans l'Orénoque et de sortir par l'embouchure de la Plata, après avoir parcouru pendant 3 000 lieues le pays le plus riche et le plus fertile du monde. Il y aurait là, pour le commerce de l'Amérique du Sud et de la nation dont les enfants accapareraient pacifiquement, par une loyale concurrence, l'exploitation de ces magnifiques régions, une source de richesses incalculable! Cette idée avait du reste déjà tenté, en 1773, le gouverneur de la province Matto-Grosso, Albuquerque; il se proposait de creuser un canal, mais l'entreprise ne réussit pas.

§ 7. *Géologie.* — On ne saurait trop, avant de faire choix d'un point à coloniser, s'enquérir des conditions géologiques qu'il présente. C'est ainsi que le plus ou moins de perméabilité du sol et du sous-sol décide du caractère marécageux ou non, que pourra présenter un pays; les sous-sols argileux, qui retiennent l'eau à une faible profondeur, sont particulièrement mauvais, surtout si l'argile est recouverte d'un sol perméable, qui laisse remonter les vapeurs de bas en haut.

Un grand nombre de voyageurs s'accordent pour reconnaître aux sols très ferrugineux un caractère qui les rend, dans les pays chauds, propres à la malaria. Sir Ranald Martin, entre autres, signale, dans l'Inde, comme provoquant la malaria, la *latérite* de M'Clelland, argile rouge très ferrugineuse, qui abonde notamment dans les provinces d'Orissa, de Midnapour, de Sumbhulpour et au Bengale. La même remarque a été faite par Steyne à Hong-Kong; Featherstonhaugh a signalé la même coïncidence aux États-Unis, dans l'Arkansas. La même remarque a été faite à Sierra-Leone, à Freetown et même en Algérie. On ne s'explique guère comment agit ici le fer. Sans préjudice des autres modes d'action qu'il peut présenter, il a, du moins, dans les pays chauds, l'extrême inconvénient d'être un excellent conducteur de la chaleur, ce qui doit, pendant la nuit, augmenter l'intensité toujours dangereuse du rayonnement tellurique.

Mais les colons s'occupent peu de géologie et lorsqu'ils en font, c'est à la façon de M. Jourdain, sans le savoir mais alors avec excès. Si la recherche du charbon les occupait seule, cet excès ne serait pas à craindre ; mais, surtout autrefois où l'on méconnaissait toutes les qualités précieuses de cette pierre, les colons ne cherchaient que les autres *pierres précieuses*. Déjà cependant Bacon les en détournait : « Qu'on se méfie, disait-il, des métaux précieux, parce que l'appât de la loterie détourne le colon des longs et patients travaux. » Conseils peu écoutés ! Les colons modernes n'ont encore que trop de tendance à mettre tout ce qu'ils ont de force et d'épargne à cette loterie cependant toujours décevante ; ainsi, lorsque près du Cap, chez les Griquas, on découvrit les mines de diamants de New-Rush et de Kimberley, les travailleurs se ruèrent positivement dans ce pays jusque-là désert ; le colon laissa sa charrue, l'employé abandonna son bureau, tous voulaient du *diamant du Cap*. En quelques années il se forma une véritable ville avec six églises, deux salles de bal, un cirque équestre, tout ce qu'il faut, comme on le voit, pour répondre aux goûts des amateurs les plus divers ; mais, comme plus on trouvait de diamant et moins le diamant valait cher, l'enthousiasme croula. D'un autre côté il est difficile de reprendre la charrue dans les champs ou la plume au bureau, lorsqu'on a quitté l'une ou l'autre ; les gisements aurifères de Leydenberg, dans le Transvaal, vinrent donc à point : même enthousiasme, suivi d'ailleurs d'une même déconvenue. Cependant le diamant avait eu le temps de remonter ; on revient donc maintenant à Kimberley, mais les riches plantations, les belles cultures ont dégénéré, depuis que le laboureur a renoncé à faire produire des monceaux d'or à la terre fécondée par son travail, pour se borner à ramasser, sans autre effort que la peine de le faire, les quelques parcelles de ce métal qu'elle contient.

Partout, du reste, le désir immodéré d'une fortune rapidement et facilement faite produit les mêmes résultats regrettables : il y a quelque temps les colombes voyageuses (*Ectopistes migratorius*) se sont abattues dans l'Ozark-County, à Missouri ; des millions de ces oiseaux ont été tués et envoyés à Saint-Louis, à Chicago, à Kanzas-City et autres villes ; une grande quantité ont été pris et mis dans des cages, grossièrement construites, pour y être engraissés et vendus plus avantageusement. Attirées par cette aubaine, beaucoup de familles des environs ont quitté leurs fermes, négligeant leurs propriétés, pour venir s'installer sur les lieux et s'y livrer à la chasse et à l'élève de ces oiseaux ; quelques-unes ont gagné jusqu'à 30 dollars par jour. Précédemment, ces colombes avaient niché à Oregon-County, et les fermiers en avaient vendu pour environ 150 000 dollars. La paresse et l'amour de l'argent pousseront, sans doute, toujours les hommes à lâcher la proie pour l'ombre.

§ 8. *Configuration géographique.* — Le sort d'une colonie dépend souvent de la configuration du sol, où elle a été fondée. Un grand nombre des établissements des Européens dans les pays chauds ont eu contre eux la Fortune, parce que ceux qui avaient choisi leur emplacement, s'étaient laissé séduire et guider par l'amour du pittoresque : on cherchait une vallée riante, sans songer aux effluves marématiques que cachait sa plantureuse végétation ; on choisissait un havre commode et bien abrité des vents, sans se douter que ces conditions même en faisaient un repaire de fièvre jaune. Le nom de Porto-Bello donné jadis à un port éminemment malsain prouve qu'en le choisissant, on se préoccupait plus de l'agréable que de l'utile.

Il est, au contraire, certaines dispositions géographiques particulièrement précieuses pour une colonie : l'Inde, qui a tant d'inconvénients, présente au moins cette qualité. L'espèce de triangle qu'elle forme, assure en effet à la population qui la possède, par l'Indus un débouché sur la Perse et l'Arabie, par le Gange un débouché sur la Malaisie et la Chine ; toute la base de ce triangle est garantie contre les invasions par des chaînes de montagnes; quant aux deux côtés, ils sont peu abordables : celui de l'est, notamment, est défendu par le ressac du golfe du Bengale. Deux portes faciles à défendre permettent seules l'entrée de ce triangle : l'une, située au nord-est, est la vallée du Brahmapoutra, qui contourne l'extrémité orientale de l'Himalaya; c'est par elle qu'à une époque reculée sont entrées les populations jaunes du Tibet. L'autre ouverture au nord-ouest est constituée par plusieurs passes entre Caboul et le défilé de Bolan. La puissance qui est maitresse de l'Afghanistan domine ainsi l'Inde; c'est par là, du reste, que les Afghans, les Grecs, les Scythes, les Turcs, les Persans, les Aryans se sont tour à tour rués sur ce pays.

§ 9. *Climats locaux.* — Ce serait méconnaître les principes qui doivent guider dans le choix d'une colonie, que de croire qu'il suffit de s'appuyer sur eux d'une manière générale pour pouvoir préjuger sûrement d'un pays quelque peu étendu. Sous réserve des lois générales, qui semblent résulter de la considération d'un grand nombre de faits, il faut au contraire ne pas perdre de vue, qu'il y a des climats locaux. C'est trop de dire : l'Algérie est saine ou malsaine; il faut dire: telle partie est saine, telle autre l'est moins. Déjà de son temps Boudin (1857) y avait constaté que, sur 169 localités, 55 accusaient un excédent de naissance. C'est également trop que vouloir juger la Guyane en bloc; il faut préciser de quel point on parle. La France elle-même est un pays sain; il y a cependant quelques-unes de ses régions, qui sont très malsaines; l'Italie est saine, mais les Marais Pontins ne le sont pas. La Guadeloupe, dans son ensemble, présente un excédent des décès sur les naissances; il s'élève à 0,46 pour 100, mais la Guadeloupe comprend 31 communes et le Dr Walther a montré, que dans 15 d'entre elles, le nombre des naissances dépassait, au contraire, celui des décès : la Basse-Terre, la Pointe-à-Pitre, la Pointe-Noire sont des pays sains ; Marie-Galante a 3 communes, dont 1 seule est malsaine.

§ 10. *Époque du départ*. — Le colon doit arriver dans son nouveau pays, dans la saison pendant laquelle le climat s'éloigne le moins de celui qu'il quitte ; si, par exemple, le colon part d'un pays tempéré et qu'il émigre vers le Nord, il devra arriver au commencement de l'été ; s'il émigre vers les régions tropicales, il devra s'arranger de manière à arriver à la fin de l'*hivernage*, saison humide et chaude qui correspond au passage au zénith du soleil et de l'anneau de nuages dû à l'évaporation qui le suit d'un tropique à l'autre. Si le colon change d'hémisphère, il ne devra pas perdre de vue, que les saisons de l'hémisphère boréal sont précisément inverses à celles de l'hémisphère austral : il faut donc arriver en décembre ou janvier au Sénégal, dans l'Inde, en Cochinchine, aux Antilles ; il faut, au contraire, arriver aux mois de juin et de juillet à la Réunion, à Maurice, et dans tout l'hémisphère sud.

CHAPITRE VII

Hygiène coloniale.

Hygiène individuelle. — Hygiène publique. — Hygiène sociale.

Ce serait vainement qu'on se serait pénétré des données scientifiques qui doivent présider au choix du colon, comme à celui d'une colonie et des règles qu'on doit observer vis-à-vis les indigènes, ce serait en vain qu'une nation chercherait à améliorer son sort en suivant une politique *scientifique*, si, par mépris ou par ignorance de l'hygiène, les colons venaient faire naufrage au port ; or l'hygiène (de ὑγιεινὸς, *sain*) est l'ensemble des données scientifiques, qui assurent la *santé* non seulement aux individus considérés isolément mais aux individus réunis en sociétés ; c'est la science, qui permet de rendre *sain* et fécond le milieu où doivent vivre ces individus et j'entends par ce mot *milieu* non seulement le sol, où doivent évoluer les sociétés, mais la faune et la flore au moyen desquelles elles augmentent leur empire ainsi que leur puissance, mais aussi l'ensemble de leurs institutions, leur *milieu moral*, dont l'état plus ou moins parfait décide de leur perfectionnement, de leur évolution continue ou de leur dégénérescence. Le mot hygiène ainsi compris embrasse, dans ce cas particulier, tout ce qui peut donner la force et la vigueur aux hommes, aux produits, aux institutions de nos colonies et à la colonie elle-même.

I

HYGIÈNE INDIVIDUELLE

Genre de vie. — Habitation. — Vêtements. — Alimentation.

§ 1. *Genre de vie.* — Le premier effort du colon doit consister à modifier ses habitudes, de façon à les rapprocher le plus possible de celle des indigènes.

L'exercice, dans les pays chauds, est absolument indispensable ; aussi Armand Reclus parlant de la vie qu'on mène à Panama a-t-il soin de dire : « Le premier devoir de l'homme qui veut conserver son énergie physique ou normale, c'est de déclarer la guerre au hamac ; le hamac c'est l'ennemi. » Éviter tous les excès. Vénus, de composition souvent facile dans les pays chauds, où la nature du costume voire même son absence rendent les bonnes fortunes fréquentes, est particulièrement redoutable pour l'Européen.

§ 2. *Habitation.* — Le Dr Nielly a bien résumé l'ensemble des préceptes qu'il importe de suivre aux colonies chaudes : la maison du colon sera construite, autant que possible, sur un terrain sec, dans un lieu relativement élevé, exposé au vent le plus fréquent et le plus frais ; un rez-de-chaussée en pierre évitera l'absorption de l'humidité du sol pendant les pluies chaudes de l'hivernage ; les fenêtres seront disposées de manière à pouvoir obtenir une bonne aération ; elles seront munies de jalousies ou de persiennes ; la couleur blanche des maisons est utile : augmentant la chaleur réfléchie par la maison elle diminue d'autant celle des appartements. Une salle de bains et surtout des appareils d'hydrothérapie devront être disposés dans la maison, car l'eau froide et l'exercice sont les deux sauvegardes du colon européen dans les pays chauds. Les plus grands soins devront être apportés à la construction des égouts et à l'écoulement des vidanges. Cela est d'autant plus indispensable, que le pays est plus chaud.

§ 3. *Vêtements*. — Il n'y a point ici de petit détail ; tout est important et l'avenir d'une colonie peut dépendre d'une question de tailleur. C'est surtout lorsqu'il s'agit d'une expédition militaire, alors que toute infraction individuelle à l'hygiène est, au nom du règlement, multipliée par le nombre des hommes de l'effectif, qu'il importe de regarder jusqu'au « moindre bouton de guêtre ».

La forme du vêtement a son importance : un costume trop serré expose dans les pays chauds à être victime de cet état d'asphyxie consécutif à l'hyperthermie sanguine et à la gêne de l'hématose, qui a nom le *coup de chaleur*. Les soldats qui marchent en rangs serrés et pesamment chargés y sont particulièrement exposés ; de là l'indication d'espacer les hommes en marche dans les pays chauds. Par une des plus chaudes journées de l'Inde on célébrait les funérailles d'un officier supérieur ; les hommes du 68ᵉ de ligne avaient été mis sur pied, en grande tenue de parade ; ils se tenaient raides et boutonnés, comme s'il se fût agi d'un défilé à Londres ; mais pendant la cérémonie, 3 soldats tombèrent morts et 15 durent être transportés à l'hôpital. C'est pour la même raison, qu'à la prise de Chin-Kiang-Foo, le 98e de ligne anglais eut 15 hommes tués sur place par le *coup de chaleur*, tandis que le 49e de ligne et le 18e Irlandais, à qui on avait permis d'ouvrir les tuniques et dont les hommes étaient peu chargés, n'eurent pas un seul mort.

Le casque blanc adopté par les Anglais en Afrique et même par les simples touristes, à l'époque des vacances, est de rigueur dans les pays chauds.

La nature du tissu n'est pas non plus indifférente. Les expériences de Coulier montrent d'ailleurs que la rigueur scientifique n'est jamais déplacée, même dans les questions qui semblent banales. Il prit plusieurs thermomètres préalablement comparés entre eux : les uns étaient exposés simplement au soleil ; les autres, placés à la même exposition, étaient recouverts de tissus divers, superposés les uns aux autres, mais dans un ordre différent : les uns étaient recouverts de laine qui touchait le verre, sur laquelle était superposée une étoffe de coton ; les autres, au contraire, étaient habillés de coton en dessous et de laine en dehors. Or les thermomètres habillés de laine en dehors indiquaient 7° de plus que le thermomètre nu ; la différence variait, d'ailleurs, suivant la couleur de la laine. Il ressort donc de ces expériences minutieuses, que le vêtement extérieur, celui qui est, pendant la journée, directement en contact avec l'atmosphère, doit être en coton et qu'il ne doit pas être en drap.

Il n'est ici question que de l'action du tissu sur les rayons lumineux et calorifiques, mais il importe aussi de tenir compte de l'état hygrométrique. Or deux morceaux d'étoffe, l'un de drap, l'autre de coton, placés dans l'eau montrent que le drap absorbe, à poids égal, 2 fois plus d'eau que le coton et, à surface égale, 4 fois plus. Il importe donc d'appliquer de la laine directement sur la peau toujours mouillée de sueur. Pendant les nuits à rayonnement considérable il importe également, que ceux qui sont exposés à être dehors, puissent jeter sur leurs épaules et par-dessus leurs autres vêtements une étoffe de laine. Le Dr Nielly, à qui j'emprunte tous ces détails, les confirme d'ailleurs par son expérience personnelle des pays chauds. Au surplus les Arabes, les Indous se conforment à ces principes sans en avoir la théorie. Néanmoins, en raison de l'effet désagréable produit sur la peau par la flanelle, le Dr Nielly s'accommodait sur la peau d'un gilet et d'un caleçon de coton ; la chemise elle-même doit être en coton, jamais en toile.

La couleur complique encore ici la question : ainsi les thermomètres que Coulier habillait de drap marquaient, je viens de le dire, 7° de plus que les autres en moyenne, mais le drap garance élevait moins la température que le drap gris-fer bleuté pour capote. On peut, en somme, sous le rapport de l'absorption de la chaleur, toutes choses égales d'ailleurs, relativement à la nature du tissu, classer les couleurs dans l'ordre suivant : noir, bleu, brun, vert, rouge, jaune, gris, blanc. Il est bon de remarquer que le bleu et le rouge, mais surtout le bleu, sont les couleurs les plus usitées dans notre armée ; il importe donc, pour une expédition dans les pays chauds, de mettre de côté cet uniforme absolument mal approprié aux circonstances.

§ 4. *Alimentation.* — C'est en semblable matière, qu'il importe de se débarrasser des habitudes qu'on avait dans le pays qu'on vient de quitter. « Quand Tu mangeais comme moi, Tu bien portant, disait un nègre du Sénégal à un de nos officiers ; à la place de Tu je mangerais pas aliments d'Europe. » Il importe surtout de ne jamais boire que de l'eau préalablement filtrée ; c'est en effet dans l'eau que se trouvent les germes d'un grand nombre de maladies des pays chauds (1), la filaire, la diarrhée de Cochinchine, la dysenterie et bien d'autres encore. Le Dr Catrin raconte qu'en Tunisie, sur

---

(1) Je renvoie le lecteur pour tous ces détails à mon livre: *la Géographie médicale*, par le Dr A. Bordier. Paris, Reinwald, 1884.

un des côtés d'une ligne de chemin de fer, où l'on réussit à procurer aux ouvriers et aux employés de bonne eau potable, les cas de dysenterie observés précédemment diminuèrent immédiatement, tandis que la maladie persista du côté opposé de la ligne, où l'on continuait à boire de l'eau mauvaise. Les eaux minérales de table, bien captées, sont très précieuses à ce point de vue dans les colonies. L'usage des décoctions diverses qu'emploient les indigènes est également excellent, moins par la nature même de la décoction que par le fait même de l'ébullition de l'eau. On ne saurait cependant trop recommander, dans l'Amérique du Sud, l'usage de la yerba maté (*Ilexparaguaiensis*), de la coca (*Erythroxylum coca*), ainsi que dans les Indes celui du *Piper methysticum*, qui entre avec de nombreux ingrédients dans la composition du bétel et dont on pourrait faire, avec le *noix d'arec* et le *cachou*, la base d'une préparation qui serait très utile en Cochinchine à nos colons ainsi qu'à nos troupes, pour tonifier la muqueuse digestive et agir sur son contenu comme parasiticide. Le thé, le café, sont, le dernier surtout, des breuvages excellents.

Un des écueils de la vie oisive, qu'on mène souvent dans les pays chauds est l'*alcoolisme*. D'après le Dr Bolot, commandant d'une compagnie de discipline à Grand-Bassam, un dimanche met toujours plus d'hommes à l'hôpital, que trois journées de travail en plein soleil. Les Anglais ont, à leur grand préjudice, transporté dans l'Inde leurs habitudes de viande saignante et d'alcool, mais cette substance joue sous le climat torride un rôle encore plus dangereux que dans les brouillards de Londres. Il est vrai que l'idée fixe de l'Anglo-Saxon c'est de se donner du ton ! L'habitude qu'on a dans les colonies de parler à chaque instant de la fièvre et du quinquina, le culte très légitime qu'on y professe pour l'écorce du Pérou ont, en outre, donné naissance à une sorte d'alcoolisme pharmaceutique et pseudo-hygiénique, qui consiste à offrir à tout venant un *madère au quinquina* ou un *quinquina au madère*, selon qu'on croit avoir plus de chances de convaincre le buveur ou le fiévreux. C'est parce que l'hygiène est très sévèrement imposée aux ouvriers, surtout en ce qui touche l'alcoolisme, que la mortalité des chantiers de l'isthme de Panama, qu'on perce actuellement, a diminué depuis le début de 25 pour 100 et a fini par se réduire à ce qu'elle est en Europe. A ceux qui seraient tentés de regarder comme puérils les préceptes que je viens d'exposer très sommairement, il me suffira du reste de répondre par l'exemple si instructif de la guerre que firent récemment (1874) les Anglais au pays des Ashantis, sur la côte occidentale d'Afrique, expédition modèle, dont le général en chef, avec une impartialité que les combattants n'ont pas toujours, dans l'armée, pour leurs auxiliaires, a pu dire : « C'est une guerre d'ingénieurs et de médecins. » Au début les Anglais n'avaient pas été heureux : un détachement de 110 hommes amenés d'Angleterre avait rapidement donné 12 décès et 77 rapatriements. Ce n'était pas encourageant ; mais nos voisins ne se découragent jamais : ils profitèrent de la leçon et se promirent de faire mieux. 1828 hommes furent alors envoyés tout habillés de serge grise avec peu de bagages ; des ordres sévères furent donnés sur tout ce qui est relatif à l'hygiène ; chaque homme avait dans sa poche un petit filtre ; le service des médicaments et des ambulances, celui des évacuations étaient merveilleusement préparés. Grâce à ces précautions la maladie ne tua que 7 officiers et 31 soldats marins.

II

HYGIÈNE PUBLIQUE

Organisation du service médical dans les colonies. — Préparation et assainissement du sol. — Acclimatation des animaux et des plantes.

I. ORGANISATION DU SERVICE MÉDICAL. — Toutes les mesures d'hygiène individuelle demeureraient insuffisantes dans un pays neuf, où tant de causes inhérentes au climat, au sol, au milieu nouveau contribuent à répandre un grand nombre de maladies sur des races inégalement résistantes, qui se trouvent pour la première fois peut-être en contact, si, par une organisation prévoyante du service médical, on n'apportait à l'assainissement des hommes autant de soins qu'à l'assainissement du sol. On devrait s'inspirer de ces paroles du Dr Bonnafont, ancien médecin principal de l'armée d'Afrique : « Un pays une fois conquis, l'ennemi une fois refoulé et vaincu, l'hygiène devrait être la question *dominante*, tandis qu'elle ne vient que comme accessoire au milieu des exigences militaires et administratives, comme si la santé n'était pas la première condition de l'homme pour bien remplir tous les autres devoirs. » Malheureusement c'est le côté de la colonisation qu'on néglige le plus. Cette indifférence n'a rien qui doive nous étonner, lorsqu'on songe, combien dans notre pays, pourtant si partisan de la centralisation, qu'il s'immobilise par amour pour elle, la seule chose qu'on n'ait pas centralisée du tout, est précisément celle qui en aurait le plus besoin, la santé publique!

Il est cependant juste de reconnaître les efforts, qui ont été faits en Algérie. Pour assurer la diffusion de la vaccine si utile chez les colons et surtout chez les indigènes, qui ont pendant longtemps refusé de s'y soumettre, on a créé des *médecins de colonisation*, qui doivent être docteurs, c'est-à-dire avoir fait des études longues et dispendieuses, et auxquels on assure un traitement fixe de 3 000 à 5 000, une indemnité de logement de 500 francs, ainsi que les indemnités réglementaires pour les vacations judiciaires, mais qui doivent, dans un pays peu habité, où les distances à parcourir sont considérables, où les routes font encore souvent défaut, passer leur vie à cheval, sans pouvoir opérer tout le bien qu'ils désireraient faire.

Les Anglais, dans l'Inde, ont procédé tout autrement et c'est à des indigènes, qu'ils confient le soin de répandre la médecine parmi leurs compatriotes, tactique habile, qui donne à l'intervention européenne un caractère scientifique, le seul qui soit capable de lutter contre le caractère religieux de leurs pratiques habituelles. Ils ont su attirer les indigènes dans les écoles de médecine de Calcutta, de Madras, de Bombay, d'Agra et dans les écoles secondaires de Lahore et de N'agpur, tâche difficile, car l'esprit de routine des Indous se plie mal à l'abandon des vieux traités de médecine sanscrits et à l'innovation de la dissection des cadavres humains. Un Indou fort heureusement se rencontra, qui, en 1836, sut triompher des préventions de ses correligionnaires ; c'était le pandit Modoo Soodun Goopta, dont le portrait est aujourd'hui placé dans le grand amphithéâtre du collège médical de Calcutta. Depuis lors les indigènes affluent dans les écoles de médecine ; chaque année un grand nombre de *hakims* ou médecins indigènes se répandent dans l'Inde et y sèment les notions de médecine ainsi que d'hygiène, trouvant pour cette tâche, dans l'esprit de leurs compatriotes, un crédit et une autorité, que les médecins européens n'obtiennent que difficilement. Ces médecins indigènes distribuent partout du sulfate de quinine et exercent dans les nombreux dispensaires de la colonie. Il existe, en effet, dit M. de Fontpertuis, 176 dispensaires dans le Bengale proprement dit, 131 hôpitaux du gouvernement ou dispensaires dans les provinces du nord-ouest, 116 dans le Pendjâb, et ces établissements ont, pendant l'année 1872-73, traité ou soulagé 1 127 000 personnes. Dans l'ancien royaume d'Oudh il y a 29 dispensaires et 2 hôpitaux, dont l'un à Lacknow et l'autre à Bahrampur traitant 144 000 personnes en moyenne annuelle. Les 92 établissements du même genre, que possèdent les provinces centrales, ont donné leurs soins à 302 831 malades en 1872-73 ; les 33 hôpitaux et les 108 dispensaires de la présidence de Bombay ont secouru 559 648 malades. Ces médecins ont également beaucoup contribué à répandre la vaccine, dont l'usage s'étend de jour en jour davantage, bien que le tiers seulement des sujets qui devraient la recevoir consente à l'accepter. Dans la présidence de Bombay, en particulier, un service régulier de vaccination fonctionne depuis 1871 : chaque *taluk* ou groupe de villages doit avoir un vaccinateur ambulant, soldé sur les fonds locaux, et tout *collectorate* possède un surintendant des vaccinations.

II. Assainissement du sol. § 1. *Préparation coloniale.* — Les Anglais attachent avec raison une grande importance à n'ouvrir, pour ainsi dire, une colonie, que lorsqu'elle est bien préparée pour recevoir les colons. On commence par faire les travaux urgents du port, on trace des routes, on fait l'arpentage exact de la colonie, de manière à pouvoir établir une délimitation géométrique des lots. Quand le colon arrive, le premier bureau venu lui fournit, pour une somme modique, un plan cadastral, où il n'a qu'à faire son choix, en même temps qu'un tableau des demandes d'emploi. On a d'ailleurs commencé par défricher les terres et, comme ces travaux sont généralement dangereux, les Anglais emploient à leur exécution le moins d'hommes et le plus de machines possible : on épuise l'eau avec des machines ; on abat les arbres avec le *grubber*, instrument qui les saisit et les arrache du sol ; on retourne la terre avec des charrues à vapeur.

Tous ces travaux préparatoires sont indispensables au succès d'une colonie. Cependant Pondichéry n'a qu'une rade mauvaise ; à la Martinique l'absence de toute viabilité empêche l'exploitation des bois et les meilleures essences sont, sans profit aucun, transformées en charbon. C'est à ces soins, que doit se borner l'action centrale ; quand elle a assuré la viabilité, elle peut s'en remettre à l'initiative individuelle pour fonder des villages et des villes, car il suffit que la sève circule dans un arbre abondante et par de larges canaux, pour que les fruits prennent leur place naturelle le long des branches. La liberté individuelle n'a qu'à perdre au contraire, lorsque la mère patrie veut trop faire et ce n'est point d'une administration, qui veut développer la spontanéité ou se garder d'exercer une tutelle quelque peu tracassière, que de dresser d'abord des maisons, des églises et des écoles, pour amener ensuite les colons dans le lit qu'elle s'est mêlée de leur préparer, comme on conduirait des soldats munis d'un billet de logement.

§ 2. *Disparition de la malaria devant la culture.* — De toutes les mesures qui peuvent améliorer l'hygiène publique, il n'y en a pas de plus importante, que celles qui consistent à encourager l'agriculture. La terre, qu'on ne travaille pas, est toujours malsaine et cette nécessité du travail s'impose tellement, que certains pays, après avoir été le théâtre d'une civilisation avancée, sont devenus des marais malsains, depuis que la civilisation les a quittés et que leurs habitants de moins en moins nombreux ont laissé la nature détruire ce que l'industrie de l'homme avait fait. La plaine de la Mitidja, que nous avons trouvée déserte et malsaine, a contenu jadis une population numide, qui était dense et active. Bouffarick au moment de la conquête n'était qu'un marais, la mortalité des défricheurs y fut de 50 0/0 ; aujourd'hui le pays est sain. Certaines vallées de la Grèce jadis peuplées sont aujourd'hui inhabitables ; la Dombe était au XIVe siècle un pays riche et prospère ; les guerres féodales ont fait disparaître les villages, l'agriculture s'est retirée, la malaria l'a remplacée. Il en est de même de la Sologne, qui, sous Henri IV, était un pays fertile ; il en est de même du Yucatan. Le voyageur, qui ne le traverse aujourd'hui qu'en tremblant, y rencontre à chaque pas les ruines d'un temple, d'une ville, des débris de statues, des restes d'aqueducs et de canaux, seuls témoins des efforts au moyen desquels une population civilisée avait fini par vaincre la nature, qui a repris son empire, depuis que les Européens, au mépris de leurs intérêts, ont abandonné le sol pour le sous-sol, l'agriculture pour la recherche des richesses minières.

Au contraire il suffit que l'agriculture apparaisse ou qu'elle reparaisse, même après une éclipse plus ou moins prolongée, pour que la salubrité d'un pays s'accroisse immédiatement. Alors même qu'on ne peut encore faire disparaître un marais, on en diminue dans une certaine mesure les effets pernicieux, on le rend au moins utile à la fortune publique par une culture appropriée : c'est ainsi que, comme l'a judicieusement conseillé le Dr Sacc, les marais du nord de l'Europe septentrionale pourraient être rendus plus inoffensifs et plus utiles, si l'on ensemençait les terres presque constamment submergées, qui les constituent, avec le riz d'eau des États-Unis, la *Zizanie aquatique*, qui diminuerait les dangers de l'influence tellurique et serait en même temps une ressource alimentaire, car il contient une grande quantité d'amidon et ses feuilles sont excellentes pour le bétail. On pourrait même ajouter l'acclimatation de certains animaux : il y a quelques années la Société d'agriculture de Suède, préoccupée de cette question, avait conseillé l'élève en grand des oies dans les immenses marais, qui couvrent une grande partie du royaume; le Dr Sacc, reprenant cette étude, a conseillé de peupler ces eaux avec le *castor*. Il est certain, dit-il, qu'on pourrait lui faire produire dix ou douze fois autant qu'à l'oie et que, si on l'y importait, ce mammifère s'y multiplierait si bien, qu'en peu d'années déjà il pourrait faire concurrence aux importations du Canada et fournir à l'Europe une partie des précieuses pelleteries que les Américains lui vendent si cher.

Le plus sûr est encore, lorsqu'on le peut, de faire disparaître le marais, soit en y plantant des espèces végétales, dont les racines sont avides d'humidité, soit en le comblant au moyen de terrains éboulés ou apportés, soit, ce qui est plus dangereux pour les populations riveraines, en creusant des canaux d'écoulement. Le plus souvent tous ces procédés sont employés simultanément sur des points divers, selon les circonstances. Depuis qu'on a desséché le lac Fetzara dans la province de Constantine, c'est 15 000 hectares, qu'on a donnés à l'agriculture et la fièvre a disparu ; la plaine du Forez a été, en France, assainie par le drainage et dans l'Inde les travaux de ce genre, qui ont été exécutés à Calcutta depuis plusieurs années, ainsi que le captage d'eau potable qui a été effectué, ont diminué précisément de moitié le chiffre des décès de cette ville jadis très insalubre.

De tous les végétaux propres à combattre la malaria, le plus précieux est, assurément, l'*Eucalyptus*, dont Ramel a fait, avec raison, valoir en Europe les précieuses qualités. Cet arbre précieux agit de plusieurs façons contre la malaria : la principale est peut-être la faculté qu'il possède d'absorber par ses racines des quantités considérables d'eau, qu'il élimine ensuite par ses feuilles. Quelques expériences dues à M. Trottier donnent une idée exacte de l'intensité de cette absorption d'eau : une branche d'eucalyptus du poids de 800 grammes plongée pendant une journée, par une température de $+43°$, dans un vase rempli d'eau, avait absorbé 2 600 grammes de liquide. Pendant le même temps la même quantité d'eau, dans un vase identique, avait perdu par la seule évaporation 208 grammes ; la branche d'eucalyptus avait donc absorbé 2 392 grammes. Or elle ne pesait à la fin de l'expérience que 825 grammes ; elle n'avait donc emmagasiné que 25 grammes et elle avait émis dans l'atmosphère, sous forme de vapeur, 2 367 grammes, soit plus de 2 fois son poids d'eau.

L'arbre qui nous occupe agit encore par sa hauteur, en formant un rideau, qui peut mettre à l'abri du vent du marais ; il agit par les vapeurs essentielles qu'il répand, vapeurs qui semblent être toxiques pour les organismes inférieurs, auxquels est dû l'empoisonnement paludéen. Le monastère de Notre-Dame de la Trappe des Trois-Fontaines, dans la campagne romaine, est un exemple de ce que peut l'eucalyptus : ce monastère est situé dans la partie jadis la plus malsaine de cette région ; les terres ne produisaient rien. Dans la première année de la réoccupation (1868) de ce couvent, qui avait été fondé en 626 par Honorius Ier, une dizaine de religieux moururent ; des graines d'eucalyptus furent alors envoyées de Melbourne. Après quelques difficultés surmontées ces arbres ont parfaitement réussi et la fièvre a cessé d'exister dans le pays. Il en est de même de la plaine de la Mitidja : elle était jadis si malsaine, que je ne sais plus quel général du premier temps de la conquête avait proposé de l'entourer d'une grille, pour empêcher les Européens d'y entrer. Les Trappistes de Staoueli aidés de quelques colons et des hommes des compagnies de discipline l'ont défrichée, irriguée ; ils ont planté des platanes et des eucalyptus : c'est aujourd'hui une plaine riche et fertile.

Mais, en dehors de ces plantations dictées par la nécessité qui ont sensiblement amélioré certains climats, les colonies, comme d'ailleurs les vieux pays continentaux qui leur ont donné naissance, obéissent avec une sorte de rage à la manie du déboisement. On déboise aveuglément, oubliant ce vieux proverbe : « Tout arbre de cinq ans sauve la vie d'un homme ». On déboise, sans se préoccuper des changements que l'absence de forêts amène dans le climat d'un pays. M. Raveret-Wattel cite le Khanat de Bokhara comme un exemple de ce que peut le déboisement : « Il y a une trentaine d'années, dit-il, le Khanat était une des régions les plus fertiles de l'Asie ; ce pays boisé et bien arrosé par de nombreux cours d'eau était un véritable paradis terrestre. Mais, depuis vingt-cinq ans, la manie du déboisement s'est emparée des habitants ; on a abattu toutes les futaies et le peu de bois qui restait fut dévoré par le feu pendant une guerre civile. Les conséquences ne s'en sont pas fait longtemps attendre : on a assisté à la transformation du pays en une sorte de désert aride. Les cours d'eau se sont taris ; les canaux creusés jadis pour les irrigations sont complètement à sec ; les sables mouvants du désert, n'étant plus retenus par les barrières de forêts, gagnent du terrain chaque jour et finiront par tout envahir, transformant le Khanat en un désert aussi désolé que les solitudes qui le séparent de Kiva. » Dans l'Inde on commence même à se préoccuper des déboisements qui ont été pratiqués pour faire place aux plantations espacées de caféiers, d'arbres à thé et de cinchonas. A Rio-de-Janeiro le déboisement, auquel on s'est livré, a amené une *saison sèche*, qui n'existait pas auparavant ; depuis que les forêts n'existent plus, les orages ont considérablement diminué de nombre dans le pays et la formation d'ozone est par conséquent devenue beaucoup moins considérable. Il en est de même en France, où l'on méconnaît cet axiome : « Pas d'eau, pas de plantes ; pas de plantes, pas d'animaux ; pas d'animaux, pas d'hommes. » On a tellement déboisé chez nous que, d'après M. Lesbazeilles, la France n'occupe plus aujourd'hui que le huitième rang parmi les nations européennes classées d'après le rapport de leur surface boisée à l'étendue totale de leur territoire.

III. Acclimatation des animaux et des végétaux. § 1. *De l'acclimatation en général.* — La colonisation n'est complète et utile, que lorsque l'homme a songé non seulement à l'assainissement du sol, non seulement à son propre acclimatement, mais à celui des animaux et des végétaux qu'il apporte avec lui, autrement dit à cette science d'une importance sociale si utile, qui a nom l'acclimatation. J'entends par ce mot, outre le fait d'habituer les animaux à un milieu climatérique nouveau, celui de les habituer à notre *milieu* social à nous, dernier point de l'acclimatation qui se nomme la *domestication*. Partout nos animaux et nos végétaux domestiques sont en effet la base de nos sociétés. « Autrefois, a dit Buffon, ils faisaient toute la richesse des hommes et aujourd'hui ils sont encore la base de l'opulence des États, qui ne peuvent se soutenir et fleurir que par la culture des terres et par l'abondance du bétail. » Nulle part cela n'est plus vrai que dans un pays nouveau et dans une société naissante. C'est là qu'on doit s'attacher d'abord à détruire les animaux et les végétaux nuisibles, ensuite à les remplacer par tous ceux qui peuvent être utiles à un titre quelconque. « Le don d'une plante utile est plus utile à l'humanité que la découverte d'un trésor ; » la découverte de la pomme de terre, son importation et son acclimatation ne valent-elles pas plus en effet pour la population d'un pays que la conquête d'une colonie nouvelle? Combien pourtant nous sommes peu avancés dans la voie de la domestication et de l'acclimatation ! Isidore Geoffroy Saint-Hilaire calculait que sur 40 000 espèces animales connues, un peu plus de 40, pas davantage, ont été domestiquées ! Il en est de même des végétaux. Quant à l'acclimatation, malgré les efforts de la Société d'acclimatation, la notion de sa valeur ne se répand pas encore assez dans nos campagnes. Le côté curieux, amusant de cette science a bien séduit les grandes villes, mais les campagnes, qui sont, après tout, la majorité du pays, ne se sont pas encore assimilé, comme il convient, ces paroles par lesquelles Isidore Geoffroy Saint-Hilaire définissait en 1854 l'œuvre de la Société qui se fondait alors : « Nous voulons fonder, messieurs, une association jusqu'à ce jour sans exemple d'agriculteurs, de naturalistes, de propriétaires, d'hommes éclairés, non seulement en France, mais dans tous les pays civilisés, pour poursuivre tous ensemble une œuvre qui, en effet, exige le concours de tous, comme elle doit tourner à l'avantage de tous. Il ne s'agit de rien moins que de peupler nos étangs, nos forêts, nos rivières d'hôtes nouveaux ; d'augmenter le nombre de nos animaux domestiques, cette richesse première du cultivateur ; d'accroître et de varier les ressources alimentaires si insuffisantes dont nous disposons aujourd'hui ; de créer d'autres produits économiques ou industriels et par là même de doter notre agriculture, notre industrie, notre commerce et la société tout entière de biens jusqu'à présent inconnus ou négligés, non moins précieux un jour que ceux dont les générations antérieures nous ont légué les bienfaits. » L'illustre fondateur aurait pu s'inspirer de la pensée de Linnée pour qui l'agriculture n'était « que la connaissance des trois règnes de la nature appliquée à rendre l'existence humaine plus douce à traverser. »

§ 2. *Influence des migrations humaines sur la faune et la flore.* — Du reste, même à une époque où la notion de l'utilité de l'acclimatation était encore moins comprise qu'aujourd'hui, la nécessité, la sélection inconsciente de l'utile ont toujours fait suivre les invasions humaines d'une invasion de plantes ou d'animaux. C'est de même qu'en 1870 les fourrages de l'ennemi laissèrent en France diverses graines, qui s'y trouvaient mêlées et qui germèrent l'année suivante sur notre sol envahi. On désigna cette flore du nom de *flore obsidionale;* mais, comme elle ne présentait aucune utilité, qu'elle évoquait même de tristes souvenirs, on ne l'entretint pas, on la détruisit plutôt, sans quoi certaines plantes originaires de la Poméranie auraient facilement pu s'implanter sur notre sol.

Les envahisseurs, qui, à l'époque préhistorique, au début de ce qu'on nomme la période robenhausienne, apportèrent d'Orient, au milieu de notre population dolicocéphale ou à la tête allongée, leur tête ronde ou brachycéphale et, avec leur type, leur industrie, leur religion, leurs usages, apportèrent aussi leur agriculture et leurs animaux domestiques. Ils apportèrent leur chien issu, d'après G. de Mortillet, du Colsun (*Canis Dukkunensis*) et du Buansu (*C. primœvus*) qui habitent encore aujourd'hui l'Inde, entre le bas Hymalaya et la côte de Coromandel ; leur cheval, sans doute le même que le tarpan actuel des plaines situées entre la mer d'Azov et le versant sud des montagnes de la haute Asie. Ses descendants civilisés se retrouvent encore aujourd'hui le long du chemin parcouru par cette invasion depuis l'Asie, par la Bohême, la Hongrie, la Pologne, le Morvan, jusqu'au centre de l'ancienne Armorique. Ils apportèrent la chèvre domestique, sans doute fille de l'Egagre (*Capra egagrus*) de Crète, du sud du Caucase, de l'Arménie et de la Perse ; le mouton, issu de l'Argali (*Musimon Argali*) ou moufflon de la grande Tartarie ; leurs cochons, *sus scrofa* et *sus palustris*, ce dernier issu du *sus cristatus* de l'Inde. Ce sont les mêmes envahisseurs, qui ont apporté en France le blé (*Triticum vulgare*) ; cette précieuse plante formait même déjà à cette époque plusieurs variétés (*Triticum vulgare antiquorum, T. compactum, T. hybernum*) (G. de Mortillet). Ce sont eux, qui ont apporté l'orge (*Hordeum distichon* et *H. hexastichon*). Le seigle (*Secale cereale*) semble être venu plus tard, à l'époque du bronze. La même population cultivait déjà le lin (*linum angustifolium*), dont elle faisait des tissus, ainsi qu'elle en faisait avec l'écorce du tilleul (*Tilia grandifolia* et *T. parvifolia*) ; elle cultivait la noisette (*Corylus avellana*), la prunelle (*Prunus spinosa*), la merise à grappes (*Cerasus padus*), la fraise (*Fragaria vesca*), la cornouille (*Cornus mas*), le fruit de l'if (*Taxus baccata*), l'amande du pin (*Pinus sylvestris*), la faîne ou fruit du hêtre (*Fagus sylvatica*), la poire (*Pyrus communis*), la pomme (*Pyrus malus*). Ce fruit même, que nous retrouvons dans les palaffites, porte les traces d'une culture déjà ancienne. Ces mêmes peuples faisaient de l'alcool avec les graines de framboise (*Rubus idæus*) et de mûre (*Rubus fruticosus*). D'après tous ces renseignements, empruntés à G. de Mortillet, on voit que ces envahisseurs peuvent passer pour avoir été dans notre pays les précurseurs de la Société d'acclimatation.

§ 3. *Histoire de l'acclimatation*. — Mais nul peuple mieux que le peuple chinois n'a compris l'importance de l'acclimatation. A une époque où les nations européennes étaient encore dans la barbarie, où la Grèce même était encore dans l'enfance, la Chine avait déjà commencé méthodiquement, officiellement, savamment, comme tout ce qu'elle fait, à acclimater chez elle les produits les plus divers. Ce sont souvent les empereurs qui se sont mis à la tête de ces conquêtes regardées comme trop pacifiques et pas assez brillantes par leurs collègues d'Occident. « Dans l'antiquité, dit un vieux document chinois, le peuple mangeait crus les fruits des plantes et des arbres, il se nourrissait de la chair des animaux, il ne savait ni labourer ni semer. L'empereur Chin-nong étudia les saisons du ciel; il observa les propriétés des terrains ; il tailla le bois et fit une herse, il la courba et fit une charrue ; il commença à enseigner au peuple la manière de cultiver les grains et l'agriculture devint florissante. » C'est un empereur Thin-chi-hoang-ti, qui cultiva lui-même le bambou acclimaté en Chine depuis plus de 2 000 ans ; c'est une impératrice, qui cultiva les premiers vers à soie du mûrier. Lorsqu'à l'époque protohistorique les Argonautes entreprirent leur expédition sur les bords de la mer Noire, à la recherche de la toison d'or, ils rapportèrent la belle soie dorée que le commerce de la Chine envoyait déjà dans ces contrées ; le ver à soie du chêne était déjà connu en Chine 130 ans avant Jésus-Christ. La politique chinoise a d'ailleurs depuis longtemps pour principe de se renseigner sur toutes les productions étrangères et de les introduire chez elles. Toutes les fois que les empereurs ont voulu acclimater un animal ou un végétal, ils ont assigné à cet essai la province qui leur semblait le plus convenable et, pour forcer la bonne volonté des acclimateurs, décrété que cette province devait payer ses impôts avec le produit de la nouvelle culture. C'est ainsi que les Chinois retiraient du sucre de la canne 2 000 ans avant nous et qu'ils ont depuis longtemps le palmier (*chamærops excelsa*), le taro (*caladium esculentum*), le yack du Tibet et le chameau. Ils ont depuis des siècles cultivé en Mongolie la pomme de terre, le riz hâtif et, qui plus est, acclimaté à l'agriculture les Mongols nomades. Les Chinois mangent beaucoup de poissons frais et conservés ; ils ont donc de bonne heure consacré leurs soins à l'aquiculture. Des quantités énormes de poissons sont produites artificiellement et transportées dans les parties de l'empire, qui en ont le plus besoin. Ils pratiquent également, depuis très longtemps, l'incubation artificielle des oiseaux; aussi trouve-t-on dans chaque village des troupeaux de poulets, de canards et d'oies, troupeaux qui comptent jusqu'à 500 têtes et sont conduits par un enfant armé d'un bambou. Il en résulte que la volaille est d'un prix peu élevé : on s'y procure, paraît-il, 10 bons poulets pour 1 000 pièces de cuivre (5 fr. environ) et l'on peut acheter les œufs à peu près sur le pied de 1 centime pièce.

L'Inde nous a de bonne heure appris à domestiquer le coq (*gallus bankiva*). Le *Zend-Avesta* fait déjà allusion aux habitudes matinales de cet animal et, le donnant comme emblème de l'activité, conseille à tout homme, qui veut vivre honnêtement, d'avoir dans sa maison un coq, qui le réveille le matin par son chant. De l'Inde le coq et la poule sont passés en Perse et de là en Grèce, où ils semblent avoir été connus à l'époque d'Homère. Le blé était cultivé en Asie du temps de Zoroastre. Il en est de même du pigeon, qui semble avoir été élevé en Perse de très bonne heure.

Nous devons à l'antiquité grecque la domestication de l'oie d'Europe, de l'abeille ligurienne, de l'oiseau du Phase ou faisan, du paon rapporté d'Asie par les soldats d'Alexandre, de la pintade de Numidie (*Meleagris*). De l'époque romaine date la domestication du lapin, celle du canard ordinaire et du furet.

Les Arabes, qui ont joué un si grand rôle dans la dispersion et dans le transport de la civilisation, doivent naturellement occuper une place importante dans l'histoire de l'acclimatation. Cependant on oublie souvent le rôle qu'ils ont joué dans l'extension d'une plante, qui fait aujourd'hui la richesse de nos colonies, la canne à sucre (*saccharum officinarum*).

Cette plante est originaire de l'Inde ; c'est même du mot sanscrit *shárkara* que semblent dérivés les mots *shakar* en persan, *shougar* en arabe, *saccharon* en grec, *zucchero* et *sucre* en italien et en français. J'ai dit que de l'Inde elle passa de bonne heure en Chine. Les Européens ne la connurent que, lorsqu'au IVe siècle Alexandre conquit l'Inde ; Théophraste parle d'une substance douce comme le miel, qu'on tire des roseaux. De l'Inde la canne passe en Perse et en Arabie ; elle était cultivée, dans la première moitié du Xe siècle, dans la province de Khouzistan, l'ancienne Susiane. Un historien persan du XVe siècle Khondemir raconte, qu'en 1807 le khalif de Bagdad, Moktadi Biamrillah, épousa la fille du schah et que pour fêter le mariage on consomma une quantité de sucre considérable, dont M. Viennot traduit l'estimation par le chiffre de 40 000 kilogrammes ! La culture de la canne s'étendit ensuite par la mer Rouge au Caire ; un Florentin qui visita l'Égypte en 1384 Nicolo Frescobaldi raconte, que la ville du Caire possède des entrepôts de sucre considérables, où les négociants de l'Europe viennent s'approvisionner ; mais à cette époque la religion n'était pas plus tolérante qu'aujourd'hui et les idées, qui régnaient en outre sur les échanges, étaient tellement fausses, qu'on souhaitait la ruine de son voisin pour s'enrichir, sans songer qu'en pareille matière les intérêts des peuples sont solidaires les uns des autres ; aussi en 1321, un moine du nom de Marino Sanuto était-il assez insensé, pour enjoindre au pape et aux princes chrétiens de ne pas encourager le commerce du sucre, afin de ne pas enrichir les hérétiques et d'arriver plus sûrement à les ruiner. Au XVe siècle Damiette n'en fabriquait pas moins de grandes quantités de sucre et les champs de canne s'étendaient jusque dans la haute Égypte. La canne et le sucre avaient d'ailleurs suivi les Arabes jusqu'au Maroc ; au XIe siècle le sucre et la soie se récoltaient en grand sur la côte de Gabès et aux environs de Kairouan ; les sucres bruts du Maroc s'exportaient même à Venise et dans les Flandres ; enfin avec les Arabes la canne était passée en Espagne, comme le cotonnier, comme le mûrier : le sucre en poudre s'exportait même encore du royaume de Grenade au xv⁰ siècle et cette industrie n'a pas disparu depuis, car en 1870 on comptait encore à Murcie 14 sucreries. Les Arabes avaient également porté la canne en Sicile, pays qui, pendant longtemps, exporta du sucre aux pays voisins. Chypre était également au xii⁰ siècle un centre considérable de culture de la canne et plus tard Guy de Lusignan donna à ce produit une extension plus considérable encore, car, d'après Viennot, l'île de Chypre, au pouvoir de Venise, exportait encore 500 000 kilogrammes de sucre. Actuellement on n'y trouverait pas un seul pied de canne ; les nouveaux maîtres de cette île ne manqueront sans doute pas de relever cette culture.

Nous ne devons pas seulement le sucre aux Arabes ; nous leurs devons nos meilleures races de chevaux. Le cheval africain est en effet un cheval d'Asie, que les Arabes ont amené avec eux. Sismondi rapporte que, lorsque les Maures furent défaits par Charles Martel, ils laissèrent en France une grande quantité de chevaux. Ce sont ces animaux, qui sont devenus nos chevaux du Limousin.

Ce que les Arabes avaient fait pour la canne dans le pourtour de la Méditerranée et dans l'Europe occidentale, nous l'avons fait à notre tour dans l'Amérique. En 1420 le prince Henri de Portugal introduisit la plante à Madère, d'où elle s'étendit aux Canaries, qui pendant longtemps approvisionnèrent l'Europe. En 1506 Pedro d'Esienca porte la canne à sucre des Canaries à Saint-Domingue, et Miguel Ballestro aidé de Gonzalez de Veloso la cultive et la répand avec tant de succès, qu'en 1518 il y avait déjà 18 sucreries dans cette île. Elle fut cultivée au Brésil au commencement du xvi⁰ siècle, au Mexique en 1520, à la Guyane en 1600, à la Guadeloupe en 1644, à la Martinique en 1560, à Maurice en 1750. Le *saccharon*, que Pline regardait jadis comme un objet de curiosité, est aujourd'hui une des premières branches du commerce : en 1872 Cuba produit 712 millions de kilogrammes de sucre, Porto-Rico 89 millions, les Philippines 92 millions.

D'une manière générale la production totale du sucre de canne, qui était de 1 200 millions de kilogrammes en 1853, était devenue de 1 500 millions en 1863 et de 1 800 millions en 1872. Que l'on ajoute à ces chiffres ceux qui représentent la production du sucre de betterave, qui était de 200 millions de kilogrammes en 1853, de 450 millions de kilogs en 1863 et de 1143 millions de kilogs en 1872 et on arrive au chiffre de près de *3 milliards de kilogrammes* pour la production totale du sucre en 1872. Si l'acclimatation peut se vanter d'un beau succès, c'est bien de celui-là !

Les Européens n'ont pas seulement porté la canne à sucre en Amérique, ils y ont porté le blé. Humboldt raconte, qu'un esclave nègre de Fernand Cortez fut le premier, qui cultiva le froment dans la Nouvelle-Espagne ; il en trouva trois grains parmi du riz, qu'on avait apporté d'Espagne pour l'approvisionnement de l'armée et les sema ; telle est une des origines des quantités de blés, qui reviennent aujourd'hui d'Amérique en Europe. Le nom de Cortez, qui fit périr tant d'Indiens, est à jamais célèbre ; celui du pauvre nègre, qui a enrichi l'Amérique, est à jamais perdu. Le blé vint du reste en Amérique de plusieurs côtés, car dans un couvent de franciscains, à Quito, dit encore Humboldt, on conserve précieusement le vase de terre, qui renfermait les quelques grains de froment, que Fra Jodoco Ricci de Gante, moine franciscain, natif de Gand, apporta et cultiva dans la ville.

Ce sont encore les Européens, qui ont importé en Amérique la chèvre et le mouton : c'est du Pérou, où l'acclimatation avait réussi, que, en 1550, Nuflo Clavès amena quelques-uns de ces animaux au Paraguay, qui en était encore dépourvu. L'acclimatation dans ces plaines réussit d'autant mieux, qu'elles sont tout imprégnées de sel ; à l'heure qu'il est, les provinces de la Plata importent en Europe plus de 35 millions de kilogrammes de laine et l'industrie zootechnique se perfectionne chaque jour grâce à l'importation des meilleurs béliers de Rambouillet ou de Saxe. Un reproducteur de bonne race, rendu en parfait état sur les lieux, n'y vaut en effet pas moins de 2 000 francs.

La colonisation européenne n'a pas été moins heureuse, en ce qui concerne le gros bétail : amené d'Europe au Brésil, le bœuf fut conduit de ce dernier pays dans le bassin de la Plata, où il devait prendre un si grand développement, par les frères Goës, qui arrivèrent en 1558 avec 8 vaches et 7 taureaux ; la race y a tellement prospéré, qu'on exporte aujourd'hui de ce pays plus de 2 millions de cuirs secs ou salés et plus de 500 000 quintaux de viande.

Il en est de même des chevaux, qui sont des chevaux espagnols rendus à la liberté et qui vivent dans l'immense plaine des pampas.

En somme, alors qu'aucun de ces animaux n'existait en Amérique avant la conquête, car le cheval, qui y a vécu à l'époque préhistorique, avait depuis longtemps disparu et était tellement inconnu, que les Indiens ne pouvaient croire que, nouveaux centaures, les cavaliers ne fissent pas avec leur monture un seul et même animal, l'Uruguay nourrit aujourd'hui 554 000 chevaux, 6 400 mulets, 6 327 000 bœufs, 13 000 000 de moutons et 50 000 chèvres ; la République argentine compte 13 000 000 de bêtes à cornes et, d'après Martin de Moussy, elle en pourrait nourrir 250 000 000 ; elle possède 57 000 000 de moutons.

L'Amérique du nord elle-même n'est pas en retard sous le rapport de l'élevage du bétail : en 1853 les États-Unis exportaient en Angleterre 500 000 kilogrammes de fromage ; en 1874 ce chiffre est monté à près de 5 millions de kilogrammes. L'État de New-York seul possède aujourd'hui près de 1000 fabriques de fromage, qui emploient le lait de plus de 250 000 vaches, dont elles font 40 millions de kilogrammes de fromage, soit environ 500 kilos pour 3 vaches. La production de fromage de l'Union entière dépasse annuellement 125 millions de kilogrammes, dont 45 millions sont exportés. L'Angleterre en exporte à peine 1 200 000 kilogrammes, tandis que la Hollande, bien petite comparativement, en exporte 30 millions. On peut prévoir, d'après les chiffres qui précèdent, ce que peut devenir aux États-Unis l'industrie du laitage.

Dans cette revue des services rendus par les peuples colonisateurs à l'acclimatation il semble qu'on doit avoir à parler longuement des Hollandais; il n'en est rien. Une des conséquences des compagnies à monopole a été, en effet, le silence que les possesseurs jaloux des épices désiraient garder sur l'origine de leur richesse ; ainsi la *Compagnie commerciale d'Amsterdam*, dans l'espoir de mieux vendre les épices, avait décidé que la cannelle ne croîtrait plus qu'à Ceylan, la muscade qu'à Banda, le giroflier qu'à Amboine, le camphre qu'à Bornéo et, pour assurer son monopole, elle poursuivait à main armée la destruction des précieux végétaux, qui donnaient ailleurs les mêmes produits. C'était, dit avec raison M. Viennot, une spéculation mal calculée; car, d'après le comte de Hogendorp, les frais annuels de surveillance et de contrainte se montaient souvent à 3 millions de florins, tandis que la vente des épices ne dépassait pas 2 millions. Il fallut l'occupation de Java par les Anglais (1811-1816) pour mettre un terme à ce régime.

Le génie anglo-saxon est, en effet, tout autre et, pour nous en convaincre, nous n'avons qu'à voir les efforts, que font, dans la voie de l'acclimatation, les colonies d'Australie et de Nouvelle-Zélande. Des sociétés d'acclimatation se sont fondées, sur le modèle de celles de Paris, à Melbourne dans la colonie de Victoria, à Sydney dans la Nouvelle-Galles du Sud, à Hobart-Town en Tasmanie, à Auckland en Nouvelle-Zélande. Mais ce qui est propre à ces colonies, ce qui malheureusement n'est plus *à l'instar de Paris*, ni surtout à l'instar de la France, c'est que le public se passionne pour l'acclimatation et comprend, qu'il s'agit là d'un problème social de premier ordre : les colons de la baie d'Utago (Nouvelle-Zélande) se cotisent et envoient 200 livres sterling pour l'introduction du saumon en Australie. A Melbourne la Société obtient près de la ville un parc de 700 acres, dont 50 sont donnés à perpétuité par le gouvernement. Il a été accordé, en 1861, à la Société 1 500 livres sterling pour bâtiments, 2 000 livres pour stimuler l'introduction de l'alpaca, 500 livres pour celle du saumon ; une autre année le budget donne 3 000 livres (75 000 fr.) à titre d'encouragement. Un trait de mœurs australiennes : une certaine année le gouvernement avait accordé à je ne sais plus quel chapitre d'acclimatation un encouragement de 500 livres (12 500 fr.). Le public juge la somme insuffisante ; un meeting est tenu sur la place de la Bourse ; on demande 2 000 livres (50 000 fr.), qui sont aussitôt accordées.

Voici d'ailleurs un exemple du zèle avec lequel les colons anglo-saxons se livrent à l'acclimatation : la Société d'acclimatation d'Auckland a eu la généreuse idée, en 1865, de disposer dans les petites îles inhabitées, qui sont près de la côte, des lapins, des porcs, des poules, des canards et des oies, dans le seul but de rendre service aux marins qui pourraient faire naufrage sur cet archipel. Cinq ans plus tard, dit M. Viennot, les passagers du *Général-Grant*, qui échappèrent à la perte de ce navire, durent à la présence de ces animaux de pouvoir attendre qu'on vînt les délivrer.

Il serait injuste, tout en faisant l'éloge de l'esprit scientifique qui guide la colonisation anglo-saxonne, de ne pas signaler comme les deux incarnations de ce sentiment collectif Ledger et Wilson, dont les noms resteront attachés à l'histoire des colonies modernes de la race anglo-saxonne dans l'hémisphère austral. Les faits qui vont suivre justifieront cette appréciation.

§ 4. *Acclimatation des mammifères.* — *Lama.* Parmi les mammifères qui ont été, en Australie, de la part des Anglais l'objet de la plus grande attention, il convient de citer les *lamas, alpacas* et *vigognes.* Les naturalistes ne sont pas d'accord sur la situation occupée dans la classification des lamas (*Auchenia*), par le lama guanaco (*Auchenia Guanaco*), le lama proprement dit (*Auchenia Lama*), le lama alpaca (*Auchenia Paco*) et la vigogne (*Auchenia Vicunna*). Il semble que l'alpaca soit une variété domestique redevenue sauvage de la vigogne et que le lama soit une variété du guanaco.

Quoi qu'il en soit, en colons pratiques les Australiens ont compris toute la justesse de cette prédiction de Buffon : « J'imagine que ces animaux seraient une excellente acquisition pour l'Europe et qu'ils produiraient plus de bien réel que tout l'or du Nouveau-Monde. » Ce précieux animal vit en effet sur des terrains improductifs et qui ne conviendraient à aucun autre ; sa patrie originaire se trouve sur les pentes arides et crevassées de la Cordillère des Andes, depuis le 45° lat. sud jusqu'au 10° lat. nord par une altitude de 2 000^m à 3 000^m, parfois 4 000^m. Il peut être comparé au mouton, sur lequel il l'emporte cependant, car il vit et prospère, là où nos races ovines ne pourraient résister. « Il n'y a pas de partie du monde, disait en 1541 Pedro de Cieza, où l'on trouve des moutons aussi extraordinaires qu'au Pérou, au Chili... ; les indigènes les nomment lamas ; ils ne pourraient vivre sans ces animaux, mais les invasions des Espagnols ont considérablement diminué leur nombre. » De son côté Xerez, qui raconte la conquête du Pérou par Pizarre, parle de grands moutons, qu'on utilisait comme bêtes de somme.

Le lama donne de 70 à 160 livres d'une chair excellente. Son lait est savoureux, quoique peu épais. Il donne annuellement de 12 à 14 livres de laine ; quelques animaux en produisent jusqu'à 20 livres. Le cuir du cou sert à faire des bottes fines et tout à fait imperméables ; le squelette fournit une plus grande quantité de matières pour la fabrication du noir animal, que celui du mouton ; enfin cet utile ruminant peut porter des poids de 80 à 120 livres et cheminer tout le jour, mangeant et buvant peu, pendant des mois entiers, à la condition de prendre un peu de repos tous les huit ou dix jours.

Le gouvernement colonial de Sydney avait compris combien cet animal pourrait être utile à l'Australie et il avait promis 10 000 livres sterling (250 000 fr.) à son premier introducteur. M. Ledger, dans les tentatives réitérées qu'il a faites avant de réussir à conduire un troupeau de lamas des Andes à la côte et de là en Australie, a dépensé plus que cette somme; enfin, le 20 septembre 1878, après de nombreuses péripéties et cinq ans d'efforts, il débarqua en Australie avec 260 lamas : « Enfin, s'écria-t-il, l'Australie possède son troupeau de ces précieux ruminants des Andes ; reste à savoir ce qu'on en fera ! » M. Ledger avait apporté non seulement le lama, mais aussi la plante qu'il préfère, l'*ellala* ou *siccé*, ou luzerne américaine; elle se cultive comme la luzerne d'Europe et convient aux mêmes usages. D'autres troupeaux furent introduits plus tard en Australie ; une compagnie de Lima s'engagea même à en envoyer 15 000 têtes à Melbourne. Ces animaux sont aujourd'hui acclimatés en Australie. Ce pays ne manque pas, en effet, d'immenses territoires impropres au pacage du bétail européen, où le lama, moins exigeant pour l'herbe et pour l'eau, trouve à se sustenter. Les métis de lama et d'alpaca ont parfaitement réussi et les colons comptent sur cette race hybride, pour obtenir un rendement de laine plus abondant et d'une qualité meilleure : ces animaux rendent en somme le même service que le mérinos, dans des contrées où ce mouton ne pourrait pas réussir. On a même utilisé le lama à un autre point de vue : il suffit de placer cinq ou six lamas mâles dans un troupeau de moutons, pour le protéger de ses ennemis et en particulier du *dingo* ou chien sauvage d'Australie.

Chameau. Le chameau, animal voisin du précédent, était tout indiqué dans les districts arides et sablonneux de l'intérieur de l'Australie. Dans les nouveaux territoires c'est le seul moyen de locomotion possible et il est appelé à rendre pour les transports les mêmes services que l'alpaca pour la laine. M. Wilson, l'introducteur du chameau en Australie, a fait venir de l'Inde un petit troupeau, qui coûtait 120 livres (3 000 fr.) par tête, mais qui a été très utile dans les voyages d'exploration à l'intérieur. Cet animal s'est tellement bien acclimaté, qu'il existe dans le voisinage de Twofold-Bay des chameaux sauvages, qui se sont échappés et qui se multiplient en pleine liberté.

C'est dans la même pensée que le chameau, « ce navire du désert, ce pivot des sociétés humaines », disait Volney, a été introduit au Brésil.

Éléphant. L'éléphant ne devait pas échapper à l'attention des Anglais : ils savent trop quels services ce prodigieux animal leur rend dans l'Inde. Cependant il est juste de dire, que ce fut le roi des Belges, qui eut l'idée d'importer en Afrique l'éléphant de l'Inde pour le service des missions d'exploration dans l'Afrique centrale, car, par une étrange anomalie, l'éléphant de l'Inde est seul actuellement domestiqué ou plutôt susceptible d'éducation : l'éléphant d'Afrique semble jusqu'ici réfractaire. La tentative du roi des Belges a montré, que l'éléphant sera l'auxiliaire indispensable des peuples, qui voudront coloniser le centre de l'Afrique : à peine débarqués ces éléphants, chargés d'environ 500 kilogrammes chacun, ont gravi les montagnes, traversé les rivières, les marais, les ravins, tout en aidant leurs conducteurs à ouvrir une route au milieu des jungles. Au point de vue de l'acclimatation on a pu constater un phénomène important, c'est que ces braves pachydermes se contentaient de la nourriture du pays et de l'eau saumâtre qu'on rencontrait. Enfin, ce qui est plus précieux, ils résistent aux attaques de la mouche *tsé-tsé*, qui, dans certaines régions de l'Afrique, est mortelle pour les bœufs et pour les chevaux. M. Carter, leur habile conducteur, déclare qu'il leur est arrivé de rester sans boire pendant 42 heures et sans manger pendant 31 heures ; ils ont marché pendant 27 heures en abattant des arbres avec leur trompe : « Ces animaux, dit-il, constituent le moyen le plus efficace de civilisation de l'Afrique. » Les Anglais n'ont pas laissé perdre cet enseignement ; déjà un grand nombre d'entre eux établis en Afrique ont fait dans l'Inde des demandes d'éléphants et s'occupent des moyens à employer pour capturer, dompter et éduquer l'éléphant africain.

Bœufs. Les Australiens n'ont pas négligé les autres mammifères ; ils ont voulu avoir de belles *races bovines*. Ils ont introduit nos espèces européennes en même temps que les bœufs domestiques de Bali et Lombock, animaux de grande taille, à peau fine, à formes gracieuses, qui rappellent l'antilope. Ils ont en outre introduit une variété de bœuf sauvage de Malacca, le *sapi*, dont la chair est, disent les voyageurs, d'un goût exquis. Ils n'ont pas oublié l'*yak*.

Moutons. On se trouve bien en Australie d'une *brebis chinoise* introduite par Thomas Graves. C'est avec la même ardeur, que la colonie de Natal se livre à l'élève du mouton : on en compte plus de 200 000 têtes et il n'y en avait pas il y a vingt ans ; l'exportation de la laine dépasse 71 000 livres sterling.

Chèvres. La société d'acclimatation de Melbourne a fait venir d'Angora un troupeau de 900 individus et 70 jeunes boucs. Elle avait été du reste précédée dans cette voie par un riche négociant de Melbourne, M. Sichel. Ces animaux ont admirablement réussi ; ils prospèrent sur les terrains brûlés par le soleil et privés de verdure, où ne sauraient vivre ni les moutons ni les lamas. Le lait de la chèvre d'Angora donne un beurre, qui n'a pas l'odeur bien connue de celui de la chèvre commune et qui est, paraît-il, très mangeable. Les métis présentent le même avantage ; la laine des chèvres métissées s'est également améliorée et aujourd'hui la laine des angoras de Victoria surpasse celle d'Asie Mineure. On a fait également venir des chèvres du Cachemire et pratiqué avec elles de nombreux croisements.

Chevaux. Les Anglais font dans l'Afrique australe des élèves considérables de *chevaux*, qu'ils expédient plus tard dans les Indes et qui supportent beaucoup mieux le climat de ce pays que les chevaux élevés en Angleterre. C'est ainsi qu'une nation, qui possède plusieurs colonies, peut utiliser l'une au profit de l'autre, en organisant, ce qui est le plus nécessaire dans l'acclimatation, des étapes, qui permettent d'obtenir le grand acclimatement par une série de petits acclimatements.

Lièvres. Les Australiens ont songé même au superflu : le docteur Sclater a envoyé à Melbourne deux couples de *lièvres* et lord Londesborough en a fait envoyer six paires. Ces animaux se sont rapidement multipliés et aujourd'hui les bulletins de la Société d'acclimatation de Melbourne affirment « que dans beaucoup de champs des alentours de Melbourne on peut toujours faire lever 12 à 14 lièvres ».

Lapins. La Société d'acclimatation de Victoria n'a jamais voulu mettre de *lapins* en liberté, dans la crainte de les voir devenir un fléau pour les cultivateurs, mais cet animal a été introduit par M. Austin de Barown-Park et il est actuellement devenu, comme le prévoyait la Société d'acclimatation de Melbourne, la plaie des cultivateurs : on cite un propriétaire, M. Robertson, qui a dépensé plus de 125 000 francs, sans arriver à détruire dans ses domaines ce prolifique rongeur. Le *lapin chinchilla* a été introduit lui-même en Australie par M. E. Wilson et en Tasmanie par lady Trowcklyn, mais du moins sa peau d'un beau gris se vend en Angleterre 1 fr. 80 pièce.

Kangourou. Il n'est pas jusqu'au kangourou lui-même, ce naturel légendaire de l'Australie, qui, pris aussi lui de la fièvre de peuplement, ne se soit considérablement multiplié. Ce résultat est dû beaucoup moins à la destruction de l'Australien son ennemi, car ce dernier a été largement remplacé par l'Européen, qu'à la plus grande abondance des herbages (*grasses*) qui résultent de l'élève du bétail. On détruit aujourd'hui les kangourous le plus qu'on peut, car on estime que ces animaux consomment en ce moment la quantité d'herbe, qui pourrait suffire à un millier de bœufs.

§ 5. *Acclimatation des oiseaux.* — *Autruche*. La domestication de l'autruche en Afrique, son acclimatation à Maurice et en Australie sont une des belles conquêtes de l'acclimatation anglaise.

En 1874, dans la colonie du Cap, à Bloemfontaine, dans une localité où les autruches sauvages se montraient fréquemment, M. Bain prit des œufs, les apporta chez lui et les mit, dans le jour, au soleil, entre deux peaux de mouton et, la nuit, dans son propre lit, afin de les maintenir à une température constante. Au bout de cinq à huit jours il vit sortir de chaque œuf un autruchon. Lorsque ces oiseaux eurent dix-huit mois, M. Bain fit sur eux une première récolte de plumes s'élevant pour chaque sujet à une demi-livre environ. Plus tard la récolte fut d'une livre ; or la livre vaut 30 livres sterling (650 fr.). Cet exemple eut des imitateurs nombreux.

Depuis lors le gouvernement du Cap interdit la destruction de l'autruche sauvage, il loue même à des éleveurs les terrains incultes et sans valeur, où les troupeaux d'autruches viennent nicher ; enfin il s'est créé de véritables *fermes d'autruche*, où les autruchons sont menés à la promenade par un enfant Hottentot ; les œufs sont couvés dans l'incubateur Douglas, qui rend les accidents beaucoup moins fréquents, que lorsque les œufs sont abandonnés aux parents. On regarde au Cap l'élève de l'autruche comme aussi rémunérateur que celui du mouton mérinos. A coup sûr c'est un joli rapport, que peuvent donner ces oiseaux, qui, dans leur première semaine, valent 10 livres sterling, dont la valeur augmente pendant le premier mois à raison d'un schilling par jour et qui finissent par donner 15 livres de plumes par an. Il est vrai, que la plume de l'autruche domestique perd 30 0/0 de sa valeur, lorsqu'on la compare à celle de l'autruche sauvage. J'ajoute que sa viande est comparable, assure-t-on, à celle du bœuf et certainement meilleure que celle du cheval, du buffle et du chameau. Quant aux œufs, qui peuvent se conserver fort longtemps, grâce à l'épaisseur de leur coquille, on en fait au Cap des gâteaux.

A l'instigation de M. Chéri Liénard l'autruche fut introduite à Maurice en 1877 ; elle s'y est fort bien acclimatée et les fermes à autruche semblent devoir donner d'excellents résultats dans ce pays.

L'Australie a fait venir à son tour des autruches du Cap et chaque année un commerce important de plumes d'autruches australiennes a lieu à Londres ; on a également recours dans la colonie de Victoria à l'incubation artificielle.

L'Amérique du sud tente la même culture avec le *nandou*.

Oiseaux divers. On s'est en outre préoccupé en Australie de l'absence de petits oiseaux. Les chenilles étaient devenues très abondantes ; les agriculteurs apprécièrent alors le vide fait dans cet étrange continent par l'absence d'oiseaux ; on résolut de le combler et on fit venir tout ce que l'Europe possède : granivores, insectivores, chanteurs, *alouettes*, *pinsons*, *moineaux*, *chardonnerets*, *bouvreuils*, *rouge-gorges*, *mésanges*, sans compter les *perdrix* et les *faisans*. L'Australie n'avait rien, elle a voulu tout avoir et elle a réussi.

§ 6. *Acclimatation des poissons*. — Nulle part cette science, qui consiste à cultiver l'eau comme on cultive le sol, l'*aquiculture*, qui sème le poisson dans l'eau, comme on sème le grain dans la terre, n'a reçu plus d'encouragements qu'en France. Dès 1848 M. de Quatrefages a montré quelle source de richesses les eaux *bien cultivées* pouvaient devenir pour un pays, mais nulle part la pratique n'a été faite avec autant de persévérance et de succès qu'en Australie.

Saumon. Le saumon devait préoccuper à bon droit les pisciculteurs australiens et néo-zélandais, car son rôle dans l'alimentation et dans la richesse publiques est considérable. La pêche de ce poisson ne rapporte pas moins de 7 500 000 à l'Irlande, de 20 000 000 à l'Écosse et de 25 000 000 francs à la Norvège, au prix moyen de 1 fr. 50 le kilogramme environ. Il y avait d'ailleurs d'autant plus de raisons de chercher à acclimater le saumon, que les rivières de la Nouvelle-Zélande, de la Tasmanie et même du sud de Victoria semblent par le climat de la région devoir convenir à ce poisson. En 1852 M. Boccius fut chargé par le duc de Newcastle, secrétaire d'État pour les colonies, d'expédier 50 000 œufs ; l'éclosion se fit hâtivement, tout périt. En 1858, sur l'initiative de M. E. Wilson, une souscription publique ouverte en Australie pour l'acclimatation du saumon donna 16 250 francs, qui furent confiés à M. Youl. Il apporta de Liverpool 30 000 œufs dans la glace, mais l'opération avait été mal conduite, la mortalité des alevins fut considérable. Une troisième tentative fut alors faite aux frais des gouvernements de Tasmanie, de Victoria et de Southland ; nouvel insuccès. Mais les Australiens et les Tasmaniens ne se découragent pas facilement ! M. Youl, à qui les insuccès précédents avaient donné l'expérience dans l'art de maintenir les œufs au milieu de la glace, étudia avec soin l'action des glacières et leur installation ; il vit que, lorsqu'on prend certaines précautions, les œufs peuvent conserver leur vitalité latente pendant un séjour de 45 à 144 jours dans la glace. Il embarqua alors à Londres 100 000 œufs de saumon ; il en arriva 30 000 en bon état; l'éclosion commença 96 jours après la ponte et 91 jours après le départ de Londres ; on obtint plus de 7 000 alevins ! Le saumon est aujourd'hui acclimaté grâce à cette persévérance tout anglo-saxonne. Il est également acclimaté en Néo-Zélande ; de beaux échantillons du saumon de Californie, *salmo quinnat,* ont été pêchés dans l'Opihi.

J'ai tenu à donner quelques détails sur ces faits, car ils sont d'un bon exemple ; ils montrent en outre, que la colonisation scientifique ne doit rien dédaigner.

Truite. En même temps que le saumon on avait acclimaté la *truite* en Australie, en Tasmanie et en Néo-Zélande. Au bout de trois ans, on prenait déjà en Tasmanie des truites de 9 livres.

Les Anglais ont mis la même persévérance à apporter des œufs de truite dans l'Inde, dans les Nilgheries. Des œufs ont été transportés dans la glace, d'après la méthode de M. Youl, à Madras, puis portés par des coolies à Ootocamund, mais les alevins sont morts.

Gourami. Il n'en n'est pas de même du gourami, qui apporté de Maurice dans l'Inde a parfaitement réussi. Le *gourami* de Maurice, de la Chine et de Java est un des meilleurs poissons d'eau douce et les pays chauds lui conviennent bien. Il a été de même transporté à Melbourne.

Poissons et mollusques divers. Les Australiens se sont également procuré des *carpes* et des *tanches*.

Ils n'ont même pas oublié le *crabe*, qu'ils ont *semé* sur leurs côtes.

§ 7. *Acclimatation des insectes*. — Les insectes ne pouvaient être oubliés :

Abeilles. M. E. Wilson a introduit l'abeille ordinaire et, dans certaines parties du *bush* australien, on récolte aujourd'hui le miel par tonnes. La Société de Melbourne a introduit à son tour *l'abeille ligurienne*

Ce précieux animal n'a d'ailleurs été importé dans les provinces de la Plata qu'en 1857.

Bombyx. Le *ver à soie du mûrier* et le *mûrier* ont été acclimatés à Natal ainsi qu'au Cap et y réussissent très bien. Il en est de même en Australie, où la Société de Victoria a donné de grands encouragements à la sériciculture, et à la Nouvelle-Zélande, où la qualité de la soie est extraordinairement bonne.

Mais la Société a surtout encouragé en Australie la culture du *ver à soie de l'ailante;* en effet les bras n'abondent pas encore dans ce pays éminemment travailleur : or le ver de l'ailante présente cet avantage, qu'il multiplie à l'air libre sur les arbres ; ses cocons volumineux se récoltent donc aisément et ils se désagrègent à l'aide d'une simple machine à égrener le coton, sans qu'il y ait lieu de les dévider.

M. Graves a apporté de Chine le *ver à soie du ricin*. Le ricin croit en effet en Australie comme une mauvaise herbe.

Un des plus intéressants exemples du pouvoir de l'homme a été fourni à la Jamaïque : en 1838 le ver à soie du mûrier y fut apporté ; on plaça les chenilles sur les feuilles du *Ramoon tree* (*Trophis americana*) arbre indigène, très rustique, dont les rameaux nourrissent le bétail. Les vers se firent très bien à cette nourriture ; leur soie était blanche et d'une excellente qualité. On ne semble pas s'être assez occupé depuis de mettre à profit cette utile découverte, qui avait valu cependant à son auteur une récompense de 625 francs de la part de la législature de la Jamaïque.

On pourrait, sans doute, utiliser de même au Cap un bombycidé, la *gonometa postica*, qui vit sur l'*acacia horrida* et dont la soie envoyée à Londres y fut cotée 5 schillings 2 pence la livre.

Cochenille. Une espèce de cochenille du Cap, le *coccus cacti*, a été importé avec le *cactus opuntia* ; on pense qu'on pourrait la cultiver sur les terrains impropres à la culture agricole.

L'acclimatation de la *cochenille* a d'ailleurs été introduite dans l'Inde, avec la plante sur laquelle elle vit, en 1847.

§ 8. *Acclimatation des végétaux.* — *Le cinchona.* Il serait difficile de trouver un plus beau succès, que celui que nous représente l'acclimatation des *cinchonas* en dehors de leur patrie originelle.

En 1839 le docteur J. Forber Royle avait recommandé l'introduction des cinchonas dans l'Inde et avait désigné les monts Nilgheries et Silhet comme propices à cette culture, mais ce n'est qu'en 1852, que, sur un rapport du docteur Falconer, surintendant du jardin botanique de la Compagnie des Indes à Calcutta, la question fut vraiment étudiée. A la même époque Java recevait son premier plant de *Cin-*

chona calisaya : ce plant provenait de graines rapportées en France par M. Weddell, qui, semées dans les serres du Muséum avaient levé et donné les premiers pieds de quinquina, qu'on ait vus en Europe. Enfin, en 1859, le gouvernement anglais se décida à organiser une expédition sous la direction de M. Clément Robert Markham, dans le but d'aller chercher dans l'Amérique tropicale les graines et les plants des divers cinchonas. On envoya quatre troupes de chercheurs : la première, confiée à M. Markham, devait explorer la Bolivie et la province péruvienne de Caravaya pour se procurer le *Cinchona calisaya* et le *C. micrantha ;* la seconde, confiée à M. Pritchett, devait se rendre dans les forêts de Huanuco et de Huamalies, à 250 milles de Lima, à la recherche du *Cinchona nitida* et du *C. glandulifera.* M. Spruce devait parcourir les forêts de Cuenca et de Loxa dans la République de l'équateur et rapporter les *C. chahuarguera, C. Uritusinga, C. condaminea ;* enfin une quatrième devait aller chercher dans la Nouvelle-Grenade le *C. pitago* et *C. lancifolia.* Je donne ces détails pour montrer une fois de plus, comment les Anglais comprennent la *colonisation scientifique* et quels soins minutieux ils donnent à toutes les tentatives qu'ils font dans cette voie.

Chacune de ces expéditions parcourut les forêts de l'Amérique du sud, se frayant un chemin avec le *machete*, sorte de couteau, et se mit en devoir de faire des caisses. Mais les autorités locales ne voulaient pas laisser sortir les précieux plants ; il fallut parlementer ; on arriva enfin tant bien que mal dans l'Inde et à Ceylan.

Une telle persévérance n'avait pas été vaine : les plants avaient été confiés à un savant des plus habiles, M. Mac Ivor, directeur des plantations de quinquina dans la présidence de Madras. C'est au printemps de 1861 que M. Mac Ivor commença ses transplantations en plein air et se mit à faire des boutures ; grâce à ses soins, tandis qu'en janvier 1862 il y avait 8613 cinchonas aux Nilgheries, on en comptait en janvier

1863 jusqu'à 127 671. En 1866 on comptait déjà dans le gouvernement de Madras 1 123 625 pieds de cinchonas en pleine terre et, en ajoutant les plantations déjà établies dans le Wynaad, dans le Coory, sur les monts Pulney, dans le Travancore, dans le Sikkim britannique, dans la présidence du Bengale, dans le Penjab et à Ceylan, on arrivait alors au mois d'avril 1866, d'après MM. Soubeiran et Delondre, au chiffre de plus de 2 000 000 de plants de cinchona.

L'œuvre des Anglais ne s'est pas bornée à acclimater le cinchona dans l'Inde ; ils sont arrivés à régler méthodiquement une culture et une récolte, dans lesquelles les *cascarilleros* de la Bolivie n'apportaient que gaspillage et empirisme. Les observations de M. Mac Ivor, les recherches chimiques de Broughton ont montré, que la teneur des écorces en alcaloïdes varie avec les saisons, parce que les alcaloïdes se métamorphosent l'un dans l'autre sous l'action de la lumière. L'alcaloïde, qui se présente le premier dans l'écorce, possède toutes les propriétés de la quinine, mais il est *amorphe ;* cet alcaloïde acquiert peu à peu la propriété de cristalliser et se transforme en *quinine.* La *cinchonidine* ne se rencontrerait et, par conséquent, ne se formerait que plus tard, peut-être par l'action de la *lumière solaire sur la quinine.*

Les savants cultivateurs ont été ainsi amenés à ce qu'on nomme le *moussage,* procédé qui consiste à entourer de mousse le tronc des cinchonas, afin de le garantir d'un excès de lumière. D'après M. Mac Ivor il suffirait d'empêcher l'oxydation des alcaloïdes à la surface de l'écorce, pour que la quantité de quinine ainsi mise à l'abri d'une transformation s'accroisse considérablement. Les feuilles seraient, d'après lui, le laboratoire, où se produit le quinine, tandis que l'écorce serait le magasin, où elle s'accumule et se détruit, si on ne la préserve. On est arrivé, en somme, à augmenter la proportion des alcaloïdes dans le rapport de 2 et même de 3, comparativement à la richesse des écorces de Bolivie. Au lieu du procédé barbare employé dans l'Amérique, les Anglais en ont un, qui consiste à détacher l'écorce de l'arbre comme on le fait, dans le Midi, pour l'exploitation du chêne-liège, ce qui permet à l'écorce de se reproduire de nouveau. Le produit d'un lot de terre ainsi cultivé pourrait, dit-on, s'élever à trente fois ce qu'il serait, si l'on suivait le mode ordinaire d'exploitation.

De son côté, en 1852, la Hollande avait envoyé M. C. Hasskarl au Pérou et en Bolivie, avec mission de rapporter des jeunes plants et des semences de divers cinchonas. M. Hasskarl fit un voyage des plus pénibles, rapportant 400 plants d'une distance de 150 lieues, ayant à les protéger tour à tour du soleil, de l'humidité, du vent et du froid ; il arriva, après mille péripéties, le 13 décembre 1854, à Batavia et fut naturellement chargé de la culture des quinquinas. A la fin de 1859 la culture comprenait déjà 29 163 pieds de cinchonas en pleine croissance. Deux ans plus tard le chiffre total des arbres s'élevait à 1 554 742. En 1878 Java comptait environ 2 000 000 de plants de quinquina et l'Inde en comptait 2 500 000.

Ces résultats encourageants eurent dans toutes les colonies britanniques un grand retentissement : on voulut des cinchonas à Maurice, à la Trinité, à la Nouvelle-Zélande ; ces essais ne semblent pas avoir réussi pour le moment, mais il n'en est pas de même en Australie et à la Jamaïque.

En Australie on a semé avec succès des cinchonas à Melbourne (1867) ; on garda les jeunes plants pendant quelque temps dans les serres, après quoi on les mit en plein air. Il en est de même à Brisbane, dans le Queensland.

Des cinchonas ont été rapportés par M. Markham à la Jamaïque. En 1861 un certain nombre de plants avaient déjà plus de 6 centimètres de hauteur et, en 1867, ils continuaient à se bien porter : l'un des arbres, un *cinchona succirubra* avait atteint déjà 6 mètres de hauteur.

Des tentatives ont été faites au Brésil, au Mexique, aux

Açores, à Madère, aux îles du cap Vert ; en 1867, à Coïmbre même des graines envoyées de Ceylan avaient fourni 50 jeunes plants, qu'il avait été possible de multiplier par boutures. Il fut question de tentatives semblables aux Philippines ; on affirme que la Russie a réussi dans le Caucase à proximité de Suchum-Chale ; la Turquie avait songé au Liban : l'avenir confirmera sans doute quelques-unes de ces vues. A l'heure actuelle la Hollande et l'Angleterre sont en tête des autres pays, non seulement par le succès, mais par la ténacité qui l'a assuré. La Société d'acclimatation de France l'a du reste reconnu en accordant un grand prix à M. Markham. C'est lui en effet, qui a le plus fait pour l'acclimatation du quinquina dans l'Inde. Il a pu dire avec raison : « Je veux mentionner l'inestimable bénédiction que l'introduction de ces arbres à écorce fébrifuge a répandue sur l'Inde et je signalerai, pour exemple, certains districts, comme le Canara du Nord, où la population tout entière est décimée par la fièvre, sans pouvoir se procurer un seul grain de quinine. Comme entreprise d'utilité publique elle peut être comparée à toutes celles, qui ont été conçues dans l'Inde depuis plusieurs années; bien plus, on peut dire avec certitude, que le succès des autres dépend de celle-ci dans une certaine mesure... ; comme durée dans l'avenir elle n'est égalée par aucun autre usage. Longtemps après que nos routes seront détruites, nos canaux desséchés, nos constructions en ruines, les vertus du quinquina rappelleront à l'Indou l'époque, où les étrangers de l'Occident auront laissé ces bénédictions en quittant définitivement le théâtre de leurs travaux et de leurs triomphes. »

Opium. Après le quinquina l'opium devait avoir son tour. Un essai de culture du pavot à opium a été fait en Australie dans l'État de Victoria et les résultats en ont été heureux. Un petit nombre de plants ont été élevés en 1867 et les produits, examinés par des juges bons connaisseurs, ont été reconnus de première qualité. Les cultivateurs chinois de ces districts profitent eux-mêmes de cette expérience.

Coton. Il me semble que ces détails sur l'acclimatation sont dignes d'être médités : c'est là, et non dans les élucubrations des bureaux, qu'est la vie d'une colonie. Réglementez peu, acclimatez beaucoup et vous aurez de belles colonies. Le coton va nous montrer une fois de plus, combien les productions du sol sont importantes dans la destinée des sociétés.

Cette malvacée est originaire de l'Arabie, où elle porte le nom de *kûtun*, d'où est venu le mot coton, mais on la trouve dans certaines parties de l'Afrique, au Cap par exemple comme en Chine ; certaines variétés existent même à l'état sauvage dans le Nouveau-Monde, mais elles diffèrent entièrement du coton arabe comme de celui que nous avons porté et cultivé en Amérique. Les prêtres égyptiens avaient des vêtements de coton. C'est au XIVe siècle que les Vénitiens et les Génois apportèrent en Angleterre les premières balles pour faire des mèches à éclairer ; en 1430 on fabriquait déjà à Lancastre des futaines grossières, mais la fabrication des tissus de coton, bientôt fixée à Manchester, n'avait pas une importance considérable, lorsqu'en 1767 elle prit un essor inattendu : un charpentier de Blackburn, John Hargreaves, invente la Spinning-Jenny, qui fait tourner d'abord huit ou dix broches, puis des centaines ; en 1779 Crompton, Cartwright inventent de nouveaux métiers, qui permettent de ne plus faire la chaîne de l'étoffe de coton en lin comme auparavant. L'industrie prend alors un essor inouï : il faut du coton. L'Amérique est là : le coton *sea-island* est porté et cultivé pour la première fois en Amérique en 1788.

L'extension fut rapide, car, en 1791, l'Amérique en envoyait déjà 189 316 livres en Angleterre, puis 1 601 760 livres en 1791, 5 276 300 livres en 1795 ; en 1849 les États-Unis en exportent 1 026 602 269 livres. C'est que plus l'Amérique produisait, plus l'Angleterre fabriquait et plus elle perfectionnait l'outillage ; la vapeur, le métier à la

Jacquart, la peigneuse Heilmann avaient créé une armée de travailleurs spéciaux ; il fallait des monceaux de plus en plus gros de balles de coton pour jeter en pâture à l'ogre de l'industrie.

En 1860 éclate la guerre d'Amérique. Plus de coton, plus de travail ; c'est alors que stimulée par la nécessité l'Angleterre comprit, que l'Inde seule pouvait la sauver. Elle développa la culture de la précieuse malvacée dans sa riche colonie. L'Égypte, le Brésil augmentèrent leur production ; l'Australie devint à son tour un centre considérable de culture : plusieurs riches compagnies s'y établirent pour y cultiver non le coton courte-soie de Surate, mais le longue-soie d'Amérique, qui prend dans ce pays un lustre et un brillant nouveaux. Au Sea-Island l'Australie ajoute avec le plus grand succès le cotonnier vivace de l'Amérique du Sud (*Gossipium arboreum*), qui a le mérite de pouvoir prospérer dans des régions trop froides pour les autres cotonniers. Enfin la colonie du Cap s'est mise à cultiver, dans le district d'Oudtshoorn, un cotonnier sauvage, dont le produit a paru de bonne qualité.

Thé. La culture du *thé* est aujourd'hui très florissante dans l'Assam et sur toute la ligne de l'Himalaya jusqu'aux frontières du Penjab. Cette culture ne date que de 1826 : elle a débuté dans l'Assam, où une variété d'arbre à thé le *Thea assamica* est indigène et d'où elle s'est étendue aux Nilgheries, où on l'a importée. En 1839 le gouvernement céda ses plantations à une société connue sous le nom d'*Assam Tea Company;* en 1841 quelques essais furent tentés à Darjeeling, mais ce n'est qu'en 1856, que l'exploitation commença réellement. En 1855 l'arbre à thé fut découvert à l'état indigène dans la vallée de Katchar et, l'année suivante, on en commença la culture. D'après M. Lombard, consul de France à Calcutta, il y avait en Assam, en 1866, 8 057 hectares plantés en thé ; ils avaient donné l'année précédente 974 518 kilogrammes de feuilles représentant une somme de 4 750 000 francs.

Tel était le résultat des dix premières années. Dans la vallée de Katchar la récolte annuelle du thé (1863) produisait déjà 1 190 350 francs dans un espace de 7 037 hectares. A l'ouest, jusqu'à l'Indus, la culture du thé occupe environ 35 000 milles carrés, dont M. Lombard estime le rapport prochain à 930 millions de livres de thé, soit une quantité égale à l'exportation totale de la Chine.

Dans cette acclimatation du thé, comme dans celle des cinchonas, les Anglais ont d'ailleurs fait preuve d'une science profonde de la colonisation : le gouvernement des Indes a fait venir de Chine des cultivateurs compétents et des semences, il a établi pour son compte des pépinières, d'où sont sortis les plants et les graines, qu'elle distribue *gratis*; mais, fait digne médité en France, où l'on ne rêve que l'État cultivateur, l'État entrepreneur, l'État Providence, le gouvernement des Indes a soin, dès qu'il a réussi à implanter l'industrie du thé dans une région, de vendre ses jardins, afin de ne pas faire obstacle à l'industrie privée.

On ne s'est pas borné à acclimater le thé dans une partie du Bengale, dans l'Assam et dans le Penjab, on l'a également, par une culture toute spéciale qu'il a fallu étudier, acclimaté dans les Nilgheries à une altitude de 6 000 pieds.

Café. Les Anglais ont admirablement réussi à acclimater le café dans leur belle colonie de Natal. C'est le moka qui y réussit le mieux. On recommande beaucoup aujourd'hui le *café de Liberia*, qui est plus rustique, dont les fleurs résistent mieux au vent et dont les feuilles ne sont pas abimées par l'*Hemileya vastatrix*. Il présente en outre l'avantage de se plaire dans les plaines autant que sur les collines et celui d'être précoce. Les Anglais l'ont déjà acclimaté à Ceylan et à la Dominique.

Vigne. Dans cette création de toutes pièces, que les Anglais ont faite en Australie, il manquait le vin. La baguette de la science colonisatrice fit sourdre le jus bourgnignon de cette terre propre à tout. La vigne était une rareté chez quelques colons australiens, qui vendaient leur raisin au poids de l'or, lorsqu'en 1856, M. E. Wilson, qu'on trouve toujours à la tête du mouvement colonisateur, montra par une série d'articles, dans son journal *Melbourne Argus*, les avantages commerciaux, que le vin offrirait à la colonie et quelle influence favorable l'usage du bon vin aurait contre l'alcoolisme, cette plaie des colonies britanniques entretenue par les liqueurs distillées. M. Wilson visita la France et les pays vignobles de l'Europe, en même temps que son journal appliquait à la culture de la vigne la prime, qu'un généreux colon avait mise à sa disposition pendant cinq ans comme encouragement à l'agriculture : il offrait une prime de 2 500 francs à celui qui aurait planté le plus de vignes dans l'année suivante. A son retour Wilson fonda un nouveau journal consacré spécialement à l'acclimatation, le *Yeoman and australian acclimatiser*, et entreprit dans ses colonnes toute une campagne en faveur de la vigne. L'impulsion était donnée et de nombreux propriétaires se mirent à cultiver la vigne ; des compagnies se formèrent pour planter à la fois jusqu'à 100 hectares.

C'est à peu près vers cette époque, ainsi que son président s'est plu à le reconnaître, que la Société d'acclimatation de Melbourne s'adressa au gouvernement français et lui demanda une série complète des boutures de la collection de vignes du jardin du Luxembourg, à Paris. La France s'empressa de répondre à cette demande et le professeur Decaisne, par l'intermédiaire de la Société d'acclimatation de Paris, joignit à cet envoi de nombreuses boutures des meilleurs vignobles de Bourgogne. Aujourd'hui l'Australie exporte des vins, qui ont été récompensés aux expositions de Paris. Ces vins viennent de l'Australie du Sud, de Victoria et de la Nouvelle-Galles du Sud. Le rendement moyen y est de 61 hectolitres à l'hectare.

La Californie produit de son côté des vins, qui ne sont pas sans valeur ni du reste sans prétention ; les États de l'Ouest l'imitent déjà et exportent comme elle leurs vins aux Sandwich, au Japon et même en Angleterre.

Houblon. Le vin ne suffit pas à la gloire australienne. Les colons veulent faire de la bière et la province de Victoria cultive maintenant le houblon ; sa qualité est considérée par les brasseurs comme supérieure à celle du houblon qui a été importé.

Canne à sucre. Les Anglais ont réussi à acclimater la canne à Natal depuis 1849 : au bout de vingt ans la colonie exportait déjà plus de 6 000 tonnes de sucre. Le succès a été le même à Maurice.

Le *sorgho sucré* ou *imphy*, qui résiste mieux que la canne aux froids et aux pluies et qui réussit dans les localités les plus arides, qui, enfin, ne demandant que cinq mois pour arriver à maturité, peut être alterné avec la canne, est maintenant cultivé avec le plus grand succès en Australie. Quand il n'est pas cultivé comme plante saccharifère, il fournit pour les bestiaux une nourriture abondante.

Tabac. Toujours à l'affût de toutes les occasions favorables à leurs colonies les Anglais ont profité de la présence à la Jamaïque de nombreux réfugiés de Cuba, experts dans la culture du tabac, pour acclimater cette plante. Ils ont réussi à faire, paraît-il, un tabac excellent.

Le tabac a été de même introduit dans la colonie de Natal et deviendra bientôt un article important de son exportation.

Blé. Tout a réussi dans l'Australie, cette terre promise de l'acclimatation, comme on l'a justement nommée. Le blé s'y est fortifié et a pris une fécondité inconnue, si bien que, assure M. Dareste, un agriculteur français ayant semé du blé australien dans les environs de Dunkerque a obtenu le rendement prodigieux de 66 hectolitres à l'hectare ! Le rendement moyen du blé en Australie, toujours d'après M. Dareste qui tient le renseignement d'un des agronomes les plus éminents de ce pays, est de 25 hectolitres par hectare ; or, d'après la statistique officielle, ce rendement est en France de

11 hectolitres et n'atteint 19 et 20 que dans les terres très bien cultivées du nord de la France. Le poids moyen du blé australien est de 79 kilogrammes l'hectolitre et il atteint jusqu'à 83 kilogrammes, tandis qu'en France, d'après M. Boussingault, le poids de l'hectolitre est de 77 kilogrammes et n'atteint qu'exceptionnellement 80.

Les Anglais ont également acclimaté le blé à Natal; il pousse dans les hautes terres, mais pas assez pour les besoins de la colonie.

L'*avoine* et l'*orge* ont réussi à Natal mieux que le blé.

Le *maïs* a très bien réussi à Natal et il est d'une grande ressource pour la colonie.

Jalap. Le succès de la culture des quinquinas dans les Indes britanniques et à Ceylan a encouragé les Anglais dans les tentatives d'acclimatation d'autres plantes médicinales: ils ont parfaitement réussi avec le *jalap* (*Exogonium purga*), qu'on cultive depuis 1856 à Ootacamund. Le jalap ainsi obtenu est égal à celui de Mexico au point de vue du rendement en résine.

Ipécacuanha. Ils ont été moins heureux avec l'ipécacuanha : quelques plantes ont poussé mais sans vigueur à Calcutta et à Madras. Avec la persistance qui les caractérise les Anglais ne se découragent pas et comptent être plus heureux avec un nouvel approvisionnement de bonnes semences, qu'ils se procureront au Brésil.

Garance. La garance (*Rubia tinctorum*) introduite à Adélaïde a tellement prospéré dans le sud de l'Australie, qu'elle menace de devenir incommode, si l'on n'arrête ses progrès et, malgré la distance, la garance australienne fait déjà sur les marchés d'Europe une concurrence sérieuse à la garance indigène.

Le *Brome de Schrader* a été importé au Cap par les soins de la Société d'agriculture de Cape-Town, aussitôt qu'il a été question en Europe de cette plante. L'*herbe de prairie d'Australie* possède, dit-on, des propriétés nutritives très remarquables et s'accommode des terrains les plus secs. On peut d'ailleurs s'en rapporter aux colons du Cap, car cette colonie, dont l'étendue est plus grande que celle de la France, figure aujourd'hui parmi les pays agricoles les plus avancés.

Soaproot. On pourrait acclimater dans les parties de l'hémisphère austral, qui sont homologues de la Californie, le *soaproot* (*Anthericum pomeridianum*), liliacée, dont le bulbe fournit une matière fibreuse excellente pour la confection des nattes et des paillassons, en même temps que sa partie centrale contient un principe analogue à la saponaire, qui donne à l'eau un aspect savonneux; on l'a nommée *racine de savon*.

§ 9. *Destruction des animaux nuisibles.* — Il est au moins aussi important de débarrasser des animaux dangereux le pays qu'on veut coloniser que de le peupler d'êtres utiles. Ces deux opérations doivent marcher de pair, car c'est sans doute beaucoup de débarrasser l'atmosphère des germes de maladies, que les eaux stagnantes et les terrains marécageux y déversent à chaque instant, mais ce n'est pas tout.

J'ai parlé déjà de la mouche *Tsétsé*, qui rend l'élevage du bétail impossible dans certaines contrées et qui, par conséquent, est dans les pays agricoles un ennemi tout aussi terrible, que l'est le *phylloxera vastatrix* dans les pays vignobles; je pourrais donner ici la nomenclature d'un grand nombre de parasites, mais cela m'entraînerait trop loin et je me borne à parler d'un insecte, qu'on croit seulement incommode, alors qu'il est dangereux : c'est le moustique ou *culex*. Il est en effet aujourd'hui démontré, que, dans les pays chauds, les moustiques sont les agents de transmission de l'*elephantiasis* des Arabes, cette maladie redoutable, qui est due à la présence, dans le sang, d'un grand nombre de petites filaires, que le culex charrie d'un individu malade, qu'il a piqué, à un individu sain qu'il va piquer; or l'*Eucalyptus* et plusieurs autres arbres résineux éloignent, dans une très grande mesure, ces redoutables agents de contagion. Ces arbres, qui par leurs racines combattent le malaria, qui purifient l'air par les vapeurs essentielles qu'ils émettent, ont donc encore l'avantage de s'opposer indirectement à la propagation d'une maladie redoutable des pays chauds.

Au surplus la destruction des ennemis infiniment petits, dont le cercle s'agrandit chaque jour, est l'œuvre de l'hygiène, telle qu'elle est aujourd'hui constituée, et le pouvoir sinon le nombre de ces infiniment petits ira sans cesse en s'amoindrissant dans l'avenir. S'il est au contraire un anachronisme choquant, aujourd'hui que nous disposons contre les hommes de moyens de destruction si violents, c'est de voir combien l'homme a encore de la peine, dans certaines contrées, à se débarrasser d'ennemis plus gros et plus faciles à attaquer que les infiniment petits, les tigres et les serpents. Lord Napier et M. Ettrick ont calculé, que, dans l'Inde, les tigres dévorent en moyenne 10 000 cultivateurs par an; dans certaines contrées de l'Inde ces fauves ont dépeuplé des villages entiers, non seulement en prélevant leurs victimes, mais en mettant en fuite le reste de la population. Une tigresse a mis en fuite les habitants de treize villages, qui laissèrent en friche un espace de 250 milles carrés. Dans le Bengale inférieur, d'après les documents mis en œuvre par le capitaine Rogers, 13 400 individus ont été tués par les tigres en six ans. En 1869 une seule tigresse a fait 127 victimes et arrêté le trafic sur une route; un autre tigre, dans le Naysunka, a tué en trois ans 108 personnes. Quant au bétail, les ravages que ces animaux exercent sur lui peuvent être estimés, dit M. A. Guichon, à 25 millions de francs par an.

Le gouvernement s'est préoccupé de ces faits, mais cette fois il a mal compris son devoir : depuis la révolte des Cipayes toute la population a été désarmée, si bien qu'elle ne peut se défendre contre les tigres, qui ont redoublé d'audace. Il se produit en outre un fait curieux, qui montre comment une mesure excellente en soi peut être gâtée par le désir de la rendre meilleure. Il existe dans les localités, où les tigres abondent, une corporation de chasseurs soldée par le gouvernement, qui donne une prime pour chaque bête abattue. Voilà qui est parfait! Mais, pour stimuler le zèle, le gouvernement augmente la prime, en raison de la célébrité que l'animal s'est acquise dans la contrée, si bien qu'on ne tue le tigre, que lorsqu'il a par de sanglants exploits considérablement augmenté la valeur de sa peau, calcul ingénieux, qui rappelle celui que faisaient les mariniers, à une époque où, pour encourager la recherche des noyés, même quand tout espoir de les sauver était perdu, la police accordait pour un mort retiré de l'eau une prime plus forte que pour un vivant: les sauveteurs, qui savaient compter, laissaient le noyé sous l'eau pendant le temps voulu pour assurer sa valeur. Il serait utile, dans l'Inde, de modifier d'abord le règlement et d'armer les habitants; il serait surtout désirable d'y amener ces chiens sauvages de la Plata, qui, issus de chiens jadis amenés d'Europe par les Espagnols, sont connus sous le nom de *Perros Cimarrones* ou de *tigreros*, en raison de leur robe généralement rayée comme celle du tigre. Le comte d'Esterno, qui a fait connaître ces chiens en Europe, a proposé de même leur introduction en Algérie, pour assurer la destruction des fauves. De forte taille ils rappellent un peu le chien danois et chassent en effet courageusement le tigre et le jaguar.

Les ravages causés par les serpents dans beaucoup de pays chauds sont comparables à ceux qu'exerce le tigre; les serpents ont fait périr dans l'Inde, en 1865, 14 259 personnes et le Dr Fayrer assure que, si la statistique de ces accidents était bien tenue, elle accuserait une moyenne annuelle de 20 000 victimes. Sans être toujours aussi fréquents dans la plupart de nos colonies, les accidents semblables ne sont pas rares. Il serait donc utile d'acclimater certains animaux, qui passent pour détruire les serpents et de se bien garder de les détruire, lorsque ces destructeurs de reptiles existent déjà.

On sait que la mangouste (*Viverra ichneumon*) était chère aux Égyptiens, qui voyaient dans cet animal l'ennemi juré des serpents et des crocodiles; sa réputation était exagérée, surtout en ce qui touche le crocodile, cependant la mangouste semble en réalité attaquer les serpents et résister mieux que tout autre animal à l'action du venin. M. Hayes, commissaire de la marine, chef de service à Chandernagor, rapporte, qu'il a plusieurs fois fait combattre le *Coluber Naja* et la mangouste sans accidents pour le mammifère, qui, cependant, recevait force morsures, alors que les chiens mordus par le Naja meurent rapidement. Il est probable, que la fourrure épaisse et grasse de la mangouste lui tient lieu de cuirasse; M. Hayes a donc proposé son introduction à la Martinique.

On attribue la même immunité au cochon et au pecari, mais le fait ne me semble pas bien prouvé.

Un grand nombre d'oiseaux devraient également, dans le but de détruire les serpents, être respectés ou introduits dans les pays qui ne les possèdent pas. Ramel a cité les services rendus contre les serpents, en Australie, par le *King's fischer*, *Laughing Jacass*, sorte de martin-pêcheur, que les indigènes nomment *gogobera* et qui fait la guerre aux reptiles; il a trouvé leurs débris nombreux dans son estomac.

On peut citer, comme rendant des services analogues, le secrétaire (*Sagittarius secretarius*) dans l'Afrique australe; deux milans (*Milvus migrans* et *M. Forskalii*) qui détruisent les termites; la cigogne, que J. Cloquet a proposé d'introduire dans ce but aux Antilles. M. Chabrillac a signalé, à la Société d'acclimatation, les services du même genre, qui sont rendus au Brésil par un vautour et par un autre oiseau, qui porte le nom de *Ciriemma* (*Cariama* des naturalistes). Ces oiseaux marchent toujours en petite troupe et il leur faut, dit-il, peu de temps pour venir à bout d'un serpent de 2 mètres de long.

§ 10. *Solidarité de tous les êtres d'un même pays.* — On ne saurait attacher une trop grande importance à toutes ces questions de destruction de certains êtres, d'acclimatation de certains autres. Outre leurs conséquences immédiates, qui sont facilement appréciées, les modifications de la faune et de la flore ont sur un pays un retentissement beaucoup plus prolongé, qu'on le pense : il semble que les êtres vivants d'un pays constituent un tout, sorte de bloc unique, véritable pyramide vivante, dont on ne peut retrancher une pierre ou à laquelle on n'en peut ajouter aucune, sans que l'ensemble de l'édifice ne ressente le contre-coup dans toutes ses parties. Darwin a merveilleusement déduit ces conditions d'adaptation réciproque, qui font comme une *nation naturelle* de tous les êtres vivant dans un même pays. Quelques exemples feront comprendre toute l'étendue de cette union.

Il existe certaines régions du Paraguay, où l'on ne peut élever ni bœufs, ni chevaux, parce que ces animaux périssent sous les piqûres réitérées de certaines mouches : qu'on importe au Paraguay un grand nombre d'oiseaux insectivores ; ils détruiront les mouches ; le bœuf et le cheval pourront alors prospérer. La situation de l'homme lui-même, aujourd'hui tenue en échec par une mouche, sera donc améliorée par un oiseau.

Dans un grand nombre des îles des Archipels Polynésiens le palmier est tout pour la vie des habitants : alimentation, vêtements, habitation, engins divers, cet arbre précieux produit tout et suffit à tout. La fécondation des palmiers arbres dioïques a lieu par l'intermédiaire des insectes, qui, volant d'un mâle sur une femelle, portent avec leurs pattes le pollen de l'un sur le pistil de l'autre. Qu'on acclimate, dans ces îles, un oiseau insectivore, dit Darwin ; il détruira l'insecte, qui opère la fécondation du palmier ; cet arbre disparaîtra donc et avec lui périra ce qui sert à l'alimentation comme à l'industrie de l'homme dans ces pays. Qu'on acclimate alors un oiseau rapace : il détruira le petit oiseau insectivore ; l'insecte ainsi débarrassé de son ennemi deviendra plus abondant, il recommencera à féconder les palmiers, qui permettront aux hommes un plus grand bien-être. Mais que survienne un acarus, qui fera mourir les rapaces de cette sorte de phtiriase des oiseaux, alors, le rapace étant détruit, l'insectivore reprendra ses avantages ; l'insecte et avec lui le palmier décroîtront de nouveau. Supposons, pour terminer, la survenue de ces champignons, dont le mycelium envahit certains insectes, comme l'*antomophtora*, l'acarus périra ; le rapace se multipliera à nouveau ; l'insectivore diminuera de nombre ; la mouche, qui féconde les palmiers, débarrassée de son ennemi, remplira plus que jamais sa fonction et les palmiers de plus en plus beaux et nombreux rendront les hommes de plus en plus forts et prospères. Aucun d'eux ne se doutera, qu'il doit son bonheur à l'introduction fortuite dans l'île du mycelium qui a tué l'acarus.

Les peuples les plus civilisés ne sont pas affranchis plus que les autres de cette étroite intimité avec les êtres les plus inférieurs. Darwin montre, en effet, que la grandeur de l'Angleterre repose, plus que le pensent les politiciens, sur l'existence du chat. Suivez plutôt ce raisonnement : les belles prairies de l'Angleterre sont ensemencées d'un trèfle rouge, qui entre pour une part énorme dans le rendement de ce pays agricole; la fécondation de ce trèfle a lieu par l'entremise des frelons, qui, butinant de corolle en corolle, transportent le pollen et assurent la fécondation d'un pied de trèfle à l'autre, procédé beaucoup plus sûr, même chez les végétaux hermaphrodites, que celui de l'autofécondation d'un même pied par lui-même, sans croisement. Mais le frelon a un ennemi, qui le détruit avec acharnement, c'est le campagnol; si donc une contrée est habitée par beaucoup de campagnols, elle aura peu de frelons et par conséquent peu de trèfle. Le campagnol, à son tour, a pour ennemi le chat. Beaucoup de chats, peu de campagnols, beaucoup de frelons, beaucoup de trèfle sont donc quatre phénomènes connexes. Or l'abondance du trèfle est la cause de l'abondance de ces beaux bœufs, qui contribuent pour une si large part à la fortune de l'Angleterre et qui, sous forme de rossbeaf donnent aux Anglais ou entretiennent au moins chez eux cette vigueur, dont ils donnent tant de preuves dans le monde entier ; donc le chat est la source indirecte de la grandeur de l'Angleterre, q. e. d.

Sous une forme, où se reconnait l'humour anglais, il y a là un profond enseignement, que ceux qui veulent fonder et développer des colonies feront bien de méditer et qui légitime les développements, dans lesquels j'ai cru devoir entrer au sujet de l'acclimatation.

III

HYGIÈNE SOCIALE

La colonie doit être administrée par les colons. — Association ; initiative individuelle. — Dangers du monopole. — Le système colonial. — Le système libéral.

§ 1. *La colonie doit être administrée par les colons.* — Cette partie de l'hygiène coloniale est celle, que la science éclaire encore aujourd'hui le moins et qu'elle guide le moins souvent. Il n'en saurait être autrement, il en sera même ainsi, tant que l'*hygiène sociale* ne sera pas regardée comme une science, dont la base la plus large repose sur l'étude de l'*histoire naturelle des sociétés*. Cependant, dans les colonies comme dans les métropoles, cette partie de l'hygiène est aussi indispensable que les deux autres, l'hygiène individuelle et l'hygiène publique, à la conservation et au développement des citoyens et des états : Humboldt allait jusqu'à attribuer l'état de mollesse et d'insouciance, qui caractérise un grand nombre de créoles, moins au climat qu'au défaut des institutions sociales des colonies. Les colonies de l'Espagne auraient eu certainement un sort plus brillant, que celui qu'elles ont eu, si les premiers colons n'avaient été en général des nobles, propriétaires oisifs des majorats, que la couronne leur octroyait dans le nouveau monde, où la terre ainsi devenue inaliénable était soustraite à l'agriculture, ou bien des congrégations religieuses élevant la main morte à 80 0/0 de la propriété foncière, et si ces colons détestables n'avaient en outre été tenus par la métropole avec un soin jaloux, avec une défiance méticuleuse, constamment éloignés des affaires publiques de la colonie. Mais la couronne craignait, que la gestion des affaires coloniales par les colons ne conduisît ceux-ci à l'indépendance ; elle expédiait donc des fonctionnaires non colons, vivant en dehors du monde colon, ennemis-nés des colons et laissant ces derniers s'endormir dans l'insouciance : « Apprenez à lire, à écrire et à dire vos prières, disait le vice-roi Gil de Lemos aux jeunes fils des nobles nés en Amérique, c'est tout ce qu'un Américain doit savoir. » — Cette plaie du fonctionnarisme se retrouve encore dans les colonies modernes, où, malgré la tendance qui entraîne aujourd'hui tous les peuples vers le *self-government*, seule forme capable de susciter les capacités et de les mettre en valeur, l'ingérence centralisante de la mère-patrie tend toujours à transformer en chaînes les institutions, qu'elle ne présente d'abord, en bonne mère, que comme des lisières doucement préventives. Mais l'esprit centralisateur du vieux monde latin aura quelque peine à abandonner le dogme du fonctionnaire providentiel, qui n'a pas plutôt étudié et compris les besoins d'une colonie, qu'on s'empresse de le rappeler en Europe, à titre de récompense, pour le remplacer par un autre, qui viendra s'instruire à son tour.

§ 2. *Utilité de l'association et de l'initiative individuelle.* — Ce sont là des fautes de gouvernants ; mais les gouvernés commettent aussi les leurs : les colons envoyés par le vieux monde latin ne comprenaient pas sous l'ancien régime (les comprennent-ils mieux aujourd'hui ?) les bienfaits de l'association. « Vous m'alléguez, disait un jour Colbert à un interlocuteur, les Anglais et les Hollandais, qui font dans le Levant pour 10 ou 12 millions de commerce ; ils le font avec de grands vaisseaux ; Messieurs de Marseille ne veulent que des barques, afin que chacun ait la sienne. » Récemment un Canadien, Garneau, donnait à la France ce conseil : « On ne saurait trop redire à la France, qui cherche aujourd'hui à répandre sa race, sa langue, ses institutions en Afrique, ce qui a ruiné son système colonial dans le nouveau monde, où elle aurait dû prédominer. » Il énumère alors « le défaut d'association dans la mère-patrie pour encourager une émigration agricole, l'absence de liberté et la passion des armes répandue parmi les colons ». On trouvait jadis en effet au Canada plus d'aventuriers que d'agriculteurs.

Nos colonies modernes ne pratiquent guère mieux l'association : M. de Foutpertuis signale cependant l'association à mi-fruit comme usitée dans la jeune république de la Plata : le propriétaire du terrain fournit un *rancho* et 200 hectares avec 1 000 brebis à un métayer, qui apporte de son côté 1 000 autres brebis et qui entre pour moitié dans les frais d'installation. Tous les produits se partagent par moitié, le métayer jouissant, en outre, du droit de tuer, sans en tenir compte, tous les animaux nécessaires à sa consommation et à celle de sa famille.

L'initiative individuelle est un levain, qui manque encore dans nos colonies : les colons n'y sont pas encouragés; ils n'en ont d'ailleurs pas le goût. Beaucoup de propriétaires de riches domaines dans les colonies habitent même l'Europe, pratiquant, au grand détriment des affaires coloniales, ce qu'on nomme dans les colonies l'*absentéisme*.

Un des obstacles les plus pernicieux à l'initiative individuelle, après le *socialisme d'état*, c'est le *socialisme monastique*, que les missions d'Espagne ont aux XVIIᵉ et XVIIIᵉ siècles imposé dans certains points de l'Amérique du Sud. Les jésuites au Paraguay avaient nivelé, à la façon d'un couvent, la vie des indigènes et des colons, sous prétexte de répandre avec la foi la civilisation dans des villages uniformes, percés de rues uniformes et rectilignes autour d'une église comme centre. Les Indiens parqués devaient travailler à certaines heures ; une heure de leur travail le matin, une heure le soir étaient au profit de la communauté ; le pasteur, despote théocratique, faisait la répartition égale entre les frais du culte et les Indiens ; le missionnaire servait seul d'intermédiaire entre ce couvent laïque et le reste du monde, comme cela se passe chez les trappistes ou chez les chartreux. Sous cette rigidité, image de la mort plus que de la vie, les individus perdaient toute initiative et retardaient pour longtemps l'évolution politique de leurs descendants.

Il en est tout autrement dans les colonies de la race anglo-saxonne ; c'est l'initiative privée, qui a réalisé en Australie et en Nouvelle-Zélande les prodiges, qu'on y admire, lorsqu'on songe que la Nouvelle-Zélande a grandi en 70 ans à peine ; que fondée en 1814 par quelques missionnaires, elle est vivifiée depuis 1834 par une presse libre, qui publie aujourd'hui plusieurs grands journaux dans plusieurs villes considérables et qu'elle a créé en 1867 une institut dit *de la Nouvelle-Zélande*, chargé de favoriser dans la colonie le développement des sciences, de la littérature et de la philosophie.

§ 3. *Dangers du monopole.* — Les colonies anglaises, malgré l'avantage qu'elles eurent de connaître de bonne heure les bienfaits du *self-government*, ne purent échapper à l'envahissement stérilisant du monopole commercial. « Le seul usage des colonies, disait lord Sheffield, c'est le monopole de leur consommation et le transport de leurs produits ; » hérésie d'égoïste, qu'Adam Smith caractérise de *politique de boutiquiers*, disant du monopole : « De tous les expédients, dont on puisse s'aviser pour comprimer les progrès d'une nouvelle colonie, c'est sans doute là le plus efficace. » L'Angleterre ne fut pas seule coupable ; à cette époque toutes les nations européennes suivaient dans la pratique commerciale les mêmes errements : la Hollande, avant l'Angleterre, avait créé la *Compagnie des Indes*, qui, comme celle que créa plus tard l'Angleterre, était tyrannique, vexatoire et oppressive; le Canada était également opprimé par une Compagnie exclusive, qui, dit l'abbé Raynal, se proposait moins de créer une puissance nationale, que de s'y enrichir par le commerce des pelleteries. « Pour guérir ce mal, ajoute-t-il, il n'eût fallu que substituer la liberté à ce monopole, mais le temps d'une théorie si simple n'était pas encore venu. » On préférait mettre la colonie aux mains de quelques privilégiés, qui, débarrassés de toute concurrence, faisaient payer très cher les objets de leur commerce et arrêtaient ainsi, dans la métropole aussi bien que dans la colonie, la consommation comme la production.

§ 4. *Le régime colonial.* — L'ensemble des mesures restrictives tristement célèbres, auxquelles étaient soumis les rapports des colonies avec leur mère-patrie, est connu sous le nom de *régime colonial*. Il n'est autre chose que l'application à la colonie des principes, qui guidaient les rapports commerciaux des nations entre elles. Elles pensaient alors, que chacune d'elles avait intérêt à la ruine de ses voisines, comme si un commerçant pouvait avoir un intérêt à la ruine de ses clients ! La colonie était la chose exploitable de la mère-patrie; chaque métropole, comme le dit Molinari, se réservait un marché colonial, qu'elle devait exploiter seule; elle empêchait les étrangers de s'établir dans ses colonies, comme si cette seule restriction n'en diminuait pas déjà les forces productives; la colonie ainsi isolée du reste du monde ne pouvait exporter ses produits que dans la métropole, ne pouvait recevoir d'impulsion que de la métropole, et encore ce mouvement d'échange était-il précisé jusque dans sa nature même : telle colonie ne pouvait produire que du café; telle autre que du sucre; telle autre que du coton. La métropole se réservait d'importer le vin, l'huile, le chanvre, le lin, le sel et surtout la poudre de guerre. L'extraction des métaux était grevée de 1/5 au profit de la couronne. La conséquence de ce régime était, dit Humboldt, que l'approvisionnement des colonies espagnoles se faisait comme celui d'une place forte : deux caravanes régulières apportaient les articles d'Europe au Nouveau Monde espagnol : la *Flotte* desservait la Nouvelle Espagne ; les *Galions* l'Amérique moyenne et méridionale. On fixait un prix minimum et, d'après Ulloa, les bénéfices des marchandse spagnols en possession de ce monopole étaient de 300 0/0, excellent moyen pour appauvrir la colonie, sans enrichir dans la métropole d'autres personnes que quelques marchands priviligiés. Ce système accablait tellement les colonies, qu'Humboldt rapporte, qu'à Mexico le commerce n'était jamais si florissant qu'en temps de guerre, parce qu'alors la contrebande avait le jeu libre.

L'Espagne ne fut pas seule à pratiquer ce système : l'Angleterre, d'abord plus libérale, décida en 1651 par le célèbre *acte de navigation*, qu'aucune marchandise coloniale ne pourrait être transportée ailleurs qu'en Angleterre et autrement que sur un navire construit en Angleterre, appartenant à des Anglais, commandé par un capitaine anglais et monté par un équipage, dont les trois quarts seraient Anglais. Elle fit plus : elle interdit aux colons d'avoir des manufactures ; il ne leur était pas permis de faire, dit Leroy-Beaulieu, un clou, un anneau, un fer de cheval ; aussi tout était-il hors de prix pour les malheureux colons : cette restriction, qui défendait l'exportation des produits des colonies autre part que dans la mère-patrie, ne faisait à la métropole qu'un avantage illusoire, car, ainsi que le dit encore Leroy-Beaulieu, « la limitation de la vente de ces produits au seul marché métropolitain bornait leur production dans les colonies et en élevait par conséquent le prix ; ainsi, au lieu que les restrictions à la liberté du trafic rendissent les denrées coloniales moins chères, du moins pour la métropole, elles avaient pour effet de les renchérir, même pour cette dernière ; en même temps elles arrêtaient le développement de la culture aux colonies, ce qui rendait les colons moins riches, c'est-à-dire moins capables d'acheter les produits des manufactures de la métropole. » C'était, ainsi qu'on l'a dit justement, de la *spoliation réciproque*. L'Angleterre eut le bon sens de renoncer petit à petit à ce système et il fut en 1850 abandonné complètement.

§ 5. *Le régime libéral.* — « Le point fondamental de l'histoire des colonies, dit Leroy-Beaulieu, c'est leur passage progressif de la restriction au régime de liberté. » Mais il y aurait, il me semble, un moyen bien simple d'éviter cette transition, ce serait de débuter par la liberté; ce serait de laisser dès le début un libre essor à l'initiative individuelle, de favoriser la libre association des colons et d'intervenir comme état métropolitain le moins et le moins souvent possible. N'était-ce pas mettre une entrave à la colonisation et éloigner de l'Algérie ceux-là même, qui auraient pu reprendre pied sur un sol neuf, après avoir trébuché sur le sol de la France, que d'exiger, comme le faisait le décret du 8 octobre 1877, la propriété de ressources suffisantes pour vivre pendant une année de tout colon, à qui, sous promesse de propriété définitive, on louerait pour cinq ans un ou plusieurs lots de terre domaniale? C'était avec aussi peu de bonheur dans le choix des moyens, que la loi du 15 septembre 1881 exigeait des Alsaciens-Lorrains, à qui on allait concéder gratuitement des terres en Algérie, la justification de ressources pécuniaires se montant à 5 000 francs : il eût mieux valu vendre que donner à ces conditions. Cette justification onéreuse mais facile à se procurer ne prouvait d'ailleurs nullement l'existence des 5 000 francs dans la poche de celui qui la présentait. En pareille matière il est bon de se souvenir de cet axiome romain sur les colonies : *Non tam regendæ sunt quam colendæ.* Ce ne sont pas des lois qu'il nous faut, disent les colonies, ce sont des bras!

Il est tellement vrai, que les colonies ont tout avantage à avoir la liberté dès le début, dès leur naissance, que les colonies anglaises, qui, d'abord, réussirent le mieux, furent celles, qui, comme les Barbades, poussèrent seules et furent négligées par la mère-patrie. Il en fut de même des Antilles colonisées par l'initiative de quelques aventuriers, de la colonie de Saint-Domingue fondée par les flibustiers. Le Brésil est un autre exemple : il avait été très négligé et presque délaissé par la mère-patrie ; il ne s'en porta que mieux !

La protection de la métropole est excellente, tant qu'elle reste protection ; mais elle devient rapidement vexation, entrave ; on ne tient pas assez compte de cet aphorisme, qu'on pourrait édifier sur un proverbe bien connu : A jeune pays il faut de jeunes institutions. C'est ce dont les vieux pays ne tiennent pas assez compte, et pourtant la tâche est bien plus facile dans un pays sans passé, où la question sociale se pose à neuf. Michel Chevalier a dit bien finement : « En fait d'améliorations sociales, on simplifie singulièrement la question en la déplaçant, c'est-à-dire en allant la résoudre en des pays nouveaux. Aux anciens intérêts, aux anciennes idées on abandonne la terre ancienne. On débarque dégagé et dispos, prêt à tout entreprendre, d'humeur à tout essayer ; on a laissé sur le sol de la mère-patrie mille préoccupations, mille relations, qui enlacent l'existence pour en faire, si l'on veut, l'ornement et le charme, mais aussi pour en amollir l'activité et la rendre rétive aux appels de l'esprit novateur. La première de toutes les innovations est celle du sol ; celle-ci entraîne nécessairement les autres. . . . .
les privilèges... ne se hasardent pas sur une terre nouvelle, ou, s'ils s'y aventurent, malheur à eux ; il ne leur est pas donné de s'y acclimater ! » Aussi est-ce là, dans ce laboratoire, où les sociétés nouvelles évoluent et parcourent en quelques années les étapes, dont les vieilles sociétés ont mis des siècles à sortir, que peuvent être expérimentées sans hardiesse, parce qu'elles le sont sans danger, les formes sociales de l'avenir ; c'est là qu'elles se *font* par la pratique, c'est de là qu'elles s'étendent ensuite aux vieux pays, qu'elles viennent rajeunir. « On peut remarquer, dit encore Michel Che-

valier, que les idées de progrès social conçues dans de vieilles sociétés, où une part est faite au travail calme de la pensée, ont eu généralement besoin pour recevoir l'application et pour s'incarner sous forme de société nouvelle, de s'enrôler au loin et d'aller prendre terre en des contrées jusque là réputées barbares. » Mais, pour que l'expérience réussisse, il ne faut nulle entrave ; pas trop de protection, pas de *colonisation officielle*. Il en est des colonies filles des sociétés adultes, comme des enfants : ceux qui sont de trop près surveillés, gâtés, protégés ne se développent point librement ; leurs membres et leur esprit portent longtemps l'empreinte des appareils et des méthodes *orthopédiques*, avec lesquels on a prétendu les redresser ou les empêcher de se fausser ; de pareils enfants devenus hommes n'ont plus de sève ni de vigueur au service de la société dont ils font partie et, s'ils sont nombreux, ils la vieillissent par leur seule présence. Les enfants, qui au contraire sont élevés un peu durement mais librement dans la campagne sous le rude baiser de la nature, développent librement leurs membres et leur cerveau, le corps et l'esprit; ils garderont toute leur vie cette pointe d'originalité et de personnalité, que les moules rigides font perdre aux autres enfants, cires malléables qu'on prétend modeler sur un type officiel. Devenus hommes, ils mettront au service de la société une force d'autant mieux disciplinée, captée et distribuée selon les besoins, qu'elle aura été, dans leur enfance, comme celle du torrent, qui bondit sur les rochers avant de devenir la force motrice utile à l'industrie qui l'asservit, plus longtemps laissée libre de déborder.

Lorsque les colonies n'ont pas la liberté, elles font d'ailleurs comme tous les peuples font tôt ou tard : elles la prennent. Cet événement est toujours favorable au commerce de la colonie : en 1808, lorsque les colonies espagnoles se révoltèrent contre la métropole, on demandait à Basil Hall ce qu'il pensait du manifeste, qui avait été publié par elles. « Voici, dit-il, mon jugement sur la révolution : auparavant je payais

9 dollars pour une pièce d'étoffe dont ce vêtement est fait; maintenant je ne paye plus que 2 dollars. »

Un jour, c'était dans les premières années de l'empire, on parlait devant Capo de Feuillide des sacrifices que l'empire faisait chaque jour pour l'Algérie : pourtant, ajoutait-on, ce pays ne marche pas ; il vit nous ne savons de quelle vie factice, qui lui échappera, quand l'État lui retirera son appui. Que lui manque-t-il donc? — « Ce qui lui manque, répondit M. Capo de Feuillide, c'est le contraire de toutes ces belles choses que vous énumérez, le contraire de tous ces soins que vous prenez pour l'emmaillotter, le contraire de cette main qui le conduit par les lisières. Il lui manque cette chose, que les colonies, qui ont voulu se sauver, ont fini par adopter et que des multitudes d'émigrants vont chercher dans les solitudes de l'ouest américain ou dans les îles de l'océan Pacifique; en un mot, il lui manque la liberté. »

LIVRE II

LES COLONIES FRANÇAISES

CHAPITRE I

Algérie.

Le milieu colonial. — La colonisation.

La France entreprend aujourd'hui de reprendre, parmi les puissances colonisatrices, le rang qu'elle a perdu. C'est donc à elle, c'est à ses colonies, que je me propose de faire l'application des principes, qui viennent d'être exposés. Nous allons passer en revue les différentes colonies, qu'elle possède dans le monde et rechercher comment s'y exerce et comment doit s'y exercer la colonisation. J'adopterai dans cette étude un plan, qui, toujours le même pour chaque colonie, nous permettra d'étudier successivement l'organe et la fonction, le milieu et la manière de s'y comporter, la matière première et la façon, le *milieu colonial* et la *colonisation*.

I

LE MILIEU COLONIAL

Territoire. — Climat. — Population.

I. Territoire. — L'Algérie, la plus importante de nos colonies, est située sur la côte septentrionale d'Afrique. Elle s'étend de 4° 8′ long. O. à 6° 56′ long. E., de la Malouia à l'Oued-el-Zaïn. Baignée au nord par la Méditerranée, vers

37° lat. N. à l'est, et vers 35° lat. N. à l'ouest, elle se termine au sud à une limite un peu vague dans les plaines sablonneuses, qui s'étendent au delà des oasis d'El-Aghouat, de Tuggurt et de Ouergla, vers le 32° lat. N.

II. Climat. — On parle souvent du climat de l'Algérie : c'est un tort. Il n'y a pas un climat en Algérie, il y a plusieurs *climats locaux*, qui dépendent des conditions diverses du point qu'on étudie. Ce qui différencie les climats locaux en Algérie, c'est moins leur latitude que leur altitude et que leur éloignement plus ou moins grand, soit de la mer source de fraîcheur, soit du Sahara source de chaleur : l'Algérie peut, à ce point de vue, se diviser en trois zones ; elles sont délimitées par la double chaîne de l'Atlas, qui court parallèlement à la côte.

La première est comprise entre la côte et la crête septentrionale de l'Atlas, c'est le *Tell ;* la seconde ou *région* des *plateaux* est comprise entre les deux crêtes, dont se compose la chaîne de l'Atlas ; les défilés de la seconde crête, la plus méridionale, donnent accès, comme autant de portes étroites, dans la troisième région, qui descend doucement vers le Sahara, c'est la *région du Sahara*. Dans le département de Constantine on passe directement du Tell dans le Sahara. Des différences climatériques considérables différencient ces trois régions.

Le *Tell*, formé de chaînons parallèles à la côte enserrant des vallées étroites, qui s'étagent les unes au-dessus des autres sur une largeur moyenne de 30 lieues, peut se subdiviser lui-même en deux régions, une inférieure le long de la mer, une supérieure, le Tell montagneux. La première subit l'action de la mer ; sa température est la moins variable, elle présente deux saisons : une saison fraîche, qui dure de novembre à avril et dont la température moyenne est de $+ 14°$ (maximum $+ 21°$, minimum $+ 8°$) ; une saison chaude, qui dure de mai à octobre et dont la température moyenne est de

+22°(maximum + 30°, minimum + 15°). Le *Tell* supérieur ne se ressent plus de l'influence maritime : sa température moyenne est de + 16° (maximum + 35°, minimum 0°).

C'est à tort, qu'on croit généralement, que l'Algérie jouit d'un été perpétuel. Cela ne serait vrai que pour Alger, mais dans les lieux élevés, à Batna, Sétif, Aumale, Médéah, Miliana, sur les plateaux montagneux la neige n'est pas rare; elle est perpétuelle sur les hautes cimes du Djurjura.

Le Tell est le siège de prédilection de la fièvre intermittente, de la dysenterie, surtout dans le département d'Oran; de l'hépatite, notamment dans le département d'Alger, bien que les progrès de la culture fassent tous les jours disparaître ces trois redoutables maladies. C'est dans cette région, qu'on trouve l'olivier (*Olea europea*), le fresne (*Fraxinus australis*), les chênes (*Quercus suber* et *Q. ilex*), le *Pistacia lentiscus* qui donne le mastic, le palmier nain (*Chamœrops humilis*), le laurier rose (*Nerium oleander*), les cytises, les myrtes. A mesure qu'on s'élève, le *Chamœrops humilis* disparaît, l'olivier cesse à 1 000 mètres, les forêts de thuya (*Thuya articulata*) commencent et accompagnent le *Pinus aleppensis* et le *Cedrus Libani*.

La région des hauts plateaux, la région par excellence de l'alfa, est largement ventilée, moins chaude et beaucoup plus saine que la précédente ; le froid nocturne y est souvent vif. Les habitants, qui appartiennent à la tribu de Hamyans et à celle des Harrars, témoignent par leur rusticité de l'excellence de ce climat, que nos garnisons savent également apprécier, lorsqu'elles quittent le Tell. Tlemcem, qui appartient à cette région, est très sain ; la longévité y est grande. C'est là une région beaucoup trop dédaignée des colons, dont un certain nombre trouveraient sur ces hauteurs une facilité d'acclimatement, qu'ils espèrent en vain dans les vallées du Tell : il suffit de s'y garantir du froid des nuits. Mais la sècheresse de ces vastes plaines pendant la saison chaude, l'absence d'autre eau que celle des lacs salés ou *chotts* font oublier les belles plantes fourragères du printemps et l'Européen ne se sent pas attiré vers ce plateau, qui mérite cependant une réputation meilleure, que celle qu'il possède. On ne trouve plus sur les hauts plateaux que le *Juniperus*, le *Tamarix*, de nombreuses *salsola*, la *Stipa tenacissima* (*alfa* des Arabes).

Quant à la région du Sahara, celle-là n'est pas habitable: sa température moyenne est de + 21° 5 (maximum + 48°, + 80° au soleil, minimum 0° et même — 8°). C'est dans cette région, dans les oasis des Zibans, que se trouvent les palmiers. Ailleurs se rencontrent quelques *tamarix*, le lichen dit manne du désert (*Parmelia esculenta*), le *Thapsia garganica*.

Parmi les animaux dangereux, sans parler des grands félins, il importe de citer les sangsues abondantes et dangereuses dans les cours d'eau du Tell, plusieurs scorpions, dont quelques-uns sont dangereux, et la *vipère à cornes*, dangereuse même pour les chevaux et les chameaux. « Ne marche jamais pieds nus, dit l'Arabe du Sahara, car les morsures de vipère sont toujours mortelles. »

III. Population. — La population totale des trois départements d'Algérie est, d'après le recensement de 1881, de 3 310 412 individus, qui se décomposent ainsi :

Indigènes	2 886 531
Français	233 937
Autres Européens	189 944
Total	3 310 412

Si l'on défalque l'armée et la population en bloc, ce chiffre peut être réduit, d'après le Dr Ricoux, à 3 254 932. Si l'on conserve l'estimation territoriale faite en 1875, qui attribue à notre colonie d'Algérie une superficie de 31 833 412 hectares, on peut donc estimer la densité de la population à 10,2 habitants par 1 kilomètre carré, chiffre qui est loin d'égaler celui qui exprime la densité de la population en Belgique, 181 habitants par 1 kilomètre carré, ni même celui de la

France, 70. Il est vrai que le Brésil ne possède que 1,50 habitant par 1 kilomètre carré. La place ne manque donc pas en Algérie! Nous allons étudier séparément chacun des éléments de cette population.

A. *Indigènes.*

Nous avons trouvé dans l'Algérie, et c'est là un des traits particuliers de notre colonie en même temps qu'une source de difficultés pour la colonisation, une population indigène déjà complexe : Berbères, Arabes, Maures, Kouloughlis ou métis de Turc et de Maure, Nègres, Métis divers résultant du croisement de ces divers éléments, sans compter les Juifs plus ou moins indigènes et divers autres éléments, épaves des invasions successives, qui se sont succédé sur ce sol, car sa richesse a eu de tout temps le privilège d'exciter la convoitise des populations voisines.

§ 1. *Superposition de races.* Les premiers occupants du sol, dont l'histoire fasse mention, sont les *Libyens*. Manethon parle d'eux comme d'un peuple retiré à l'ouest de l'Égypte, qui aurait été soumis par un roi de la IVe dynastie à la suite d'un combat, où les Libyens auraient été terrifiés par la vue d'une éclipse. Plus tard un papyrus, qui date de 3 000 ans avant Jésus-Christ, parle de ces mêmes Libyens et les désigne sous le nom de *Tamahou*. La langue des Berbères Touaregs porte encore le nom de *Tamahoug, Tamahag, Tamachek*, suivant les dialectes.

2 000 ans avant Jésus-Christ une population blonde, qui venait de l'Europe, d'où elle était elle-même chassée par une invasion, peut-être celle des Celtes, arrivait par Gibraltar à Tanger et envahissait à son tour les premiers Libyens ; elle se dirigeait de l'ouest à l'est, semant sur son chemin les monuments mégalithiques, dolmens, menhirs, identiques à ceux qui existent en Europe. Ces monuments se retrouvent aujourd'hui jusque dans la province de Constantine, jusqu'en Tu-

nisie et la mode même n'en est pas perdue chez quelques tribus berbères, chez les Denhadja par exemple, qui élèvent encore des *s'nob* en signe de joie et les abattent en signe de deuil : ainsi, en 1835, battus par nous ils ont renversé leurs anciens s'nob et les ont relevés en 1838. C'est qu'en effet les blonds constructeurs de dolmens se mêlèrent aux bruns Libyens et formèrent la population numide de Jugurtha, de Massinissa, population dont les Berbères, Kabyles ou Kelaïb modernes sont les descendants. Ils ont hérité de leurs dolmens comme parfois du teint blond des envahisseurs du Nord, qui entrent pour une part dans leur origine ancêtrale; on trouve en effet, dans les montagnes de la Kabylie et dans l'Aurès, des Kabyles blonds, qui ont fort étonné, ceux qui constatèrent pour la première fois leur présence. Déjà du reste, avant Jésus-Christ, Scylax mentionne en Libye la présence d'une race blonde; d'autre part des documents découverts par Mariette-Bey témoignent de la présence 1 400 ans avant notre ère d'un peuple blond, qui vint de l'ouest en Égypte et porta Psammetique au pouvoir (XXVIe dynastie). Déjà (1 700 ans avant Jésus-Christ) la mère du roi Amenhotep IV était une blonde aux yeux bleus et au teint rose (Faidherbe). Les Berbères actuels ou Kabyles sont donc par un côté de leur origine les premiers occupants du sol ; ils sont en outre, par l'autre, nos véritables frères d'Europe, puisqu'ils descendent des populations blondes et à monuments mégalithiques du nord de l'Europe.

Sur les Libyens ainsi formés d'un mélange de bruns Libyens primitifs et d'envahisseurs blonds d'Europe se superposèrent, 1 500 ans avant Jésus-Christ, les *Phéniciens*. C'étaient les premiers Sémites, qui apparaissaient dans cette contrée, qui devait en recevoir tant d'autres.

150 ans avant Jésus-Christ arrivent les Romains, les *Roûm*, comme on les appelle encore, qui, sur certains points se sont croisés avec les Berbères et se sont ligués avec eux contre les envahisseurs ultérieurs.

400 ans après Jésus-Christ viennent les *Vandales* de Genséric, nouveaux blonds du Nord, mais ce ne sont pas eux, qui apportent le premier élément blond en Algérie, puisqu'il y était signalé bien avant leur invasion et que d'ailleurs ils ont tous été détruits par Bélizaire ou transportés.

Au VIIIe siècle arrivent les *Arabes*, qui refoulent les Berbères dans les montagnes, dans l'ouest et même dans le Sahara, où ils sont représentés par les nombreuses tribus Touaregs.

Les *Turcs* envahissent à leur tour au XVIe siècle.

Je ne parle ici ni des *Nègres*, qui se trouvèrent de bonne heure en ce pays, ni des *Génois*, des *Israélites*, des *Espagnols*, de ce qu'on nommait les *renégats* de tous les pays.

Ces éléments entrent aujourd'hui à *dose* très inégale dans la population indigène, vis-à-vis laquelle nous nous trouvons. Le général Faidherbe exprime le mélange d'une manière centésimale, qui n'est évidemment qu'approximative, dans le tableau suivant, où, la population totale, moyenne et résultante étant supposée 100, chacun des éléments ethniques composants figurerait pour une fraction.

Libyens indigènes / Blonds du Nord } Berbères	75 0/0
Arabes	15
Nègres	5
Israélites	2
Phéniciens	1
Romains / Leurs auxiliaires / Grecs du Bas-Empire }	1
Vandales	0,50
Turcs / Renégats européens }	0,50
Total	100 »

§ 2. *Les Berbères.* — Cette population mérite, à tous les points de vue, notre attention : elle est la plus nombreuse ; elle est la plus intelligente, la plus disposée à recevoir notre civilisation ; c'est sur elle que nous pouvons le plus compter dans notre œuvre de colonisation et elle doit constituer notre meilleur point d'appui en Algérie. Malheureusement l'*administration*, nom toujours magique en France d'une institution qui se croit généralement infaillible, n'a pas su distinguer le Berbère de l'Arabe : méconnaissant tout ce qu'elle pouvait trouver dans l'un de supériorité sur l'autre, elle les englobe tous les deux sous la rubrique *indigènes*, bien heureux quand elle ne dédaigne pas les qualités modestes du cultivateur berbère et quand elle ne leur préfère pas les vices brillants du cavalier arabe. C'est cependant sur la différence de ces races, le Berbère et l'Arabe, que repose la question algérienne.

La race berbère jadis étendue sans doute dans toute l'Afrique septentrionale, aujourd'hui refoulée dans les montagnes et dans le Sahara occidental par l'invasion arabe, est représentée par les Chellouh dans les montagnes du Maroc, par les Kabyles ou Kebails dans l'Atlas algérien, par les Mozabites entre El-Ghouat et Ouargla, en Tunisie par les Kroumirs, aux environs de Kairouan par les Djelac, entre le Fezzan et le Nil par les Tibbou, les plus dégradés par leur mélange avec les races négroïdes, enfin dans le Sahara par les Touaregs ou Imochagh ou Amazch ou Tamaheck les plus purs de tous les Berbères.

Dans notre Algérie, sur 2 800 000 indigènes, les Berbères figurent pour 2 200 000, approximativement, et les Arabes pour 500 000. Plus de 1 200 000 de ces Berbères parlent l'arabe, ce sont les Berbères *arabisants ;* 1 000 000 ont gardé leur langue berbère encore souvent mélangée d'arabe, car le Berbère pur ne se trouve plus que chez les Touaregs. Cette langue, toute différente de l'arabe et apparentée avec un grand nombre des dialectes de l'Afrique, a pour nous bien plus d'intérêt que l'arabe ; cependant la langue arabe est la seule langue indigène qu'on cultive en Algérie, alors que nous devrions donner tous nos soins à répandre le berbère, avec l'espoir d'augmenter l'influence berbère et de nous attirer la faveur et l'amitié de tout ce qui, en Afrique, est berbère.

Le Kabyle se distingue surtout de l'Arabe par ses mœurs et ses aptitudes sociales, tout à fait spéciales. Il est monogame, il aime et comprend la propriété individuelle, il aime la culture, il est travailleur, industrieux, fier, esclave de la parole donnée *Anaya;* il s'agglomère dans des villages composés de maisons en pierre ou en chaume et, dans ces villages, il jouit d'une organisation démocratique, que plus d'un peuple européen pourrait lui envier : « Il y a une société au monde, dit M. Renan, où le peuple est tout et suffit à tout, où le gouvernement, la police, l'administration de la justice ne coûtent rien à la communauté : le monde berbère nous offre ce spectacle singulier d'un ordre social très réel, maintenu sans une ombre de gouvernement distinct du peuple lui-même. C'est l'idéal de la démocratie, le gouvernement direct du peuple par le peuple. »

Les Berbères présentent à un haut degré l'amour de l'indépendance, de la liberté et surtout, comme le dit M. Fournel, l'amour de la liberté de penser. Lorsqu'ils furent convertis au christianisme, ils devinrent rapidement schismatiques; aujourd'hui musulmans, sans beaucoup de conviction, ils portent la religion un peu comme un collier de servitude imposé par l'Arabe fanatique et ils ont en grand nombre déserté l'orthodoxie musulmane. Les Mozabites, les plus intelligents d'entre eux, sont quelque chose comme les protestants du mahométisme et le Mzab nous donne le spectacle de l'autonomie communale, dans ce qu'elle a de plus élevé. Le commandant Coyne n'a pu retenir son admiration devant ce pays, « où personne, dit M. Guy de Maupassant, n'a le droit de rester inactif, où l'enfant, dès qu'il peut marcher et porter quelque chose, aide son père à l'arrosage des jardins, qui forme la constante et la plus grande occupation des habitants. Du matin au soir le mulet ou le chameau tire l'eau dans le seau de cuir déversé ensuite dans une rigole ingénieusement organisée, de façon que pas une goutte du précieux liquide ne soit perdue. Le Mzab compte, en outre, un grand nombre de barrages pour emmagasiner les pluies: il est donc infiniment plus avancé que notre Algérie. Ces gens-là, ajoute-t-il, par leur travail constant, leur industrie et leur sagesse, ont fait de la partie la plus sauvage et la plus désolée du Sahara un pays vivant, planté, cultivé, où sept villes prospères s'étalent au soleil. Aussi le Mozabite est-il jaloux de sa patrie; il en défend autant que possible l'entrée aux Européens : dans certaines villes, comme Benilsguem, nul étranger n'a le droit de coucher même une seule nuit. La police est faite par tout le monde. Personne ne refuserait de prêter main forte en cas de besoin. Il n'y a en ce pays ni pauvres ni mendiants; les nécessiteux sont nourris par leur tribu. Presque tout le monde sait lire et écrire. On voit partout des écoles, des établissements communaux considérables. Beaucoup de Mozabites, après avoir passé quelque temps dans nos villes, reviennent chez eux sachant le français, l'italien et l'espagnol. »

Tous les Berbères présentent d'ailleurs une organisation analogue : pour tous l'unité politique est la commune (*dechera*). Plusieurs dechera forment une *ferka*, dont la confédération forme la *kebaïla*. Le gouvernement est exercé par les citoyens réunis en une *djemmâa*, où le pauvre a sa place comme le riche. Toutes les fonctions sont électives. Voici, au reste, ce que disent, dans une patiente étude de l'organisation sociale des Kabyles, MM. Hanoteau et Letourneux: « L'organisation politique et administrative du peuple kabyle est une des plus démocratiques en même temps une des plus simples, qui se puissent imaginer. Jamais peut-être le système du *self-government* n'a été mis en pratique d'une manière plus complète et plus radicale; jamais l'administration n'a compté un nombre aussi restreint de fonctionnaires et n'a occasionné moins de dépenses à ses administrés. L'idéal du gouvernement libre et à bon marché, dont nos philosophes cherchent encore la formule à travers mille utopies, est une réalité depuis des siècles dans les montagnes kabyles. Si, en effet, le peuple est tout et suffit à tout, le gouvernement, l'administration, la justice ne coûtent absolument rien à la communauté. Cet état de choses n'est pas, comme on le devine sans peine, le résultat de combinaisons savantes, dont sont incapables les tribus à demi barbares ; il est la conséquence naturelle de l'esprit d'association et de solidarité, qui, à l'état d'instinct, anime ces populations. Toute la société kabyle est constituée d'après les mêmes principes, qui émanent de cet esprit : partout on retrouve, à ses degrés divers, l'association solidaire, aussi bien dans les moindres intérêts de la vie privée que dans les relations de la famille, du village et de la tribu. »

§ 3. *Les Arabes.* — Tout autre est l'Arabe : ennemi de tout progrès, fanatique, il ne conçoit le bien et le mal que suivant le Coran, ainsi que le dit avec l'expérience, qu'il a de cette race, M. Sabatier, ancien juge de paix à Tizi-Ouzou; il est polygame, nomade, ne possède que collectivement; à peine cultivateur, il est paresseux, n'a aucune industrie ; il est de mauvaise foi et son arrogance n'a d'égale que son humilité, quand les circonstances lui font un devoir de changer l'une en l'autre. Il est évident, qu'il n'y a rien à faire avec l'Arabe ; c'est cependant lui, que nous avons toujours flatté, alors que c'est lui, que nous avons le moins d'intérêt à rechercher pour associé et pour ami. Quand on parle des indigènes, on ne voit que les Arabes; c'est le contraire qui devrait être : le seul indigène important c'est le Berbère.

§ 4. *Décadence des indigènes.* — Il importe d'autant plus de cesser de confondre le Berbère avec l'Arabe, que la population musulmane prise en bloc est en décadence : or il serait important d'établir une *comptabilité* humaine assez précise, pour être renseigné sur la part respective, qui revient aux

Arabes et aux indigènes dans cette décadence. Il est permis de penser, et c'est l'opinion du chef de la statistique démographique de l'Algérie M. Ricoux, que les Arabes seuls sont en décadence, bien qu'une plaie grave, l'infanticide fréquent, attaque, dit-on, la société berbère; mais on ne peut encore préciser, chiffres en mains, la différence des deux races sous ce rapport.

On estimait le nombre des indigènes à 3 000 000 au début de la conquête; en 1866 il en manquait déjà 874 949. De 1866 à 1872 sévissent la famine, le typhus, l'insurrection et surtout la répression. Cela coûta en six ans 527 021 indigènes ! La seule énumération de ces causes juge un système colonial. En 1868, sous notre administration, la famine fut telle, que, dit le général Faidherbe, on vit des cas d'anthropophagie. Cela devait fatalement amener une autre cause de dépeuplement, l'émigration des musulmans au Maroc, en Tunisie et en Égypte.

Voilà qui explique suffisamment la diminution du nombre des indigènes; mais voici un fait plus grave, c'est la supériorité du chiffre des décès sur celui des naissances : en 1872, dans la commune de Randon, ancien Ouad-Besbes, à 20 kilomètres au sud de Bône, dans la plaine de la Seybouse, il est mort 276 musulmans sur 2 953, tandis que sur 260 Européens il en est mort 1. En 1873, dans la province de Constantine, les indigènes présentent 174 naissances pour 243 décès; tandis que, dans le même milieu, les Européens divers ont 147 naissances pour 115 décès. D'une façon générale le Dr Vallin estime, que les naissances indigènes sont en Algérie aux décès, comme 100 est à 123. M. Ricoux pense, que le rapport est de 100 à 150. Les Maures des villes, qu'il ne faut confondre ni avec les Kabyles ni avec les Arabes, ont trois fois plus de décès que de naissances; enfin, comme pour accélérer encore ce mouvement d'une population, qui tend à disparaître, la mortalité de l'enfance atteint chez les indigènes des proportions effrayantes : elle est de 50 pour 100 dans la première année de la vie, alors qu'en France, où nous nous plaignons avec raison de son taux considérable, elle est de 20 pour 100 et que chez les Français, en Algérie, elle est de 22 pour 100. J'ajoute que ces chiffres, que j'emprunte à M. Ricoux, sont de 1882. Il est donc faux de dire, que depuis la terrible crise (1867-71) les races indigènes se relèvent; elles ne le font, dit le statisticien de l'Algérie, que dans les documents officiels et pour cause : la principale ressource des budgets communaux provient en effet, en Algérie, de ce qu'on nomme *l'octroi de mer* et les revenus de cet octroi sont répartis entre les communes proportionnellement à leur population, chaque Européen comptant pour une part et chaque indigène pour 1/8 de part; la commune a donc intérêt à grossir le nombre de ses habitants. Or il est difficile de se tromper sur le nombre des Européens, mais il n'en est pas de même pour les indigènes, qui portent souvent le même nom et qui n'ont pas de nom patronymique. M. Ricoux estime que, dans les centres un peu importants, on peut chiffrer par plusieurs milliers le nombre des indigènes ainsi fabriqués.

Lorsque dans une colonie comme l'Australie on voit les indigènes disparaître, le philanthrope peut gémir, mais le sociologiste et l'homme politique se consolent : ils n'ont au moins pas beaucoup à regretter. Il n'en est pas de même, lorsqu'il s'agit d'une race, qui, comme l'Arabe uni aux *Berbères*, a porté le flambeau de la civilisation en Espagne et montré de quelle puissance elle était capable. Si le peuple berbère disparaît, la civilisation européenne en général et la France en particulier auront à se reprocher de n'avoir pas su mettre en valeur un des éléments les plus vivaces de la race blanche.

B. — *Européens.*

§ 1. *Acclimatement des Européens.* — Les Européens se composent de 233 937 Français et de 189 944 étrangers, soit 423 881 individus.

Lorsqu'on les considère en bloc, sans tenir compte de leur

nationalité d'origine, ni de la région algérienne où ils sont venus coloniser, on peut dire, qu'après une première période, celle des premiers défrichements, où le nombre des décès était supérieur à celui des naissances, ils sont arrivés maintenant à un excédent de naissances considérable : depuis la conquête jusqu'à 1853 on a compté en effet 62 768 décès pour 44 900 naissances, soit un excédent de 17 868 décès ! mais de 1853 à 1863 la situation a changé : on trouve pour 6 347 décès 8 531 naissances. Actuellement la population européenne en bloc compte pour 1 000 décès 1 201 naissances et l'accroissement annuel du fait de la natalité est de 5,7 pour 1 000.

§ 2. *Immigration des Européens non Français.* — En présence de ces chiffres satisfaisants les Européens n'ont pas manqué d'affluer. Les 189 944 Européens non Français se divisent, d'après le recensement de 1881, de la manière suivante :

Espagnols..................................	114 320
Italiens.....................................	33 693
Anglo-Maltais.............................	15 402
Allemands.................................	4 201
Suisses.....................................	3 024
Turcs et Égyptiens......................	2 251
Divers......................................	17 053
Total............	189 944

On s'est beaucoup effrayé de ce grand nombre d'étrangers et on a trouvé cette formule, car il faut toujours une formule, pour qu'une idée revêtue par elle fasse son chemin, *l'Algérie aux étrangers*. Une colonie ne doit pas, nous l'avons vu, trop demander à ses colons d'où ils viennent : les Européens, qui viennent en Algérie pour se fixer, deviennent en effet Algériens et l'Algérie n'est pas plus aux Espagnols, qui y sont nombreux, que la Plata n'appartient aux Basques français, qui s'y rendent en grand nombre; en outre un grand nombre de ces étrangers se font naturaliser Français. De 1865 à 1877 les étrangers avaient obtenu 3 508 naturalisations; de 1877 à 1882 inclus ce chiffre est devenu 5 964; de 1865 à 1882 les Allemands figurent pour 1 611, les Italiens pour 1 440, les Espagnols pour 1 043, puis viennent les musulmans indigènes pour 532, les Marocains pour 263, les Suisses pour 203, les israélites (avant leur naturalisation collective en 1870) pour 200. Il est un autre phénomène démographique, qui fait de ces étrangers une fortune, une force et non un danger : c'est le grand nombre de mariages, qui ont lieu entre eux et les Français. Je reviendrai plus tard sur ce point important de la colonisation, car il assure à la fois la prédominance politique de l'élément français et l'acclimatation d'une race européenne en Algérie.

Quoi qu'il en soit, il est bon de ne pas ignorer, que le nombre des étrangers augmente considérablement en Algérie. Or, d'après M. Ricoux, cette augmentation est due à l'émigration plus encore qu'à la natalité. Sur un accroissemement de 1 000, dans la population étrangère, la part des naissances est, d'après lui, de 154 et celle de l'émigration de 846.

Les *Espagnols* se sont d'abord accrus dans la proportion annuelle de 221 puis 296 pour 1 000, tandis que les Français ne s'accroissaient dans le même temps que de 61; leur accroissement se ralentit : il est tombé (1876-81) à 180 pour 1 000, tandis que celui des Français s'est élevé à 255.

Les *Italiens* sont arrivés, pendant la période des grands travaux (1872-76) de ports, de chemins de fer, etc., à un accroissement de 403 pour 1 000; ce mouvement s'est ralenti. Il est encore de 200 pour 1 000, mais inférieur, par conséquent, à celui des Français.

Ce sont là les deux seuls peuples, dont l'accroissement par voie de migration soit considérable dans notre colonie.

§ 3. *Acclimatement des Européens non Français.* — Si,

au lieu de considérer l'émigration des principales nationalités, on considère le rapport des naissances aux décès non plus, comme tout à l'heure, § 1, sur les Européens en bloc, mais sur les Européens, autres que les Français, que nous étudierons à part, on comprend que l'Algérie attire un si grand nombre d'étrangers, car leur situation y est très florissante.

Les *Espagnols* ont une mortalité de 30 pour 1 000 et une natalité de 40 pour 1 000. Actuellement (1882) ils ont encore pour 1 000 décès 1 326 naissances; leur accroissement annuel par le fait de la natalité est de 9,6 pour 1 000.

Les *Italiens* ont pour 1 000 décès 1 209 naissances; leur accroissement est de 5,5 pour 1 000. Les Romains étaient du reste acclimatés en Algérie; ils y mouraient du moins assez vieux, ce qui n'est pas toujours, il est vrai, une conséquence forcée : dans un cimetière romain près de Carthage, M. Delattre a relevé sur les inscriptions, que 1/8 de la population de ce cimetière était morte entre 70 et 105 ans; à Lambes l'âge moyen des décédés était 43 ans, 3 mois, 2 jours pour les hommes; 1/6 de la population du cimetière est morte entre 70 et 105 ans; à Aumale la moyenne de l'âge des décédés est 48 ans, 17 jours; 1/4 de la population du cimetière a succombé entre 70 et 105 ans; M. Masqueray a, par le même procédé, trouvé à El-Meraba, dans le département de Constantine, le 1/3 des décès entre 70 et 125 ans.

Les *Maltais* ont pour 1 000 décès 1 170 naissances; leur accroissement est de 5,8 pour 1 000.

Les *Israélites* pour 1 000 décès ont 1 387 naissances; leur accroissement est de 12 par 1 000.

Quant aux *Allemands*, la proportion est pour eux *renversée* et, pour 1 000 *naissances*, ils ont 1 388 *décès !* Ils ne sont donc pas acclimatés. Tous les ans ils *diminuent*, du fait de la mortalité, de 11,9 pour 1 000.

§ 4. *Acclimatement des Français*. — Nous nous ressentons de notre habitat retativement septentrional et notre situation fut d'abord loin d'être brillante en Algérie. A une époque (1856) où, à ne prendre que la population européenne en bloc, on constatait déjà, que ses naissances surpassaient ses décès, nous n'avions nous autres que 41 naissances pour 43 décès. Il est vrai, que les Allemands pour 56 décès avaient seulement 31 naissances, mais ce n'était pas une compensation suffisante. En 1853 nous avons même eu 41 naissances sur 52 décès ! Autant qu'on peut l'affirmer, dans l'état très insuffisant où était la statistique à l'époque dont je parle, depuis la conquête jusqu'en 1853 nous avons eu en Algérie 62 768 décès et seulement 44 900 naissances, soit une perte de 17 868. C'était le temps, où le général Duvivier déclarait « que les cimetières sont les seules colonies toujours croissantes en Algérie. » Depuis 1865 les conditions ont changé ; nous commençons à *mettre de côté*. Nous avons eu de 1873-76, 1 134 naissances pour 1 000 décès. En 1877-1881 nous avions 1 140 naissances sur 1 000 décès et nous nous accroissons par la natalité de 4,1 pour 1 000.

Nous nous accroissons donc moins que les Israélites (12), que les Espagnols (9,6), que les Maltais (5,8) et que les Italiens (5,5), puisque le rapport de nos naissances à nos décès est plus faible que le leur. Néanmoins nous sommes en progrès, car alors que jadis, sur un accroissement de 1 000 de la population française, l'immigration figurait pour 965 et la natalité pour 35, aujourd'hui, dans un accroissement de 1 000 Français en Algérie, l'immigration n'entre plus que pour 801 et la natalité figure pour 199.

Le faible rapport de nos naissances à nos décès ne tient pas à une diminution des naissances ; loin de là ! c'est notre mortalité qui est considérable, car tandis que la *natalité* des Français en France est de 26 pour 1 000, celle des Français en Algérie est de 33,3 pour 1 000. Il est vrai, que la natalité des Espagnols y est de 39 et que celle des Israélites est de 53. Cependant il est bon d'ajouter, d'après le Dr Ricoux, à qui j'emprunte tous ces documents, que la mortalité des

Français diminue considérablement depuis quelques années; néanmoins elle est encore de 29,12 pour 1 000, alors que celle des Italiens n'est que de 26,3.

Il est en somme incontestable, que, tout en s'acclimatant en Algérie, les Français pris en bloc le font avec moins de facilité que les Espagnols et que les Italiens, qui ont sur nous, au point de vue de l'acclimatement dans les pays chauds, à peu près le même avantage, que nous avons nous-mêmes sur les Anglais et sur les Allemands. La situation du Français en Algérie est d'ailleurs tout autre, selon qu'on considère notre concitoyen du nord ou celui du midi : car, selon son point de départ, le Français présente des chances d'acclimatement diverses. Des conditions d'acclimatement non moins importantes lui sont également faites par son point d'arrivée. Ce que j'ai dit précédemment du climat de l'Algérie laisse en effet supposer, que l'acclimatement n'est pas le même dans le Tell, sur les hauts plateaux ou à l'entrée du Sahara. Nous verrons tout à l'heure, que, d'une manière générale, on peut dire aux Français de rechercher d'autant plus les altitudes en Algérie, qu'ils viennent eux-mêmes d'une partie plus septentrionale de la France, car on peut par l'altitude compenser la latitude.

La mortalité des Français en Algérie présente un caractère, qui vaut la peine d'être souligné : les travaux de Bertillon ont surabondamment démontré, que la mortalité des enfants de 0-1 an, partout considérable, l'était beaucoup plus chez les *enfants illégitimes* que chez les enfants légitimes; la cause de ce phénomène réside dans les mauvais soins, que la fille-mère obligée de se cacher de notre société cruelle pour elle reçoit pendant sa grossesse, dans les soins plus mauvais encore dont son enfant est entouré dès sa naissance et aussi, il faut bien le dire, dans la fréquence de l'infanticide, crime auquel la fille-mère affolée ne se trouve que trop souvent poussée. C'est là, par parenthèse, un argument en faveur du rétablissement des tours et de la recherche de la paternité.

En Algérie les mœurs sont tout autres : la fille-mère n'est plus mal vue comme en Europe ; il en résulte, que la mortalité de 0-1 an n'est pas plus fréquente chez les enfants illégitimes que chez les autres. M. Ricoux signale ce fait et le donne avec raison comme une confirmation éclatante des conclusions, que Bertillon tirait de la mortalité extrême des enfants illégitimes et comme un argument de plus en faveur de l'appel qu'il faisait à nos lois, pour protéger la fille-mère et son enfant contre les mauvais traitements et même contre le crime.

II

LA COLONISATION

Action sur les hommes. — Action sur le pays.

Maintenant que nous connaissons le *milieu colonial*, la *colonie*, nous pouvons nous rendre compte des procédés, qu'il convient d'employer pour *modifier ce milieu*. Modifier le milieu colonial suivant les lois de la science, pour le plus grand bien de la colonie, c'est là la *colonisation scientifique*.

L'action colonisante doit s'exercer sur les *hommes* à trois points de vue : 1° *civilisation* des indigènes, 2° *acclimatation* des Européens, l'acclimatation différant de l'acclimatement, comme un phénomène provoqué, voulu, scientifiquement obtenu diffère d'un phénomène naturel, spontané, empirique, aléatoire ; 3° *administration des colonies*. Elle doit encore s'exercer sur le *pays* sous la forme : 1° de *travaux publics*, 2° de *culture*, 3° d'*acclimatation* des animaux et des végétaux utiles ainsi que de *destruction* de ceux qui sont nuisibles.

I. — ACTION SUR LES HOMMES

A. — *La colonisation et les indigènes.*

§ 1. *Des méthodes de colonisation.* — Nos rapports avec les indigènes peuvent s'inspirer de trois méthodes bien différentes les unes des autres, qui toutes trois ont leurs partisans et leurs défenseurs. Ces méthodes peuvent se résumer chacune par un mot : l'*abstention*, le *refoulement*, la *fusion*.

La méthode d'*abstention* ne vaut pas la peine, qu'on insiste sur elle : on ne peut pas considérer comme une *quantité négligeable* une population dense, intelligente, ayant un passé, se sentant un avenir.

La méthode du *refoulement* est celle, qui a le plus souvent prévalu dans les conseils des gouvernants, qui se sont succédé en Algérie ; elle a son idéal dans le régime militaire. Je n'ai pas à entrer ici dans des développements, qui m'entraîneraient trop loin ; je me bornerai à citer un mot bien fin, qu'écrivait M. Clamageran à son retour d'Algérie et qui me semble valoir tous les commentaires : « Il y a, disait-il, cette différence entre un chef militaire et un magistrat civil, que, si une insurrection éclate, le premier y trouve des chances d'avancement, le second voit sa carrière compromise. » C'est suivre, sans le vouloir peut-être, la méthode de refoulement des indigènes, que les exproprier pour construire des villages uniquement peuplés de colons, car, lorsque les colons sont massés en grosses agglomérations comme des taches plus ou moins larges sur un fond indigène, les indigènes ne connaissent pas plus les colons, que ceux-là ne connaissent les indigènes ; ce sont deux populations parallèles, c'est-à-dire qu'elles vivraient indéfiniment côte à côte sans se rencontrer : si elles le font, c'est brusquement à main armée. Lorsqu'au contraire les colons sont disséminés au milieu des indigènes, comme ces derniers au milieu des premiers, les deux populations, qui se pénètrent ainsi réciproquement, fusionnent en réalité, elles échangent entre elles ces mille services, que réclame le bon voisinage et qui entraînent l'amitié, le respect et l'union. Cela est tellement vrai, qu'en 1871, à l'époque des massacres de Saïda, on a remarqué, que les colons agglomérés ont été massacrés, tandis que ceux, qui vivaient dispersés au milieu des indigènes, ont été prévenus à temps par eux et ont pu échapper. On ne saurait donc trop rendre fréquent les rapports entre l'Européen et l'indigène : le général Chanzy l'avait parfaitement compris, lorsqu'il eut l'idée excellente d'instituer, dans les oasis du sud, des foires périodiques, qui devaient nous mettre en rapport avec les grands marchands du Sahara et du Soudan ; la foire principale devait avoir lieu dans l'oasis d'Ouargla ; j'ignore si le projet de l'ancien gouverneur a été mis à exécution.

La méthode de refoulement n'a abouti jusqu'ici qu'à la destruction de l'indigène. Dans les quarante-deux premières années de la conquête il en avait disparu 874 949, soit 20 000 par an ; de 1866 à 1872 la famine, que notre administration a été impuissante à empêcher, et ses conséquences ont fait disparaître 527 021 indigènes, soit 87 000 par an ! J'ai déjà dit, que dans la population arabe les naissances ne compensaient pas les décès : et cependant il ne s'agit pas là de populations très opposées, comme sont les Australiens en face des Anglais ; ceux-ci devaient évidemment disparaître devant ceux-là, comme les Polynésiens, comme tous les sauvages disparaissent devant les civilisés, qui leur prennent leur liberté, leurs plaines et leurs forêts, par conséquent leur gibier et qui leur apportent des maladies nouvelles. Mais les Arabes et les Kabyles n'ont rien à recevoir de nous en fait de maladies..... au contraire ; ils sont civilisés autrement que nous, mais ce ne sont pas des incivilisés ; ils ne devraient donc pas disparaître, si notre administration était bonne, parce qu'ils ne sont pas dans les conditions, qui éliminent certaines populations pour faire de la place à certaines autres.

La méthode de *fusion* aboutirait certainement à d'autres résultats : elle consiste à fusionner les intérêts en fusionnant le sang même des individus. C'est la méthode des croisements, qui non seulement donnerait des métis facilement acclimatés, mais adoucirait les rapports entre les indigènes et les Européens de la génération présente. Ces croisements auraient bien de la peine à se faire entre Européens et Arabes ; les mœurs, la religion seraient des obstacles sérieux ; mais il n'en est pas de même pour les Kabyles : la situation de la femme kabyle diffère en effet de celle de la femme arabe; bien que musulman, le Kabyle n'est pas fanatique comme l'Arabe. J'ajoute que cette union, plus en rapport avec nos mœurs, serait physiologiquement plus heureuse que l'union avec l'Arabe, puisque le Kabyle possède déjà dans ses veines une bonne partie de sang européen ; le Kabyle est notre allié naturel en Algérie ; la femme kabyle peut encore consolider cette union. Malheureusement ces unions, je parle de celles qui sont légitimes, n'ayant pas de document sur les autres, sont peu fréquentes : dans l'espace de 47 ans on ne compte que 120 mariages entre Européens et femmes musulmanes, dont 53 seulement contractés par des Français. L'union des Français avec des femmes juives est relativement plus fréquente, puisque depuis la conquête on a constaté 30 de ces unions, alors que la population juive est beaucoup moins nombreuse que la population berbère-arabe. On doit souhaiter, que les unions entre Français et femmes kabyles deviennent de plus en plus fréquentes, car elles seront à la fois le meilleur symptôme et la cause la plus puissante de la fusion. Mais il faut reconnaître, que l'esprit de fusion est encore peu développé de part et d'autre : depuis la conquête 4 029 indigènes seulement se sont fait naturaliser; sur ce nombre 628 l'ont fait depuis 1873.

§ 2. *Écoles.* — L'instruction qu'on donnera aux indigènes, celle qu'on donnera aux filles surtout ne feront que rendre ces unions plus fréquentes. Malheureusement autant l'instruction des Européens en Algérie est développée, autant celle des indigènes eux-mêmes l'est peu. Nous avons très peu fait pour leur instruction. En 1880, d'après Leroy-Beaulieu, le budget colonial sur une somme de 27 ou 28 millions n'affectait que 74 000 francs à l'instruction des indigènes. Il importerait au contraire de multiplier les écoles pratiques, professionnelles, les *real Schulen*, et de multiplier sur les bancs de l'école le contact entre les enfants des indigènes et ceux des Français, de répandre enfin, comme je l'ai dit plus haut, l'usage du Berbère. Il serait utile de donner l'enseignement agricole, que les indigènes sont aussi aptes à recevoir que les colons : car les colons laissent en friche environ 63 0/0 de leurs terres, tandis que les indigènes en laissent environ 59 0/0. Qu'on crée des *musées cantonaux* pour l'hygiène, l'agriculture, les sciences et les arts, ainsi qu'il en existe déjà un à Sidi-bel-Abbès.

§ 3. *Vie politique.* — On a trop oublié, que l'Algérie était une colonie spéciale et que nous n'avions pas devant nous une de ces races, qui n'ont qu'à disparaître, parce qu'elles n'ont jamais su s'élever et qu'elles sont incapables de le faire! Les Arabes et Berbères mélangés ont, il me semble, montré de quoi ils étaient capables en fait de civilisation. Qu'on laisse donc se développer cette civilisation indigène, dirigée mais non plus écrasée par la nôtre ; qu'on habitue les indigènes à faire eux-mêmes leurs affaires : les Kabyles nous donneront des leçons sous ce rapport. Pourquoi les indigènes ne seraient-ils pas envoyés par leurs coréligionnaires à la Chambre et au Sénat ?

Qu'on régularise l'assiette de l'impôt chez les indigènes, qu'on fasse disparaître complètement l'*achour*, impôt établi sur le nombre de charrues, la charrue étant la superficie qu'une paire de bœufs peut mettre en culture dans une année ; la *zekkat*, taxe des bestiaux ; la *lezma*, impôt de capitation des pays kabyles. Mais surtout qu'on ne spolie pas les indigènes, sous le prétexte de fonder des centres de colonisation.

B. — *La colonisation et les Européens.*

§ 1. *Lenteurs de la colonisation.* — Il y a déjà longtemps que nous occupons l'Algérie, mais il n'y a pas longtemps que nous y faisons de la colonisation. Au début on n'en voulait pas faire : c'est qu'en effet, on l'a dit très justement, la colonie algérienne n'est pas née d'un besoin d'expansion de notre population : nous n'avons pas trouvé l'Algérie en cherchant une satisfaction à nos appétits coloniaux ; au contraire, l'appétit colonial a dû nous venir, après que nous eûmes la colonie. Et quelle colonie? non un pays vide et neuf comme l'Australie, mais un pays plein déjà et portant les empreintes de plusieurs civilisations. Nous n'étions pas prêts et le gouvernement craignait lui-même l'émigration ; on était alors tellement ignorant de la valeur et des conséquences de ce phénomène démographique, qu'en 1832 une décision ministérielle contient ces paroles, qu'aucun administrateur n'oserait plus signer aujourd'hui : « Afin d'arrêter une immigration trop nombreuse... pour empêcher l'immigration spontanée de pénétrer en Algérie. » Que pouvions-nous cependant souhaiter de mieux? Ce désir de modérer, de régulariser, de façonner à son gré l'immigration dura longtemps, je crois même qu'il n'est pas mort complètement. En 1853 une compagnie génoise voulut organiser une colonie suisse à Sétif; on exigea de chaque colon la possession d'une somme de 3 000 francs en espèces. — Mais si je les avais, je ne quitterais pas mon pays! répondirent les colons. A un simple ouvrier on demandait plus tard de posséder 400 francs en espèces. Ces garanties éloignent les nécessiteux intéressants, qui ne demandent qu'à employer leurs bras; elles laissent immigrer tous les paresseux, qui se procurent des certificats et ne savent rien faire. Aussi le colonel de Ribourt déclare-t-il, qu'en 1857 on compta 80 000 passagers gratuits à l'aller et 70 000 pour le retour d'Algérie. L'Angleterre procède tout autrement en Australie : là point d'État-Providence ne laissant passer les immigrants qu'après mille formalités bureaucratiques et, quand ils sont admis, ne se relâchant jamais d'une surveillance minutieuse et tracassière de tous ses actes; le gouvernement anglais n'intervient que pour la propagande, qu'il fait large et pour le transport, qu'il rend facile. Une fois qu'on a mis l'instrument entre les mains du colon, à lui de se tirer d'affaires. Aussi voyez quelle différence dans la progression : en Algérie, 14561 Européens de 1836 deviennent 151712 en 1854 et 235225 en 1866. En Australie, aux mêmes dates, 117 Européens sont devenus 236776 et 633000 !

§ 2. *Condition d'acclimatement des Français.* — Nous avons vu que les Espagnols, les Italiens, les Maltais sont spontanément acclimatés en Algérie : leur acclimatement est un fait acquis. Il n'en est pas de même des Français : ceux du Midi rentrent dans les conditions des Espagnols et des Italiens, mais ceux du Nord rentrent dans celles des Anglais et des Allemands, dont l'acclimatement n'a jamais été constaté.

Les Basques sont tous acclimatés en Algérie, comme dans l'Amérique du Sud; ce sont donc des colons excellents. Il en est tout autrement des Alsaciens-Lorrains : il semble d'ailleurs, que leur instinct, mieux inspiré que notre patriotisme n'était éclairé, les ait détournés spontanément de l'Algérie, car Assezat, sur 159000 optants, n'en compta que 3261 embarqués à Marseille pour l'Algérie, et encore apprit-il depuis que, plusieurs années après, M. Guynemer visitant les colonies alsaciennes en Algérie pour le compte de la Société de protection des Alsaciens-Lorrains n'en trouva plus que 2000, dont un grand nombre ne savaient pas cultiver! Nos infortunés compatriotes avaient trop compté sur la compensation, que l'altitude des lieux, qu'on avait choisis pour eux, pourrait apporter à leur latitude bien inférieure à celle qu'ils quittaient. C'est en effet dans la province de Constantine, qu'ils se sont rendus en plus grand nombre; or Constantine, à 790^m d'altitude, présente une température moyenne et annuelle de +17°, tandis que Strasbourg à 144^m d'altitude ne présente une température annuelle et moyenne que de + 9°.

Entre ces deux extrêmes les méridionaux et les Alsaciens, et sous réserve des conditions climatériques locales, il est donc bon de connaître au nord la latitude française, au nord de laquelle les Français feront bien de ne pas partir pour l'Algérie et de savoir quelle est au sud la latitude africaine, au sud de laquelle ils feront bien de ne pas chercher à coloniser. M. Ricoux tenant compte de l'altitude et de la latitude, qui se compensent l'une l'autre dans une certaine mesure, engage les Provençaux, les Languedociens, les Béarnais à aller dans le Tell, les Lyonnais, les Dauphinois à se rendre dans le haut du Tell; les Auvergnats et les Francs-Comtois feront bien d'aller jusque sur les hauts plateaux; les Dauphinois et les Francs-Comtois émigrent d'ailleurs en assez grand nombre en Algérie.

Mais le savant directeur de la statistique algérienne a cherché à préciser davantage. Considérant avec Reclus que la France, depuis le massif central de l'Auvergne jusqu'à la Méditerranée, s'incline vers le midi et que l'Afrique, depuis le point des hauts plateaux où commence le Sahara jusqu'à la Méditerranée, s'incline vers le nord, M. Ricoux représente ces deux pentes, l'une française, l'autre algérienne, qui se font vis-à-vis, comme les deux pentes opposées d'une dépression centrale dont la Méditerranée occupe le fond et il constate, que c'est dans les limites de ces deux versants en regard l'un de l'autre, que se fait l'acclimatation du Français. Il ne doit pas être originaire d'un point plus septentrional que le massif central de la France; il ne doit pas être, en un mot, de ce versant opposé, qui, du massif central vers la Manche, s'incline vers le nord. D'un autre côté il ne s'acclimate pas en Afrique, si, dépassant les hauts plateaux, il pénètre dans le Sahara.

Pour s'assurer des limites exactes de cette zone, M. Ricoux chercha à suivre le tracé des lignes *isothères* (θέρος été), c'est-à-dire des lignes qui réunissent les points, qui ont la même température moyenne d'été; c'est en effet l'été, qui est la saison redoutable pour l'acclimatation; c'est donc la ligne isothère, qui importe ici, tandis que ce serait la ligne isochimène (χειμενός hiver) indiquant la température moyenne d'hiver, qu'il faudrait consulter, s'il s'agissait de l'acclimatement dans un pays froid.

Or la ligne isothère de + 20° part de l'embouchure de la Gironde, passe à Moulins, coupe la Loire, puis la Saône à son confluent avec le Doubs, enfin le Rhin près de Mulhouse. En Algérie la zone d'acclimatement serait limitée au sud par l'isothère de + 25°, qui pénètre en Afrique au-dessous d'Oran, passe aux environs de Mascara, atteint Chelata dans la province d'Alger, pénètre dans la province de Constantine, coupe le Hodna, passe en dessous de Batna, au nord de l'Aurès, pour attendre Aïn-Beïda et pénétrer en Tunisie au-dessous du 36e parallèle (Ricoux).

Ces résultats des recherches du Dr Ricoux doivent être sous les yeux de ceux, qui prétendent à diriger le mouvement colonial. Il serait bon de n'envoyer en Algérie que des troupes composées de soldats appartenant à la zone française acclimatable. Il ne faut pas non plus perdre de vue ces conditions, lorsqu'on voudra coloniser l'Algérie avec les enfants assistés de Paris. Le Dr Thulié, dans le rapport qu'il a fait au conseil général de la Seine sur l'envoi en Algérie des enfants abandonnés de Paris, a rappelé avec raison, que ceux qui étudieront les bases de cette colonie auront à se pénétrer des travaux de M. Ricoux sur l'Algérie et à ne pas perdre de vue, que tous les Français ne s'y acclimatent pas également.

§ 3. *Acclimatation des Français.* — Si tous les Français ne sont pas également susceptibles d'acclimatement en Algérie, il existe un moyen d'*acclimatation* de notre population, sur lequel on ne saurait trop compter, ce sont les croisements entre les Français et les Européennes originaires des pays, dont les habitants ont l'acclimatement assuré, Espagnoles, Italiennes, Maltaises. Nous ne trouvons plus, d'ailleurs, ici les mêmes obstacles qu'au croisement avec les indigènes et la fusion n'en est pas moins de nature à donner une race acclimatée, puisque les Espagnoles ont dans les veines du sang ibérien, syro-arabe et maure, que les Italiennes généralement originaires des Deux-Siciles ont par les Ligures, les Carthaginois et les Sarrasins les mêmes origines mixtes que les Espagnoles, et que les Maltaises sont voisines des Arabes à ce point, qu'on nomme en Algérie les Maltais les Arabes chrétiens. Le courrier d'Oran a constaté l'état prospère des enfants nés de pères allemands, belges, hollandais et russes, sortis de la légion étrangère et de mères espagnoles.

Les mariages croisés sont pour les Français du nord le seul moyen d'*acclimatation* de leur descendance. Le Dr Ricoux, qui les encourage, constate, qu'ils deviennent de plus en plus fréquents non seulement entre Français et étrangers mais entre toutes les nationalités représentées en Algérie. Ainsi, dans l'année 1882, sur 2 332 mariages 481 sont des mariages croisés.

Une objection a été faite à ces mariages croisés : on a craint que les enfants, qui en naîtront, perdent la nationalité française. Or le plus souvent (57 fois sur 100) le père est Français ; les enfants sont donc le plus souvent Français. 19 fois sur 100 le père est Italien ; 10 fois sur 100 il est Espagnol; 7 fois Maltais; 2 fois il est Allemand.

La proportion n'est plus la même, si l'on considère la femme : pour 100 unions mixtes on trouve 19 Françaises seulement, 41 Espagnoles, 21 Italiennes, 9 Maltaises, 4 Allemandes. La nationalité française gagne donc au croisement, puisque les Français sont très recherchés par les femmes étrangères, tandis que les Françaises recherchent peu les époux étrangers. Les Français, dit M. Ricoux, à qui je prends tous ces documents, épousent les Espagnoles 52 fois pour 0/0, les Italiennes 26 fois 0/0, les Maltaises 9 fois 0/0, les Allemandes 6 fois 0/0.

§ 4. *Colonisation officielle*. — Mais les meilleures conditions d'acclimatation, les plus physiologiques viennent souvent échouer devant les conditions, qui sont faites au colon par une administration centralisante à outrance. Ces conditions découlent de la méthode de colonisation généralement adoptée par le gouvernement français, la colonisation officielle, qui tend toujours à réaliser la conception idéale élaborée, dans les bureaux innombrables de la métropole, par la plume tranquille de régiments d'employés. Au surplus cette méthode est jugée par les chiffres : M. Ballue a établi, d'après les statistiques officielles, ce que valait cette méthode, qui consiste à placer les colons, où cela plaît à l'administration, aux conditions que sa sagesse infaillible a cru devoir leur imposer; il a montré, que l'administration n'a pu conserver comme colons que 5 827 familles dont 2 000 d'immigrants et que ce maigre résultat a coûté 59 millions. L'idéal du sans-gêne, avec lequel l'administration croit pouvoir disposer du colon, comme un caporal prussien dispose de ses hommes, se trouve dans une lettre de l'empereur Napoléon III au maréchal Mac-Mahon alors gouverneur de l'Algérie : « On donne, dit l'empereur, trop d'importance à Géryville et à Laghouat; il faut rappeler de ces lieux tous les colons, » c'est-à-dire qu'il faut par ordre du souverain arracher l'arbre qu'on vient de replanter, au moment où il refait ses racines. Ces colons, dont on décrétait le déplacement, comme s'il se fût agi d'un bataillon de tirailleurs, on n'était même pas toujours en mesure de leur préparer une caserne ! Quant aux colons qui venaient volontairement et qui n'attendaient pas qu'on les embauchât pour l'Algérie, les meilleurs, par conséquent, ceux-là étaient sûrs de ne rien trouver. Il est souvent arrivé, dit une circulaire du gouverneur, qui était alors le maréchal Pélissier, que, par suite du défaut de terres disponibles, des émigrants apportant leurs capitaux en Algérie, avec l'intention d'y fonder des établissements agricoles, n'ont pu être placés avec toute la diligence désirable, ou ne l'ont été que dans de fâcheuses conditions d'isolement. Mais plusieurs difficultés locales et notamment l'insuffisance du personnel des géomètres ont longtemps empêché, qu'on se départit à cet égard, aussi complètement qu'il l'eût fallu, des errements du passé. »

Il est vrai que les colons, pour lesquels l'administration avait eu le temps de préparer quelque chose, étaient ceux-là comblés, en apparence au moins ; on leur donnait et on veut encore donner des *concessions*. Or rien n'est déplorable comme le système des concessions gratuites; le sol échoit alors à ceux, qui courbent leur échine moins vers lui pour le labourer que dans les antichambres des fonctionnaires. Les concessionnaires sont en général de détestables colons, qui ne tardent pas, d'ailleurs, à apprendre à leurs dépens, que rien n'est plus cher, que ce qui semble gratuit : il faut construire ici et non là, de cette manière-ci et non de celle-là; il faut remplir les maintes obligations d'une sorte de cahier de charges et oublier pour toujours ce proverbe : Charbonnier est maître chez soi. Aussi beaucoup de concessionnaires vendent-ils plus tard le sol, sur lequel ils réalisent ainsi un bénéfice considérable, à des étrangers, dont ils augmentent ainsi le nombre dans notre colonie.

Voici d'ailleurs ce qu'il advient des concessions : A Aïn-Yagout, sur 28 lots concédés, on a trouvé 4 concessionnaires; à Fontaine-Claude, sur 29 lots, 9 propriétaires ; à Aïn-Zsar il n'y en avait plus un seul. M. Rabourdin, un des courageux compagnons de Flatters à sa première expédition, donne une idée, de ce que vaut la méthode des concessions dans certains villages, où on avait installé des Alsaciens-Lorrains : les colons avaient mangé leurs poules, leurs brebis, s'étaient chauffés avec les portes et les fenêtres et s'en étaient allés ! Un de ces villages sur la route de Constantine à Biskra n'est plus qu'une ruine. Les Arabes l'achevaient en venant voler les quelques portes et les quelques volets, qui restaient encore.

Déjà, cependant, au siècle dernier Malhouet s'élevait, au

sujet de la Guyane, contre le système des concessions gratuites et montrait quels avantages l'Amérique avait retirés d'un système complètement opposé. Malgré les enseignements de l'expérience n'est-ce pas encore au système des concessions qu'aurait abouti l'achat aux indigènes de 299 689 hectares pour 50 millions, si la Chambre n'avait eu la sagesse de ne pas encourager ce retour à la colonisation officielle, qui allait commencer par créer 175 villages! D'ailleurs, toutes ces terres ont aujourd'hui des propriétaires indigènes, individuels ou collectifs, qui, dans les deux cas, mais surtout dans le premier, ne se soucient pas d'être expropriés pour cause d'utilité officielle. On indemnise le propriétaire : comment? Écoutons M. Guy de Maupassant : « En Kabylie la terre a acquis une valeur considérable. Elle atteint dans les meilleurs endroits 1 600 francs l'hectare et elle se vend communément 800 francs. Les Kabyles, propriétaires, vivent tranquillement sur leurs exploitations. La Kabylie est le plus beau pays de l'Algérie. Eh bien, on exproprie les Kabyles au profit de colons inconnus. Mais comment les exproprie-t-on? On leur paye 40 francs l'hectare, ce qui vaut au minimum 800 francs. Et le chef de famille s'en va sans rien dire (c'est la loi) n'importe où, avec son monde, les hommes désœuvrés, les femmes et les enfants. »

§ 5. *Colonisation libre.* — Nous aurions d'autant plus tort de ne pas renoncer complètement à la colonisation officielle, que le Canada, l'Australie nous montrent tout le succès de la vente des terres, soit à prix débattu, soit aux enchères. En Algérie même les acheteurs de terre savent toujours mieux choisir leur emplacement, que l'administration le sait faire pour les concessionnaires; d'ailleurs, même aux époques où on a accordé le plus de concessions, les colons ont toujours montré une assez grande tendance à acheter des terres directement aux indigènes : en 1863 il s'est fait 193 ventes à prix fixe et 280 ventes aux enchères, qui ont produit 1 007 241 francs;

de 1875-1878, malgré la concession de 95 000 hectares, l'achat fait aux indigènes s'est monté à 82 640 francs. Le dernier rapport de M. Tirman constate, que, en 1882, les Européens ont acheté aux indigènes ou aux israélites 30 174 hectares de terres, tandis qu'ils ne leur en ont vendu que 3 246. Dans le courant des cinq derniers exercices, de 1877 à 1882, les achats faits par les Européens montent à 185 629 hectares, tandis que les ventes des Européens aux Arabes s'élèvent seulement à 29 000 hectares; différence 156 355 hectares en faveur des Européens. Il y a donc progrès constant dans la colonisation européenne. Pourquoi alors ne pas continuer à laisser le jeu des intérêts privés régler de lui-même la question, que l'on veut résoudre par l'arbitraire? Les terres les mieux cultivées sont celles qu'on a payées.

Quand l'administration consentira-t-elle à s'inspirer des idées libérales en vertu desquelles, sans abandonner la colonie, la métropole la livre à sa libre évolution? La jeunesse est une force pour les pays comme pour les hommes; pourquoi vouloir en paralyser les effets? M. J. Duval était bien mieux dans le sentiment naturel des choses, lorsqu'il disait : « L'Algérie nous offre une rare et précieuse occasion de prendre sur le fait la naissance des fermes, des hameaux, des villages, des bourgades, des sociétés, de scruter les éléments qui les suscitent et ceux qui les secondent ou les contrarient. Dans ce mouvement de création tantôt officiel, tantôt spontané, on recommence l'histoire primitive de l'humanité; les linéaments de la formation des familles, des cultures et des sociétés se dessinent avec une précision et une régularité, qui révèlent l'action de lois naturelles. » Mais pour cela il faut renoncer à assimiler le pays jeune au pays vieux et à l'*assimilation* chère à quelques politiciens substituer l'*autonomie*, conséquence d'une sage *décentralisation*. M. G. Renaud, au congrès d'Alger, et la plupart des membres de la section d'économie politique se sont du reste prononcés en faveur de l'autonomie coloniale; la majorité est tombée d'accord sur la nécessité d'augmenter les attributions du conseil supérieur, d'en éliminer les fonctionnaires ou de leur donner simplement voix consultative ou, au besoin d'en faire une assemblée spéciale, sorte de conseil d'État, de faire créer par le suffrage universel un parlement algérien, devant lequel le gouverneur serait responsable, tout en maintenant la députation algérienne au parlement de la métropole, dont elle a le droit et le devoir de contrôler la politique générale en ce qui concerne la colonie. Telles sont les idées émises par M. G. Renaud, idées qui, dans leurs détails, peuvent être discutées, mais dont l'ensemble s'inspire de l'esprit d'indépendance et d'autonomie, ce qui n'est pas synonyme de séparation, qui anime un grand nombre des amis de l'Algérie.

II. Action sur le pays. — La colonisation, dont nous venons de voir les tendances en ce qui regarde les habitants, doit songer également à modifier le pays par les *travaux publics*, par la *culture* et par l'*acclimatation*.

A. — *Travaux publics*.

Les idées d'autonomie, que je viens d'exposer, n'ont rien d'incompatible avec la participation maternelle de la métropole aux grands travaux publics, qui doivent favoriser le développement de la colonie. C'est à elle qu'il appartient d'apprendre à la colonie, quel beau rôle la science doit jouer dans l'éducation des peuples jeunes. Aussi M. Paul Marès a-t-il eu raison, dans maintes circonstances, d'insister pour qu'on créât en Algérie, dans ce pays neuf où tout est à étudier, un centre supérieur d'études scientifiques. La géodésie a déjà beaucoup fait pour l'Algérie; la côte et le Tell ont été couverts de triangulations; la marine a fait le relevé topographique des côtes à 1/25 000; le commandant Perrier poursuit en ce moment l'exécution d'une carte revisée. On ne saurait trop continuer dans cette voie bien propre à montrer notre supériorité aux indigènes.

M. Duval, dans son livre sur l'Algérie, a dit, sous une forme quelque peu singulière, une parole bien vraie : « En Algérie la politique devrait être une politique hydraulique. » D'une manière générale on peut dire, que la vraie politique doit être une politique réaliste et s'occuper d'actes plus que de théories, de réformes plus que de déclamations. Cela n'est pas vrai seulement pour les colonies.

§ 1. *Chemins de fer algériens*. — Le premier devoir de la colonisation scientifique c'est de créer des chemins de fer; ce sont là des *dépenses productives*, car, si les chemins de fer facilitent le transport des matières produites, ils servent encore plus à activer la production même de ces matières, que fabricants et acheteurs ont l'assurance de pouvoir transporter. Les chemins de fer algériens se composent de deux systèmes : une grande voie parallèle à la côte, des voies perpendiculaires à la côte, qui vont de la mer sur les hauts plateaux.

Au mois de décembre 1881 la ligne parallèle allait d'Oran à Alger et d'Alger à Menerville. Le prolongement de Menerville à Tizi-Ouzou doit être livré dans trois ans. D'un autre côté, à l'ouest d'Oran, la ligne de la Sénia à Aïn-Témouchent, à Tlemcen et à Sebdou a été déclarée d'utilité publique. A l'est d'Alger la ligne parallèle reprend ensuite de Sétif à Constantine, à Guelma, Duvivier, Souk-Ahras, Sidi-el-Hemessi en Tunisie, Tunis avec prolongement ultérieur jusqu'au Hamman-el-Lif. Ces deux tronçons de la ligne parallèle seront réunis par le prolongement intermédiaire : Sétif à Benimansour, Bouira, Palestro et Menerville, avec embranchement de Bouira par Berrouaghia, Médéah et Affreville.

Les lignes perpendiculaires vont les unes de la côte à la ligne parallèle, qu'elles rejoignent seulement, les autres sur les plateaux en traversant la ligne parallèle. En tenant compte des lignes concédées et de celles qui sont seulement classées comme d'intérêt général, on trouve parmi les premières une ligne de Tenès à Montenotte et Orléansville, la ligne de Bougie à Beni-Mansour, celle de Philippeville à Constantine, de Bone à Guelma.

Les lignes, qui traversent ou qui traverseront la ligne parallèle allant perpendiculairement de la côte à la mer, sont celles d'Oran à Sainte-Barbe du Tlelat, Sidi-Bel-Abbès, Magenta, Ras-el-Ma; celle d'Arzen à Saïda se prolongeant jusqu'à Mécheria sur la limite du Sahara. Le chemin de fer de Saïda est celui, qui descend des hauts plateaux l'Alfa (*stipa tenacissima*), le Senrha (*lygeum spartum*), ainsi que les moutons; il s'enfonce à 250 kilomètres et s'élève à 1 400 mètres. Viennent ensuite la ligne de Mostaganem à Tiaret, celle de Philippeville, Constantine à Batna, qui sera prolongée jusqu'à Biskra, enfin la ligne de Souk-Ahras à Tébessa.

Quand toutes ces lignes seront terminées, cela fera un total de 3 054 kilomètres de chemin de fer, dont près de 1 400 fonctionnent déjà ou fonctionneront d'ici une année ; or l'Inde a plus de 13 000 kilomètres de voie ferrée; le Canada et l'Australie en ont plus de 10 000.

Certaines personnes ont été effrayées de la dépense que représentent de pareils travaux. Il est cependant certain, qu'il faudra multiplier encore ces voies de communication : des lignes secondaires seront quelquefois nécessaires; l'agriculture l'exige, car, en Algérie, les céréales et les farines représentent le 1/3 du produit des voies ferrées, tandis qu'en France elles en représentent à peine le 1/15. Il y aura du reste une économie considérable à appliquer à ces lignes secondaires le système de chemins à voie étroite ; déjà le chemin de fer d'Arzen à Saïda est à voie étroite. Le transbordement des marchandises est évidemment un inconvénient, mais il est estimé comme équivalent à un très petit nombre de kilomètres, qu'on ferait en plus sans transbordement. On pourrait d'ailleurs, pour éviter tout transbordement, mettre trois rails sur les grandes lignes : le *Great-*

Western ainsi construit en Angleterre permet au petit matériel d'emprunter la voie centrale sans transbordement. Enfin on pourrait multiplier, autant que possible, suivant le plan proposé par M. Chabrier, les *chemins de fer agricoles*, en établissant simplement des rails sur les accotements des routes. MM. Chabrier, Lechatellier et d'autres ingénieurs ont du reste entrepris, dans ces dernières années, en faveur des chemins de fer économiques à la façon de ceux que font les Américains, une campagne, qu'on ne saurait, je crois, trop encourager. Les Russes adoptent les mêmes procédés dans l'Asie centrale. Ainsi qu'on l'a dit judicieusement, il est préférable de construire 4 kilomètres de chemins de fer à 60 000 francs le kilomètre, que 1 kilomètre de voie magistrale à 240 000 francs. « Dût-on, au bout de vingt ans, quand la colonisation se serait développée, reconstruire intégralement une partie de ces kilomètres de voie légère et à bon marché, on aurait fait une excellente affaire. »

§ 2. *La mer intérieure.* — Au premier rang des grands travaux, que comporte la colonisation de l'Algérie, il faut placer ce qu'on a nommé la mer intérieure, ce qui serait plus justement nommé le golfe des chotts.

De chaque côté du 34ᵉ parallèle, plus exactement de 34° 30′ lat. N. à 33° 45′ lat. N., depuis la région méridionale de la province de Constantine à 70 kilomètres de Biskra, 3° 45′ long. E., jusqu'au golfe de Gabès, s'étend une région d'une aridité extrême : elle est formée, dans sa moitié septentrionale, par des alluvions qui viennent de l'Aurès et, dans sa moitié méridionale, par les sables du Sahara. Visitée déjà par l'ingénieur Dubocq, en 1849, cette région lui avait semblé déprimée relativement au niveau de la mer. A son centre et au fond de la dépression se trouvent des *chotts*, c'est-à-dire non des lacs, mais plutôt des marais boueux, mélange de sable et d'eau, dont le contenu ne devient vraiment liquide que dans une courte période de l'année et qui présentent le plus souvent une surface profonde déprimée et boueuse, dans laquelle on enfonce.

Ces chotts séparés les uns des autres par des isthmes plus ou moins larges sont de l'ouest à l'est : le chott Mel-Rir, le plus grand de tous, de 150 lieues carrées de superficie, communiquant avec le chott Sellem, en Algérie; puis, en Tunisie, séparés de ces chotts algériens par un isthme, le chott El-Rharsa et le chott El-Djerid, qui se trouve lui-même séparé du fond du golfe de Gabès par un isthme de 20 kilomètres. Une petite langue de terre sépare de même l'un de l'autre ces deux derniers chotts. Un grand nombre de petits chotts intermédiaires se relient aux principaux sur une longueur de 380 kilomètres.

C'est en 1873 que M. le colonel Roudaire, alors commandant chargé d'opérations géodésiques aux environs de Biskra, constata que le lit du chott Mel-Rir est situé au fond d'une dépression, dont la paroi septentrionale, c'est-à-dire inclinée vers le midi, part de l'Aurès à la cote de $+100$ mètres et aboutit au chott même à -27 mètres au-dessous du niveau de la mer avec une pente moyenne d'environ 2 mètres par kilomètre. Il constata que l'inclinaison de ce lit est de 25 centimètres par mètre dans la direction de l'orient, ce qui mettrait le chott Sellem à -40 mètres en contrebas. Tout autour le terrain se relève, mais lentement; on trouve des cotes de -21 et -18 mètres, mais il faut aller fort loin pour trouver la cote 0, autrement dit, la surface qui serait inondée, si les chotts algériens étaient remplis d'eau, serait considérable, de 6000 kilomètres carrés environ, avec une profondeur moyenne de 15 mètres et un maximum de 27 mètres au centre. Malheureusement l'isthme de 20 kilomètres, qui sépare les chotts algériens des chotts tunisiens, n'est nulle part moins élevé que le niveau de la mer; on trouve cependant dans ses parties les plus basses la cote $+6$ ou $+7$ et même 0.

Quant aux chotts tunisiens les mesures de M. Roudaire

lui ont montré, que les rives du chott El-Rharsa sont partout, sauf près de l'isthme qui le sépare des chotts algériens, à — 20 mètres au-dessous du niveau de la mer et à — 40 mètres même dans la partie centrale de la dépression. Il y aurait encore là en Tunisie 6 000 kilomètres carrés à inonder.

Le chott El-Djerid, qu'on trouve à l'est du précédent, en est séparé par un isthme de 3 ou 4 kilomètres de large, qui s'élève à 40 mètres d'altitude. Il ne faut pas se dissimuler, que sa surface est au-dessus du niveau de la mer, ce qui causa d'abord une véritable déception à M. Roudaire; « mais, ajoute-t-il, le chott El-Djerid se trouve dans des conditions toutes particulières. Les eaux, en s'accumulant dans son lit, qui occupe le fond d'un immense bassin, y ont créé un véritable lac souterrain. C'est un mélange très liquide d'eau et de sable recouvert d'une couche plus résistante dont l'épaisseur variable dépasse rarement 80 centimètres. Il est très peu de points, où cette croûte puisse supporter les hommes et les animaux. La route du Nifzaoua au Djerid, qui est la seule à peu près sûre, sur laquelle on puisse traverser le chott, n'est qu'une chaussée longue et étroite, qui domine le niveau général et qui devient elle-même dangereuse, lorsqu'il a plu. » Lorsqu'on a enlevé les 40 ou 80 centimètres de croûte, il suffit de laisser tomber, dans le mélange d'eau et de sable mis à découvert, un bâton ou une pierre suspendus à une corde, pour qu'ils s'enfoncent de leur propre poids sans qu'on puisse trouver le fond. Une eau limpide mais salée remplit alors le petit puits ainsi creusé par le passage du bâton ou de la pierre dans le mélange de sable et d'eau. M. Roudaire pense donc, que lorsque ces eaux souterraines du chott El-Djerid, aujourd'hui *ensablées* en quelque sorte, aujourd'hui saturées de sel et de sable, parce qu'elles n'ont pas d'écoulement, pourront se déverser dans le récipient qui les attend et dont on leur ouvrira la porte en abattant les 3 ou 4 kilomètres d'isthme, qui séparent le chott El-Djerid du chott El-Rharsa; lorsqu'elles seront poussées et attirées par les courants, qui se produiront dans leur sein, alors la surface s'effondrera bien vite dans l'abîme insondable constaté et les sables ne tarderont pas à se déposer. Le chott El-Djerid devra donc être versé dans le creux du chott El-Rharsa avant toute autre opération.

Lorsque le chott El-Djerid aura ainsi rempli le chott El-Rharsa, il faudra alors déverser à son tour le grand lac tunisien ainsi formé dans les chotts algériens Mel-Rir et Sellem. Il suffira de creuser d'abord une simple tranchée de 1 mètre seulement de largeur au plafond et 2 mètres au-dessous de la marée basse au golfe, tranchée que le courant qui la parcourra se chargera d'élargir en emportant ses bords. C'est ce qui a été fait pour la rectification du lit de la Meuse, à la pointe de Hock von Holland, où en deux ans le travail des eaux porta la largeur de 120 à 200 mètres et la profondeur de 3 à 10 mètres sur 5 kilomètres de long. On a calculé, qu'avec une tranchée peu considérable il serait aisé d'obtenir un courant d'une vitesse moyenne de $1^m,14$ par seconde et qu'ainsi 61 milliards de mètres cubes d'eau entreraient en une année dans le bassin des chotts algériens. Réduisons cette quantité de 7 milliards payés à l'évaporation, restent 54 milliards annuels, soit 108 milliards d'eau en deux ans.

Quant au sable déposé par l'eau, M. Roudaire, l'estimant au maximum à 100 millions de mètres cubes, calcule que cela surélèverait le fond d'un peu plus de $0^m,017$, ce qui est insignifiant dans une profondeur moyenne de 15 mètres.

L'isthme de Gabès partout plus haut que la mer, bien entendu, a 20 kilomètres de large et son point culminant, qui atteint une altitude minima de 46 mètres, renferme des calcaires tertiaires; ce serait le plus gros obstacle, obstacle cependant bien minime à côté de celui de l'isthme de Suez; le banc de calcaire n'occupe d'ailleurs qu'une faible partie de l'isthme et le reste est un terrain tendre.

M. Roudaire estime à trois années le temps nécessaire pour

le remplissage des bassins. Au bout de ce temps on aurait une mer de 350 kilomètres de longueur sur 60 kilomètres de largeur.

Parmi les considérants sur lesquels se basent les partisans de la mer intérieure, il en est un, qui me semble inutile, puisque assez d'autres arguments militent en faveur de l'entreprise : c'est celui qui montre dans le passé l'existence dans la région actuelle des chotts d'une mer ancienne, devenue plus tard le lac Triton et qui représente l'opération comme une sorte de restauration archéologique.

Il ne me semble pas nécessaire d'être certain que jadis la mer intérieure ait existé, pour désirer qu'elle existe dans l'avenir; en outre il est bon de ne pas insister sur cette considération, car il semble probable, que les chotts ne sont point le fond desséché d'une ancienne mer, au moins dans la période quaternaire. M. Lechatelier fait en effet remarquer, que la cause de l'humidité des chotts ne réside pas dans l'affluence de cours d'eau, puisque le chott Mel-Rir seul en reçoit pendant la saison de la pluie, mais dans la nappe d'eau souterraine des terrains de sable avoisinants : il y a un chott partout, où, la nappe d'eau se rapprochant assez de la surface et étant assez abondante, l'eau peut monter par capillarité en quantité suffisante, pour ne pas disparaître immédiatement par évaporation. Quant au sel, que contiennent les chotts, ce n'est pas du sel marin pur mais un mélange de chlorure de sodium et de sulfate de soude en proportions variables; on ne peut donc pas considérer ces sels comme le résidu de l'évaporation d'une ancienne mer. D'après M. Lechatelier leur origine est la même ici que dans les chotts de la région montagneuse de l'Algérie : ils proviennent de l'évaporation d'eaux, qui se sont chargées de sels par leur circulation sur des terrains, où il en existe de grands amas naturels. On trouve d'ailleurs disséminées à tous les niveaux des coquilles terrestres, qui vivent encore dans la montagne (*Bulmus detruncatus*, *Helix melanostoma*, *H. candidissima*, *H. vermiculata*). Quant aux *Cardium edule* qu'on y trouve identiques à celui qui vit aujourd'hui dans les mers actuelles, ils ne sont pas là, d'après M. Lechatelier, à leur place naturelle; ils ont été apportés par les eaux après avoir été arrachés à une couche fossilifère inférieure, qui affleure aujourd'hui à une assez grande altitude, dans plusieurs points de l'Algérie, où elle est le vestige d'anciens lacs saumâtres. Enfin, d'après les recherches récentes du Dr Rouire en Tunisie, l'ancienne mer intérieure, l'ancien lac Triton ne devraient pas être cherchés au fond du golfe de Gabès, mais plus au nord, au fond du golfe de Hammamet; là il a découvert un grand fleuve, l'ancien Triton, qui descend de Tebessa et se jette dans le golfe de Hammamet entre Sousa et Erghela, après avoir traversé le lac Kelbiat (ancien lac Triton). Au surplus cela n'a rien à voir avec les avantages que nous pouvons retirer de la grande dépression des chotts et de l'utilité qu'il y aurait à créer une mer ou mieux un golfe beaucoup plus grand que ne fut jamais l'ancien golfe Triton découvert par le Dr Rouire.

Une objection grave a été faite : on a prédit que l'évaporation agissant avec intensité sur une masse d'eau peu renouvelée finirait par changer la prétendue mer en un bloc de sel. A cette objection M. Roudaire a répondu, que, dès que les couches inférieures de la mer atteindraient une certaine densité, l'équilibre statique serait rompu et que des contre-courants prendraient naissance, qui entraîneraient dans la Méditerranée le sel abandonné par l'évaporation. En effet, avant le percement de l'isthme de Suez, les lacs amers offraient pour fonds un véritable banc de sel; depuis que ces lacs communiquent avec la mer, le fond salin, au lieu de s'exhausser, a baissé de 1^m,30 et pourtant l'évaporation doit y produire annuellement une masse de sel d'environ 14 millions de kilogrammes. M. de Lesseps attribue ce fait incontestable à l'existence de courants profonds, qui emmènent l'eau dense vers la mer et de courants superficiels, qui amenant l'eau moins dense de la mer, viennent compenser l'évaporation.

On a également émis la crainte, que les eaux de la mer intérieure ne vinssent à corrompre les puits si utiles de la région; mais il a été reconnu, que tous sans exception s'alimentent à une nappe d'eau plus élevée que le niveau de la mer. Dans l'Oued-Rir quelques puits artésiens s'enfoncent au-dessous de ce niveau, mais ils doivent traverser plusieurs couches de terrains imperméables, ce qui éloigne encore tout danger d'infiltration.

On a craint enfin pour les oasis du sud, mais elles ne seraient nullement entamées par la mer intérieure, puisque leur altitude sera de 58 et de 80 mètres au-dessus de sa surface. On ne sacrifierait dans le Sahara algérien que 8 000 palmiers pas plus. M. Cosson, au sujet des palmiers, a exprimé à son tour une crainte : il se demande, si cet arbre, qui aime à avoir, comme le dit le proverbe arabe, « le pied dans l'eau et la tête dans le feu », se trouverait bien du changement de climat et ne périrait pas. Le fait est possible; on pourrait cependant répondre, que le palmier croît parfaitement dans plusieurs parties moins arides de la zone torride. Si d'ailleurs il fallait se résigner à voir périr quelques palmiers, il ne manquerait pas d'autres cultures aussi productives à installer sur un sol, dont la fécondité deviendrait considérable.

Les avantages de ce golfe seraient nombreux : le climat de la région serait d'abord considérablement modifié; le percement de l'ishme de Suez et l'inondation du bassin des lacs amers ont bien modifié le climat de Suez! Les pluies y sont devenues beaucoup plus fréquentes, la végétation a pris naissance; cependant les lacs ont une surface de 258 millions de mètres carrés et donnent, en 24 heures, 773 000 mètres cubes de vapeur d'eau, alors que la mer intérieure aura 15 milliards de mètres carrés de surface et donnera à l'évaporation 45 millions de mètres cubes d'eau par jour. Lorsque le vent sec et brûlant sud-ouest, le vent du désert soufflera sur la mer intérieure, il est permis de penser, qu'il doublera l'évaporation : c'est donc 90 millions de mètres cubes d'eau, qu'il transportera au-dessus des cimes de l'Aurès; quelques-unes ont plus de 2 000 mètres d'altitude et opéreront la condensation de ces énormes quantités d'eau, qui, sous forme de pluie, viendront fertiliser le pays; le sol de cette région n'est aride, en effet, que parce qu'il ne pleut pas, car, pendant la courte saison des pluies, les Arabes l'ensemencent et y prennent des récoltes magnifiques; ces alluvions pauvres en argile et riches en sulfate de chaux présentent au contraire, lorsque l'eau leur est donnée, une fertilité extrême et plus de 600 000 hectares aujourd'hui improductifs seraient livrés à la culture.

On a été plus loin : on a pensé que le vent du midi devenu ainsi humide augmenterait sur les Alpes françaises la production des glaciers et on nous a fait craindre un retour de l'époque glacière. Mais l'époque glacière en France était due, il est permis de le penser, à des phénomènes plus complexes et notamment à l'existence au midi et à l'est, sur le continent actuel, de mers autrement considérables que ne sera jamais le golfe prolongé de Gabès.

Aux avantages du climat se joindront des conséquences précieuses pour la civilisation : lorsque les navires pourront aborder non loin de Biskra, les commerçants de Gadhamès, ceux même de Tombouctou, du Hassoua, du Soudan et du centre de l'Afrique n'hésiteront plus à venir apporter leurs marchandises en échange de celles de l'Europe et notre Algérie deviendra le débouché commercial de ces riches contrées, qui y enverront les plumes d'autruche, la gomme, les peaux, l'indigo, la cire, le coton, l'ivoire et l'or, en même temps que notre commerce trouvera les débouchés, qui lui manquent et dont l'absence est une des nombreuses causes de la crise actuelle.

On parle, comme un *maximum* de dépenses, d'une somme de 75 millions qui serait nécessaire pour inonder les chotts algériens et tunisiens : si le nom de dépense productive a jamais convenu à une entreprise coloniale, certes c'est bien à celle là! La plaine des Zibans, qui compte environ 600 000 hectares de superficie, est aujourd'hui improductive; la mer intérieure lui apporterait les deux choses essentielles, qui lui manquent, la pluie et les débouchés.

§ 3. *Puits artésiens. Les Mahara.* — La mer intérieure c'est l'amorce du désert; mais ce désert il faut en raccourcir le plus possible la largeur, dans la direction du Soudan, pays d'avenir vers lequel doivent tendre nos efforts et qui doit faire un jour la fortune de l'Algérie. Le seul moyen de raccourcir la distance dans le Sahara, en attendant le chemin de fer transsaharien, c'est de faire des puits artésiens. Ce « pays de la soif » appartient à ceux qui possèdent de l'eau. Dans les luttes interminables entre les Touaregs et les Chaambas on a vu le même parti conserver l'avantage pendant des années, grâce à la connaissance d'une source ignorée de l'adversaire. Nous ne pouvons donc tenter quelque chose dans le Sahara, pour rapprocher le Soudan de l'Algérie, que lorsque nous aurons, par des puits artésiens, rendu plus faciles nos expéditions et nos entreprises. Du reste nous avons déjà beaucoup fait : nous avons creusé déjà 40 puits entre le chott Mel-Rir et Tougourth, ce qui donne à peu près 1 puits tous les 3 kilomètres. Dans la province de Constantine nous en avons creusé 155 de 1856 à 1878. Dans toute la région de l'Oued-Rir on en pourrait creuser un très grand nombre et on pourrait avoir, assure-t-on, des débits de 3 000 et 5 000 litres; une surface de 1 800 hectares aujourd'hui inculte serait ainsi mise en valeur et recevrait 540 000 palmiers d'un rapport, qu'on estime annuellement à 8 000 tonnes de dattes, sans compter 1 200 tonnes d'orge, qu'on pourrait récolter sous les palmiers.

Il importerait également d'assainir les puits des indigènes: chaque année, en effet, dans la région des oasis les troncs de palmiers, qui servent au coffrage de ces puits, fermentent et contribuent à augmenter les effets des eaux croupies, qui remplissent à demi les fossés creusés par les indigènes autour des villages et les rigoles qu'ils font autour de chaque pied de palmier, afin de faire profiter ses racines des trop rares pluies de la contrée ; cela crée des conditions telluriques d'une extrême insalubrité, qui donnent lieu à une endémie malarique, la *fièvre du Tehem*. Cette maladie fait périr chaque année, à Ouargla, environ une cinquantaine d'indigènes. Il importerait donc de combler les fossés et de remplacer les puits des indigènes, qui sont d'ailleurs trop étroits et sont exposés à s'ensabler, par de larges puits tubulaires.

L'autre mesure indispensable, que M. Rabourdin regarde avec raison comme urgente, c'est l'emploi du *mahari* ou dromadaire de course et sa substitution au chameau porteur. C'est en effet grâce à la rapidité de leurs *mahara* que les indigènes nous échappent toujours et que nous sommes incapables de lutter de rapidité avec eux. Le chameau porteur fait de 26 à 30 kilomètres par jour, suivant la nature du sol et le nombre des puits ; le mahari en fait de 66 à 85. Le seul moyen de nous rendre maîtres du désert serait donc, selon M. Rabourdin, de former des escadrons de mahara, tentative déjà faite à Ouargla par le général de Loverdo à l'exemple de Bonaparte. Le mahari aurait encore l'avantage d'exiger un moins grand nombre de puits. En effet, dit encore M. Rabourdin, le chameau peut bien rester de 8-11 jours sans boire ; mais, dès qu'il arrive au puits, il lui faut 60 litres d'eau d'un seul coup. Or il y a des puits, qui ne donnent pas 500 litres par heure ; il faut donc rester 2 jours pour abreuver 250 chameaux ; il faudrait 10 jours pour abreuver une caravane de 1 250 chameaux et encore « les premiers servis commenceraient à mourir de soif, dès que les derniers auraient bu. Les mahara, au contraire, marchant trois fois plus vite, rencontrent dans le même temps trois fois plus de puits ; ils boivent donc à chaque étape trois fois moins d'eau et, par suite, il est possible d'en faire passer dans le même temps un nombre triple de celui des chameaux de bât. » (Rabourdin.)

§ 4. *Chemin de fer transsaharien.* — Lorsque le réseau des chemins de fer algériens sera terminé, que les navires apporteront les marchandises de l'Europe au fond du golfe des chotts, jusqu'au pied de l'Aurès, à quelques lieues de Biskra et que le désert sera de plus en plus parcouru par les caravanes, auxquelles il offrira ses puits de plus en plus nombreux, alors l'Algérie, déjà faite au rôle de trait d'union entre l'Afrique et l'Europe, pourra se rapprocher encore du Soudan et augmenter sa puissance par la construction d'une ligne, qui, aujourd'hui, semble à quelques esprits ne devoir jamais exister que dans le pays des utopies, le chemin de fer du Soudan ou transsaharien.

Le Soudan. Soudan ou Nigritie, pays des noirs, est le nom d'un territoire immense, qui s'étend de la côte occidentale de l'Afrique à la côte orientale et, de chaque côté de l'équateur, entre les deux parallèles 16, la moitié sus-équatoriale portant le nom de Nigritie supérieure, l'autre celle de Nigritie inférieure; on donne plus spécialement le nom de Soudan à la Nigritie supérieure. Il comprend, à partir du pays des Gallas et du Sennaar à l'est, le Darfour et le Takrour, dont le lac Tchad forme le centre, et s'étend jusqu'à la Sénégambie. Entre le Nil et le Niger, tout autour du lac Tchad, qui, à l'altitude de 276 mètres, occupe le point le plus haut de ce plateau élevé, se trouvent groupés les riches empires du Ouaddaï, où Léon l'africain au XVe siècle vit dans toute sa puissance le royaume de Boulala, du Baghirmi, du Bournou et du Haoussa à l'ouest; il comprend enfin la grande ville du Soudan, Tombouctou sur le Niger. C'est Tombouctou, qui est le grand centre du Soudan; c'est là que convergent toutes les richesses de l'Afrique centrale. « Excepté ton père et ta mère, tu trouveras tout ce que tu voudras à Tombouctou », disait à M. Rabourdin un Touareg, qui avait fait plusieurs fois le voyage à la grande cité; c'est bien ce que savent les Anglais, qui, depuis 7 ou 8 années, y apportent avec assiduité des étoffes fabriquées à Manchester. On trouve dans le Soudan, dit M. Rabourdin, des plumes d'autruche, de la gomme arabique, beaucoup d'ivoire, de l'essence de rose, dont le flacon se paye son poids d'argent, de la poudre d'or, des minerais de fer, des émeraudes. Le riz, le coton, l'indigo croissent spontanément, à l'état sauvage, dans toute la région ; on y trouve des graines oléagineuses, arachides, sésames. Il y faut joindre l'*arbre à beurre*, qui forme d'immenses forêts et dont le beurre végétal ne serait pas mal venu sur nos marchés européens ; Barth a vu enfin dans le Bournou un esclave noir revenu des Antilles, qui s'est fait une plantation de café. En échange le Soudan demande des cotonnades, du corail, de l'ambre, du sucre, du thé, du tabac, de la farine, des clous de girofle et surtout du sel, qui est de toutes les marchandises la plus recherchée. Un bon chameau, dit encore le compagnon de Flatters, s'échange contre une dalle de sel de 1 mètre de longueur ; dans certaines régions un esclave s'échange contre deux plaques de sel taillées sur la grandeur de ses pieds et à Tombouctou cette substance se vend 100 francs le kilogramme. L'Algérie étant fort riche en sel, nous aurions là, ajoute-t-il, un commerce assuré et très rémunérateur.

Quant aux populations du Soudan, elles sont loin d'être exclusivement composées de noirs, ainsi que le laisse supposer le nom de Nigritie. Dans tout le bassin du Nil blanc, dans le Sennaar, dans le Kordofan, dans l'Ouaddaï, dans tout le pourtour du lac Tchad se rencontrent soit en masse compacte, soit par groupes au milieu des nègres purs, des peuples dont les traits, la conformation, le teint, les cheveux sont ceux de la race blanche, et qui semblent être venus de l'est, du pays de Gallas, entre l'Abyssinie et le Zanguebar ; les Berbères à l'ouest, les Gallas à l'est sont en somme les deux termes extrêmes d'une zone immense de populations blanches, de même origine, qui enveloppent au nord les populations noires du Soudan et les pénètrent. Le voyageur Barth a reconnu, que les langues soudaniennes, le kanouri au Bournou, le teda chez les Touaregs mélangés de noir du

Tibbou, le Haoussa ont une grande analogie avec le Berbère et que ces langues se rapprochent de celle des Gallas, en passant par les idiomes du Nil blanc, ce qui confirme l'importance, que j'ai donnée plus haut, à l'étude du Berbère de préférence à celle de l'Arabe dans notre colonie d'Algérie.

Un obstacle considérable nous sépare de ces peuples, c'est le Sahara.

Le Sahara. On se fait généralement illusion sur la nature du Sahara : il y a là, entre l'Algérie et le Soudan, un immense espace, d'environ 230 000 lieues carrées, qu'on se figure à tort comme une vaste plaine de sable jaune. C'est là le désert classique, qu'on se représente aussi comme le fond desséché d'une ancienne mer, qui se serait depuis longtemps retirée. Le Sahara réel est tout différent : il a pu être le fond d'une mer à quelque époque géologique reculée, mais ce n'est pas à l'époque quaternaire. Actuellement son niveau moyen est de 400 à 500 mètres au-dessus du niveau de la mer actuelle; son sol ne présente nulle part de coquilles marines; — les chotts ne sont salés que par les principes salins, que les eaux douces, qui s'y accumulent et s'y concentrent, ont dissous dans le sol. — Le pays est loin d'être plat et uniforme : son relief mouvementé est, au contraire, décomposable en plusieurs bassins, larges vallées déprimées, que séparent des massifs montagneux, qui ont jusqu'à 2 000 mètres de hauteur; enfin, même en dehors des oasis, la végétation n'est pas partout absente : elle est éparse dans le désert « comme les taches de la peau mouchetée de la panthère »; quant aux oasis elles forment environ le 1/9 de la surface totale et donnent asile à une nombreuse population. En somme le Sahara est une région mouvementée, ayant ses montagnes élevées comme le massif d'Aïr et des Hoghar, ses plateaux faisant suite à ceux du Fezzan et ses profondes vallées, comme celle de l'Igharghar, qui descend du Hoghar; il ne manque à ce paysage, que ce qui donne la vie, l'*eau*. C'est en vain en effet qu'au milieu des larges vallées des *oued* on cherche les méandres d'un fleuve depuis longtemps séché. Les *oued* sont des rivières, qui depuis longtemps ont cessé de couler, même après les orages; leur lit large parfois de 1 ou de 2 kilomètres forme une dépression d'une trentaine de mètres au-dessous des terrains environnants; leur sol est du sable, qui, par capillarité, jouit de l'humidité du sous-sol et se couvre de végétation. Ce sont ces fleuves « qui coulent invisibles, » dont parlait déjà Pline d'après le roi Juba. Dans beaucoup de points, en effet, la région des sables, qui prend alors le nom d'*Erg*, profite ainsi par capillarité de l'humidité due à des eaux souterraines et donne de la végétation. Ainsi, dans la vallée de l'ancien Igharghar, se trouvent des gommiers, des tamarix, qui donnent une ombre recherchée; ces arbres sont entretenus par la présence de l'eau dans le sous-sol à 4 mètres de profondeur. Attirés dans ce qui reste d'une fraîche vallée d'autrefois, vivent là les mouflons, les bandes de gazelles, d'antilopes et d'onagres. Le désert, dans toute l'acception du mot, n'existe en réalité que dans la *Hamada*, où le sol dur, nu, sec, sans trace d'humidité, ne nourrit ni un seul animal, ni un seul végétal.

Mais il n'en a pas toujours été ainsi : au sud-est d'El-Goleah M. l'ingénieur G. Rolland a trouvé, sur le plateau calcaire, des travertins déposés par des sources récentes, aujourd'hui disparues; il en est de même près de Ouargla. Dans plusieurs endroits le point d'émergence des sources jaillissantes naturelles s'est abaissé. Des gravures découvertes par le rabbin Mardochée sur les rochers représentent même des éléphants, des rhinocéros; or, pour que ces énormes herbivores pussent vivre, il fallait qu'ils trouvassent dans ces régions des fourrages abondants, qui ne pouvaient croître que sous un climat tout différent du climat actuel. En outre le bœuf à bosse était la bête de somme des Garamantes et le chameau n'a été amené des régions plus méridionales, que lorsque, le Sahara devenant sec, le bœuf à bosse a cessé de pouvoir vivre. Les Touaregs ont du reste raconté à M. Duveyrier, que leurs ancétres se servaient de bœufs et non de *mahara*, et le Dr Nachtigal a retrouvé sur les rochers du Tibesti des gravures, qui représentent des bœufs aux cornes recourbées en avant, portant des sellettes, des bâts, comme ils le font encore aujourd'hui dans le Soudan. Ce sont ces bœufs aux cornes dirigées en avant, qu'on avait représentés à Hérodote comme marchant à reculons. Enfin l'historien bien plus moderne Ibn-Khal-Doum rapporte, que le Sahara était jadis parcouru par une multitude de rivières et de cours d'eau. Il faut bien qu'il en soit ainsi et que, à une époque reculée, le Sahara ait pu nourrir de nombreuses populations vivant de chasse et de pêche, puisque M. Weissgerber et M. Rabourdin ont pu y trouver de véritables ateliers de silex taillés, du même type que ceux de la vallée de la Somme ; d'ailleurs il faut bien que de grands fleuves aient coulé là, pour creuser les vallées considérables qui existent aujourd'hui et que suivent encore les caravanes. Les vallées de l'Igharghar, du Tirhehert et du Taffassasset donnaient passage, dit le voyageur Duveyrier, à des cours d'eau comparables au Rhin, au Don et au Paraguay.

Comment s'est accomplie cette transformation ? Par un ensemble de causes assez complexes, dont la principale est le déboisement des plaines et des plateaux pratiqué par les pasteurs nomades ; les pluies sont devenues rares ; l'eau manquant, la végétation a diminué ; les terres n'étant plus retenues par elle, le vent a opéré son action de brisement moléculaire sur le gypse et sur le carbonate de chaux abondants dans le sol ; il en est résulté une fine poussière de sable, que le vent charrie sous forme de dunes d'abord mobiles, mais qui, avec le temps, finissent par se fixer, après s'être orientées suivant la direction des vents, qui règnent le plus habituellement. Il est donc permis d'entrevoir dans un avenir à coup sûr éloigné, mais enfin dans l'avenir, un temps, où la science de l'homme pratiquant des reboisements, qui fixeront les dunes et amèneront des pluies, aura restauré dans son état premier une région, que l'incurie humaine a laissé déchoir.

Actuellement la région, qui se prête le plus à l'action de l'homme, est cette immense Suisse africaine, aux hauts sommets neigeux, qui sous les noms de Touàt, de Tidikelt, de Hoghar et de Ahaggar, s'étend entre le tropique du Cancer et le 28ᵉ parallèle, entre les longitudes 0° et 5°, au sud-ouest de Gadhamès, au sud de Ouargla, au sud-est de Tafilet, à l'ouest de Ghât et au nord-est de Tombouctou. C'est là la plus grande saillie, qu'on trouve entre la Méditerranée et le golfe de Benin : sous un climat rafraîchi et assaini par l'altitude s'étendent des forêts de thuyas et de myrtes, serpentent des vallées arrosées d'eaux courantes et vivent de nombreuses populations touaregs : les principaux rameaux touaregs sont les Hoghar, entre le Touàt et Ghât, les Azkar, dont la capitale est Ghât et qui s'étendent vers Gadhamès, les Keloui dans l'oasis d'Aïr, les Ouelimenides au nord-est de Tombouctou. Tout le Sahara renferme d'ailleurs, tant en Touaregs qu'en nègres et en Arabes, près de 2 millions d'habitants, les uns sédentaires, les autres nomades.

Si le Soudan vaut la peine qu'on traverse le Sahara pour le rattacher de moins loin à notre colonie d'Algérie, le Sahara offre par lui-même, on le voit, dans plusieurs de ses parties un réel intérêt.

Le chemin de fer. On est d'accord pour reconnaître que dans le Sahara l'intérêt est à l'ouest et que l'objectif doit être le Haoussa et Tombouctou ; quel que soit le chemin qu'on prenne, il faut passer par le Touàt et contourner au nord et à l'ouest le massif du Hoghar. Il y a là, dans toute cette région, jusque non loin de la rive gauche du Niger, 1 million d'habitants et plus de 14 millions de dattiers, dit M. Sabatier. Jusqu'au 25° de latitude, le chemin de fer, dit-il, n'aurait qu'à passer au milieu de villages pacifiques, qui sont disséminés au milieu d'une forêt de dattiers. La production des dattes y atteint jusqu'à 400 000 tonnes par an, en échange desquelles on pourrait importer le sel très recherché dans la région et très abondant dans la province d'Oran.

L'eau se trouverait partout, on n'aurait d'ailleurs qu'à remonter, de l'Algérie au massif du Hoghar, l'ancienne vallée de l'Igharghar, qui portait jadis les eaux du Hoghar dans le golfe de Gabès, et qu'à descendre la vallée du Ahaggar, qui porte au Niger, au sud et à l'ouest, les eaux du Hoghar, en se divisant vers la côte des Canaries, puis enfin qu'à suivre la vallée de l'Oued-Tirejert, qui est la continuation de la grande gouttière de l'Oued-Massaoura, jusqu'aux marais de Karouff, voisins du Niger.

Malheureusement nous sommes très mal vus dans le Touât et notamment à Insalah sa capitale; nous y avons contre nous non seulement les Touaregs, les Ouled-Sidi-Cheick, mais aussi les Arabes, qui ont fui notre domination en Algérie, les trop célèbres Chambaa : c'est là que se fomentent les insurrections du Sud oranais. Les Touatiens redoutent en outre de perdre leur indépendance; ils se méfient de nous et nous détestent. D'ailleurs les commerçants du Touât, comme ceux de Ghât et ceux de Gadhamès, qui voient en nous des concurrents, craignent que notre commerce s'étende dans cette région et ne se rendent pas compte, qu'ils auraient encore plus de bénéfice à être nos intermédiaires et à profiter de nos voies commerciales, qu'à rester dans le *statu quo*. Chaque année, en effet, se tient à Ghât une foire célèbre, quelque chose comme notre ancienne foire de Beaucaire, et plus de 30 000 chameaux amènent là les marchandises de toutes les parties de l'Afrique, indigo, poudre d'or, plumes d'autruche, ivoire, cire, séné, benjoin, gomme, cuirs, peaux de lion, peaux de kelab ou bœuf sauvage. Il serait donc d'une grande utilité d'attirer vers l'Algérie ce commerce, que des influences diverses ont réussi à amener sur Tripoli.

Quant à la difficulté d'établir un chemin de fer dans ces régions, M. le capitaine Bordier, qui a passé vingt ans en Algérie et au Sénégal, la regarde comme beaucoup moins grande qu'on le pense. La force militaire devra, dit-il, être uniquement protectrice et non agressive ; mais il faudra construire d'abord non la voie, mais des stations fortifiées servant de dépôt de matériel, avant d'exécuter la voie elle-même, qui se formera par tronçons successifs de 20 à 25 kilomètres, d'Alger jusqu'au Niger. Ils seront immédiatement livrés à la circulation et exploités à mesure de leur construction. A chaque station sera un comptoir commercial, destiné à nous mettre en rapport avec les populations; rien que le transport de l'alfa et surtout du sel donnera une rémunération suffisante. Des détachements militaires resteront dans ces stations-redoutes, qui seront reliées par des fils télégraphiques; des puits seront forés d'une station à l'autre. Le personnel dans le projet du capitaine Bordier sera de deux sortes, l'un temporaire pour la confection de la voie, l'autre permanent; le premier sera pris dans les condamnés militaires; le personnel permanent ou d'exploitation sera pris dans un corps militaire, dit des *guides-sahariens*, recruté dans les compagnies de discipline, les chasseurs des bataillons d'infanterie légère d'Afrique et, dans une certaine mesure, parmi les condamnés militaires libérés. C'est là qu'on prendra le personnel des chefs de gare, mécaniciens, chauffeurs, aiguilleurs, télégraphistes, ouvriers d'art et de métiers de toute catégorie. Ces guides-sahariens ne coûteraient que 1 fr. 50 par jour, prix très inférieur à celui de tout ouvrier.

MM. Chabrier et Lechatellier croient de leur côté, que, pour un chemin de fer économique à voie étroite, les difficultés physiques seraient moins considérables qu'on le craint. M. Rabourdin pense, que la plupart des tunnels pourraient être percés dans les dunes fixes et que le plus souvent il n'y aurait qu'à poser les rails devant soi.

On a beaucoup parlé de l'obstacle que présenterait le vent, qui détruirait au fur et à mesure ce véritable travail de Pénélope entrepris dans le désert; mais M. Godard a retiré, au contraire, de ses études la conviction, que le sable, au lieu d'être un obstacle, pourrait servir d'auxiliaire : le tracé aurait en effet une direction générale du nord au sud, c'est-à-dire, qu'il serait perpendiculaire à la direction des vents. D'après lui c'est le vent qui ferait au contraire la voie. Voici comment M. Godard procéderait : le sol serait creusé sur 3 mètres de large et sur $0^m,20$ ou $0^m,30$ de profondeur; on rejetterait les déblais en banquette sur les côtés. Dans l'intervalle d'un équinoxe à l'autre, on obtiendrait ainsi une couche de sable de $0^m,20$ d'épaisseur, qui serait venue s'accumuler entre les banquettes. Il n'y aurait qu'à poser les rails sur elle et le sol serait, selon son expression, ballasté par la nature.

Divers tracés ont d'ailleurs été proposés et plusieurs explorations ont eu lieu dans des directions différentes. Tout le monde semble d'accord pour aboutir à Tombouctou et dans la région riche et peuplée, qui s'étend entre le Niger et le lac Tchad; mais les uns partent de la province de Constantine et gagnent le Sahara par Biskra, Tuggurth, Ouargla (Largeau-Choisy-Flatters); les autres partent d'Alger et montent dans le Sahara par Boghar, Laghouat et Elgoleah (Duponchel-Choisy); d'autres partant d'Oran gagnent directement le Touàt par Géryville et Elmaia (Pouyanne-Bouty).

Dans le tracé intermédiaire, celui qui part du département d'Alger, on a, dit M. Rolland, de Laghouat à Elgoleah, quatre chaînes de dunes à traverser, soit en tout 5 kilomètres de tunnels ou viaducs; bonne eau au départ et à l'arrivée, mais point de nappes artésiennes intermédiaires.

Dans le tracé le plus oriental, au contraire, entre Biskra et Ouargla, il n'y aurait qu'à poser la voie. Le chemin de fer traverserait une contrée habitée par une population paisible, laborieuse et sans fanatisme, capable de concourir à sa construction et à son entretien. Sur tout le trajet s'échelonnent des oasis, qui donneraient lieu à un trafic de dattes. L'eau artésienne se rencontre partout; elle est malheureusement salée, de nature à incruster rapidement les locomotives, mais suffit aux besoins des populations indigènes. L'insalubrité n'existe que dans les oasis et là elle peut être atténuée par des améliorations faciles. Ce tracé offre d'ailleurs de nombreux avantages commerciaux, qu'on ne rencontrerait pas entre Lagouath et El-Goleah : en réunissant les produits qu'on trouverait entre Biskra et Ouargla et en y ajoutant ceux des régions avoisinantes, l'oued Souf, le Mzab et les Zibans, on aurait comme matière à enlever, une production agricole annuelle que M. Rolland estime à 33 000 tonnes de dattes, 3 000 tonnes d'orge, 900 de blé, sans compter la luzerne, la garance, la vigne, le tabac, les fruits et les légumes. Il existe à Tuggurth, à peu près à moitié chemin de la ligne de Biskra à Ouargla, un marché suivi, où les Beni-Mzab achètent de la garance, du tabac, des burnous. Le Mzab fabrique beaucoup de tissus de laine ; on y importe chaque année 300 000 toisons ; des Zibans on exporte chaque année, outre les dattes, des tapis qui représentent, dit M. Rolland, environ 3 000 tonnes. La création de puits artésiens augmenterait encore la richesse de ces contrées. Il serait donc utile, même avant que le chemin de fer transsaharien sortit de la période d'études, de pousser jusqu'à Ouargla la ligne, qui est déjà classée jusqu'à Biskra. On s'engagerait plus tard vers l'ouest en suivant la vallée de l'Igharghar.

Une des grosses objections qui ont été faites au chemin de fer transsaharien, c'est le manque de houille ; M. Roche, ingénieur des mines et membre de la mission d'exploration transsaharienne, se demande « si un jour on n'arrivera pas à pouvoir remplacer ce combustible par la chaleur solaire, non pas directement, bien entendu, mais en passant par un intermédiaire, l'air comprimé, par exemple ? Dans le Sahara, l'emploi de cette chaleur serait naturellement d'une application plus facile que partout ailleurs. L'appareil Mouchot que nous avions, dit-il, emporté pour faire des expériences à ce sujet a, en effet, très bien marché ; il fonctionnait trois fois plus rapidement qu'à Paris. »

Quant à la longueur de cette ligne transsaharienne, elle

serait de 2 000 kilomètres, longueur moindre que la ligne que les Américains ont construite, en quelques années, de New-York à San-Francisco. Les déserts de l'ouest ne le cèdent cependant pas en aridité au Sahara africain; il a fallu même traverser des chaînes de montagnes, qui s'élèvent jusqu'à 2 300 mètres, se maintenir pendant plus de 1 800 kilomètres à une altitude de plus de 1 600 mètres, traverser des contrées couvertes de neiges pendant une partie de l'année; il fallut, pour se préserver des avalanches, creuser dans la Névada des tunnels de 70 kilomètres de long et cependant c'est en 6 ans, que fut faite et livrée à la circulation la ligne de 3 080 kilomètres, qui relie San-Francisco sur le Pacifique à Omaha sur le Missouri!

La dépense à effectuer pour l'établissement d'un transsaharien est estimée, par M. Duponchel, le promoteur de cette grande idée, à 400 millions de francs; mais le Soudan par le tracé le plus occidental se trouverait à 6 jours d'Oran, à 8 jours de Marseille et à 9 jours de Paris!

L'idée du transsaharien n'a pas tardé à séduire nos concurrents : les Italiens veulent partir de Tripoli pour arriver au lac Tchad; les Anglais veulent de leur côté arriver à Tombouctou. M. Donald Mackenzie a même émis l'idée de profiter d'une dépression, qui se trouve dans le Sahara occidental, à 850 kilomètres du cap Blanc, pour faire là une mer intérieure. L'idée a été mise de côté, pour faire place à celle d'un chemin de fer, qui irait du cap Bogador à Tombouctou; mais ce projet pourrait devenir nôtre, car le général Faidherbe a rappelé, que nous sommes maîtres d'Arguin, sur la côte occidentale, depuis 1724 et que nous pourrions l'occuper. Enfin les Américains eux-mêmes rêvent de venir à Tombouctou par un chemin de fer, qui partirait de la colonie de Liberia, sur la côte de Guinée. Nous verrons plus loin que si l'Algérie doit être réunie à Tombouctou par les capitaux et l'initiative de la France, nous pourrons plus facilement encore relier le Soudan à notre colonie du Sénégal.

§ 5. *Mines*. — L'exploitation des mines est une des richesses de l'Algérie : on compte 37 concessions minières importantes ; les minerais d'Aïn-Mokha s'exportent jusqu'en Amérique ; l'exploitation des mines occupe près de 4 000 ouvriers ; la production des minerais de toute nature atteignit en 1882, 569 902 tonnes. L'Algérie a exporté dans la même année, d'après les documents officiels, 5 910 768 quintaux de minerais de fer (valeur officielle 9 457 229 fr.), 179 658 quintaux de cuivre (1 796 580 fr.), 29 313 quintaux de plomb (1 319 085 fr.), soit un total de 6 119 739 quintaux de minerais valant ensemble 12 572 894 francs. Le nombre des concessions augmentera certainement rapidement ; il augmente tous les jours, à mesure que de nouvelles fouilles découvrent de nouveaux gisements.

B. — *Faune : Destruction, Élevage et Acclimatation.*

En même temps qu'on modifie le pays par les travaux publics, il importe d'en modifier la *faune* et la *flore*. Commençons par la *faune*.

§ 1. *Destruction des animaux nuisibles*. — Les ravages causés par les fauves, en Algérie, ne sont pas comparables à ceux qu'on redoute encore dans l'Inde. Il y a cependant lieu d'en encourager la destruction : c'est ce que fait l'administration, qui accorde une prime de 40 à 60 francs pour le lion et la panthère adulte, de 15 francs pour les jeunes, de 5 francs pour la hyène et de 1 fr. 50 à 2 francs pour le chacal, sauf dans le département d'Alger où le conseil général a supprimé cette prime. Les primes payées se sont montées à 5 512 francs en 1881, à 2 751 en 1882. Dans ces deux années il a été tué 4 lions, tous les quatre dans la province de Constantine, 6 lionnes dans la même région, 119 panthères dont 63 dans la province de Constantine, 3 jeunes panthères, 196 hyènes et 1 969 chacals.

Les serpents ne sont pas rares : à ceux qui sont bien connus, il faut ajouter le *Zorreg*, animal redoutable que le capitaine Bernard signale comme rougeâtre, gros comme un doigt et long de 50 à 60 centimètres. Il a la réputation parmi les Arabes de bondir assez loin pour piquer sa victime et de la blesser même au travers de vêtements épais; le même auteur signale encore un *Naja*, le naja *Modje* ou aspic de Cléopâtre, animal redoutable et très redouté des Arabes, qui, près de Sétif où il n'est pas rare, le nomment *Thama*. Dans les Zibans existe le *Céraste*, dont la piqûre tue en une demi-heure un chien de 15 kilogrammes et dont une dent à venin, détachée de la tête depuis plusieurs jours, fit périr en moins d'une minute une pie-grièche (Dr Guyon).

Non loin de Tuggurth, dans l'oasis de Zaouia, deux naturalistes de Constantine, le Dr Reboud et le Dr Hénon ont signalé récemment l'apparition de *termites ;* près de 40 maisons se seraient déjà écroulées et le village entier serait menacé d'être détruit; les indigènes nomment cet animal *Timedi*. Il y a lieu de prendre des mesures, pour que ces rongeurs de maisons ne descendent pas en Algérie.

Certains *scorpions* sont très dangereux : le plus redoutable est le *Buthus supertus* ou *Acrab* des indigènes. Pline le connaissait comme une plaie de cette région et parle d'une peuplade, qui aurait quitté ses foyers chassée par lui; on affirme que l'ancienne Tuggurth, dont on retrouve aujourd'hui les ruines, aurait été abandonnée pour la même cause. Ce scorpion existe du reste encore dans le district de Tuggurth.

Un autre scorpion (*Buthus occitanus*), fréquent dans les Zibans, se rencontre dans les maisons. C'est lui dont parle Léon l'Africain : « Il naît, dit-il, dans les maisons de Biskra tant de scorpions et si venimeux, que les habitants vont demeurer l'été dans les villages et qu'ils ne reviennent qu'au mois de novembre. » Il ne se passe pas d'années, dit le Dr Guyon, qu'on n'observe dans la région une soixantaine de cas de mort due à la piqûre de cet animal; les symptômes, qui éclatent de 5 à 12 heures après la morsure, consistent en vomissements, en diarrhée avec syncope; ils ne se terminent d'ailleurs pas par la mort dans tous les cas. Strabon donne comme un bon moyen d'éloigner cet animal, pendant le sommeil de la nuit, la précaution de frotter d'*ail* les pieds de son lit.

Un animal plus redoutable peut-être que tous les autres, c'est la sauterelle, le *criquet* pèlerin (*Acridium migratorium*): cet animal arrive par bandes ailées, qui forment de véritables nuages; les femelles ne tardent pas à donner le jour à des larves non ailées; ce sont ces dernières, qui sont surtout redoutables et qui portent le nom de *criquet*. Ces larves affamées dévorent tout : les années 1866-1870-1872-1874-1877 resteront célèbres dans le souvenir des cultivateurs. En 1866, notamment, les dégâts du criquet ont été estimés à 50 millions. Contre leurs ravages la science est demeurée jusqu'ici impuissante. On ne saurait cependant trop recommander le procédé imaginé par M. Durand, directeur de la Bergerie nationale (ferme-école de Moudjebeur) : ce procédé consiste à placer devant l'armée en marche des criquets une série de plans métalliques, verticaux, dressés devant un fossé: les criquets, qui ne peuvent grimper sur ce plan vertical, tombent dans le fossé, où on les enfouit. M. Durand estime la dépense à 50 centimes par hectare et à 2 francs par tonne de criquets.

A la liste des animaux nuisibles, qu'il convient de détruire, il m'en coûte d'ajouter le moineau : d'après M. Cordier (d'El-Alia) le moineau algérien aurait cependant sur cette liste de proscription une place très légitime. J'ajoute que, me reportant à ce que j'ai dit plus haut de la solidarité de tous les êtres d'un même pays, il se peut que, faute d'un ennemi ou bien d'une proie qu'il a ailleurs, le moineau en Algérie se multiplie plus qu'ailleurs ou bien qu'il n'épargne pas en ce pays les récoltes, qu'il épargne ailleurs. M. Cordier écrivait en 1876, que les pénitenciers d'Orléansville avaient ensemencé 80 hectares d'orge dans le voisinage d'une pépinière et n'en avaient pas récolté une graine, tout ayant été dévoré par les moineaux, avant maturité ; il ajoutait, qu'un calcul approximatif des nids existants dans le bois de la pépinière, qui est de 60 à 70 hectares, avait donné *deux cent quatre-vingt-quatre mille nids;* un des colons voisins se plaignait que les moineaux lui avaient enlevé plus de 20 quintaux de foin ; or on pesa des nids, on les trouva d'un poids moyen de 80 grammes, d'où il résulterait, que plus de 200 quintaux auraient été enlevés par les moineaux pour construire leurs nids. On affirma à M. Cordier, que, malgré la présence des moineaux, ce même bois, qui est peuplé en majeure partie de pins d'Alep, est annuellement dévoré par les chenilles, au point qu'il est dangereux de s'y promener dans les mois de mars et d'avril. Un inspecteur des forêts de l'Algérie déclara, que le service forestier affectait une somme de 1000 francs à la destruction des nids de moineaux dans le bois de la pépinière d'Orléansville.

§ 2. *Élevage du mouton. Bœufs.* — La population ovine de l'Algérie subit une mortalité considérable, par suite de laquelle elle diminue sensiblement depuis vingt ans. En 1860 le général Iusuf, alors commandant de la province d'Alger, en donnant au sujet de la question ovine des conseils, qui sont encore nécessaires aujourd'hui, estimait le nombre des moutons en Algérie à 10 millions. D'après le rapport officiel de M. Tirman pour 1883 ce nombre était en 1882 de 5 142 321 et il était en 1881 de 5 995 895, soit une perte de 852 574 têtes. Cette mortalité frappe surtout les troupeaux des indigènes et notamment ceux du sud des départements d'Alger et d'Oran.

La cause de cette perte est dans la sécheresse et dans la résistance que mettent les indigènes à suivre les conseils, qui leur étaient donnés par le général Iusuf, ainsi que les errements que le maréchal Randon et le général Margueritte ont sans succès cherché à leur faire adopter. Les moutons meurent, après la sécheresse, d'une maladie, que les indigènes nomment *bedrouna* et qui tient à l'alimentation insuffisante. Les moutons de la partie du Tell, qui avoisine les hauts plateaux et ceux du Sahara, c'est-à-dire les quatre cinquièmes de la population ovine de l'Algérie sont en effet transhumants; ils avancent dans le sud pendant l'hiver et se rapprochent du Tell ou y pénètrent pendant l'été. Si les pluies de l'automne sont abondantes, le Sahara se recouvre de végétaux alimentaires; mais si l'automne est sec, les bêtes ne trouvent qu'une nourriture insuffisante. On égorge alors les agneaux pour soulager les mères et les pertes des adultes s'élèvent encore à 30-40 pour 100; parfois des troupeaux entiers disparaissent. La sécheresse n'aurait pas ces graves inconvénients, si les indigènes savaient faire des provisions pour nourrir leurs animaux pendant l'hiver. En vain, depuis 20 ans, s'efforce-t-on de leur apprendre à se servir de faux pour faire les foins, ce qui augmente considérablement le rendement; en vain les a-t-on engagés à faire sur certaines pentes irriguées, qui regardent le sud, des prairies artificielles; en vain le général Margueritte leur a-t-il appris, à Laghouat, à faire des provisions de farine, d'orge, de son, de carottes; la routine est toujours triomphante. Les moutons algériens sont cependant d'autant plus précieux, que, par suite de circonstances qui sont encore peu expliquées, ils présentent une réelle immunité pour le *sang de rate*. MM. Chauveau et Toussaint, qui ont constaté cette immunité, ont même reconnu, qu'elle s'étendait à leurs métis. Ils présentent la même immunité pour la *clavelée*.

Cette dépécoration n'agit pas seulement par le nombre amoindri : la disette déprécie la laine chez les survivants; qu'on ajoute la difficulté qu'on éprouve à obtenir que les indigènes coupent la laine avec des cisailles et non avec une faucille, qui l'abîme, l'absence de toute sélection dans les troupeaux des indigènes et on comprendra pourquoi notre colonie est si loin, comme production lainière, de l'Australie qu'elle pourrait égaler. L'administration, il faut le reconnaître, a beaucoup fait par les croisements et une sélection habile pour améliorer la population ovine des fermes modèles, mais elle n'a pu convaincre encore la masse des indigènes.

La perte du bétail indigène s'étend d'ailleurs à tous les élèves. Ainsi le recensement indigène accuse, dans l'année 1882, une perte de 12 488 chevaux, 62 252 chameaux, 86 001 bœufs, 85 112 chèvres, 8 712 porcs, en tout de 1 116 010 bêtes, tandis que dans le même temps les Européens ont perdu 8 151 bêtes, ce qui fait dans le bétail total de la colonie un déficit de 1 124 161 têtes.

On voit combien il serait important d'organiser la médecine vétérinaire en Algérie. Cela serait d'autant plus nécessaire, que le bœuf lui-même n'est pas acclimaté et qu'il succombe dans le Tell à la fièvre palustre pernicieuse. Par suite de circonstances qu'il appartient aux vétérinaires de l'Algérie de détermnier, le *bœuf* algérien est très souvent ladre; le cysticerque, qu'il présente dans ses tissus, donne naissance, dans l'intestin de l'homme, à un ténia particulier, le *tænia mediocanellata*, qui devient de plus en plus fréquent en France, à mesure que l'usage du bœuf algérien se répand.

§ 3. La *chèvre angora*. — On ne saurait trop répandre en Algérie la chèvre angora, qui y fut introduite par les soins de la Société d'acclimatation. Une lettre adressée en 1870 par M. Durand, directeur de la bergerie de Ben-Chicao, à M. Geoffroy Saint-Hilaire montre, que ces animaux se sont parfaitement acclimatés en Algérie. L'épaisseur et la blancheur de leur toison leur sont, en effet, utiles pendant les intempéries de l'hiver comme sous les rayons ardents du soleil en été. Elles sont, il est vrai, aussi mauvaises laitières que les chèvres arabes, mais elles leur sont supérieures comme animal de boucherie : la chèvre angora s'engraisse plus facilement; or la viande de chèvre entre pour une large part dans la nourriture des indigènes. Cette espèce serait d'une extrême utilité dans les régions montagneuses, où elle apportera un bien-être inconnu jusqu'alors aux populations malheureuses, qui n'ont actuellement, comme principal moyen d'existence, que le revenu de la chétive et bien insignifiante race indigène, seul animal qu'ils puissent cependant élever, alors qu'ils ne peuvent ni cultiver, ni élever des moutons. Malheureusement, ici comme pour les moutons, on se heurte à l'absence d'abri, que les indigènes ne veulent pas se résoudre à construire ; cela serait d'autant plus utile pour la chèvre angora, qu'elle mue beaucoup trop tôt. La tonte devient obligatoire, si on ne veut perdre la moitié des toisons. L'animal souffre alors des froids et les mères en état de gestation subissent une mortalité assez considérable.

§ 4. *Domestication de l'autruche.* — La domestication de l'autruche en Algérie est due aux efforts faits par M. Hardy depuis 1856. Ces essais ont été poursuivis avec le même succès par M. Charles Rivière ; malheureusement, écrit ce dernier, la domestication de l'autruche n'a pas de grands partisans en Algérie, où cet animal devrait au contraire être très commun ; cet oiseau tend même à devenir de plus en plus rare ; peut-être ne l'a-t-on regardé jusqu'à présent que comme une bête de luxe, sans se rendre compte de tous les avantages considérables qu'il présente. De nouveaux efforts d'incubation artificielle, qui n'avaient pas réussi jusqu'ici à Alger, ont cependant été faits en 1879 par M. Jules Oudot à Mustapha supérieur. On ne voit pas pourquoi nous ne réussirions pas aussi bien, que l'ont fait les Anglais au Cap.

§ 5. *Poissons.* — L'Algérie n'avait pas de poissons ; on n'y trouvait guère, il y a quelques années, qu'un *barbeau*, utilisé sur les rives du lac Fezzara pour la fabrication de l'huile de poisson, quelques *anguilles* dans les eaux saumâtres du littoral et une *truite* (*Salar macrostigma*) trouvée par M. A. Duméril dans un seul cours d'eau de la Kabylie et dans un cours d'eau près de Bougie. En 1858 M. Cosson réussit à ensemencer de *carpes* et de *tanches* l'étang du Djebel-Ouach, à 12 kilomètres au N.-E. de Constantine. Ces poissons y réussirent fort bien ; en 1860 une pêche faite dans le lac prouva le succès et permit d'empoissonner le Rummel en amont de Constantine ; on y jeta environ 8 000 carpes et 6 000 tanches. La carpe et la tanche sont aujourd'hui acclimatées en Algérie.

c. — *Flore, Culture, Acclimatation.*

§ 1. *L'Algérie doit être une station d'acclimatation.* — Notre colonie touche la Méditerranée au nord, le Sahara au sud ; elle présente des terres basses à climat doux, relativement humide, uniforme, qui sont propres aux productions des régions tropicales ; des terres hautes, dont le climat rappelle celui de la Bourgogne et qui conviennent aux arbres fruitiers à feuilles caduques de l'Europe centrale ; des steppes à climat continental, chaud pendant le jour et froid pendant la nuit ; enfin une région saharienne à climat d'une sécheresse extrême, d'une température élevée avec rayonnement nocturne considérable. Cette diversité de climats permet d'échelonner dans notre colonie, par voie d'acclimatation, les productions les plus variées. Les êtres vivants, végétaux aussi bien qu'animaux, supportent d'ailleurs, je l'ai fait remarquer déjà, leur translation vers le nord plus facilement qu'un déplacement égal vers le midi : la plupart des plantes acclimatées en Europe nous viennent du midi. L'Algérie, plus méridionale que l'Europe, nous permet donc de pousser plus avant vers le midi nos conquêtes dans le domaine de l'acclimatation. Aussi M. Hardy, l'habile directeur de la Pépinière centrale du gouvernement au Hamma, a-t-il apporté depuis longtemps ses soins à étendre le plus possible les conquêtes de l'acclimatation. Il a d'ailleurs été secondé par l'acclimatation en quelque sorte inconsciente faite par les colons, qui apportaient quelques graines avec eux et les semaient empiriquement. C'est ainsi, qu'au *blé* dur des indigènes les colons ont ajouté des variétés à grain tendre, d'un rendement élevé et d'une valeur plus grande ; ils ont apporté l'*avoine*. C'est de même que jadis le figuier de Barbarie (*Opuntia ficus indica*) et l'*agave* (*A. americana*) ont été apportés d'Amérique, leur patrie. Ils ont introduit la *pomme de terre*, de nombreux cépages de *vigne*.

A la date de 1859 la Pépinière centrale avait déjà introduit 3235 espèces utiles, originaires des diverses contrées du globe, sur lesquelles 1699 espèces ligneuses sont d'origine tropicale.

Sur ce nombre de 1699 espèces tropicales, disait à cette époque M. Hardy, 1280 espèces ont pris possession du sol, vivent en plein air et peuvent être considérées comme acclimatées.

A cet ensemble de 3235 espèces viennent s'ajouter 1893 variétés horticoles et agricoles, comprenant les meilleures variétés d'arbres à fruits, de plantes potagères, de céréales, de fleurs, etc. ; c'est un total de 5128 végétaux catalogués, introduits par la Pépinière centrale, acquis pour ainsi dire à la culture algérienne et ajoutés aux 2600 espèces, que la flore du pays offre spontanément.

M. Hardy cite notamment plusieurs variétés de *patate*, d'*igname* et de *caladium esculentum* ou colocasse comestible, trois végétaux qui font la base de l'alimentation dans les pays tropicaux. Dans un autre ordre de produits M. Hardy cite plusieurs *indigotiers*, la *garance*, le *carthame*, le *loza* ou nerprun, qui produit le vert de Chine nommé *lo-kao*, le *campêche*. On a réussi à acclimater plusieurs variétés de *cannes*, deux *palmiers* de l'Inde (*Phœnix sylvestris*) dont on tire une sève sucrée, le *Phœnix farinifera* dont le tronc renferme une fécule excellente; la *salsepareille*, le *camphrier*, le *houblon*, plusieurs nouveaux *bananiers*, le *néflier* du Japon, l'*avocatier*. Parmi les arbres forestiers il convient de citer les *araucarias* du Brésil, du Chili, de l'Australie, les *casuarinées* d'Australie, le *filao* de Bourbon, le *jacarauda* du Brésil, qui passe pour produire le bois de *palissandre;* de nombreux *bambous*, le *jubœa spectabilis* du Chili, qui donne des fruits, dont la pulpe est alimentaire et dont le noyau est employé à faire de menus objets; un palmier de Cuba, l'*oreodoxa regia;* l'*arenga saccharifera* des Moluques et de la Chine, dont on retire un liquide sucré, qui sert à faire une liqueur fermentée et dont les fibres servent à confectionner des cordes et des nattes ; le *copernicia cerifera* du Brésil, dont les feuilles donnent une cire végétale, qui sert en Amérique pour l'éclairage. M. Hardy a vu à Londres des bougies préparées avec ce produit; le *ravenala madagascarensis* ou *arbre du voyageur*, qui conserve l'eau des pluies limpide à l'aisselle de ses feuilles; le *tecoma leucoxylon* de la Havane ou ébène jaune; plusieurs malvacées textiles, le *kitebelia vitifolia* de Hongrie, les *lavatera* dont l'écorce peut être utilisée pour la fabrication du papier, l'*anda gomesii* du Brésil dont les graines volumineuses donnent une huile abondante, le *manihot utilissima* (manioc) dont l'importance alimentaire est si grande dans les contrées tropicales, etc.

Ce n'est là qu'un début et M. Hardy tient pour certain, que la plupart des espèces, qui habitent entre les tropiques les plaines tant soit peu élevées de l'intérieur des continents ainsi que la partie moyenne des montagnes, où la température est déjà variable, où la végétation des espèces est intermittente et subit annuellement un temps de repos imposé par la sécheresse ou par l'abaissement momentané de la température, ont toutes chances d'être transplantées avec succès dans la zone maritime de l'Algérie, qui comprend les terres basses. Quant aux produits de l'Afrique australe, de l'Australie, du Chili, du Tibet, de l'Himalaya, des montagnes élevées du Mexique, ils trouveront un milieu convenable dans les régions élevées. La liste des conquêtes déjà faites est, en effet, loin d'être complète : je ne fais que citer les principaux végétaux; nous en trouverons d'ailleurs d'autres sur notre chemin. M. de Tourreil a recommandé l'acclimatation de l'*arracacha esculenta* du Vénézuela, ombellifère dont la racine pivotante est un aliment succulent. M. Crampon pense, que l'on pourrait réussir à acclimater en Algérie la *pistacia lentiscus* de Chio, arbre précieux qui fournit le *mastic*, dont la vente serait dans tout l'Orient, où on le recherche comme masticatoire, comme base d'une liqueur et comme élément principal d'une confiture de roses, l'objet d'un commerce important. Enfin M. Naudin a particulièrement recommandé l'acclimation, en Algérie, des *chénopodées* australiennes; cette famille utile, dans laquelle nous connaissons déjà la *betterave*, la *poirée*, l'*épinard*, est représentée en Australie par d'autres individus très précieux, qui pourraient, pendant les sécheresses, rendre dans le Sahara, aux éleveurs de bétail, les mêmes services que dans les déserts australiens, qui n'ont rien à envier pour la sécheresse et l'aridité à ceux de l'Afrique. M. Naudin a tenté, en 1882, même dans le midi de la France, d'acclimater trois de ces chénopodées australiennes : le *kochia villosa*, nommé dans le pays *blue salt busch*, l'*atriplex vesicaria* ou *smalt salt busch* et le *chenopodium nitrariaceum* ou *swamp salt busch*.

Au surplus la *betterave* elle-même, introduite depuis deux ans en Algérie par M. Bernon, a pleinement réussi : son rendement à l'hectare a été de 35 000 kilos pour la betterave blanche à collet vert et de 70 000 pour la betterave mammouth rouge-longue. La première donne 10 gr. 12 de saccharose pour 100 de jus, la seconde 19,23.

Toutes ces tentatives sont encourageantes : nous ne saurions d'ailleurs trop nous inspirer ici de l'exemple des Anglais, de la ténacité dont ils ont fait preuve en Australie et nous souvenir, que ces questions agricoles sont plus importantes pour une colonie que les questions militaires ou administratives généralement étudiées à l'exclusion des autres.

§ 2. *Agriculture*. — L'agriculture comme l'acclimatation sont sous la dépendance de l'état de la propriété agricole: tant que la propriété arabe restera dans l'état d'indivision, il y aura là un grave obstacle aux progrès. Qu'eût-ce été, si la Chambre s'était associée au projet d'expropriation, qui lui était proposé par le gouvernement? comment eût-on pu exproprier équitablement des gens, qui n'ont ni état civil, ni cadastre, ni titres de propriété? Il serait préférable d'inviter les chefs des tribus et des douars à répartir la propriété entre les membres de la tribu ou du douar, qui seraient certainement enchantés de devenir, par un lotissement fait entre eux, propriétaires légitimes et officiels, sous la sauvegarde des lois françaises. L'Arabe ainsi devenu propriétaire trouverait alors à emprunter; il pourrait améliorer sa terre et ne serait pas exposé comme en 1872 à mourir de faim en cas de mauvaise année.

Les transactions libres entre indigènes et colons, qui résulteraient d'une constitution individuelle de la propriété indigène, attireraient plus sûrement les colons, que ne le feraient les concessions officielles; elles auraient en outre l'avantage d'amener la division de la propriété. La culture cesserait alors d'être *extensive* comme au début; elle deviendrait plus *intensive*. Les premières concessions étaient en effet de 40-45 hectares par famille; plus tard elles devinrent de 12 hectares, de 6 même; de plus petites divisions suffiraient avec une culture plus intensive, qui chercherait dans la *vigne*, l'*olivier*, les arbres fruitiers et les légumes une rémunération assurée. Alors le même territoire pourrait nourrir une population bien plus dense.

Il est vrai, que c'est par suite de la même cause, l'existence de grands domaines appartenant à un petit nombre de propriétaires, que la culture du blé a pris en Algérie une si grande extension ; il est vrai encore, que les blés d'Algérie ont acquis une réputation immense et que cette culture a produit certains centres importants, notamment Bel-Abbès, dont l'intéressante histoire a été racontée par M. L. Bastide, ancien maire de cette ville : dans un endroit où il n'existait pas il y a trente ans un Européen, où les seules demeures étaient la tente et le gourbi, où l'on ne trouvait ni route, ni pont, où régnaient l'ignorance et la misère, on trouve aujourd'hui une population européenne de 17 800 personnes, 30 centres, au nombre desquels on compte une des plus grandes villes de la colonie ; une culture européenne, qui possède pour 10 799 280 francs de constructions rurales, 196 247 arbres plantés, 23 004 animaux, qui produit 311 517 quintaux de céréales, fait un commerce annuel de plus de 100 000 tonnes exportées ou importées grâce à un chemin de fer, à de nombreuses routes, de beaux ports, qui jouit enfin d'une instruction primaire très répandue et d'une certaine aisance. Mais si ces beaux résultats ont été obtenus, ils sont dus en grande partie à l'organisation domestique de l'atelier agricole, au système du métayage à *mi-fruit* qui y est mis en pratique. Le métayer tient du propriétaire la terre, les semences, les instruments, les bestiaux ; il apporte son industrie, son travail et, en retour, il reçoit la moitié des produits ; l'un a apporté son argent, l'autre apporte ses bras, son intelligence et son expérience : ce sont deux capitaux équivalents.

D'ailleurs il faut bien reconnaître, que la petite culture, comme celle de la vigne, est plus civilisatrice. C'est dans la culture de la petite propriété, que le Kabyle peut mettre en valeur les remarquables qualités d'agriculteur, dont il est doué. Il est essentiellement agriculteur et apporte dans l'agriculture les notions de solidarité, qui font la base de sa vie politique. MM. Hannoteau et Letourneux, qui nous ont fait pénétrer, en quelque sorte, dans l'intimité de sa vie, nous apprennent, que chez le Kabyle la charrue est un objet sacré; on la fabrique gratuitement et ceux, qui remplissent ce qu'on pourait nommer ce sacerdoce du culte de Cérès, jouissent de l'estime et de la considération de tous leurs concitoyens. Toutes les phases agricoles deviennent l'origine d'autant de fêtes laïques. L'importance des récoltes n'est nulle part méconnue, mais celle des fourrages est tellement appréciée en raison de la fréquence des années de sécheresse, que, lorsqu'un propriétaire veut réserver un terrain pour y faire du foin, il n'a besoin que d'y planter soit des roseaux, soit des branches de laurier-rose, ou d'y disposer en tas les pierres qui couvrent le sol; ces simples indications suffisent pour préserver l'herbe de tout dommage. Les prairies sont très respectées et les kanouns punissent d'une peine égale la dévastation d'une prairie et les dégâts commis dans un champ de blé.

Ceux des Kabyles, qui savent greffer les arbres fruitiers, font preuve du même sentiment de solidarité que les fabricants de charrue et leurs services sont gratuits.

La culture pénètre partout, où il est matériellement possible de la pratiquer. Il n'est pas rare de voir des gens se suspendre par la ceinture à des cordes, pour cultiver des terrains d'un accès difficile ou dangereux; pratiquant largement l'association, les kabyles confient souvent leurs travaux d'ensemencement, de moisson et de battage à certains d'entre eux, nommés krammès, qui prélèvent pour leur part un cinquième brut des récoltes. Malgré toutes ces qualités ils cultivent moins bien que l'Européen : en 1878-1879, là où l'Européen récolta 8 quintaux de céréales par hectare, les indigènes n'en prirent que 5. Pour la vigne, là où les Européens font 20 hectolitres de vin à l'hectare, l'indigène en fait 3! Il fait 500 kilos de tabac, là ou l'Européen en fait 1000; mais aussi le matériel agricole des indigènes est très inférieur à celui des Européens! En 1881 le matériel des Européens était estimé à 13 818 529 francs et celui des indigènes à 3 271 614 francs. Aussi ne saurait-on trop insister avec M. Borgeaud, pour qu'il soit créé en Algérie un certain nombre d'*écoles pratiques d'agriculture* et de *stations agronomiques*.

Ces écoles ne seraient pas moins utiles aux colons, car, si les indigènes cultivent moins bien qu'eux, les colons cultivent de leur côté moins bien que les Français ne le font en France. Ils ne labourent souvent qu'une fois, sans assolements, sans fumure; les indigènes écorchent à peine le sol et ne fument guère. Aussi, là où l'indigène a 5-6 quintaux de blé par hectare, le colon en a peut-être 8-10, mais le Français en a 11 en France. D'ailleurs le bétail est la base de l'agriculture par l'engrais, qu'il fournit; or les indigènes n'avaient en 1878 que 27 kilos de bétail par hectare, alors que les colons Européens en ont 42. Les indigènes avaient en 1881 10 478 943 têtes de bétail; les Européens, qui bien moins nombreux en avaient 529 660, étaient donc relativement plus riches.

La flore algérienne offre par elle-même de nombreuses ressources. D'après M. Hardy elle contient 2 600 espèces, parmi lesquelles 195 à peine sont ligneuses. Le reste se compose d'herbes vivaces, bisannuelles et annuelles, qui constituent les pâturages et les prairies. Deux familles jouent en Algérie un rôle important : ce sont les légumineuses et les graminées. Parmi les grands arbres figurent le *cèdre*, le *chêne zeen*, dont le bois a l'inconvénient de se fendre, ce qui l'empêche d'être employé aussi bien que les autres chênes, le *pin pignon*, le *pin d'Alep*, le *frêne*, l'*orme*, le *peuplier blanc*.

Un des arbres les plus dignes d'intérêt, en Algérie, est l'*olivier* : les Kabyles le cultivent avec grand soin; aux environs de Tlemcen surtout les oliviers sont cultivés en plantations régulières et convenablement irrigués. Dans les oasis du sud et sous les palmiers existe un autre olivier, dont les fruits ont un volume considérable; mais, malgré les soins dont il est l'objet, le rendement de cet arbre n'est pas ce qu'il devrait être, si l'on savait, dit M. Hardy, faire un choix des meilleures variétés et si l'on savait tirer de la greffe un parti avantageux. Il pense que jadis cette culture était mieux conduite qu'aujourd'hui; c'est du moins ce que lui font supposer les nombreux débris de moulins, de pressoirs, de celliers, de jarres qu'on trouve dans les ruines romaines comme témoins du grand rôle, que la production de l'huile jouait alors en Algérie.

Sur le même rang que l'olivier il convient de placer le *chêne-liège* puis le *caroubier*, qui fournit un bois précieux pour l'ébénisterie et dont les gousses sucrées contiennent un aliment pour les bestiaux ou de l'alcool pour l'industrie. M. Hardy est d'avis que la culture du caroubier, qui tend à s'amoindrir, devrait être encouragée.

Le *chêne* à glands doux joue, dans certaines régions, un rôle assez considérable pour l'alimentation de l'homme et pour celle des animaux. Mais au-dessus de tout, dans la région saharienne, il faut placer le *dattier* (*Phœnix dactylifera*), qui est la culture indispensable de ces régions non seulement par son fruit très nourrissant, mais par toutes ses parties : la partie centrale de sa jeune pousse ou *chou* de palmier est alimentaire; la sève, qui découle par incision, donne le *vin* de palmier, en même temps que le tronc fournit du bois de construction, que les feuilles servent à faire des nattes, des paniers et que les fibres des spathes font des cordages. S'il aime à avoir la tête dans le feu, il veut avoir les pieds dans l'eau ; on ne saurait donc trop augmenter les moyens d'irrigation. Il y aurait également lieu, disait M. d'Escayrac de Lauture, d'acclimater dans le sud de l'Algérie une variété de dattiers très estimée dans la Tunisie, le *monakhir*.

Le *figuier* occupe également une grande place dans la culture du Kabyle; puis viennent l'*oranger* célèbre dans la Mitidja, l'*abricotier*, le *grenadier*, le *figuier de Barbarie*, le *cédratier*, les *pêchers, coignassiers, poiriers* et *pommiers*.

Les Kabyles cultivent également avec amour les *fèves*, les *légumes*, les *melons*, *pastèques*, *courges*, *piments*. Ils cultivent le *chanvre*, surtout la variété noire qui sert à faire le *haschisch*, le *tabac*, le *henné* (*lawsonia inermis*) qui sert à teindre les ongles et les doigts des femmes.

§ 4. *Déboisement des forêts. Reboisement.* — Avant d'étudier en particulier certaines cultures indigènes acclimatées ou à acclimater, que j'ai réunies les unes aux autres dans des chapitres communs, il est utile de dire un mot d'une question déjà importante en France, mais plus capitale encore en Algérie, celle du déboisement.

Il fut un temps, dont parle M. Ardouin du Mazet dans ses *Études algériennes*, où l'administration était si bien en mesure de s'occuper du déboisement et du reboisement, « qu'elle signala une forêt, qui n'existait pas. » Il est vrai, que par compensation « une immense forêt lui était absolument inconnue. » Ces temps ne sont plus fort heureusement; la question forestière a même été bien comprise : on estime à environ 2 043 000 hectares l'étendue des forêts algériennes; sur ce nombre 814 000 sont plantés de pins d'Alep, 605 000 de chênes verts, 277 000 de chênes-lièges, mais les beaux arbres sont, paraît-il, rares; aussi le produit d'un hectare de forêt est-il beaucoup moins considérable qu'en France.

Un fait domine dans la question forestière, c'est l'intensité du déboisement. Ce phénomène résulte de deux causes : le déboisement volontaire pratiqué par des colons, qui veulent faire de la culture; le déboisement, souvent lui-même volontaire, dû aux incendies. On estime, que, depuis 20 ans, plus de 300 000 hectares de forêts ont été brûlés. L'année 1881 a été particulièrement mauvaise : on n'a pas signalé moins de 244 incendies. Ils ont détruit 169 057 hectares estimés 9 042 440 francs. Des mesures sévères ont alors été prises: 2 465 postes-vigies composés chacun de 2 à 6 indigènes ont été établis sur les points culminants; on a affecté à ce service

6516 hommes; des troupes ont été en outre détachées dans les forêts les plus importantes. Le résultat a été favorable: on n'a enregistré, en 1882, que 148 incendies au lieu de 244; leur étendue s'est bornée à 2464 hectares; leur dommage à 102339 francs, ce qui est encore beaucoup trop. Il y a donc lieu d'agir. La Syrie nous fournit du reste l'exemple d'un pays autrefois fertile, complètement stérile et désolé aujourd'hui par suite de l'ignorance ou de la malveillance des habitants, qui ont déboisé les montagnes. Sous un climat très semblable l'Algérie court les mêmes dangers. Il importe donc d'interdire le pacage des troupeaux dans les régions qu'il est utile de reboiser, et de reboiser largement; l'humidité deviendrait ainsi plus grande, les pluies plus abondantes, le sirocco lui-même serait atténué par un bon régime forestier.

M. Raveret-Wattel a montré, devant la Société d'acclimatation, quel intérêt il y aurait à pratiquer le reboisement en Algérie en acclimatant un certain nombre de végétaux australiens, qui sont doués d'une grande force de résistance à la sécheresse.

En dehors de l'*eucalyptus*, qui mérite une mention spéciale par l'importance de son action au point de vue de l'hygiène, il cite un grand nombre d'arbres conseillés par l'expérience du Dr Mueller, qui s'est occupé avec tant de sagacité de la végétation d'Australie. « La végétation de ce pays, dit le savant australien, peut fournir les moyens de produire la pluie dans les régions du globe, qui en sont privées, et de substituer des bois aux déserts..... En propageant quelques-unes de nos essences d'arbres, on parviendrait à vaincre l'aridité séculaire de certaines parties de l'Afrique septentrionale et ces espaces désolés pourraient se couvrir de végétation..... » « Nous possédons, ajoute-il, parmi les végétaux de l'Australie des essences, qui peuvent lutter contre la chaleur et l'aridité et qui arrivent avec une rapidité merveilleuse à un grand développement. Elles présentent, en outre, une grande facilité de dissémination, supérieure à celle des arbres

d'Europe. » C'était répondre à la question posée par M. Trottier :
« Partout où le sol est désagrégeable, il sera possible d'y faire
croître un arbre ; il s'agira seulement de rechercher les
espèces les mieux appropriées aux diverses conditions du sol.
Quels seront les arbres à choisir ? L'Australie doit posséder
les essences les plus propres à cette œuvre, en raison de la
grande analogie des climats et des propriétés particulières
de ses végétaux, *eucalyptus, casuarinas, acacias*, etc.
Dans la province de Queensland, sur laquelle passe le 20e
degré de latitude australe, tous ces arbres existent ; il n'est
donc pas impossible, qu'ils réussissent au Touât et même jusqu'à Ghât. »

M. Mueller s'occupait même de la manière la plus pratique de planter ces arbres et il était d'avis, que le meilleur moyen était d'en confier les graines aux caravanes, qui les sèmeraient à la volée le long de leur chemin. On arriverait ainsi à boiser le Sahara et à changer notablement non seulement le climat de cette région mais aussi celui des régions voisines.

Parmi les espèces australiennes, qui semblent s'adapter par leurs mœurs au climat saharien, M. Raveret-Watel cite le genre *acacia*, qui occupe d'immenses espaces dans l'Australie. Chez la plupart de ces végétaux les organes foliacés sont en effet à l'état de *phyllodes* ou feuilles rudimentaires, qui leur permettent de résister à l'action des vents et aux brusques transitions atmosphériques ; les acacias pennés sont au contraire moins rustiques. M. Trottier recommande de son côté, pour le reboisement de l'Algérie, les *acacias implexa* et *leïophylla*. M. Mueller indique d'ailleurs un curieux procédé pour hâter la germination des graines : il suffit, avant de les semer, de les tremper dans l'eau modérément chaude, jusqu'à ce qu'elles se ramollissent et se gonflent. L'*acacia lophanta* est, d'après lui, « l'espèce la plus apte à donner aux terrains arides, rapidement et d'une manière étendue, leur première couverture végétale. » MM. Rivière, Ramel et

Raveret-Wattel assignent à ces arbres le rôle de « pionniers de la végétation future du Sahara ». C'est celui qu'ils ont joué en Australie, où de véritables déserts ont été transformés en bois d'acacias par un simple semage à la volée. Une partie du Sahara pourrait donc de la même manière être rendue d'abord à la végétation, puis, plus tard, à la culture. Il recommande également l'*acacia homalophylla*, qui a rendu les mêmes services en Australie : son bois exhale une agréable odeur de violette; c'est avec ses racines, que les indigènes fabriquent leur *boomerang*. Il recommande également l'*acacia acuminata* à odeur de framboise, qui produit une gomme de belle qualité; l'*acacia pycnantha* dont l'écorce peut être employée par les tanneurs; l'*acacia decurrens* employé pour la fabrication des douves de tonneau.

Après les acacias M. Mueller recommande, comme destinés à vivifier le désert, les *Casuarinas*, *C. quadrivalvis*, *C. suberosa*; aucun arbre n'est mieux fait pour donner de la solidité aux dunes de sable. Il sert à la charpente, à la fabrication de papiers d'emballage et à la tannerie.

M. Raveret-Wattel recommande également les *Calitris* de la Nouvelle-Hollande, conifères élégants que les Anglais nomment *desert cypress Pine* et dont le bois possède une odeur prononcée de camphre (*Camphor wood*); une myrtacée, le *Leptospermum lævigatum*, très utile pour retenir les sables.

Dans les endroits moins secs M. Mueller recommande le *Melaleuca crucifolia*, qui donne de l'huile en abondance, le *Pinus insignis* et le robuste palmier de la Nouvelle-Zélande, *Cordyline australis*. Il recommande également de couvrir les endroits secs et rocheux avec le *Mesembryanthemum* rampant de l'Australie, qui, en se propageant peu à peu, conserverait au sol sa fraîcheur et empêcherait l'évaporation.

M. Ramel a de son côté recommandé le *Fabricia*, arbre d'une hauteur moyenne, en buisson toujours vert, qui croît admirablement dans le sable au bord de la mer; son emploi est indiqué dans les landes de la Gascogne aussi bien que le long de la Méditerranée, au bord des lacs salés et de la future mer intérieure, comme sur les terrains que traverse l'isthme de Suez.

Dans l'énumération des arbres australiens précieux pour les reboisements on ne saurait oublier l'*eucalyptus*. Cet arbre, déjà légitimement apprécié en Algérie, n'a pas encore rendu à cette colonie tous les services, qu'elle est en droit d'en attendre : précieux pour les reboisements, par la rapidité de son accroissement et par ses qualités multiples, il est apprécié non seulement dans le midi de la France, en Corse, en Espagne, en Italie, en Égypte, mais encore dans l'Inde ; le Brésil, qui pourtant possède une flore singulièrement riche, a choisi l'eucalyptus pour reboiser les vastes espaces, que les incendies avaient dénudés. La Californie en a déjà planté 8-10 millions de pieds le long des routes pour briser le vent. L'Algérie, grâce à MM. Ramel, Cordier, Trottier, Arlès-Dufour, etc., en a déjà de nombreux pieds ; le Dr Bertherand estimait en 1880 à 1 500 000 le nombre des pieds, qui avaient été plantés dans les 12 dernières années ; ce nombre devrait être beaucoup plus considérable. En 1875, à Tuggurth, l'agha Mohamed-ben-Driz a fait une plantation, qui a pleinement réussi. Les avantages de l'*eucalyptus* sont en effet nombreux : j'ai dit plus haut, qu'il assainissait le sol en pompant une grande quantité d'eau, qu'il dégageait une essence, dont l'action est salutaire dans les pays marécageux ; j'ai montré quels services il avait rendus dans la campagne romaine ; je ne parle ici que de son importance comme agent de reboisement. Il pousse avec une extrême rapidité : la hauteur moyenne de l'eucalyptus, dans une plantation de 6 ans appartenant à M. Ferdinand-Barrot, était de 15 mètres ; la circonférence moyenne de 1 mètre. La plantation de Tuggurth, au bout de 1 an, avait une moyenne de 3 mètres de haut et de 0,11 de diamètre. Avantage précieux : les sauterelles épargnent les eucalyptus, de même que les termites respectent les constructions, qui sont faites avec son bois. Ce bois est d'ailleurs excellent. L'eucalyptus présente en outre un avantage très précieux en Algérie, c'est de permettre pendant les chaleurs le pâturage sous ses massifs : les troupaux ne trouvent de l'herbe et de l'humidité que sous les grands arbres ; or sous les eucalyptus le sol est toujours net de broussailles et gazonné ; les animaux peuvent être conduits là d'autant plus avantageusement, que les feuilles dépassent vite la hauteur que le bétail pourrait atteindre et que d'ailleurs la plupart des animaux se refusent à manger la feuille odorante de cet arbre comme ils ne cherchent jamais à en ronger le tronc ; à tous ces points de vue, c'est bien là le *Diamant des forêts*. Les espèces, qui semblent le mieux réussir, sont *E. globulus*, *E. Colossea*. En Californie les 9/10 des eucalyptus plantés appartiennent au genre *E. globulus;* les autres sont *E. viminalis* et *E. rostrata*.

Tel est le programme, que M. Mueller a mis en pratique en Australie et qu'il serait possible d'appliquer à l'Afrique septentrionale, y compris le Sahara qui disparaîtrait, comme ont déjà disparu en partie et disparaîtront complètement dans l'avenir les déserts arides de l'Australie. « Si, dit-il, les mesures que j'indique étaient adoptées, en deux ans le sol destiné aux forêts serait couvert de verdure de façon à exercer une influence marquée sur le climat ; en cinq ans on aurait de petits arbustes et en dix ans des arbres d'un développement remarquable. En employant les essences de l'Australie ce moyen serait plus rapide et moins coûteux que la glorieuse mesure, qui, au commencement de ce siècle, a pourvu de plusieurs millions d'arbres les parties non boisées de l'Égypte, au grand avantage des contrées autrefois arides de ce pays... »

Ce sont, en effet, les immenses plantations ordonnées par Méhémet-Ali dans la basse Égypte, qui ont procuré à cette contrée les pluies, dont elle était autrefois privée.

On ne se rend pas toujours compte exactement de l'importance d'une végétation même faible sur le moindre cours d'eau :

M. Cordier rapporte, que sa famille possédait un bois d'une trentaine d'hectares, au bas duquel se trouvait une fontaine; ce bois ayant été détruit, la source disparut. Marsch dit de son côté avoir observé, qu'après la coupe d'un bois, à l'ombre duquel coulait un ruisseau, ce ruisseau se desséchait complètement pour ne reparaître qu'une dizaine d'années plus tard, lorsque le bois eut repoussé. Enfin M. Mueller, en Australie, est arrivé à faire naître des ruisseaux au moyen de grandes plantations d'arbres : dans plusieurs endroits il a créé, sur des terres complètement nues, des bois et de petits cours d'eau.

Il importe de profiter de ces exemples, de se hâter de pratiquer en Algérie le reboisement et dans le Sahara le boisement; car, ainsi que le dit M. Trottier, sans la forêt le Sahara sera éternellement le désert, tandis qu'avec l'arbre comme avant-garde la colonisation européenne atteindra Tombouctou.

§ 5. *Acclimatation ou culture de certains végétaux.* — Il est un certain nombre de végétaux, qu'il importe d'acclimater non plus au point de vue du reboisement mais au point de vue de leur rendement; il en est d'autres, comme l'*alfa* par exemple, qui indigènes doivent devenir et sont d'ailleurs déjà devenus l'objet d'une culture assidue. Nous parlerons dans ce chapitre des uns et des autres.

Cinchonas. Leur acclimatation ne semble pas jusqu'ici avoir réussi en Algérie. En 1851 M. Hardy établit une culture dans les gorges de la Chiffa, au Ruisseau des Singes; les quinquinas abrités par les montagnes n'ont pas souffert du sirocco, mais ils ont souffert du froid. En 1866-67-68 d'autres essais eurent le même insuccès. Le savant directeur du Jardin d'acclimatation avait bien compris, quel était l'inconvénient du climat algérien : « Dans la zone équatoriale, disait-il en 1868 dans un rapport au maréchal gouverneur de l'Algérie, à l'altitude où croissent spontanément les quinquinas en Amérique ou dans les contrées asiatiques où on les a naturalisés, les extrêmes de température ont lieu entre le jour et la nuit et les écarts, que les plantes subissent en 24 heures, varient de 16° à 32°, c'est-à-dire de 0° à 16° degrés et de 0 à 32°. Ces alternatives de chaud et de froid, qui se renouvellent à d'aussi courtes distances, ne contrarient en aucune façon la végétation, qui est continue et régulière. En Algérie, au contraire, la température, qui varie beaucoup entre l'hiver et l'été, reste à peu près la même entre le jour et la nuit dans chaque saison : au lieu de subir ici les extrêmes de basse et de haute température en 24 heures, le quinquina reçoit l'impression de la basse température pendant environ six mois continus et l'impression d'une température plus élevée pendant environ six autres mois. Il en résulte, que le développement des sujets est moins actif, qu'il ne l'est dans les régions, qui lui sont propres et où sa végétation est continue, sans temps d'arrêt. A Java et dans les Nilgherries la croissance des quinquinas en élévation est d'environ 10 centimètres par mois en moyenne ; pendant 16 mois, au Ruisseau des Singes, elle n'a été que de 48, 50 et 52 centimètres. » Il terminait en émettant l'avis, que l'altitude du Ruisseau des Singes était trop considérable sous le climat algérien pour le quinquina. Il espérait, qu'on serait plus heureux à 250 ou 300 mètres seulement.

Bambous. « Le bambou sera un jour à l'industrie européenne, ce que la pomme de terre est à l'alimentation, » écrivait en 1869 M. Jules Cloquet. On doit d'autant plus chercher à acclimater quelques-unes des nombreuses espèces, qui forment la riche famille des *bambusacées*, que toutes ne sont pas cantonnées dans la zone tropicale : les unes habitent les marécages torrides de la zone torride et y forment les jungles, d'autres se plaisent volontiers dans le midi de la France, quelques-unes habitent l'Himalaya à 11 000 pieds au-dessus du niveau de la mer. La Chine, qui a su tirer un si bon parti de ces végétaux précieux, possède, après les avoir acclimatés, des bambous à Canton comme à Pékin. La plupart des espèces semblent acclimatables dans la zone du palmier, de l'oranger, de l'olivier ; un grand nombre d'espèces semblent devoir être cultivées non seulement à Alger et sur le littoral mais aussi sur les plateaux, où règne une température douce. Telle était l'opinion qu'exprimait M. Ch. Rivière, l'habile directeur du Jardin d'essai au Hamma d'Alger. Les espèces qui ont semblé jusqu'ici le mieux réussir sont les *Bambusa macroculmis*, *B. hookeri*, *B. vulgaris*.

Il faudrait presqu'un volume pour énumérer et décrire les usages multiples du bambou ; lorsqu'on en parcourt seulement la liste, on comprend la vénération, que les Indous et les Chinois ont pour ce chiendent gigantesque, qui pousse tout seul et qui, avec le *dattier*, est peut-être le plus utile auxiliaire, que l'homme ait parmi les végétaux. *Chiendent* n'est pas une image, car les botanistes reconnaissent, qu'il est difficile de trouver la ligne de démarcation entre le *Triticum repens* et le bambou nain ou *Bambusa variegata*. M. Rivière, un de ceux qui ont le plus ardemment combattu pour son acclimatation en Algérie, s'est efforcé de faire partager aux Algériens cet enthousiasme ; je ne crois pas qu'il ait encore réussi, tant il est vrai qu'en fait d'acclimatation celle d'une idée est peut-être ce qu'il y a de plus difficile !

Les Indiens et les Chinois en mangent les jeunes pousses, comme nous mangeons les asperges fraîches, frites, conservées dans la saumure, en confiture, ou desséchées et conservées par un procédé bien voisin du procédé Cholet. Des ballots de pousses desséchées sont ainsi expédiés de Chine en Mandchourie et en Mongolie ; plus d'une famine a été évitée grâce à cette précieuse réserve. De la tige s'extrait un liquide sucré, avec lequel on fabrique une liqueur ; aux nœuds de certains bambous, et notamment, d'après Roxburgh, sur le *melocanna bambusoides*, il se forme un dépôt de silice, de chaux et de matière organique, qui, sous le nom de *tabasheer*, est fort estimé en Orient. Les feuilles de certains bambous servent de fourrage pour les chevaux. Les tiges pourraient en Algérie, où le bois manque, servir pour les tuteurs et pour fabriquer les échalas de la vigne. En Chine et au Japon que ne fait-on pas avec le bamboü? Charpentes, poutres, ponts, échelles, hangars, séchoirs, kiosques, conduites d'eau, vases, ustensiles divers, tout l'*article de Paris* de la Chine est fait avec le bambou ; le *papier de Chine* est fait avec lui; les éventails, parapluies, palissades, pipes, tout est en bambou ! Avec la moelle séchée et trempée dans l'huile on s'éclaire, on fait des instruments de musique et des harpes éoliennes. M. Rivière cite un curieux emploi : les Chinois, ce peuple si sottement plaisanté en Europe et dont l'avenir est peut-être aussi riche, que l'est son passé, ce qui est un singulier privilège, ont des pigeons voyageurs depuis longtemps. Pour éloigner du messager les oiseaux de proie, on attache à ses plumes un léger bambou percé de trous, de telle sorte que l'air s'y introduisant énergiquement, grâce à la rapidité de son vol, détermine un son prolongé, dont l'étrangeté écarte les gros oiseaux.

Le bambou présente une croissance d'une rapidité incroyable : le *Bambusa macroculmis* a poussé à Alger de $0^m,27$ en 24 heures, le *B. phyllostachys mitis* de $0^m,56$ dans le même temps; on a mesuré des allongements de $0^m,62$ en 24 heures. Il absorbe donc énormément d'eau et peut ainsi rendre, dans le dessèchement des terrains, des services du même genre, que ceux que rend l'*eucalyptus*.

La croissance du bambou a été, en Chine, étrangement mise à profit : « D'après les relations de certains voyageurs, dit M. Garrigues dans une communication faite à la Société d'acclimatation, la peine *capitale* en Chine consiste à faire empaler les suppliciés en les asseyant sur des turions naissants, dont les tiges traversent rapidement le corps humain; j'ai observé pour ma part, ajoute-t-il, une tige souterraine ayant percé un morceau de bois de chêne sous terre, comme le ferait une tarière, quand il paraissait lui être facile de dévier à côté; cela prouve le danger qu'il y aurait à les planter près de constructions légères. »

Grâce à tous ces usages divers, je ne parle pas du dernier, le bambou est donc une culture excellente, qu'on ne saurait trop répandre en Algérie. « Supposons, dit M. Rivière, 1 hectare, 10 000 mètres carrés, entièrement planté de bambous ; supposons encore que chaque mètre donne seulement deux tiges et qu'au lieu de valoir 5 francs, prix actuel, leur valeur soit réduite à 2 francs pour en rendre l'écoulement plus facile et plus sûr ; voici donc un hectare de terrain, qui rapportera..... ? On n'ose citer les chiffres ! Qu'on suppose maintenant quatre tiges au lieu de deux ! Et remarquons qu'il n'est pas rare de rencontrer des touffes, qui en portent douze ! »

Corya alba. On a conseillé également d'acclimater en Algérie en s'en servant pour le reboisement, le *Shelbark Hickory-tree* (*Corya alba* et *C. glabra*). Son bois est d'une dureté supérieure à tout autre ; c'est avec lui, qu'on fabrique les roues minces et légères des voitures américaines. Son fruit est en outre une noix savoureuse, très recherchée pour la table.

Carnauba. Enfin le *Carnauba* (*Copernicia cerifera*), arbre du Brésil, qui résiste aux sécheresses les plus fortes et les plus prolongées et reste toujours vert, rendrait également de réels services. Ses racines ont les mêmes propriétés médicinales que la salsepareille ; son tronc fournit une fibre forte et légère, qui acquiert le plus beau lustre, des poteaux, des solives et d'autres matériaux de construction civile de même que d'excellents pieux pour haies. Le cœur de cet arbre est un aliment apprécié et très nourrissant. On en extrait aussi du vin, du vinaigre, une substance saccharine et une grande quantité de fécule semblable au sagou, dont elle possède le goût et les propriétés et qui, dans les longues sécheresses, a souvent servi d'aliment. Le bois du tronc sert à faire des instruments de musique, des tubes et des pompes. La substance tendre et fibreuse des tiges et des feuilles remplace facilement le liège. La pulpe du fruit est agréable au goût et l'amande assez oléagineuse et émulsive est employée, torréfiée et pulvérisée, en guise de café par quelques personnes de l'intérieur du Brésil. Le tronc fournit encore une espèce de farine assez semblable à la *maïzena* et un liquide blanchâtre analogue à celui que contient le fruit connu sous le nom de coco de Bahia. La paille sèche sert à faire des nattes, des chapeaux, des paniers et des balais et l'on en exporte déjà une assez grande quantité pour l'Europe, où elle est employée dans la fabrication des chapeaux fins.

Ramie. La ramie, ou *ortie de Chine*, peut être mise au premier rang des plantes industrielles, qu'il importe d'acclimater en Algérie. On l'a nommée le *textile de l'avenir;* un avenir brillant lui semble en effet réservé, depuis que M. Terwangne (de Lille) a découvert un procédé simple et économique de rouir et de tiller ses tiges en donnant à ses filaments l'aspect du plus beau lin de Flandre. M. de Landtsheer, ingénieur à Boufarick, qui cultive la ramie, assure que, cette plante donnant en Algérie 4 coupes par an, on peut obtenir par an et par hectare 90 000 kilos de tiges vertes; il estime à 1 920 francs les bénéfices annuels que peut donner 1 hectare de ramie.

Les tissus fabriqués avec cette plante prennent admirablement la teinture : ce sont des batistes, des espèces d'alpagas et enfin cette jolie étoffe lustrée, que les Anglais nous vendent sous le nom de *foulard de Chine.* Les tiges les plus grossières, celles qui sont un peu plus dures peuvent être transformées en pâte à papier; les feuilles sont employées comme fourrage. Il y a là un grand avenir pour l'Algérie, qui pourra, dans quelques années, alimenter les filatures et les fabriques de tissus de la métropole. Malgré ces espérances la ramie n'a pas en encore Algérie la place qu'elle mérite.

Phormium tenax. On a conseillé d'acclimater en Algérie cette liliacée de la Nouvelle-Zélande, où elle pousse sur les berges de la mer, sur les rochers; les Maoris retirent environ un tonneau de fibres textiles de 4 tonneaux de feuilles vertes. Quant à la solidité de ces fibres, on les classe ainsi par rapport aux autres textiles : soie 34, phormium 23, chanvre d'Europe 16, lin d'Europe 11. On fait du papier avec le *phormium tenax;* plusieurs journaux sont, dans cette colonie, imprimés sur papier de phormium ; la graine peut donner 17 pour 100 d'huile ; la fibre s'emploie également pour rembourrer les matelas ; on en fait des cordes, des sacs à grains, de la toile à voiles. On mélange parfois la fibre du phormium avec 75 pour 100 de lin du Riga ; on retire enfin de cette plante une résine et une gomme.

Kauri. On pourrait tenter d'acclimater un arbre précieux de la Nouvelle-Zélande, l'arbre *kauri* (*Dammara australis*). Sa résine est d'un usage très répandu aux États-Unis pour la fabrication des vernis; or les forêts de kauri, arbre jusqu'ici exclusivement néo-zélandais, auront bientôt disparu sous la hache. Il y aurait donc lieu d'acclimater chez nous cet arbre, dont le produit fait l'objet d'un commerce important. C'est en terre, au pied des arbres, que les indigènes fouillent et ramassent de gros amas de résine, qu'on croyait autrefois fossile; elle est même parfois employée dans la joaillerie comme de l'ambre ; les indigènes s'en servaient autrefois comme d'un combustible. La Néo-Zélande en expédie annuellement 4 000 à 5 000 tonnes à New-York et à Boston, à destination des villes d'Amérique ou de Londres... La tonne vaut environ 43 livres sterling. On voit qu'il s'agit là d'un commerce assez important.

Lin. On cherche également à développer en Algérie la culture du lin. M. Alfred Renouard a montré, quel intérêt il y aurait à produire le lin dans notre colonie, puisque nous en achetons chaque année à la Russie 80 millions de kilogrammes. M. Roguet a, du reste, établi, dans les plaines de la Mitidja, un établissement de teillage ; il fournit gratuitement la graine de Riga aux colons, qui s'engagent à apporter les pailles à l'usine : elles leur sont payées comptant 10 centimes le kilog. En 1882 la culture du *lin du Riga* ne prenait cependant que 1 874 hectares et celle du *lin d'Italie* 2 521.

Canne à sucre. M. Hardy s'est beaucoup occupé de l'acclimatation de la *canne* en Algérie. Il pensait, qu'elle pouvait être cultivée avec un certain succès dans les plaines peu élevées au-dessus du niveau de la mer, qui avoisinent le littoral et qui peuvent être facilement irriguées. Il se bornait d'ailleurs à souhaiter une production suffisante pour la consommation locale; or le chiffre de l'importation du sucre raffiné a été en Algérie de 11 334 453 kilogrammes en 1881, poids qui représente une somme de 13 601 343 francs. M. Hardy avait spécialement désigné comme propres à la culture de la canne la Mitidjah, la plaine des Issers, la vallée du Sebaou, le bas Chélif, les plaines de la Mina, de l'Habra, du Sig et beaucoup d'autres localités moins étendues, mais réunissant des conditions analogues à celles de ces contrées.

Les qualités de cannes, qui lui avaient semblé le mieux réussir, étaient la *verte* de l'Inde, la *rubanée* de Batavia, la *violette* de Saint-Domingue et la *grosse blonde* de Taïti. En Algérie la canne entre en pleine végétation en avril et mai et se ralentit vers la fin de novembre; pendant cette période chaude elle a reçu environ 4 650° de chaleur; pendant le repos d'hiver la saccharification s'opère, le maximum de la saccharification a donc lieu en janvier; c'est donc à cette époque qu'il convient, en Algérie, d'extraire le sucre. Les espérances de M. Hardy ne se sont pas encore réalisées.

Arbre à suif. On a parfaitement réussi, au Jardin d'acclimatation d'Alger, à acclimater l'arbre à suif originaire de Chine, mais sa culture ne s'est pas encore répandue. Il serait pourtant de nature à faire baisser le prix des suifs animaux et à fournir à la classe pauvre un éclairage brillant, sain et à bon marché.

Dans l'Inde un arbre de dix ans produit en moyenne annuellement de 1 à 2 kilogrammes de suif; à vingt-cinq ans il en donne de 3 à 4. L'arbre à suif n'est pas délicat; il pousse vigoureusement dès la première année de la transplantation et ne demande aucun arrosage. En outre il est très propre à être planté en avenues. Ses feuilles caduques ressemblent à celles du peuplier tremble et prennent une teinte rouge foncé en automne. Il a le port d'un cerisier; le suif se retire des grains, qu'on soumet à l'action de la vapeur pendant un quart d'heure. On a réussi dans l'Inde à faire avec lui des bougies. Il donne une lumière brillante et sans odeur.

Coton. Plusieurs tentatives ont été faites, notamment aux environs de Bone, pour cultiver le coton; une association avait été formée entre Européens et indigènes : les premiers devaient fournir les fonds, faire les frais industriels; les bénéfices devaient être de moitié. Cette association était indispensable pour se procurer la main d'œuvre nécessaire à la culture et à l'exploitation du coton. La variété *longue-soie* sembla réussir dans les terrains bas, humides; malheureusement les indigènes n'ont pas pris goût à cette culture. En vain a-t-on essayé dans le cercle de Guelma, dans les oasis de Biskra et de Laghouat : en 1855, 1 923 hectares étaient cultivés en coton, en 1856 on en recueillait 200 000 kilos; la statistique agricole de l'Algérie n'en indique plus pour 1882 que 98 hectares !

Tabac. C'est en 1844, qu'on cherché à introduire en Algérie la culture du tabac. En 1851 il n'y avait encore que 537 planteurs, 444 hectares de culture et 309 331 kilogrammes de produits. En 1857 le nombre des planteurs s'était élevé à 3 279, la surface cultivée en tabac à 3 749 hectares et le produit à 3 430 149 kilogrammes. En 1856 la culture du tabac a produit 2 002 566 kilogrammes; le bulletin de la statistique agricole donne, pour 1881, 8 430 hectares plantés en tabac, dont 6 437 par les indigènes et une récolte de 4 313 598 kilos.

Vigne. Dans toutes les combinaisons agricoles, qu'on avait faites au sujet de l'Algérie, il est un facteur qu'on n'avait pas prévu, c'est le phylloxera de la France. Un grand nombre de viticulteurs du midi de la France, ruinés par le terrible insecte, ont été en effet demander à l'Algérie de les relever et ont apporté avec leurs plants leur expérience de la vinification. En 1879 il n'y avait en Algérie que 6 945 viticulteurs possèdant 17 737 hectares de vigne et produisant 346 000 hectolitres de vin. En 1881 le nombre des hectares plantés était de 29 241, dont 1 904 appartenant aux indigènes et la récolte a été de 432 580 hectolitres. On estime, que le nombre des hectares en vigne s'élèvera un jour à 150 000 ou 200 000 et que la récolte sera de 7 à 8 millions d'hectolitres. M. Bouchardat, qui est à la fois un savant distingué et un viticulteur de premier ordre, recommande aux Algériens le *grenache*, qui est le plant le plus répandu. Il engage surtout les viticulteurs algériens à améliorer leurs plants chez eux par sélection, mais à se méfier de toute importation, qui pourrait leur apporter le phylloxera. Cette extension de la vigne, surtout chez les indigènes, n'est pas seulement une excellente chose au point de vue financier : la culture vigneronne est la culture de la petite propriété, c'est celle qui attache le plus au sol et qui civilise le plus. Nous ne pouvions mieux rêver pour l'avenir de l'Algérie.

Alfa. Cette précieuse graminée indigène de l'Algérie (*Stipa tenacissima*) ou *sparte* prend dans le commerce un rôle de jour en jour plus important; elle existe également en Espagne, où elle semble avoir été portée par les Maures; elle croit spontanément sur les hauts plateaux arides de l'Algérie, sur une étendue de près de 4 millions d'hectares. Elle est donc bien différente du *Lygœum spartum* ou *sounrah* des Arabes, qui croit dans les lieux humides et sur les sols tourbeux. Le *sparte* est employé surtout pour faire du papier; il sert encore à de nombreux usages : cordes, sacs, brosses. Son exportation est considérable et va progressant chaque année; elle était de 4 000 tonnes en 1869, elle est devenue successivement de 32 000, 45 000, 58 000, 60 000, 80 865 en 1881. Or la tonne vaut 150 francs à Oran. De 1867 à 1878 inclus l'Algérie a exporté 530 000 tonnes représentant une valeur de plus de 66 millions. Le principal preneur est l'Angleterre, qui est arrivée en 1881 au chiffre de 58 783 tonnes ; l'Espagne, bien qu'elle en produise elle-même, vient ensuite avec le chiffre de 14 000 tonnes ; la France n'en prend que 4 000. Les débouchés sont considérables, car l'Angleterre, qui en achète également à l'Espagne, en consommait pour elle-même 95 000 tonnes en 1868 et 125 000 en 1875 ; elle achète maintenant le sparte de préférence en Algérie, car l'Espagne, qui lui fournissait 92 000 tonnes en 1868, ne lui en fournit plus que 56 000 en 1874.

Diss. A côté de l'alfa, également sur les hauts plateaux, pousse une autre graminée, le diss (*Festuca altissima*), qui rend quelques services analogues.

Palmier nain. Ce textile extrêmement commun est encore une source considérable de revenus ; c'est avec lui qu'on fabrique le *crin végétal :* 5 millions de kilogrammes ont été exportés en 1874. C'est aussi avec cette feuille rude, filamenteuse, qui devient blanche comme la fibre du panama, que les indigènes font les nattes, qui garnissent leurs demeures, les corbeilles, les bâts, les éventails et tous leurs objets de vannerie.

Citronnier. M. Brœmer a beaucoup insisté récemment, pour qu'on donne de l'extension en Algérie à la culture du citronnier. La teinture des soies en noir consomme dans la seule ville de Lyon 400 000 kilogrammes de jus de citron, qu'on achète à Naples et en Sicile ; l'Algérie pourrait prendre la clientèle.

CHAPITRE II

Sénégal.

I

MILIEU COLONIAL

*Territoire. — Constitution géographique. — Climat. — Population.
Acclimatement.*

I. TERRITOIRE. CONSTITUTION GÉOGRAPHIQUE. — Il serait dificile de dessiner d'un trait précis les limites exactes de notre colonie : elle se compose, en effet, moins d'un territoire à frontières arrêtées que d'une série de postes à périmètre vague, espacés le long de la côte ou sur les rives des fleuves. L'ensemble de ces postes est compris entre la côte occidentale d'Afrique à l'ouest, les montagnes du Fouta-Djalon à l'est, le 17º lat. N. au nord et le 10º lat. N. au sud.

Pour comprendre cette colonie, il est nécessaire d'embrasser d'un seul coup d'œil le territoire inscrit entre ses points extrêmes et de considérer la Sénégambie au point de vue géographique avant de la considérer au point de vue politique.

Le Fouta-Djalon par 14º long. O. environ est un massif basaltique d'un relief considérable, d'où descendent en rayonnant avec une pente rapide d'abord, avec une pente très douce ensuite, le Sénégal avec la Falemé son principal affluent, la Gambie, la Cazamance, le Rio-Geba, le Rio-Grande, le Rio-Nunez. Un contrefort, qui se détache dans la direction du N.-O. et qui gagne le cap Vert, sépare par une muraille peu haute les deux principales vallées du Sénégal et de la Gambie. De chaque côté de ces fleuves, qui les ont formées, s'étalent des plaines alluvionnaires à peine inclinées vers le Sahara au nord, vers la mer à l'ouest et au sud-ouest, de telle sorte que la marée amène les flots salés de l'Océan jusqu'à une grande distance des côtes ; à 200 lieues de la côte, à Bakel, le fleuve ne se trouve pas à plus de 40 mètres au-dessus du niveau de la mer. Alluvions est le mot propre, car le pays entre le Sénégal et le cap Vert est constitué uniquement de sable ; un sondage fait près de Saint-Louis a montré la présence du sable jusqu'à une profondeur de 60 mètres ; dans certaines parties du Cayor le sable est encore mouvant, mais à 30-40 mètres de profondeur il s'agrège et est en train de devenir du grès.

Le long du Sénégal nos postes sont d'amont en aval Kita, Médine, Kenieba, Senoudebou, Bakel, Matam, Saldé, Aere, Podor, Dagana, Merinaghen, Richard-Toll ; sur la côte Saint-Louis, Gandiole, Bétété, M'Boro, M'Bidjem, Thiès, Dakar, Gorée, Rufisque, Portudal, Joal ; sur la Cazamance nous possédons Carabane à l'embouchure et Sedhiou dans le haut fleuve ; sur le Rio-Nunez Boké ; enfin, outre un petit comptoir sur le Rio-Pongo, le poste de Mellacorée sur la Mellacorée.

La coupe en relief du sol de la Sénégambie nous montre trois divisions, qui se superposent de la mer au Fouta-Djalon comme des terrasses. La plus orientale, la plus haute relativement, qui fait suite à la région montagneuse du Fouta, chûte brusquement à un certain niveau, où le Sénégal tombant comme elle, forme la cascade du Félou ; le poste de Kita appartient à cette première zone. La seconde terrasse, très peu élevée, contient Médine et Bakel. La troisième partie presqu'au niveau de la mer, à peine inclinée, va jusqu'à la côte. C'est le long de la côte qu'on trouve un grand nombre de lacs, le lac Guier, les nombreux lacs de la côte du Cayor, le lac de Gorée ; dans cette zone le fleuve du Sénégal s'étale en bras nombreux débordant sur le pays tout entier et communiquant entre eux par de nombreux *marigots*.

Chaque année, en effet, à l'époque des pluies, les biefs, que le Sénégal comme tous les fleuves de cette contrée forme à chacune des marches qu'il descend pour venir du Fouta, se remplissent d'eau, débordent par-dessus les rochers, qui forment le barrage; une nappe d'eau s'écoule sur le bas pays et s'étend sur lui. Comme le Nil, le Sénégal s'enfle ainsi chaque année; vers le mois de juillet il monte de 5 mètres en 20 jours; il arrive en septembre au maximum de 15-16 mètres pour décroître ensuite. Pendant la période de crue tout le pays est dans l'eau; les communications ne se font que par bateau.

II. Climat. — Cette disposition du pays implique des modifications assez nombreuses dans son climat, suivant le point que l'on considère. Plus on s'éloigne de la mer et plus on perd le bénéfice de la brise rafraîchissante, plus la température moyenne annuelle s'élève : elle est de $+23°2$ à Saint-Louis, de $+23°8$ à Gorée, de $+28°7$ à Bakel et de $+29°$ à Médine. On voit, que c'est par suite d'une erreur trop accréditée, que le mot de température sénégalienne est devenu le superlatif de l'expression de la chaleur et que la température dite du Sénégal, que les opticiens de Paris inscrivent religieusement sur leurs thermomètres, est une pure fantaisie. Il y a mieux : toute la zone basse de la Sénégambie est précisément la moins chaude, à latitude égale, de toute la zone tropicale : à Saint-Louis les extrêmes ont été en 10 ans $+14°$ et $+33°$; jamais, à l'ombre, la température n'a dépassé cette hauteur, tandis que, en France, on observe parfois, également à l'ombre, des températures de $+41°$; ainsi, à Poitiers, d'après le savant directeur du laboratoire des recherches météorologiques du parc de Saint-Maur, M. Renou, le 24 juillet 1870, cette température était dépassée. La fréquence des hautes températures est elle-même moindre à Gorée qu'en certains points de la France; en 1860 le maximum n'atteignit ou ne dépassa à Gorée $+30°$ que 26 fois, tandis qu'à Montpellier, l'année précédente, le thermomètre s'était élevé 40 fois au-dessus de + 30°. M. Borius trouve une explication de cette faible température de la région du cap Vert dans la présence du vaste courant maritime appelé courant polaire de l'Afrique. Ce courant vient en effet lécher les côtes de la Sénégambie, s'y réchauffe et en même temps les rafraîchit, jouant ainsi un rôle diamétralement opposé à celui, que joue sur nos côtes le courant du Gulf-stream.

Les régions les plus élevées et les plus continentales du Sénégal sont, il est vrai, très chaudes, parce que, privées du vent de la mer, elles reçoivent le souffle direct de l'*harmattan* ou vent du désert et que leur altitude n'est pas assez grande pour compenser leur altitude; exceptons-en toutefois la petite station sanitaire de Kita (650 mètres), récemment fondée par le Dr Dupouy et dont j'aurai l'occasion de reparler.

Comme dans toute la zone tropicale, on n'observe guère que deux saisons: l'été ou *hivernage*, saison des pluies; l'hiver ou saison sèche.

Sous l'influence de la chaleur, en mars et avril, l'air se raréfie et attire les couches d'air humides de l'Océan. Les pluies commencent, c'est l'été humide et chaud, c'est l'hivernage. Il est caractérisé par une extrême humidité, une température élevée et peu variable; elle est à la côte de +27°; plus haut, dans les terres et dans le bassin du Djoliba, elle atteint +29°,4 en moyenne (Quintin). C'est l'époque des pluies abondantes et prolongées, pluies plus copieuses encore dans le Fouta-Djalon que dans la basse Sénégambie. Aussi les cours d'eau, qui en descendent, augmentent leur débit dans la proportion de 1 à 50 et même à 100. Les végétaux saturés d'humidité poussent plantureusement.

Les pluies cessent alors, l'humidité du sol disparait tarie jusqu'à la dernière goutte par un soleil, qu'aucun nuage ne vient plus cacher; c'est l'hiver, la saison sèche. Pendant cette saison sèche les rayons du soleil sont tellement intenses, qu'on peut à peine regarder le sol; les végétaux grillés prennent tous une teinte jaune paille ; la terre se fendille et s'entrouvre ; les fleuves se réduisent à leur minimum, mais la température au moins sur la côte devient agréable ; elle est en moyenne de + 20° (Dr Borius), tandis que dans l'intérieur, à Bakel par exemple, la saison sèche se subdivise en deux sous-saisons, où la température moyenne est de + 25°,9 dans la première, de + 32°,2 dans la seconde.

Il résulte de ce qui précède, qu'on passe au Sénégal, dans l'espace de quinze jours, d'un milieu aride, sec, sans une goutte d'eau, où les fossés devenus salés par l'évaporation et la condensation de l'eau de mer, qui remonte jusqu'à eux, se couvrent d'efflorescences de sel, à un milieu saturé d'eau, et d'une atmosphère, qui paraît, au bord de la mer, pendant la saison sèche, fraîche et piquante, à une chaleur humide et accablante. Les pluies ont leur maximum dans le haut pays et dans le midi ; elles augmentent, à mesure qu'on se rapproche de l'équateur. Elles sont ainsi la cause d'une grande différence entre le climat du pays compris entre le Sénégal et la Gambie et le climat des régions au sud de ce fleuve. Plus précisément le Sénégal et le cap Vert peuvent être pris comme limite de trois zones bien différentes échelonnées du nord au sud.

Au nord du Sénégal, c'est le Sahara ; au cap Vert apparaît brusquement une végétation plantureuse et vraiment tropicale, qui ne fait que s'accentuer à mesure qu'on descend : au Rio-Nunez, à Sierra-Leone on trouve tous les fruits des tropiques, le Fouta-Djalon produit de délicieuses oranges et des citrons. Entre ces deux zones la zone intermédiaire du Sénégal est aride et ne produit rien. On ne trouve pas un ananas ni une banane à Bakel ni au Cayor ; les jardins n'arrivent à produire que le *corosol* et le *goyavier*.

III. POPULATION. — Notre colonie comprend, d'après le recensement de 1880, 197 000 habitants. La population de la Sénégambie est extrêmement compliquée : originairement peuplé par des noirs *Yoloffs*, *Sereres*, *Sousous*, *Bogos*, le pays a été envahi par d'autres noirs *Mandingues* et *Sarracolets*, qui ont repoussé les premiers vers la côte et sur lesquels se sont pressés de nouveaux flots d'envahisseurs moins noirs, presque caucasiques, les *Peuls*, puis enfin les blancs. En mettant de côté pour le moment les blancs européens, au nombre de 2 300 environ, on voit que ceux, que nous pourrions nommer les indigènes, se composent eux-mêmes de noirs *Yoloffs*, *Mandingues*, *Sarracolets*, de caucasiques *Peuls* et *Maures* plus ou moins mélangés comme les *Toucoulors*, et que tous ces éléments superposés par une marée humaine d'est à ouest se sont mêlés les uns aux autres, sur certains points, dans des proportions extrêmement variées. Ces indigènes sont donc loin d'être tous autochtones. Sous ces réserves nous étudierons successivement les *Indigènes*, les *Européens*.

A. — *Indigènes*.

§ 1. *Yoloffs*. — Le Portugais Ca da Masto, qui le visita en 1455, dit du royaume de Sénégal, que « le pays de ces noirs de la basse Éthiopie et les peuples qui habitent aux rivages d'Icelui s'appellent Jalofs... Et ce royaume du Sénégal confine du côté du Levant avec un pays nommé Toucousor ou *Toukourol*; devers midi avec le royaume de Gambra; de la partie de Ponant avec la mer Océane et du côté de Tramontane se joint avec le fleuve sus-nommé, qui sépare les *basanés* d'avec ces premiers noirs. » Ces *basanés* sont les Maures séparés des Yoloffs encore aujourd'hui par le fleuve du Sénégal et ce *Toukourol* a donné son nom aux *Toukolors* et non *Toucouleurs* actuels, comme les nomment ceux, qui voient dans leur nom l'image d'un mélange de *couleurs!* Ces Jaloffs occupaient, comme font encore aujourd'hui les Yoloffs, le Cayor, le Djolof, le Oualo, sous l'autorité, comme maintenant, d'un roi électif ou *Damel*. L'un d'eux vint à la cour de Portugal, se fit baptiser et s'en retourna avec le nom de Jean dans ses États, où il fut assassiné.

Les Yoloffs, qui sont nos voisins riverains à Saint-Louis comme à Gorée, s'étendent au nord jusqu'au Sénégal, à l'est jusqu'au Fouta, au sud ils touchent les Sérères et Mandingues de la Gambie. Ce sont les peuples les plus immédiatement en rapport avec nous. Ils abondent dans les rues de Saint-Louis, où, lorsqu'ils ont de l'argent, ils s'empressent de *faire faraud*, se pavanant dans des costumes voyants et de mauvais goût, chargés de bagues, les pieds dans des souliers dont les talons sont d'or. Ce sont les mêmes hommes qui, le lendemain, quand leur argent sera dépensé, mendieront un cigare.

Ce sont les plus grands, les plus noirs et les plus beaux de tous les nègres; leur peau est d'un noir bleu, leur front est large et haut, le nez modérément épaté, les lèvres épaisses, sensuellement charnues chez la femme mais non retroussées, les pommettes peu saillantes, la face presque droite, l'oreille bien faite. Les femmes, qui sont coquettes, se couvrent de bijoux; leur bassin oblique en arrière leur donne une désinvolture toute spéciale, quelque peu provocante. Mais les Yoloffs sont vains et légers, bruyants et amis du plaisir.

Au sud des Yoloffs, comme eux sur la côte, se trouvent d'autres nègres, qui leur sont très inférieurs : les *Serères*, les *Sousous*, les *Bogos*, qui semblent être les plus anciens habitants de ces régions et avoir été acculés à la côte par des envahisseurs, qui les compriment de l'est à l'ouest.

§ 2. *Soninkés*. — Les Soninkés ou *Sonrhaï* ou *Sarracolets* se trouvent derrière les Yoloffs, dans le Fouta sénégalais et s'étendent disséminés, tantôt par groupes compacts, tantôt par noyaux moins volumineux de population, au milieu d'autres populations, jusqu'au Niger. Ils ne sont pas là chez eux: chassés de leur patrie au xve siècle, ils sont venus de l'est à l'ouest, envahisseurs pacifiques, se soumettant aux coutumes des nouveaux peuples au milieu desquels ils allaient se trouver; ils ne se sont maintenus et imposés que par leur intelligence et leur amour de la paix; leur patrie était le vaste empire du Sonhraï, sur le Niger, dont les premiers rois étaient, dit Léon l'Africain, d'origine lybienne.

Jusqu'au XIVe siècle le royaume de Sonhraï fut un des plus puissants et des plus riches du Soudan; c'est à cette époque que son roi, le cruel Sonni-Ali, s'empara de la ville touarègue de Tombouctou. Mais sous ses successeurs et descendants la guerre civile éclata, la décadence du Sonhraï commença; au XVe siècle les partisans de la dynastie des Sonni émigrèrent sous le nom de *Sonni-Nkés*, d'où est venu le nom de *Soninkés*. Quand ils arrivèrent, ils reflétaient tellement l'origine lybienne ou berbère, qui était celle des anciennes familles aristocratiques du Sonhraï, que les noirs du Sénégal les recevant chez eux les appelèrent les hommes blancs (*Séré-Khollé*), d'où l'appellation de *Sarracolet*, qui est devenue synonyme de Soninké.

Mais si les descendants et partisans de l'ancienne dynastie des Sonni ont gardé la tradition et le souvenir légendaires de leur grandeur passée, ils ont depuis longtemps, par leurs croisements avec les noirs, perdu les droits à l'épithète de *Sérékhollés*, d'hommes blancs. Cela dépend d'ailleurs des régions et de l'intensité du croisement avec les noirs ou avec d'autres populations non noires comme celle des *Peuls*, qui les ont envahis plus tard à leur tour.

Quoi qu'il en soit, d'une manière générale les Soninkés ont la peau d'un brun assez foncé : leur front est fuyant, leur prognathisme très accusé; le nez est épaté, écrasé à sa racine, les lèvres sont moyennes mais renversées en dehors, les dents obliques en avant; à côté de ces caractères négroïdes leur barbe est assez fournie, les pommettes sont peu saillantes, leurs cheveux assez longs sont plutôt laineux que crépus; moins nègres que les Yoloffs par la peau, ils le sont davantage par les traits de la face. Ils sont d'ailleurs beaucoup moins grands et beaucoup moins forts qu'eux; les Soninkés, selon la région qu'ils habitent, selon leur plus ou moins de pureté et selon la nature des races avec lesquelles ils se sont le plus mélangés, se divisent d'ailleurs en *Sarracolets*, qui sont les Soninkés les plus purs, en *Kassonkés*, Soninkés dont le métissage a eu lieu surtout avec les Maures ainsi qu'avec les Peuls, et en *Djalonkés* métis principalement de Soninkés et de Mandingues ou de Bambarras.

Si les Soninkés sont inférieurs aux Yoloffs en beauté, ils leur sont très supérieurs sous le rapport de l'intelligence. Ils se font partout remarquer par leurs mœurs douces, pacifiques, par l'élasticité avec laquelle ils se plient aux coutumes des populations qui les entourent, pourvu qu'ils puissent exercer librement leurs facultés pour le commerce et pour l'agriculture. Au Sénégal ce sont eux surtout, qui cultivent les arachides ; nés colporteurs, car ils aiment beaucoup à voyager, ils sont les entrepreneurs de caravanes et, comme ils savent que nous amenons dans leur pays la sécurité des relations commerciales, ils sont avec nous. Beaucoup d'entre eux parlent très bien le français ; quelques-uns ont acquis des richesses considérables. En somme, de l'avis de tous ceux qui les ont étudiés, ce sont pour nous d'utiles auxiliaires et, comme le dit le Dr Bérenger-Feraud, ils méritent, à tous égards, notre sympathie et notre protection.

§ 3. *Mandingues*. — Les Mandingues ou *Malinkés* se sont, par une invasion analogue à la précédente, superposés aux Soninkés ; comme eux ils s'échappaient des ruines écroulées de leur patrie, sujets dispersés par la conquête du puissant empire dont Mali était la capitale, ce qui leur valut, par un mécanisme phonétique analogue à celui qui avait formé le nom de Sonni-nkés, le nom de *Mali-nkés*, d'où nous avons fait *Malinkés*. Le centre de leur royaume était le pays de *Manding*, petite contrée située de chaque côté du Niger, au sud du Ségou. Jusqu'aux temps derniers, avant les succès d'Omar-El-Hadji, ils étaient encore maîtres du Kaarta ; encore actuellement le pays de Kita est occupée par eux, mais toute leur région a été dépeuplée par les musulmans.

Ce sont les nègres les plus laids qu'on puisse rencontrer : rien n'accuse chez eux une origine blanche, au moins d'un côté, comme chez les Soninkés ; ils sont très noirs, leurs cheveux sont très crépus.

Ils sont pacifiques, vont toujours sans armes. Sans avoir les aptitudes commerciales des Soninkés, ils se distinguent par une extrême cupidité. Ce sont encore là des éléments, qui peuvent nous être utiles, qui sont susceptibles de rendre des services à la colonisation pacifique et que nous devons ménager.

§ 4. *Bambarras.* — Les Bambarras sont originaires des monts Kongs ; c'est au XVIIe siècle, que du sud au nord et non de l'est à l'ouest, comme les autres populations, ils ont envahi les Malinkés à peine installés sur leur nouveau domaine. C'est qu'ils étaient eux-mêmes chassés par les Peuls, qui venaient de détruire leur empire.

Leur peau est foncée, leur prognathisme très prononcé, leur front très fuyant, le nez très écrasé, les dents sont très obliques ; comme signe caractéristique ils portent sur les joues, depuis la tempe jusqu'au bord inférieur du maxillaire inférieur, trois cicatrices parallèles, plus grosses au milieu qu'aux extrémités. Moins indépendants de caractère que les peuples précédents, ils servent volontiers comme mercenaires.

Ils n'ont pas oublié, que ce sont les Peuls, qui les ont chassés de chez eux et transformés, malgré eux, en envahisseurs ; aussi les détestent-ils et représentent-ils, avant tout, l'élément anti-musulman. C'est donc sur eux, que nous devons nous appuyer, pour faire contrepoids à l'influence des Peuls et des Toukolors.

§ 5. *Lahobés.* — Les Lahobés sont des nègres, qui vivent tout à fait en dehors des autres. Nomades, misérables, en haillons ils rappellent, par leurs mœurs, les Bohémiens d'Europe; ce sont eux, qui fabriquent les calebasses et les mortiers à piler le mil. Ils vont de village en village s'établissant à l'entrée pour travailler.

Petits, très noirs, crépus, ils constituent une exception au milieu des Yoloffs, Mandingues, Soninkés et Peuls, et sont regardés comme des parias.

§ 6. *Moké-Forés*. — Au Rio-Nunez se trouvent les Moké-Forés, ce qui veut dire *gens du dehors*. Ce sont d'anciens esclaves échappés du Fouta-Djalon ; ils font aux Peuls, qu'ils détestent, une guerre sans merci et peuvent, à ce point de vue, être utilisés par nous.

§ 7. *Maures*. — Tandis que tous les peuples, que nous venons de passer en revue, sont des nègres plus ou moins purs et habitent la rive gauche du Sénégal, les Maures sont surtout un mélange de Berbères, d'Arabes, même de nègres et habitent la rive droite. Leurs incursions, leurs razzias sur la rive gauche étaient fréquentes ; le général Faidherbe les a mis à la raison et ils ne viennent plus dans notre colonie qu'en commerçants pacifiques.

Cette rive droite du Sénégal était habitée primitivement par des Berbères, c'est-à-dire par des hommes de race blanche, les *Azounoug*, que les Portugais, qui les connurent de bonne heure, nommaient les *Azenagues*. Ils furent plus tard envahis par les Arabes, qui les nommèrent les *Zenegâ* et, comme ce peuple moitié Berbère, moitié Arabe des Zenega était celui qu'on rencontrait alors de chaque côté du grand fleuve, on a donné à ce fleuve le nom du peuple et on l'a nommé, par altération, *Sénégal*.

Le mélange des Berbères et des Arabes n'a jamais été toutefois bien intime ; une sorte de tassement de tribus s'est opéré : d'une part on rencontre les *Trarzas* et les *Braknas*, dont les chefs seuls sont arabes, le peuple étant berbère ; de l'autre les *Douaïch*, qui sont des Berbères intransigeants.

Tous laissent croître leurs cheveux, ce qui est berbère et non arabe; tous sont monogames; les mœurs des prolétaires ou *Tolba* sont celles des Berbères Mzabites.

L'élément nègre a bien laissé sa trace dans quelques points : c'est ainsi qu'à côté du type berbère on voit des cheveux crépus, des lèvres grosses, des dents obliques, parfois même artificiellement déformées par la saillie en avant volontairement obtenue des deux incisives supérieures, une peau plus ou moins noire, mais tout dénote un mélange instable : les individus dont la peau est la plus noire ne sont pas toujours ceux, qui, par leurs traits ou par les proportions du corps, rappellent le plus le nègre; la majorité tient surtout du Berbère et de l'Arabe, de ce dernier surtout par les tendances pillardes et razziantes. Le général Faidherbe a rendu à la colonie un véritable service en les maintenant pour toujours, il faut l'espérer, sur la rive droite du Sénégal.

§ 8. *Peuls*. — Sous les noms divers de *Peuls*, *Pouls*, *Fouls*, *Foulis*, *Fellah*, *Fellatah* s'étend à l'état de dissémination au milieu des autres races, car c'est actuellement le propre de toutes ces races, au Sénégal, d'être mêlées d'une façon inextricable les unes au milieu des autres, une race puissante, qui domine actuellement du cap Vert au lac Tchad, sur 30° de longueur, entre le 10e degré latitude Nord et le 15e degré latitude Nord, dans une zone de 80 000 à 90 000 lieues carrées.

Les Peuls sont essentiellement pasteurs; le plus souvent nomades, ils se rapprochent des rivières pendant la saison sèche et remontent sur les hauteurs pendant la saison humide; un certain nombre sont fixés. Toujours armés d'un grand sabre et d'un long fusil à pierre, mahométans fanatiques, au moins au point de vue politique, d'ailleurs intelligents et énergiques, ils sont, avant tout, envahisseurs et, sous prétexte d'accroître l'influence de la religion qu'ils ont adoptée, étendent surtout leur empire temporel. Ils ont des écoles nombreuses, où ils attirent la jeunesse à convertir, sachant que lorsqu'on a élevé les enfants, on aura plus tard les hommes pour soi ; ce sont, en un mot, de redoutables envahisseurs, qui apportent au Sénégal un esprit tout différent du nôtre et qui ne tendent qu'à substituer à tout ce qui existe la froide mais inébranlable influence de la religion et du gouvernement féodal. Nous devons donc les combattre. On dit, cependant, que le peuple aussi peu religieux au fond que ses chefs, mais moins passionné d'étendre l'influence politique de sa race, pourrait être facilement détourné de suivre les vieilles familles aristocratiques qui le mènent.

Les Peuls se distinguent de tous leurs voisins par des traits fins et réguliers ; les yeux sont grands et noirs, le nez aquilin, la face droite, les cheveux longs, non crépus, les extrémités petites, le corps élégant, bien découplé ; aucun caractère n'est négroïde. La peau brune, bronze florentin clair, varie d'ailleurs de couleur selon leur mélange plus ou moins grand avec les populations nègres. Les plus purs portent le nom de *Pouls rouges;* les autres, mélangés de noir, sont les *Pouls noirs*, dont les principaux sont les *Torodos* et les *Tokolors;* la langue de ces peuples est le foulfoudè, langue spéciale où les deux genres masculin et féminin sont remplacés par un genre pour l'*homme* et un genre pour les *brutes*.

Leur histoire est mystérieuse : ils sont venus de l'est à une époque fort éloignée ; le Dr Thaly croit que ce sont des Tziganes analogues aux Bohémiens d'Europe, qui, fuyant l'invasion mongole, sont venus en Égypte et se sont avancés, petit à petit, jusqu'en Sénégambie ; il se fonde sur leurs mœurs pastorales et l'usage exclusif du lait comme nourriture, qu'on retrouve chez certaines tribus de l'Inde, ainsi que sur le type physique ; mais ces preuves ne sont pas suffisantes. D'autres voient en eux des Malais ; d'autres des Cafres ; Frédéric Müller semble avoir trouvé leur véritable origine, lorsqu'il les place dans le même groupe que les Nubiens, avec qui ils ont le plus grand rapport. Ce sont eux qui, déjà grands éleveurs de bétail, ont amené au Sénégal le bœuf à bosse d'Égypte; ils étaient déjà dans le Soudan oriental, lorsque les Arabes et les Berbères y introduisirent le mahométisme; cette invasion les chassa, mais les fuyards se convertirent en route et, comme cela arrive souvent, les opprimés devinrent oppresseurs, les persécutés persécuteurs. Ils mirent au service de leur ambition la religion, dont ils avaient apprécié la force, à l'époque où c'était eux qui en recevaient les coups au nom de Mahomet, au lieu de les donner. Dès le xive siècle ils s'étaient établis déjà dans le Fouta-Djalon et en avaient chassé les peuples, que nous avons énumérés plus haut; au xviiie siècle ils commencent de ce nouveau centre un mouvement d'expansion et fondent le premier des sept États, qu'ils finirent par créer, cette fois de l'ouest à l'est, depuis le Fouta-Djalon jusqu'au lac Tchad. Les Yoloffs, qui se sont longtemps opposés à leur extension vers l'ouest, n'ont été délivrés d'eux que par nous, lorsque le général Faidherbe infligea à l'émir El-Hadji une sanglante défaite. Les Peuls cherchent, en ce moment, à s'étendre sur le Rio-Nunez, où notre poste de Boké les tient en respect. Leur empire est, d'ailleurs, moins puissant qu'au siècle dernier; il est morcelé; mais il en reste d'importants débris, entre autres le royaume de Haoussa.

Les *Tokolors* sont des Peuls mélangés avec les familles nobles des races nègres voisines, les Yoloffs et les anciens habitants du Tokoror et du Toro. Ces Pouls noirs sont remuants, ils se donnent le nom d'*Al Poular*, par opposition aux Pouls rouges, qui seraient les *Foulbé*. Les Tokolor Torodos ont fondé, au xviiie siècle, un État gouverné par un *almamy*, qui prend le titre d'*Émir-al-Moumenim*, prince des croyants; l'un de ces émirs, El-Hadji-Omar, qui était un *Torodo*, joua, dans le Soudan occidental, un rôle analogue à celui, que joue actuellement le Madhi à l'est du Soudan. Profitant de l'esprit religieux, qui est entretenu jusqu'en Afrique par des *propagateurs de la foi* musulmane partis de Samarkand, qui sont plus remuants encore que leurs confrères en propagation de foi catholiques et protestants, El-Hadji-Omar fit le pèlerinage de la Mecque et entraîna à son retour toutes les populations du Niger au nom du Koran. Il régna à Ségou de 1857 à 1861.

A l'heure actuelle les Peuls sont trop peu nombreux à l'état pur, trop divisés pour pouvoir jamais reconstruire un empire foulah. Ils disparaissent, noyés par le grand nombre, au milieu des populations qu'ils ont d'abord soumises, mais qui ont de plus en plus noirci la peau jadis simplement cuivrée des Pouls rouges. Notre rôle n'est pas de les favoriser; nous devons cependant reconnaître, qu'ils auront servi à élever le niveau intellectuel des nègres, qu'ils avaient asservis, mais qui les ont absorbés. « A ce titre, dit le Dr Bérenger-Féraud, ce sont des précurseurs de la grande civilisation, que les Français ont entrepris d'apporter dans la Sénégambie. Dans l'histoire de l'humanité ils auront joué le rôle de ces corps spéciaux, qu'on appelle, en chimie, des ferments et qui, pénétrant dans une substance, s'y détruisent et disparaissent en produisant une modification profonde, qui a pour résultat de la transformer. »

En résumé la Sénégambie nous offre le spectacle d'un pays, où une marée montante d'envahisseurs successifs a refoulé les premiers habitants sur les côtes et a, dans l'intérieur du pays, superposé ou mêlé ses flots humains. Cette stratification d'alluvions humaines nous présente trois grandes couches : au fond, c'est-à-dire ici à la côte, les *Bogos, Sousous, Bagnous, Feloupes, Sérères, Yoloffs*; par-dessus ces noirs se rencontrent des hommes moins noirs d'abord, qui ont foncé leur couleur au fur et à mesure que la fusion se faisait, les *Mandingues*, les *Sarracolets*; enfin au-dessus de tous les *Foulahs* ou *Peuls*, soit purs (*Pouls rouges*), soit mélangés (*Torodos-Tokolors*).

B. — *Européens*.

Le troisième larron c'est l'Européen, mais il a pour excuse son but, qui est de supprimer toutes les tares ethniques, sociales ou religieuses, qui ont empêché le Sénégal de prospérer et de substituer de la méthode scientifique au fanatisme.

Les Européens ne sont pas, d'ailleurs, nombreux au Sénégal; en dehors des fonctionnaires on ne comptait, en 1872, que 655 colons portugais, anglais et surtout français.

Le Sénégal n'est pas du reste une colonie, qu'on puisse espérer peupler comme l'Algérie; ce doit être une colonie purement commerciale : la tête doit être européenne, mais les bras doivent être colorés, ainsi que nous le montre l'étude de l'acclimatement des diverses races.

IV. Acclimatement des diverses races. — Avant d'étudier quels sont les résultats donnés par les chiffres, il est bon de ne pas oublier, que la plupart des observations ont été faites dans le bas et dans le moyen Sénégal et que leur résultat serait certainement différent dans le haut Sénégal, dans le haut Niger et dans tout le Fouta-Djalon.

L'*Européen* n'a pas lieu d'être rassuré, lorsqu'il constate la statistique. La mortalité est en effet pour l'ensemble des fonctionnaires et colons de 7,7 %; pour les médecins elle est de 18,5 %.

Les statistiques de 1843-44-45-47 donnent pour les Européens 391 décès pour 100 naissances. Le Dr Gestin affirme, qu'il n'y a pas au Sénégal un seul blanc, qui ne souffre de l'hypochondre droit. Le Dr Bérenger-Féraud, qui a fait du Sénégal une étude si complète, estime que l'acclimatement des blancs est une chimère, qu'il est inutile de chercher. « Que ceux qui voudraient soutenir, dit-il, qu'on parvient à s'acclimater au Sénégal, regardent seulement ceux qui se prétendent acclimatés et je suis persuadé qu'ils ne continueront plus à discuter. » Il estime, qu'un fonctionnaire, qui vit sobrement, qui observe une bonne hygiène et qui ne quitte pas Gorée ou Saint-Louis, peut conserver sa santé pendant 4-5-8 ans même ; mais, si l'on remonte le fleuve, il ne faut pas compter résister plus longtemps que le troisième hivernage, parce que là on perd tout le bénéfice du climat marin, sans que le sol soit assez élevé, pour qu'on ait en échange les avantages que donnerait l'altitude, si elle n'était pas presque insignifiante. Il a du reste remarqué, que les fonctionnaires d'un grade supérieur résistent mieux, que ne font souvent leurs inférieurs. Cela tient, pense-t-il, à ce que les fonctionnaires de cet ordre ne sont pas envoyés dans les postes malsains, qu'ils ne quittent guère Saint-Louis ou Gorée, à ce que leurs appointements leur assurent un confort beaucoup plus indispensable dans les pays chauds, qu'on serait tenté de le croire au premier abord, enfin à ce qu'ils font moins d'excès que ceux qui sont plus jeunes. C'est pour une raison analogue, et surtout parce que sortant très peu ils sont presque constamment à l'abri de la chaleur, que les religieux des deux sexes vivent assez bien au Sénégal.

On ne saurait donner une meilleure preuve de la difficulté de l'acclimatement au Sénégal, que le petit nombre de créoles blancs qui se sont formés depuis près de 400 ans que les Européens sont dans ce pays. Mais l'obstacle n'est pas venu uniquement du climat. Au surplus, bien qu'en petit nombre, ces créoles existent : le Dr Corre estime leur nombre à Saint-Louis à 280. Ils prospèrent même, car en 8 ans ils ont présenté 73 naissances pour 42 décès ; ils n'ont cependant que peu d'enfants, 14,4 pour 100 adultes ; néanmoins le créole blanc est, dit-il, le groupe ethnique le plus épargné par la maladie ; il possède presque l'immunité du noir pour la fièvre jaune et l'assuétude aux agents météorologiques a amoindri sa réceptivité pour les accidents paludéens. Le créole blanc est peu sujet à la phtisie ; il sait d'ailleurs se procurer assez de bien-être. Du reste, ainsi que l'a fait judicieusement remarquer le Dr Carbonnel dans un travail sur le Sénégal, le fait seul de l'acclimatation est une excellente sélection, car, pour s'implanter et se perpétuer dans ce pays, il faut qu'une famille soit exempte de toute tache originelle. C'est là un point très important, qui permet de ne jamais désespérer, même au Sénégal, d'obtenir dans un avenir aussi éloigné d'ailleurs qu'on voudra, un noyau toujours grossi de créoles acclimatés.

Les *Algériens* ont été regardés par l'administration comme devant former, au Sénégal, d'excellents soldats. Je ne saurais dire, si la majorité des Algériens envoyés au Sénégal était berbère ou arabe; dans les turcos je crois que l'élément berbère dominait; or l'influence paludéenne s'est fait sentir sur eux presque autant que sur les Français. Ces troupes coûtent beaucoup plus cher, que celles qui sont recrutées dans le pays même : sur 1 000 hommes d'effectif les Européens ont, dans une période et dans un corps observé par le Dr Berger, donné 1 789 entrées à l'hôpital et coûté 34 007 journées ; les Arabes ont pour 1 000 présenté 1 235 entrées, 26 137 journées et, chose curieuse, plus de décès que les Européens, 176,4 pour 1 000 au lieu de 119, chiffre des Européens.

Les *Maures*, lorsqu'ils viennent à Saint-Louis, craignent la fièvre pour eux-mêmes comme pour leurs animaux.

Les *Noirs* eux-mêmes, tels que nous les employons ou que nous les observons au Sénégal, ne fournissent pas d'ailleurs une statistique brillante. Un proverbe rappelle dans le pays, que la pousse des feuilles du boabab (*Adansonia digitata*) au moment de l'hivernage annonce la mort des blancs, tandis que la chute des feuilles de cet arbre, à la saison sèche, annonce la mort des noirs. C'est faire pressentir du moins, que les deux races ne meurent pas des mêmes maladies ; le noir entre, il est vrai, moins souvent à l'hôpital que l'Arabe et que l'Européen. D'après le travail du Dr Berger, alors que les Européens avaient 1 789 entrées et les Arabes

1 235, les Nègres n'en ont eu que 612; mais tandis que les premiers ont coûté 34 007 journées, les seconds 26 137, eux ont coûté 154 775 journées. C'est que, si le noir présente certaines immunités, grâce auxquelles il est moins souvent malade, telles que les immunités pour la fièvre jaune et, dans une certaine mesure pour la fièvre paludéenne, son organisme est beaucoup moins résistant et qu'il lutte moins bien que le blanc contre une foule de causes banales de maladies. Là où règne cette maladie, qui lui est propre et qu'on nomme la *maladie du sommeil*, il disparaît rapidement.

Le nègre présente d'ailleurs quelque chose de très curieux: même au Sénégal il ne supporte pas le déplacement. Le Dr Berchon a montré, qu'un grand nombre de Gabonnais incorporés comme tirailleurs au Sénégal étaient morts de dysenterie et que beaucoup d'Yoloffs transportés du Cayor à Bakel mouraient d'hépatite; ces renseignements sont dignes d'être médités. Mais le nègre, qui vit avec nous, se livre volontiers à l'alcoolisme, et le *sangarra* (décoction de feuilles de tabac, de poivre et de piment dans 8 litres d'eau auxquels on ajoute 2 litres de mauvais alcool) a sa part dans plus d'un décès.

Quoi qu'il en soit, la population civile elle-même des noirs n'est pas acclimatée; elle a contre elle non seulement le climat, mais nous-mêmes! Les Peaux-Rouges sont, certes, acclimatés en Amérique, comme les Australiens le sont en Australie; cependant les uns et les autres disparaissent devant l'Européen. J'ai déjà montré par plusieurs exemples, que c'était là une loi fatale. Il faut se souvenir de cette loi pour ne pas attribuer uniquement au climat l'état peu prospère de la population noire; toujours est-il, qu'en 1843-44-45-47 elle a présenté 124 décès pour 100 naissances, chiffre moins défavorable que celui des blancs (391), mais qui constate encore un déchet considérable. D'après une statistique plus récente, faite à Saint-Louis par le Dr Carbonnel, les filles prédominent dans les naissances, ce qui n'est pas, on le sait, une marque de vitalité dans une population; enfin on observe 43,2 décès sur 1 000 vivants et seulement 33,3 naissances. Le général Faidherbe avait également constaté, que les décès l'emportaient sur les naissances et que la population ne se maintient que par un apport continu de l'intérieur.

§ 10. *Maladies du Sénégal.* — En dehors de notre voisinage, en dehors de l'alcool, en dehors du climat, il faut considérer la phtisie, qui cause le 1/6 des décès et qui est fréquente chez le nègre; la variole; le choléra, qui, en 1863, a tué 2 500 noirs à Saint-Louis; la maladie du sommeil dont j'ai déjà parlé; le béribéri peut-être, au moins, d'après le Dr Rey; la syphilis; l'éléphantiasis; la lèpre; enfin le Dr Rochebrune a signalé la fréquence des avortements volontaires, pratiqués par les marabouts et des avortements moins volontaires, qui succèdent à la danse immodérée, sans compter tout ce qu'elle entraîne, à laquelle se livrent les négresses dans les fêtes qui reviennent au moindre prétexte.

Mais en tête des maladies du Sénégal il faut placer l'*impaludisme*. Sur 100 malades le nombre de ceux qui en sont atteints est, à Saint-Louis, de 33; dans le bas Sénégal de 48; dans le haut Sénégal de 72; à Gorée de 61; dans le bas de la côte de 87. Le chiffre de l'impaludisme varie, en somme, comme la température moyenne; il augmente, à mesure qu'on se rapproche de l'équateur et, en même temps, à mesure qu'on s'avance dans les terres dont l'éloignement de la mer n'est pas, au Sénégal, compensé par l'altitude. Le paludisme est surtout intense au sud du cap Vert; la clef de la pathologie est donc ici dans l'étude des fièvres intermittentes, dues au peu de pente du pays, à la stagnation des eaux, à l'abondante humidité, au mélange de l'eau de mer et de l'eau douce. Dans l'impaludisme avancé les phénomènes bilieux dominent; on voit rapidement survenir la cachexie avec anémie profonde, décoloration et tendance, au sujet de la moindre égratignure, à l'ulcère phagédénique des pays chauds.

Souvent, sous l'action de certains vents, apparaissent des accès bilieux avec urine noire, couleur de vin de Malaga : c'est la *fièvre bilieuse mélanurique*.

La *dysenterie* et l'*hépatite* sont plus fréquentes, ainsi que le *rhumatisme articulaire aigu* au-dessus du cap Vert, en raison des variations brusques dans la température et dans l'état hygrométrique.

L'*insolation* est fréquente chez les Européens, notamment sur les soldats en marche. Le *choléra* est fréquent. Je citerai encore le *filaire de Médine* ou ver de Guinée, la *mouche du Cayor* qui dépose ses larves dans le tissu cellulaire sous-cutané ; la *gale*, le *ramigney* ou gale d'éléphant ; la larve de la mouche *ochromya anthropophaga*.

La *fièvre jaune* est toujours importée de la côte de Sierra-Leone, où elle est endémique. Les principales épidémies ont eu lieu en 1830, 1837, 1859, 1866, 1878, 1881. Le nombre des Européens atteints a été, en moyenne, de 80 %, celui des Européens morts de 46 %.

II

COLONISATION

Hygiène. — Croisements. — Politique ethnique. — Culture et acclimatation. — Le haut Niger. — Chemins de fer du Sénégal.

I. Hygiène. § 1. *Choix des soldats, fonctionnaires et colons.* — Étant données les difficultés considérables que présente l'acclimatement, il importe, si nous voulons tenter l'acclimatation d'un petit nombre de blancs ou tout au moins diminuer le plus possible nos pertes, de n'envoyer comme soldats, fonctionnaires ou colons, que des hommes dans les meilleures conditions possibles.

Jadis c'étaient les mauvais soldats, qu'on envoyait en disgrâce au Sénégal ; outre que cela avait le tort de jeter un injuste discrédit sur la colonisation en général, l'expérience a prouvé, que les bons sujets, les soldats les mieux disciplinés sont ceux, qui fournissent le moins de malades et qui, par conséquent, coûtent le moins cher. Encore aujourd'hui les compagnies disciplinaires en donnent la preuve : tandis qu'elles donnent au Sénégal, d'après le Dr Bérenger-Féraud, 198,67 malades, 11,55 convalescents, 8,51 morts pour 100, les fantassins donnent 176 malades, 13 convalescents et 7,58 morts.

Il serait bon de ne choisir, autant que possible, pour les envoyer au Sénégal, que des hommes du midi de la France. Les développements, dans lesquels je suis entré au sujet de l'acclimatation en général et en Algérie en particulier, justifient suffisamment cette précaution.

En tout cas on ne doit envoyer dans les troupes coloniales que des hommes parfaitement bien constitués et c'est une erreur de penser que ceux, qui ont l'habitude des pays paludéens, valent mieux ici que les autres; c'est le contraire qui est vrai. Cela n'empêche pas, qu'avant d'envoyer des hommes dans le haut fleuve, à Bakel par exemple, il est bon de leur avoir laissé faire, à Saint-Louis ou à Gorée, un stage d'acclimatement.

§ 2. *Installation des postes. Travaux d'assainissement.* — Tout le long de la côte il serait utile, ainsi que l'a conseillé le Dr Bérenger-Féraud, de faire des barrages, qui empêcheraient l'eau salée de refluer sur le pays. Si notamment l'eau du lac de *Guier* pouvait rester toujours douce, ses bords pourraient donner asile à une végétation vigoureuse.

On devrait également planter des rideaux d'arbres, qui arrêteraient le vent malsain des marigots; le savant confrère, que je viens de citer et qui a du Sénégal une expérience toute particulière, ne doute pas, qu'on puisse ainsi donner à tout l'espace compris entre le Sénégal et la Gambie, qui sert aujourd'hui de transition entre l'aridité de la rive droite du

Sénégal et la fertilité de la rive gauche de la Gambie, une végétation presque aussi belle que celle qui se développe spontanément à partir du cap Vert. Des plantations ont déjà été faites avec succès au jardin de Richard-Toll par M. Lecard; il a même formulé quelques principes, qu'il serait bon de mettre à profit : il conseille de placer à l'est de la plantation, sous le premier choc du vent de terre, des arbres très résistants, *palmiers*, *cocotiers, cactus;* en seconde ligne viendraient des végétaux moins rustiques et ainsi de suite de l'est à l'ouest.

Un grand nombre de nos postes se trouvent dans des conditions déplorables : à Dagana la plaine, qui avoisine le poste, devient, à l'époque des pluies, un immense marais; si on pratiquait des canaux aboutissant au fleuve, on faciliterait ainsi l'écoulement de l'eau. Il en est de même à Bakel : le village, qui renferme 4 000 noirs, est d'une saleté sordide; à l'ouest du fort sont de vastes marais, qui demandent également des travaux d'assainissement. Chaque Européen, dit encore le Dr Bérenger-Féraud, y est malade 11 fois par an et possède 25 chances pour 100 de mourir. Le Dr Collin, au retour d'une expédition à Bakel, constate, qu'au milieu du village se trouve une dépression, qu'il serait facile de combler et qui, pendant la saison des pluies, devient une mare infecte; à Bakel encore le fleuve fait invasion dans le village sur trois points, où l'on pourrait aisément l'endiguer. A Médine il suffirait d'une coupure au fond du marigot en cul-de-sac, qui se trouve devant le poste, pour le transformer en un bras du fleuve et établir un courant d'eau à la place de mares croupissantes. Le poste de Médine est, dit-il, « une construction désastreuse au point de vue hygiénique ». Enfin à Kayes, tête de ligne ferréee, qui doit aller au Niger, on a commencé la construction des abris « à deux pas d'un dangereux foyer palustre ». A Bakel, comme à Médine, les abattoirs et les parcs à bœufs sont sous les murs mêmes du poste! Tous ces travaux d'urgence, que des Européens ne peuvent exécuter sans un très grand danger, devraient être faits par des corvées d'hommes, que les nègres accepteraient très volontiers.

§ 3. *Sanatorium de Kita*. — Ce qui manque au Sénégal, ce sont des altitudes suffisantes pour permettre aux Européens d'aller se reposer pendant l'hivernage. Néanmoins le Dr Dupouy a réussi à installer près du fort de Kita, dans le haut pays, un petit *sanatorium*, qui pourra rendre de grands services. Il est situé à 4 kilomètres du fort, sur un plateau de 900 mètres de long sur 320 de large, dont l'altitude est de 650 mètres et le relief au-dessus du poste de 250 mètres. La température y est inférieure de 3 degrés à celle de la vallée ; le sol y est couvert de graminées, de hautes herbes et d'épaisses forêts de lianes, de bambous, sous lesquelles règne une grande fraîcheur et où la promenade peut se faire à l'ombre ; l'air y est d'une pureté remarquable.

§ 4. *Mesures contre la fièvre jaune*. — La situation de notre colonie fait que son avenir dépend absolument des mesures, qu'on saura prendre contre cette redoutable maladie. C'est en effet l'épidémie de 1830 frappant les Européens d'une manière effrayante, puisque sur 650 elle en atteignit 600 et en tua 328, qui fut cause de l'état de langueur, où elle resta jusqu'en 1858 et dont elle ne s'est pas encore relevée complètement.

Or la fièvre jaune est endémique à la côte de Sierra-Leone. Les Anglais en cachent le plus qu'ils peuvent l'existence ; mais, chaque fois que l'endémie prend quelque intensité et une acuité épidémique, elle arrive à Gorée, d'où elle est dispersée dans le Sénégal. Elle n'existe pas à l'état endémique uniquement à Sierra-Leone ; elle existe également à la côte d'Or, à la côte des Palmes, des Graines, au golfe de Bénin, mais elle y passe inaperçue et y fait peu de victimes, parce que les Européens y sont peu nombreux ; que nos relations avec ces pays deviennent plus actives et ce sera un aliment nouveau pour la fièvre jaune, dont les noirs sont impropres à déceler la présence, puisque, mauvais réactifs de cette maladie, ils jouissent pour elle d'une immunité presque absolue. C'est donc toujours de ces régions que la fièvre jaune vient à Gorée; elle est *toujours* importée au Sénégal. On a prétendu, qu'elle pouvait naître à Bakel, mais c'est là une erreur; l'épidémie de 1878 a semblé en effet naître à Bakel et c'est de Bakel qu'elle est réellement venue à Saint-Louis; mais voici comment les faits se sont passés: la maladie régnait à Gorée; un médecin, le Dr Massola, part seul de Gorée, traverse Saint-Louis, où il s'arrête à peine et, sans défaire ses malles arrive à Bakel, où il était envoyé; à Bakel on défait ses malles, qui n'avaient pas été ouvertes depuis Gorée. L'ordonnance, qui avait déplié ses habits, meurt en 4 jours de la fièvre jaune ; le Dr Massola lui-même succombe. Le germe de la maladie avait été transporté en caisse, comme cela s'est vu à Saint-Nazaire et dans plusieurs autres épidémies. Le malheur voulut, qu'une expédition sur Saboucéré amenât en ce moment, dans ces parages, une petite colonne de troupes. La colonne forte de 28 officiers, 350 militaires européens et 250 indigènes arriva à Bakel. Le commandant du poste déclara que « presque tous les hommes de la garnison avaient succombé en peu de temps, mais qu'il ne croyait point à une maladie contagieuse. » D'après ces renseignements le colonel décida, que l'on pourrait communiquer et descendre à terre. Le 18 les bateaux appareillèrent; le 20 on était à Médine, d'où la colonne partit dans la nuit du 21 ; elle arriva le 22 devant Saboucéré, qui fut enlevée d'assaut après une vive canonnade; mais nous avions, outre 14 morts, 53 blessés, qui moururent ultérieurement de fièvre jaune. Le retour à Médine fut pénible; plus de 20 hommes tombèrent en route. Le 27 on s'embarquait pour regagner Saint-Louis. A peine en route le nombre des malades devint considérable et les décès se multiplièrent; cependant les symptômes étaient si peu caractéristiques, que le diagnostic de fièvre jaune ne fut porté qu'à Dagana. La flottille fut alors arrêtée et partagée en deux; une moitié débarqua à Dagana et l'autre se rendit à Richard-Toll. La proportion des décès, par rapport aux atteintes, fut de moitié à Dagana et du quart à Richard-Toll; plus de la moitié des Européens de la colonne mourut; des 28 officiers 16 périrent; à Médine, que la colonne avait infectée, de tous les Européens un seul survécut! La fièvre jaune ainsi venue de Bakel à Saint-Louis poursuivit ses ravages.

Voilà un désastre, qu'il eût été bien facile d'éviter. On tombera dans la même erreur, tant qu'on n'aura pas pris une mesure générale et permanente. Nous sommes en effet, comme le fait avec raison remarquer le Dr Bérenger Féraud, par rapport à la côte de Sierra-Leone dans les mêmes conditions que la Louisiane ou le Texas par rapport à cet autre foyer endémique de la fièvre jaune, le golfe du Mexique. Il importe donc d'organiser sur la côte un lazaret sérieux; ce lazaret est d'autant plus urgent à Dakar-Gorée, que c'est là que semble devoir s'implanter dans l'avenir la tête de la colonie. M. Bérenger-Féraud voudrait que le lazaret remplît un double but : préserver la Sénégambie de la fièvre jaune apportée par les navires et préserver les navires, qui viennent du Cap et s'arrêtent à Dakar, de la fièvre jaune qui pourrait régner en Sénégambie, c'est-à-dire éviter la quarantaine, que l'Europe serait sans cela autorisée à imposer aux navires venant de Dakar en temps d'épidémie. Pour que ce lazaret fonctionnât utilement, il importerait d'être exactement renseigné et pour cela il faudrait que nous eussions constamment un médecin sanitaire en observation en Gambie et à Sierra-Leone.

A ceux, qui craindraient que l'organisation de ce lazaret nuisît aux intérêts commerciaux, il suffit de faire lire la déclaration faite par les Américains au sujet du lazaret de New-York.

« Les soussignés, y est-il dit, affirment, qu'il est universellement reconnu aujourd'hui, que l'application des règlements sanitaires et l'établissement d'une quarantaine ont été une source de profits incalculables pour New-York, en éloignant la maladie de cette importante cité commerciale. Ils ont, en outre, de puissants motifs de croire, que cette ville a quelquefois payé très chèrement soit les imperfections, qui existaient primitivement dans notre code sanitaire, soit la négligence, que l'on apportait dans son application. Depuis que notre code convenablement modifié est strictement mis en vigueur, nous avons toujours eu le bonheur d'être exempts de l'épidémie et la fièvre jaune, qui ne nous a pas visités depuis vingt ans, n'est aujourd'hui connue que de nom de notre jeunesse médicale. Nous pouvons ajouter que, presque tous les ans il arrive des cas de fièvre jaune dans notre lazaret de Staten-Island ; ils sont soumis à la discipline médicale par les officiers-médecins de cet établissement et, grâce aux dispositions de notre code sanitaire, ils n'en franchissent jamais l'enceinte, bien que la maladie se soit quelquefois propagée aux individus qui donnaient des soins aux malades. » M. Colin, qui cite ce document, ajoute : « Depuis que ceci a été écrit, trente années de plus se sont écoulées et les mêmes médecins de New-York ne pourraient que répéter les mêmes choses. »

II. Croisements. — Cette question des croisements est très importante : ne pouvant s'acclimater eux-mêmes, les Européens ne peuvent compter, en sus des quelques créoles privilégiés dont le nombre grossit lentement, que sur les métis qu'ils peuvent avoir avec les diverses races. Or, jusqu'à présent, on ne s'est occupé que des métis des négresses le plus souvent Yoloves avec les Européens, sans se préoccuper de savoir si ces Européens étaient des Anglais ou des Français du nord. Il est probable cependant, que l'union de l'Européen avec une femme Mandingue, Soninké, avec une femme Foulah surtout serait plus féconde qu'avec une femme appartenant à la tribu des Bogos ou même avec une Yolove. D'un autre côté l'union avec une indigène du Sénégal sera sans doute plus féconde, si le père est Espagnol ou Français du midi, que si le père est Anglais ou Français du nord. Tant que les documents ne tiendront pas compte de tous ces facteurs importants, il ne faudra faire cas qu'avec mesure des renseignements, que nous possédons sur la population des mulâtres au Sénégal. Dans l'état actuel de la science ces renseignements ne sont pas favorables : d'après le Dr Carbonnel, à Saint-Louis, le nombre des métis ne dépasse pas 1 000 ; ils comptent par an 32,6 naissances et 32,8 décès ; ils ont 3,2 enfants par mariage, environ 44 enfants pour 100 adultes et présentent une prédominance des filles (112) sur les garçons (100). Cela n'est pas le taux d'une population très vivace : la prédominance des filles, qui est, on le sait, un signe de faiblesse dans une race, doit même être ancienne, car, alors qu'il existe un mot pour désigner la mulâtresse (*Signarre*), le masculin de ce mot n'existe pas. Il est d'ailleurs étonnant, que, dans un pays où les Européens sont depuis 1364, le nombre des métis soit si peu considérable : d'après le Dr Bérenger-Féraud les *Signarres* sont infécondes au bout de trois ou quatre générations.

C'est là un phénomène regrettable : les mulâtres du Sénégal présentent en effet des immunités morbides intermédiaires entre celles des créoles et celles des noirs. Ils ont rarement la fièvre jaune ; leur immunité pour la fièvre palustre est moindre que chez le noir, mais leur aptitude pour cette maladie est moindre que chez le blanc. Comme les créoles ils n'ont pas la fièvre bilieuse hématurique ; il est vrai, qu'ils tiennent du noir la tendance à la phtisie, à l'éléphantiasis et à la lèpre ; le Dr Chassaniol a même vu, chez un mulâtre, un cas de maladie du sommeil.

Au surplus, d'après le Dr Borius, cette infériorité numérique des mulâtres, toutes choses égales d'ailleurs relativement à l'origine du père et de la mère, ne serait pas sans remède, en ce sens que les institutions et les mœurs prendraient leur part dans les causes du phénomène.

Il existait autrefois, au Sénégal, une coutume matrimoniale, qui n'était pas notre mariage civil, mais qui était plus que le concubinage : c'était une sorte de mariage temporaire, dont on ne se cachait pas et qui conférait aux enfants des droits d'héritage ; c'était ce qu'on nommait les mariages à la *mode de Saint-Louis*. Ces mariages sont sans doute inférieurs au mariage tel que notre code civil le reconnaît, mais comme ce dernier mariage se contracte peu fréquemment entre le blanc et la négresse au Sénégal, et qu'il est remplacé par un concubinage inavoué, non tutélaire pour les enfants, il s'ensuit, en somme, que la formation d'une race métisse perd de ses chances, car, dit le Dr Borius, la négresse était jadis fière d'avoir un enfant mulâtre, elle l'élevait ; aujourd'hui l'infanticide devient de plus en plus fréquent. Deux négresses se disputaient un jour : « Tu as eu commerce avec les blancs, disait l'une, tu as des mulâtres. — Et toi, répond l'autre, tu n'oserais pas dire pourquoi tu n'en as pas ! »

En dehors de l'élément indigène du Sénégal plusieurs races pourraient utilement concourir à la formation de métis sans doute vivaces, ce sont les Indous et les Chinois.

III. Politique ethnique. — Si, même en Europe, la politique doit compter avec l'origine *ethnique* des groupes humains, témoins les Slaves et si l'expérience montre, combien il est difficile de réunir artificiellement en un seul faisceau les races parfois les plus opposées, l'obligation, pour la politique, de rester ethnique, c'est-à-dire de distinguer dans les races d'un pays le génie de chacune d'elles, le secours qu'on en peut attendre et les craintes qu'elle peut inspirer, s'impose à fortiori dans un pays, où, comme au Sénégal, des races nombreuses, à aptitudes très diverses se heurtent depuis des siècles sans être parvenues encore à la fusion réelle. Loin de moi la pensée d'approuver cette maxime machiavélique : *Di-*

vide ut imperes; mais les divisions existent. Puisque nous savons que la réunion est impossible à obtenir, faisons un départ entre certaines races et certaines autres, prenons position d'un côté plutôt que de l'autre. Il existe au Sénégal trois éléments d'importance inégale et de tendances différentes : les autochtones représentés surtout par les Yoloffs; les Bambarras, Soninkés et Malinkés forment le second groupe; les Peuls, envahisseurs musulmans, forment le troisième. Dominer les premiers, se faire l'ami des seconds, contenir les troisièmes, c'est la politique inaugurée par le vaillant et savant général Faidherbe.

En 1865 le Cayor, pays par excellence des Yoloffs, a été annexé à notre colonie; en 1871 nous rendîmes ce pays, sauf la banlieue de Saint-Louis, celle de Dakar et la province de Diander; mais le damel s'engageait à laisser poser un fil télégraphique, dans ses États, de Dakar à Saint-Louis; en 1879 nous eûmes le bon esprit d'aider les Yoloffs à repousser le Tokolor Ahmadou, fils du célèbre Omar-El-Hadji; en reconnaissance le damel Yoloff nous autorisa à construire un chemin de fer dans le Cayor. Sur son refus de tenir ses engagements nous le déposons et lui faisons donner un successeur par l'assemblée des Diambours; le 16 janvier 1883 le Cayor est tout entier soumis à notre protectorat; une de ses provinces est annexée, le chemin de fer est définitivement accepté; enfin rompant avec la tradition et bravant la vieille menace, qui prédisait la mort à tout damel qui verrait la mer, ce qui signifiait que les Yoloffs devaient résister aux envahissements continentaux en avançant toujours vers l'est au lieu de reculer, le damel vint à Saint-Louis; mais ce damel, que nous avons fait nommer, n'est pas populaire; le général Faidherbe, qui n'a cessé de se préoccuper du Sénégal, croit qu'il serait sage de laisser l'assemblée des Diambours lui désigner un successeur, qui deviendrait notre ami. Au surplus, avec le chemin de fer, la soumission du Cayor est assurée pour longtemps.

Les Bambarras et les Malinkés détestent particulièrement les Tokolors; il faut les aider et poursuivre avec eux l'abaissement de l'empire d'Ahmadou. Les Bambarras guerriers, bien armés peuvent nous être très utiles; s'ils ont attaqué plusieurs fois les voyageurs européens, c'est qu'ils les soupçonnaient de porter des cadeaux à Ahmadou..... et aussi pour les voler. D'après tous ceux qui les connaissent, l'avenir du haut Niger appartient aux Bambarras. C'est avec eux et à travers leur pays, dit le Dr Bayol, que la France doit aller au Soudan, car nous n'avons rien à attendre des Tokolors de Ségou, auxquels la religion musulmane a enseigné le fanatisme et la haine des Européens; l'empire d'Ahmadou décline du reste de jour en jour. Les Sarracolets ou Soninkés, grands négociants de la Sénégambie, sont les intermédiaires entre notre colonie et le Soudan; ils viennent s'aboucher avec nos comptoirs à Médine, maintenant à Kita; leurs caravanes de 50-60 individus conduisant « leurs bourriquots » emportent de chez nous sel, verroteries, poudre, fusils à silex, pierres à feu, clous de girofle, les guinées ces tissus grossiers de coton teints en bleu, qui sont fabriqués à Rouen, en Belgique et dans l'Inde, le calicot blanc, l'ambre, le corail, des cornalines, etc.

Quant aux Foulahs et Tokolors, il faut s'opposer au réveil de l'islamisme provoqué par eux dans le Soudan occidental, comme par les amis du Mahdi dans le Soudan égyptien.

Comme objectif général, dit le général Faidherbe, il faut empêcher le haut Niger de tomber en d'autres mains que les nôtres, diriger dans ces contrées une mission *pacifique*, se mettre en relation avec Sansandig et les marchés situés en aval de Ségou (Sansandig, qui a longtemps su résister aux Torodos, est la ville la plus commerçante du Ségou et une des plus riches du Soudan), s'efforcer, par les marchands sarracolets des environs de Bakel, de faire venir à Saint-Louis les notables de Sansandig enchantés de nous servir contre Ahmadou et, à l'aide de ceux-ci, envoyer des missions pacifiques de Sansandig, à Djenné, à Tenenkou et à Tombouctou, partout protéger les Mandingues et rendre Mourgoula indépendant des Tokolors. Tel est le programme véritablement scientifique et basé sur l'ethnologie, dont le général Faidherbe s'est fait le promoteur. « Le vieux monde africain, dit-il, régénéré par la demi-civilisation musulmane, galvanisé par le fanatisme, pressent que c'est par la brèche de la vallée du Sénégal, que la race européenne avec son cortège d'idées et d'institutions pénétrera jusqu'au cœur de ce continent et par un instinct de conservation elle cherche à se défendre de cette invasion. » Ce sera en vain.

IV. Le haut Niger. Le Fouta-Djalon. Chemins de fer du Sénégal. — Un quadrilatère compris entre le Baffing, le Falémé affluents du Sénégal à l'ouest, le haut Djoliba ou Niger à l'est, le Fouta-Djalon au sud, la rive droite du Bakhoy au nord, voilà le pays où doit aboutir notre politique avec Bamako comme objectif et la vallée du Bakhoy comme chemin. Le Fouta-Djalon au sud, le Ségou au nord sont les deux centres de domination foulah et tokolor, qu'il s'agit d'empêcher de se réunir, d'éloigner même et d'amoindrir séparément. Nous devons en outre empêcher le chef du Fouta-Djalon, qui réside à Timbo, de s'étendre sur le Rio-Nunez. Il est d'autant plus utile que nous occupions quelque jour le Fouta-Djalon, que ce massif montagneux, beaucoup plus sain que les pays environnants, commande aux grands fleuves de l'Afrique occidentale le Niger, le Sénégal, le Falémé, la Gambie, la Cazamance, le Rio-Grande, le Rio-Nunez. Les Anglais ne tarderaient pas à nous supplanter, si nous perdions l'influence déjà très grande que nous y avons. Nos possessions du Rio-Nunez n'ont pas d'ailleurs d'autre raison d'être, que de servir d'avant-poste au Fouta-Djalon. Il y a quelques années, M. Olivier de Sanderval avait obtenu de l'Almany de Timbo la concession d'un chemin de fer allant de la côte à Timbo. C'est par ces pays situés entre le haut

Sénégal et le haut Niger, que nous atteindrons le Soudan plus sûrement encore que par l'Algérie. Le Sénégal cesse d'être navigable à Médine ; le Niger commence à l'être à Bamako : voilà les deux points qu'il faut réunir par un chemin de fer. Nous irons alors facilement à Tombouctou par le Niger et, le jour où l'Algérie sera de son côté reliée à Tombouctou par le transsaharien, la route française de Saint-Louis du Sénégal à Alger sera la grande voie commerciale. Mais, en attendant cette époque, le chemin de fer du Sénégal aurait à lui seul l'avantage de faire refluer sur notre colonie du Sénégal une bonne partie du commerce du Soudan et, ainsi que le pense le général Faidherbe, les populations du Sahara sauraient bien alors forcer leurs chefs, qui trouvent aujourd'hui leur indépendance dans le désert, à descendre dans les riches pays que nous aurons ouverts sur la route du commerce.

Tel est le but qu'ont poursuivi les divers voyageurs, Mage, Quintin, Gallieni, cherchant de l'ouest à l'est à donner la main aux explorateurs du Sahara, qui s'avançaient vers le Soudan du nord au sud.

A l'heure qu'il, en dépit des lenteurs, le chemin de fer de Kaye à Bafoulabé se prolonge ; il ira quelque jour jusqu'à Bamako ; une vingtaine de kilomètres sont faits, cinq forts sont terminés, une route relie Bafoulabé à Bamako et le colonel Desbordes a fait flotter notre drapeau sur cette place. Au surplus, comme l'a dit avec raison l'amiral Jauréguiberry, « tous les gouverneurs du Sénégal sont actuellement favorables à l'idée d'un chemin de fer. Abandonner cette idée ce serait perdre notre influence sur l'esprit des indigènes et il faut toujours nous rappeler, que, si nos colonies n'ont pas prospéré, c'est que nous avons manqué de l'esprit de suite indispensable. » Le chemin de fer tant critiqué aurait en outre l'avantage de nous éviter d'entretenir des troupes blanches dans les postes : avec l'assurance d'un transport rapide il suffirait de les tenir à Dakar ou Saint-Louis, deux points d'ailleurs réunis par un chemin de fer dont les tronçons sont commencés.

Au surplus voici comment s'est exprimé le général Faidherbe : « Il ne semble pas possible, que le Parlement persiste à refuser les fonds nécessaires pour terminer la ligne commencée jusqu'à Bafoulabé et que le gouvernement renonce à son projet. Ce serait mériter les reproches d'inconstance, de légèreté, d'incapacité à coloniser, qu'on a l'habitude de nous adresser. Comme cela entraînerait l'abandon de nos postes au-dessus de Médine, les conséquences politiques d'une pareille reculade pourraient être désastreuses pour notre domination au Sénégal et mettraient à néant notre prestige dans toutes nos possessions africaines. Enfin cela serait justifier les paroles du voyageur autrichien Lenz, qui, après son retour par le Sénégal de son voyage à Tombouctou, a écrit et dit dans ses diverses conférences en Europe et à moi-même : « L'idée de la construction d'une voie ferrée du Séné-
« gal au Niger est grandiose, les résultats en seraient magni-
« fiques, mais il y a des difficultés à vaincre et les Français
« ont-ils assez de persévérance et d'esprit de suite pour mener
« à bonne fin une pareille entreprise ? »

V. TOMBOUCTOU. COMMERCE. TRAITE DES NOIRS. — Par le Sénégal et le Niger reliés au moyen d'un chemin de fer, comme par le Sahara, Tombouctou reste l'objectif. Cette ville est bien déchue de sa grandeur, dit M. Oscar Lenz, qui y est venu par le Maroc en 1879. Elle est située à une petite journée de marche au nord du Djoliba (Niger), mais, dans l'intérieur même de la ville, se trouvent de petits étangs ou *dhâya*, qui communiquent avec le fleuve pendant la saison des pluies. De vieilles murailles témoignent de l'immense étendue qu'elle avait autrefois ; aujourd'hui les maisons basses, blanches, aux ouvertures rares, étroites et garnies d'élégantes grilles en bois sont groupées autour de trois mosquées aux gracieux minarets, où sont conservées des collections de manuscrits, qu'il serait bien intéressant d'étudier. Le Dr Lenz estime à 20 000 le nombre des habitants Arabes, Touaregs, nègres divers. Au moment du passage des caravanes la population flottante est au moins égale. Malgré sa déchéance c'est encore la grande voie, où nous pourrions faire un commerce lucratif de l'or, qui se trouve dans le haut Niger, où les mines sont grossièrement exploitées par les indigènes et dans les alluvions du Falèmé qui en contiennent de 10 à 20 gr. par mètre cube, tandis que celles de la Californie n'en contiennent que 4; du fer qu'on trouve dans le haut Sénégal; de l'argent; des bestiaux, bœufs, chèvres et moutons, qui sont nombreux et prospèrent à merveille au pays de Bamako; des chevaux que les indigènes élèvent ici comme dans le Kaarta, d'autant plus que les chevaux algériens se portent mal au Niger; de l'ivoire; des plumes d'autruche; des peaux; de la noix de Kola fruit du *Sterculia;* de la gomme dont les Maures font un commerce important et dont le Sénégal exportait en 1872 plus de 3 millions de kilos; des arachides dont le Cayor fournit à lui seul plus de 30 millions de kilogrammes par an et qui jouent maintenant un grand rôle dans l'industrie : Ruffisque en expédie chaque année 21 millions de kilogrammes; du riz; du miel; du fruit précieux de l'arbre à beurre (*Bassia parkii*). Par son port cet arbre ressemble à un beau pommier, mais son feuillage rappelle celui du cerisier; sa tige donne un bois rose, très dur et très lourd, qui pourrait être employé dans l'ébénisterie et sert, à Ségou, pour les charpentes et les travaux qui demandent une grande solidité; son fruit, qui a quelque analogie avec l'olive, est, sans contredit, l'une des plus précieuses ressources du pays; sa pulpe tendre et délicieuse en fait le meilleur fruit du Soudan, digne de rivaliser avec beaucoup de ceux d'Europe; son amande, qui contient une sorte de stéarine, sert à la fabrication d'un beurre très blanc et très ferme, qui, outre l'avantage de se garder longtemps sans rancir, a encore celui de pouvoir se transporter sans se fendre. Il est employé aux mêmes usages culinaires que le beurre du lait de vaches, mais il a une odeur et un goût, auxquels il faut être habitué. On s'en sert aussi beaucoup pour l'éclairage et pour la fabrication d'un savon gris très estimé. S'ils étaient assurés d'avoir un débouché, les Bambarras et les Malinkés, qui sont bons cultivateurs, s'adonneraient immédiatement à l'arachide et à l'arbre à beurre. Nous apporterions le sel, les cotonnades, le corail, le sucre, le thé, le tabac, la farine, le girofle. Lenz regardait le commerce du Soudan à Tombouctou comme représentant un transit de 50 000 chameaux, soit, à 150 kilos par chameau, 7 500 000 kilos.

La France, qui se préoccupe avec raison d'empêcher sérieusement le commerce des esclaves, trouvera entre le Sénégal et le Niger une excellente occasion, car le commerce des noirs se fait là au moins autant qu'à la côte orientale. A Yamina, sur le Djoliba, le Dr Quintin a vu au marché, qui se tient chaque mercredi sur la place, de grands hangars, où à côté de la viande de boucherie se vend l'homme *sur pied;* là sont réunis par ordre de taille les esclaves de tout âge et de tout sexe, que leur maître destine à la vente. A Tombouctou même il se fait un grand commerce d'esclaves Bambarras, qui sont expédiés sur le Maroc, sur Tunis et sur Tripoli en échange d'autres marchandises. Il en est de même à Bamako, sur le Niger, où les esclaves se trouvent sur le marché à côté du mil, des arachides, du miel et du maïs. Du reste l'importance capitale du commerce des caravanes pour tout le Soudan est dans l'achat et la vente des esclaves; le reste, l'or et les étoffes, n'est qu'un accessoire. Les caravanes portent tout à tête d'homme; or tous ces hommes sortent du Soudan et vont alimenter les marchés du Niger, où ils sont vendus aux Maures et aux Arabes du Sahara. Dans ces pays peuplés « dont le roi, disent avec emphase les habitants, peut, sans sortir de sa capitale, transmettre ses ordres de voix en voix jusqu'aux extrémités de son immense empire, » la moisson humaine est abondante pour ceux qui en vivent : la guerre est perpétuelle et elle a pour but le rapt des femmes, des jeunes hommes et des enfants. Le jour où nous serons les maîtres dans ces régions, nous ferons cesser ce trafic.

VI. Culture et acclimatation. — Aux plantes que je viens de nommer on peut ajouter, parmi les plantes à cultiver ou à acclimater, la graine du *cucurmis melo*, qui donne, comme l'arachide, une huile utile dans la saponification ; le Sénégal en expédie chaque année plus de 30 000 tonneaux ; le citron et l'indigo, le sorgho, le gonatier (*Acacia adansonii*) et le cailcedra (*Klaya senegalensis*), qui servent aux constructions navales et fournissent un bon bois d'ébénisterie.

Il importerait surtout d'empêcher au Sénégal la coutume introduite par les Peuls d'incendier les herbes sur pied, ce qui détruit de grandes surfaces en culture. On a recommandé naturellement les *Eucalyptus*, le filao (*Casuarina indica*), qui s'élève verticalement, garantit du soleil et forme un rideau précieux pour couper le vent des marais.

On pourrait cultiver le *ricin rouge*, dont les graines donnent 52 % d'huile, qui, outre ses propriétés médicinales, peut être employée dans la savonnerie ; elle peut en outre servir pour la fabrication de l'acide sébacique, qui ne fondant qu'à $+127°$ et étant d'une extrême blancheur peut être utilisé dans la fabrication des bougies.

Faut-il parler du *sésame*, du *baobab*, qui sert à faire des cordes et dont certaines parties sont comestibles ? Le Sénégal se prêterait en outre à merveille à la culture du *café de Liberia*.

On pourrait enfin acclimater au Sénégal l'*embrevadé* (*Cajanus indicus*), légumineuse originaire de l'Inde orientale et cultivée au Brésil, aux Antilles, à Madagascar, dans l'Amérique tropicale. Elle a été introduite à Maurice et en Égypte ; elle se plaît dans les terrains sablonneux ; ses graines constituent un aliment : on les mange sèches ou vertes, comme les petits pois écossés ; elles ont un goût plus fin que celui de la fève, mais le principal usage consiste à les faire cuire dans l'eau et à les assaisonner à l'huile et au vinaigre. L'embrevade est riche en matières azotées, grasses, amylacées et en sels minéraux, qui en font un aliment complet, appelé à rendre de grands services aux populations pauvres des pays chauds; cette plante n'exigeant aucun soin et produisant des graines en abondance pendant les trois quarts de l'année, et cela pendant six ou sept ans consécutifs, sans autres frais que l'arrosage et la récolte, est à la portée des populations, qui habitent sous un soleil tropical, où l'on ne peut avoir que des plantes alimentaires d'une culture facile et n'exigeant pour ainsi dire aucun entretien.

Le Cayor possède, dit-on, un *ver à soie* que le Dr Bourse a signalé et que les indigènes apprendraient volontiers à élever.

VII. ÉCOLES. — Des écoles! Voilà un grand moyen de colonisation. Si nous voulons empêcher les indigènes d'être absorbés par cette religion envahissante qui a nom l'islamisme et les sortir du culte de leurs fétiches, que ce ne soit pas pour leur substituer d'autres doctrines non moins intolérantes et d'autres fétiches aussi absurdes. Les Foulahs multiplient chez eux les écoles et cherchent à y attirer les enfants des chefs; imitons-les. Si nous voulons unifier ces populations, répandons l'instruction chez les noirs Yoloffs et surtout Mandingues ou Sarracolets. Un nègre causant un jour avec le Dr Quintin lui donna la mesure de l'importance, qu'il y a pour nous à instruire les noirs : à toutes les explications que le Dr Quintin lui donnait, son interlocuteur noir répondait d'un ton sceptique : « Possible! Mais tu es blanc et je suis noir! » — « Mais alors, reprit le docteur, il sera toujours impossible de vous instruire! » — « Impossible, non, répond le noir. Il y aurait un moyen : ce serait que les noirs fussent instruits en France et vinssent plus tard nous instruire de ce qu'ils auraient appris chez vous. » Ce nègre donnait, à mon avis, la clef de toute l'éducation coloniale. Nous ne ferons passer ce qu'ils peuvent absorber de notre civilisation dans la tête des races, que, avec autant de fatuité que peut-être de justesse, nous nommons inférieures, que par le canal d'individus appartenant à ces races mêmes.

CHAPITRE III

Comptoirs de la côte de Guinée.

I

MILIEU COLONIAL

Nos comptoirs. — Climat. — Population.

I. Nos comptoirs. — Nous ne possédons sur la côte de Guinée qu'un petit nombre de comptoirs : à la côte d'Ivoire *Dabou*, *Grand-Bassam* et *Assinie* à l'ouest de la Côte-d'Or qui est tout anglaise ; à la côte des Esclaves, qui se trouve à l'est de la précédente, nous possédons *Kotonou* et *Porto-Nuovo*.

Dabou n'existe plus. *Grand-Bassam* et *Assinie* situés dans le pays des Quakas, entre la république de Liberia à l'ouest et les comptoirs anglais d'*El-Mina* et *Cap-Coast* à la Côte-d'Or, nous appartiennent encore ; mais nous les avons abandonnés de fait, car le petit poste d'infanterie de marine, que nous y entretenions, a été supprimé en 1870.

Kotonou nous a été cédé, en 1868, par le roi du Dahomey ; nous ne l'occupons que depuis peu de temps. C'est un village situé sur une plage de 600 mètres de largeur. On y compte trois factoreries françaises.

Porto-Nuovo possède une population de 20 000 âmes. On

y compte cinq maisons françaises. Cette ville était sous notre protectorat depuis 1864, mais nous n'en avons pris possession que récemment.

Little-Popo, *Grand-Popo*, *Agoney* sont également, depuis plusieurs mois, sous notre protectorat.

II. CLIMAT. — Situés environ sous le 5° lat. N., ces pays sont plats ; l'humidité y est excessive, les pluies fréquentes, la végétation exubérante ; mais ces conditions donnent au poison paludéen une intensité redoutable, à laquelle vient encore se joindre l'endémicité de la fièvre jaune. L'Européen n'y peut vivre : en 6 ans, à Lagos, sur 80 blancs on compta 46 décès. Le Dr Fonssagrives raconte, qu'étant médecin de *l'Abeille* il vit 114 cas de fièvre se déclarer à bord ; le navire longeait cependant d'assez loin les côtes de Guinée, mais la veille on s'était tenu pendant 10 minutes assez près de la côte pour sentir le vent de terre. La réputation de ce climat est détestable au Sénégal : les noirs mêmes de ce dernier pays ne peuvent supporter le climat de la Côte-d'Or et doivent, au bout de quelque temps, être rapatriés. Le climat serait tout autre, si on perdait l'habitude de ne pas quitter les côtes et si on s'avançait au nord vers les altitudes du mont Kongs. D'après le Dr Lombard quelques commerçants et missionnaires brêmois ou bâlois réparent en effet les méfaits du climat brûlant de la Côte-d'Or en s'élevant sur les premières terrasses des monts Akuapem. Certaines îles sont également beaucoup plus saines. A l'île de l'Ascension les Anglais ont établi depuis longtemps un sanatorium ; beaucoup plus près des côtes l'île de Fernando-Pó serait, d'après M. Lanchier, un des courageux Français qui cherchent à mettre ces régions en valeur, beaucoup plus saine qu'elle a la réputation de l'être.

L'année se partage en quatre saisons, qui sont d'après leur ordre de succession : 1° la grande saison des pluies du 15 mars au 15 juillet environ ; 2° la petite saison sèche du 15 juillet au 20 septembre ; 3° la petite saison des pluies du

20 septembre au commencement de décembre; 4° la grande saison sèche du commencement de décembre au 15 mars.

III. Population. — § 1. *Crowmen*. — La race noire est représentée par plusieurs populations. Les *Crowmen* à la tête pointue, aux lèvres grosses, au prognatisme très prononcé, à la puissante musculature; cette population, d'ailleurs laide, est douce et honnête; elle est souvent utilisée à bord des navires. Elle supporte très bien le climat.

§ 2. *Minas. Yorubas. Géjis.* — Ces trois populations noires sont étendues sur une grande surface : les Minas se rencontrent sur les bords du Volta; les Yorubas habitent surtout Lagos; les Géjis sont établis entre Grand-Popo et Lagos ainsi que dans le Dahomey.

§ 3. *Ashantis*. Les Ashantis sont des noirs venus de l'est en envahisseurs, qui semblent avoir de grands rapports avec les Foulahs. Ils sont, comme eux, un nouvel exemple de cette marée humaine, qui partie du centre de l'Afrique envahit et repousse à la mer les populations autochtones de la côte.

§ 4. *Métis*. — Les métis de ces diverses races sont nombreux, mais nombreux sont également les métis de noires et de Portugais. Comme les Espagnols, les Portugais contractent partout et facilement union avec la négresse et cette union est souvent indéfiniment féconde. Les plus célèbres de ces métis sont les *da Souza*. Vers 1810 un créole portugais du Brésil, Francisco da Souza, vint faire à la côte de Guinée le commerce des esclaves; il y acquit une fortune considérable, mena grande vie et n'eut pas moins de 300 femmes noires dans son harem : lorsqu'il mourut en 1849, il avait 100 enfants sans compter les petits-enfants. Ces métis ne s'unirent pendant longtemps qu'entre eux; ils prospérèrent. Presque tous intelligents, ils sont aujourd'hui environ 800 portant tous avec fierté le nom de da Souza et accaparant le commerce. Les Européens, qui voudront fonder quelque chose de durable à la côte de Guinée, devront compter avec les da Souza.

II

COLONISATION

L'importance de ces comptoirs n'échappe pas aux Anglais : ils savent bien, que le delta du Niger est d'une importance capitale, soit qu'on veuille remonter le grand fleuve jusqu'à Tombouctou, soit que, par le Bénoué dernier affluent de sa rive gauche, on veuille s'engager directement au cœur du Soudan.

Il y a quelques années nous avons failli céder à l'Angleterre nos comptoirs de Guinée en échange de la colonie de Bathurst sur la Gambie; cela eût été regrettable : notre colonie du Sénégal n'eût rien gagné et nous aurions perdu une des voies, qui peuvent nous mener au Soudan. Gardons le peu de possessions, qui sont nôtres sur la côte de Guinée et sachons y défendre, à la façon anglaise, les intérêts français. Mais tout le monde ne comprend pas le patriotisme de la même façon, car M. Lanchier affirme, que les missionnaires français, établis à la Côte-d'Or et à Agoney, donnent aux jeunes indigènes leur enseignement en anglais! On ne s'explique pas dans quel but ils nuisent ainsi aux intérêts de la langue française et par conséquent du commerce français.

Le commerce de ces régions pourrait cependant devenir considérable; il existe déjà plusieurs factoreries importantes : à la côte des Esclaves on doit citer les maisons Verminck, Régis aîné, Cyprien Fabre et Daumas-Lartigue de Marseille, qui ont fondé de véritables principautés. Grand-Bassam est pour ainsi dire aux mains de la maison Verdier de la Rochelle; la France compte encore les maisons Colonne à Lagos, Huchet et Desprez sur le Niger et sur le Bénoué; mais les maisons anglaises sont bien plus nombreuses. M. Lanchier se fait en ce moment le promoteur d'un projet, qui consiste à former sur la côte d'Afrique un établissement commercial français avec siège social en France et agence générale à Fernando-Pô. On ne saurait trop encourager ces tentatives; l'initiative individuelle est une chose assez précieuse en France, je veux dire assez rare, pour qu'on se garde bien de l'empêcher de se développer. La Société française de l'Afrique équatoriale, qui a établi déjà plusieurs factoreries sur le Niger et sur le Bénoué, entretient déjà quatre vapeurs sur ces fleuves; la maison Verminck en possède autant.

Nous n'avons pas à chercher à faire ici une colonie de peuplement; mais notre commerce y peut être considérable et notre influence y est déjà assez grande. Nous ne devons perdre de vue ni le cours du Niger, ni le cours du Bénoué; nous pouvons enfin nous enfoncer de plus en plus loin de la côte, vers les premiers contreforts des monts Kougs, où le climat est plus sain.

Nous pouvons, en attendant, compter sur les Krowmenn comme hommes de peine et sur les coolies et les Chinois comme cultivateurs.

Le principal article d'exportation est ici l'*huile de palme*, qu'on retire de l'amande du palmier-avoira (*Elæis Guineensis*) ou *Dendé* du Niger et du Volta. Cette huile, envoyée en France dans des *ponchons*, sert à faire des bougies, des savons et entre dans la graisse des roues de wagons. L'huile la plus fine est employée dans la parfumerie. Au produit du palmier-avoira il convient d'ajouter l'*arachide*, le *coton*, le *cocotier*, l'*oranger*, le *citronnier*, le *fromager*, le *baobab*, le *café*.

CHAPITRE IV

Le Gabon.

I

MILIEU COLONIAL

*Territoire. — Climat. — Population. — Acclimatement.
Faune et flore.*

I. TERRITOIRE. — Nous possédons, depuis 1862, tout le territoire compris entre l'estuaire du Gabon et le cap Lopez; nous exerçons même notre protectorat sur plusieurs chefs de l'Ogowé. Depuis 1868 enfin nous sommes suzerains des chefs du Camma et du Rhamboe affluents du Fernand-Vas. Notre action s'étend donc, en réalité, depuis l'estuaire du Gabon par $0°30'$ lat. N. et même plus au nord sur sa rive droite, par environ $1°$ N., jusqu'au Fernand-Vas au-dessous de l'équateur par environ $2°$ S. Le centre politique de notre colonie est Libreville sur la rive droite de l'estuaire.

L'estuaire du Gabon lui-même est la réunion de trois grands fleuves : le Como, le Bokoe et le Ramboe; il sert en outre de réservoir à un grand nombre de cours d'eau, qui descendent des montagnes de Cristal.

II. CLIMAT. — Pays plat, fleuves nombreux, débordants, marigots pestientiels, humidité extrême, le tout sous l'équateur; ces renseignements suffisent pour permettre de penser, que le climat est détestable. La température moyenne est de $+28°,5$. Pendant la saison la plus chaude elle est déjà de $+26°$ ou $+29°$ à 6 heures du matin et de $+32°$ dans l'après-midi. On y divise l'année en quatre saisons :

15 janvier-15 février. Petite saison sèche;
15 février-15 mai. Petite saison des pluies;
15 mai-15 septembre. Grande saison sèche;
15 septembre-15 janvier. Grande saison des pluies.

Mais la sècheresse n'est ici que relative; les pluies sont toujours fréquentes et l'humidité extrême. Le caractère spécial de ce climat, c'est sa langueur énervante. Il importe de répéter ici ce que j'ai déjà dit au sujet du Sénégal et de la côte de Guinée, ce qu'on peut répéter pour toutes nos colonies dans les pays chauds : nous avons le tort de ne connaître que les embouchures des fleuves. C'est toujours dans ces régions forcément basses et souvent submergées, c'est-à-dire exposées à présenter des mares croupissantes ou marigots, que nous nous fixons. Il en serait tout autrement, si, remontant les fleuves, nous nous élevions sur les hauteurs : alors l'altitude tempérerait la chaleur due à la latitude et les effets désastreux du marais sous un ciel torride ne seraient plus à craindre, puisque le marais n'existerait plus.

III. Population. — Dans ce pays éminemment boisé les hommes sont peu nombreux. Tandis qu'à la Côte-d'Or, au Dahomey, on trouve de véritables peuples, des *Nations*, ici on ne rencontre plus que de petites tribus sans lien avec leurs voisins. Depuis 2° Nord jusqu'à 2° Sud on rencontre sur les côtes 9 tribus, qui parlent 6 langues distinctes; aucune n'a plus de 400 ou 500 habitants. Sur le seul estuaire du Gabon se trouvent 4 tribus. C'est là un grand obstacle : chacune s'imagine, qu'on porte des armes, des secours ou des richesses à sa voisine et, autant pour l'en priver que pour s'approprier les trésors qu'elle suppose dans les bagages des Européens, elle empêche ceux-ci de passer. Toutes ces tribus politiquement et socialement séparées ou ennemies appartiennent, en somme, à un petit nombre de races. M. Griffon du Bellay a fait d'ailleurs, au sujet des mœurs de ces diverses tribus, cette remarque, que celles, qui sont le plus probes et le moins corrompues, sont celles qui ont eu le moins de relations avec les Européens marchands d'esclaves et de liqueurs fortes.

§ 1. *M'Pongués ou Gabonais.* — Les Gabonais sont une preuve à l'appui de l'opinion de M. Griffon du Bellay : ce sont ceux qui nous connaissent le mieux ; or ils présentent un ensemble remarquable de tous les vices et de tous les défauts ; leur naturel est cependant doux. Le contact des traitants, l'ivrognerie, les excès ont depuis plusieurs années diminué leur nombre de moitié. Autrefois puissants les indigènes du Gabon sont aujourd'hui sans avenir et sans valeur. On estime leur nombre au chiffre d'environ 3 000 individus, groupés autour de l'estuaire du Gabon. Ils sont grands, bien faits, leurs traits sont réguliers, leur nez est peu épaté ; leurs lèvres sont moins épaisses que celles des indigènes de la Sénégambie et du Congo ; leur peau est moins noire. Il y a peu à compter sur eux et cette race semble destinée à disparaître.

§ 2. *Cammas.* — Les Cammas diffèrent du nègre classique généralement dolicocéphale, en ce qu'ils sont brachycéphales : leur indice céphalique est de 80. Ils sont aux nègres d'Afrique, ce que les Négritos sont aux nègres océaniens ; ils s'étendent du Gabon à l'Ogowé. Souvent croisés avec les M'Pongués, ils ont une grande ressemblance avec eux.

§ 3. *Boulous*, *Bakellés* ou *Bakalais*. — Ces deux peuples sont des nègres assez inférieurs : les premiers sont nomades ; les seconds sont plus élevés ; ils accompagnent partout les Pahouins. Les Boulous et les Bakellés sont, pour ainsi dire, intermédiaires entre les Pahouins et les M'Pongués, qu'ils poussent vers l'ouest c'est-à-dire vers la mer, à mesure qu'ils sont eux-mêmes pressés de l'est à l'ouest par l'invasion des Pahouins. Les Bakellés sont plus doux, plus pacifiques et, sous certains rapports, plus sociables que les Pahouins. Leurs femmes sont petites, très négroïdes ; elles ont la face plate, le front bombé, les seins coniques. Les Boulous ont le type nègre très prononcé.

§ 4. *Pahouins*. — Les Pahouins ou *Fans* représentent évidemment la race supérieure parmi les races colorées du Gabon. Ce sont des envahisseurs : comme les Ashantis à la côte de Guinée, comme les Peuls au Sénégal, ils s'avancent de l'est à l'ouest, mais depuis une quinzaine d'années seulement. « C'est, disait d'eux l'amiral Fleuriot de Langle, un déluge de Goths et de Vandales, avec cette différence qu'ils acceptent notre autorité, se soumettent à notre arbitrage et reconnaissent notre supériorité. » L'amiral avait pris quelques jeunes Pahouins comme mousses sur *la Thisbé*.

Les Pahouins sont refoulés du centre de l'Afrique par un mouvement de proche en proche, qui part des *Sensoba* au centre et se propage jusqu'à eux de l'est à l'ouest par les *Yefa*, les *Okama*, les *Bati*. Ils disent du reste que dans leur chemin depuis l'est jusqu'au point le plus occidental de leur cantonnement actuel, ils ont marché, pendant trois lunes consécutives, toujours au milieu des Pahouins. Ils se divisent en deux branches, qui, fusionnées au Gabon, auraient une origine quelque peu différente : les *Makeis* viendraient du nord-est, les *Batchis* viendraient de l'Okanda c'est-à-dire du sud-est. Ils sont accompagnés dans leur migration par les Osiebas; ils sont actuellement sur le Como et sur ses affluents, c'est-à-dire dans le haut Gabon. Le mot *Fans* veut dire Hommes. Que de peuples se sont ainsi regardés comme les hommes par excellence, depuis *los Ombres* jusqu'aux *Eskimos* en passant par les *Hermanns* ou Germains! Ils ont peu le type nègre, leur teint est clair, ils sont bien taillés, leur physionomie est douce, ils ont le type européen bronzé et, malgré leurs croisements avec les nègres, très peu se rapprochent autant du nègre que les M'Pongués et aucun autant que les indigènes du Congo. Leurs cheveux ne sont ni crépus, ni laineux, mais doux et fins; ceux des femmes tombent sur leurs épaules. Ils ne manquent pas de rapports avec les *Monbouttous* et les *Nyam-Nyam* décrits par Schweinfurth; ils ont surtout une grande analogie avec les Peuls.

Ils sont cannibales, c'est-à-dire qu'ils mangent leur ennemi; guerriers, toujours armés d'un grand sabre retenu sur l'épaule, ils se liment les dents en pointes pour se donner l'air féroce. Ce sont avant tout des chasseurs d'éléphants. Ils font, en réalité, le vide devant eux et ont déjà fait tort au commerce de l'ivoire, qui sera complètement impossible dans un temps peu éloigné, où le dernier des éléphants aura été tué par eux. Cela est d'autant plus regrettable, qu'en dehors des intérêts commerciaux, qui se rattachent à l'ivoire, la domestication de l'éléphant africain serait aussi utile que celle de l'éléphant de l'Inde.

Ce sont néanmoins des gens intelligents, dont nous avons tout intérêt à faire nos amis et surtout nos instruments dans la colonisation du Gabon. Ils s'y prêteront volontiers, car ils ont, de leur plein gré, demandé à l'amiral Fleuriot de Langle de faire un traité avec la France et d'envoyer leurs enfants dans nos écoles. Ce sont les seuls indigènes qui travaillent volontiers.

Les Pahouins sont d'excellents forgerons; ils se servent d'arbalètes et de flèches empoisonnées avec l'*inée*.

Le centre mystérieux de l'Afrique ne laisse donc pas uniquement échapper de ses grands lacs de grands fleuves comme le Nil, le Zambèse, le Livingstone. Il y a là des réservoirs d'hommes, que l'Europe n'a pas épuisés malgré la traite, malgré les tribus riveraines de l'Océan, qui allaient chaque jour puiser de nouveaux esclaves dans ce centre pour les vendre aux blancs. Ces torrents humains, qui se déversent sur la côte occidentale, Peuls, Ashantis, Pahouins, accusent un trop-plein dans le centre; il est temps d'y porter la civilisation.

Ce qui se produit vers l'ouest, se produit également à l'est et vers la côte de Zanzibar descendent également du centre, c'est-à-dire ici de l'ouest, des peuples dont la langue a les plus grands rapports avec celle des Pahouins.

IV. Acclimatement au Gabon. — Les Européens ne s'acclimatent pas au Gabon : ils y sont peu nombreux, au nombre de 200 environ; la plupart sont des Portugais. Le Dr Bestion a toutefois remarqué, que les Provençaux résistaient mieux que les Bretons, ce qui confirme ce que nous savons déjà de l'aptitude des méridionaux de France pour les pays chauds. La plupart des Européens périssent de *fièvre palustre* et surtout de cette anémie qui en est, au Gabon spécialement, la conséquence et qu'on nomme l'*anémie du Gabon*.

Les nègres eux-mêmes ne viennent pas impunément au Gabon. Ceux du Sénégal, les *Laptots*, y donnent 8 malades sur 100; les Krowmenn de la Côte d'Or en donnent beaucoup moins, 2 pour 100 seulement; ce qui n'a pas empêché l'administration de défendre aux bâtiments d'engager des Krowmenn et de leur imposer les *Laptots*. Ajoutez que le Laptot, qui ne résiste pas, coûte 30 francs par mois, tandis que le Krowmenn, qui résiste, n'en coûte que 20!

Il est évident, qu'ici, plus encore qu'ailleurs, on ne peut compter que sur les métis que les Européens pourront avoir avec les femmes pahouines.

Le bœuf d'Europe ne peut lui-même vivre au Gabon.

V. Faune et flore. — § 1. *Faune*. — Nous sommes dans le pays du gorille. On trouve aussi des antilopes, des buffles sauvages, quelques panthères, de nombreux éléphants, seuls animaux utiles du pays, le boa python, une grosse vipère de 2 mètres de long (*Echidna Gabonica*), des caïmans, l'hippopotame, le lamantin, des fourmis et des termites redoutables. C'est du Gabon qu'a été rapporté le termite de Rochefort.

§ 2. *Flore*. — La flore contient un grand nombre de plantes oléagineuses, dont nous ne connaissons souvent que les noms indigènes : *djavé*, qui donne une huile concrète; *noungou*, qui renferme une graisse ferme et blanche;

ovvala, légumineuse dont la graine est oléagineuse; *m'poga*, arbre élevé qui fournit une huile qu'on dit excellente; le palmier à huile (*ochoco*), qui donne 60 pour 100 d'une graisse fusible à $+ 70°$; le *ditra*, dont la graisse est employée dans la savonnerie fine; enfin l'*arachide*. Ajoutons à cette liste : le *makété*, gingembre doré; le *yanguebere*, qu'on désignait jadis sous le nom de *malaguette* ou de poivre de Guinée; l'*ibogûa*, qui jouit, dit-on, de propriétés excitantes, analogues à celles du café; la noix de *gourou;* le *fromager;* l'arbre à la *gomme-gutte;* l'*okoumé* ou bois à *chandelles*, qui donne une abondante résine; le *santal;* l'*ébène;* enfin la *liane à caoutchouc*, que les indigènes détruisent sans méthode.

On trouve, au Gabon, un grand nombre de plantes toxiques et médicamenteuses, entre autres le *physostigma venenosum*, cette redoutable légumineuse qui produit la fève dite de *calabar*. C'est spécialement au Gabon, qu'on trouve le *m'boundou*, employé par les Pahouins comme l'*inée*, redoutable apocynée et l'atchimé (*ignatia gabonensis*). Les aphrodisiaques abondent et sont très recherchés des indigènes : ce sont l'iboga (*taberna ventriculosa*); la *sterculia acuminata*, dont l'amande est désignée sous le nom de noix de *kola* ou *gourou* ou de *noix du Soudan*. Le caoutchouc est retiré, au Gabon, soit de la liane à caoutchouc, *n'dambo* des indigènes, soit du *ficus elastica*, dont il existe de véritables forêts.

II

COLONISATION

Culture. — Commerce. — L'Afrique centrale. — Le Congo. L'Ogowé et l'Alima.

I. Culture. — M. Charles Rivière a donné connaissance à la Société d'acclimatation de tout un programme de plantations, que le département de la marine comprend la nécessité de faire au Gabon, pour assainir le pays. Il recommande particulièrement les *eucalyptus* et les *bambous*.

Le *café de Liberia* figure parmi les cultures, qui semblent devoir être les plus productives dans ce pays. Le *manioc*, le *maïs*, la *canne à sucre* doivent être ajoutés à la liste que j'ai donnée tout à l'heure en parlant de la flore.

II. Commerce. — Le Gabon n'est pas destiné à devenir une colonie de plantations plus qu'une colonie de peuplement: il doit être une colonie de commerce. Au surplus un peuple civilisé n'a plus le droit d'en envahir un autre, quelque inférieur qu'il le croie, autrement que par des armées de marchands; la colonisation doit être partout pacifique et marchande. Mais encore faut-il ici, que les marchands s'inspirent des principes les plus élémentaires de l'économie politique et ce serait tomber dans la même erreur que les grandes compagnies coloniales de l'ancien régime, que croire que l'intérêt lui-même de la mère-patrie s'accommode de marchés onéreux pour la colonie. Vouloir prélever de trop gros bénéfices sur le colon ou sur l'indigène de la colonie c'est peut-être un bon moyen d'enrichir quelques individus, mais cela ralentit le mouvement des échanges entre la mère-patrie et la colonie. On dit par exemple que le tabac américain revient, tous frais payés, à 1 fr. 80 le kilogramme; qu'à Libreville (Gabon) il se vend 5 francs; au Fernand-Vaz 10 francs; que les petits miroirs de Hambourg, qui reviennent à 35 centimes pièce, se vendent 3 fr. 75 au Fernand-Vaz et qu'il en est de même de la plupart des objets d'importation. Cela rappelle trop le temps, où les négociants de la compagnie des Indes mettaient des pieds de chevaux avec leurs fers dans les barils de lard, qu'ils envoyaient aux Antilles.

Néanmoins plusieurs maisons au Gabon nous montrent tout ce que peut faire l'initiative individuelle; ces maisons, qui ne sont pas d'ailleurs toutes françaises, ont des vapeurs, qui remontent fort loin dans l'intérieur et des traitants nègres, qui provoquent dans l'intérieur, comme feraient les tentacules d'un poulpe, l'ébranlement qui doit amener les marchandises du centre de l'Afrique en Europe. Le mouvement commercial du Gabon est actuellement de 2 millions par an. Il doit augmenter considérablement; mais il importe que nous conservions au commerce de ce pays le cachet que lui ont donné les factoreries indépendantes, nées de l'initiative individuelle. L'idéal du colon au Gabon doit être ce boutiquier, dont le portrait dessiné par Marche et le marquis de la Compiègne, à l'embouchure de l'Ogowé, peut être regardé moins comme une charge jetée sur l'album des voyageurs que comme le type, que nous devons chercher à reproduire dans beaucoup de nos colonies : nos deux explorateurs furent toutefois quelque peu surpris de rencontrer ce commerçant idéal au beau milieu des Pahouins. Voici comment ils le décrivent : « On aurait pu s'attendre à trouver comme gérant de la factorerie quelque échappé d'un établissement colonial cherchant, après une fuite désespérée à travers les bois, un refuge précaire dans un comptoir d'aventure. Point : c'était un jeune et honnête *grocery dealer* (traitant en épiceries), qui vint à notre rencontre, les pieds dans des pantoufles en tapisserie, une calotte en velours brodée sur la tête et la plume à l'oreille. Il est là à sa factorerie, — dont il ne sort jamais, du reste, — pesant son caoutchouc et son ivoire, pliant et dépliant ses étoffes, comme s'il fonctionnait dans un des magasins de nos boulevards. Il n'a jamais tiré un coup de fusil; jamais il ne s'est éloigné à un kilomètre de la factorerie; il ignore les mœurs des gens qui l'environnent. Dans trois ans son stage au Gabon sera fini; la maison qui l'emploie l'enverra aux Indes ou en Chine et il reviendra de là comme du Gabon sans autre science que celle des denrées coloniales. L'Angleterre produit des milliers d'exemplaires de cet échantillon. »

Mais cette silhouette pacifique ne plaît point aux Français. Dans la fameuse devise du maréchal Bugeaud *Ense et aratro*, l'épée leur plaît toujours plus que la charrue. Que serait-ce si à cette devise on ajoutait *et calamo* pour désigner la plume à l'oreille de l'employé de commerce! Jamais pourtant un administrateur commerçant ne se serait avisé de prendre une mesure aussi impolitique que celle qu'on doit depuis un an environ à l'administration de la marine : n'a-t-elle pas suspendu, paraît-il, le commerce de la poudre et des fusils avec les noirs de l'intérieur, afin d'assurer la sécurité de notre colonie ! Or la poudre et les fusils à pierre sont les principaux articles de commerce et en les frappant d'interdit on empêche tout simplement l'ivoire et le caoutchouc de venir à nous. Il est temps d'adopter partout le régime civil et de mettre un commerçant plutôt qu'un soldat ou un marin à la tête d'une colonie, qui est avant tout un comptoir de commerce.

III. L'Afrique centrale. — Le Gabon n'est pas seulement le canal, par lequel les marchandises et les richesse des l'Afrique centrale pourraient s'écouler, comme le feraient celles du Soudan par le Sénégal ou par l'Algérie; cette colonie est en outre le chemin, qui doit conduire les Européens à la découverte du centre continental, aussi ignoré que les pôles. On sait en effet, qu'on peut arriver par l'ouest dans les régions que Livingstone a atteintes par l'est et on est convaincu, qu'il y a là, pour le commerce comme pour la science, un avenir gros d'espérances. Les légendes du pays parlent du reste de mers intérieures, sur lesquelles naviguent de grandes barques montées par des blancs; ce sont sans doute des populations arabes. Les légendes citent encore ces contrées comme fertiles, saines, très peuplées et dépeignent les populations, qui s'y pressent, comme douces, agricoles et industrieuses.

Le Gabon est la porte de la France sur ce monde nouveau et nous avons failli l'abandonner en 1873! C'eût été une faute: déjà les résidents allemands avaient fait croire aux indigènes, que tous les Français étaient réduits en esclavage par les Prussiens. La Société de géographie a fait heureusement comprendre toute l'importance de la détermination, qu'on allait prendre légèrement et le Gabon nous est resté. Il fut plus tard question de l'échanger contre la Gambie; les Anglais n'ont pas voulu et nous avons eu du bonheur, car, comme je l'ai dit pour la côte de Guinée, cela eût enrichi, il est vrai, le Sénégal, mais sans doubler sa valeur, tandis que la possession d'un poste à l'embouchure du Gabon nous conduira dans l'Afrique centrale.

IV. LE CONGO. — Une des routes de l'Afrique centrale est cette région, vers laquelle se tournent actuellement les regards de plusieurs nations européennes et qui est traversée par le plus grand fleuve de l'Afrique, le Congo.

§ 1. *Le fleuve Congo.* — Le fleuve du *Congo,* qu'on désigne sous le nom de *Olumo,* de *Zaïre,* de *Livingstone,* est le principal de ces grands fleuves, qui amènent à l'Océan les eaux des grands lacs du centre de l'Afrique. Son cours semble indiqué comme étant la voie, qu'il s'agit de remonter pour arriver dans ces contrées mystérieuses. Ce fleuve gigantesque diffère de la plupart de ceux de la région par plusieurs particularités : il se jette dans la mer par une bouche unique, dont la largeur dépasse 11 000 mètres; son courant est tellement violent et se prolonge tellement loin dans la mer, qu'il ne s'y fait pas de flux et de reflux et que, par conséquent, il ne se forme pas de barre alluvionnaire comme à l'embouchure de la plupart des fleuves. Vers le milieu de son embouchure sa profondeur est de plus de 200 mètres. Des deux côtés les palétuviers étalent leurs racines fantastiques, mais à mesure qu'on remonte le courant, la végétation devient de plus en plus belle et vigoureuse. Le Zaïre a été remonté pour la première fois, jusqu'à peu de distance des cataractes, par un vapeur français, *le Tornado,* dont M. Charles de Rouvre a trouvé le nom gravé sur le tronc d'un baobab. On sait maintenant, que ce grand fleuve sort des lacs du centre de l'Afrique, que coulant du sud au nord il dépasse l'équateur; que là il forme un coude à concavité australe, à convexité boréale et que, coulant du nord-est au sud-ouest, il repasse au-dessous de l'équateur. Il se trouve, en somme, que les cartes d'Afrique imprimées dans ce siècle et dans le siècle dernier sont bonnes à déchirer et que, si l'on veut retrouver dans le passé une carte d'Afrique digne des connaissances modernes, il faut prendre à la bibliothèque de Lyon un globe de 1701, sur lequel le Zaïre-Congo se détache d'un grand lac; il faut surtout consulter un globe espagnol en cuivre doré, que Richard Cortambert a trouvé à la Bibliothèque nationale de Paris et qui remonte à 1530 ou 1540. Ce globe reproduit à peu de chose près le cours du Congo, tel qu'il nous est révélé par Stanley : le fleuve sort d'un lac, se dirige vers le nord, décrit une large courbe bien au nord de l'équateur, puis tourne à l'ouest-sud-ouest vers l'Atlantique. Le résumé du dernier voyage de l'intrépide reporter américain est là tout entier.

On sait que c'est par cette voie, que Stanley chercha à pénétrer dans le cœur de l'Afrique. Il a déjà fondé au-dessous du 4° lat. sud la ville de Stanley-Pool à plus de 500 kilomètres de la côte et a remonté le fleuve jusqu'à 700 kilomètres plus loin, c'est-à-dire à 1 200 kilomètres de la côte, jusqu'au confluent de l'Alima et du Congo. Au-dessus de ce confluent, on pense que le grand fleuve reste navigable, mais au-dessous de Stanley-Pool la navigation est rendue impraticable par les rapides : Stanley n'a pas compté dans cet espace moins de 32 cataractes.

§ 2. *Climat.* — Deux saisons partagent l'année au Congo: celle des pluies, qui commence en septembre et se continue jusqu'en avril avec un temps d'arrêt vers décembre et janvier; la saison sèche, qui dure de mai en août. Les pluies, qui sont torrentielles, s'accompagnent d'orages violents.

§ 3. *Population.* — Des deux côtés du fleuve se trouvent de petits États indépendants, gouvernés par de petits roitelets autocrates. Cette multiplicité des États, des rois, des sous-potentats de tout rang et de tout calibre augmente singulièrement le nombre des redevances ou des impôts, que tout commerçant doit payer en traversant l'*empire* de chaque suzerain.

Les *Mousserongos* sont les principaux peuples de la contrée; ils habitent sur le littoral, d'Ambrizette au Zaïre. Les *Mouchicongos* occupent surtout les deux rives du fleuve. Les *Cabindos* sont plus au sud et les *Loangos* plus au nord.

Ces peuples semblent appartenir à la famille *Bantou*. Ils ont la peau noire, mais la paume des mains et la plante des pieds très claires; les lèvres ne sont pas retroussées, mais le nez est épaté, l'oreille grande.

C'est chez eux, que se rencontrent ces épreuves juridiques, qui rappellent le *jugement de Dieu* de nos pères : l'épreuve du couteau rougi au feu, qui appliqué sur le mollet ne brûle que le coupable, ou celle de l'anneau plongé dans l'huile bouillante, que les innocents peuvent seuls repêcher impunément; l'épreuve du *N'Bôndou* écorce d'une strychnée, qui n'empoisonne que le coupable ou bien le maladroit, qui n'a pas su composer avec la justice.

§ 4. *Commerce.* — Ces populations ne demandent qu'à faire du commerce. M. J. Rouvre a fait cette remarque, que dans peu de pays on respecte autant l'engagement écrit ou *moucanda* que dans cette région, où personne ne sait lire ni écrire, fait qui, du reste, est, comme il le dit, à la louange des Européens. Un noir a tellement de confiance dans le papier que le blanc lui a remis, que le *moucanda*, dans les transactions commerciales, circule comme un billet à ordre de village en village pour revenir un jour à l'Européen.

Je disais précédemment, combien il était regrettable qu'on eût défendu l'importation des fusils au Gabon. Au Congo c'est là la véritable unité monétaire : on compte par « tant de fusils », « ce qui sous-entend, dit M. Rouvre, un payement effectué partie réellement en fusils, partie en barils de poudre et en pièces de tissu dans la proportion, par compensation, du double des fusils offerts; exemple : pour 30 fusils le blanc ne donnera réellement que : 1° 10 fusils avec 20 paquets de baguettes de laiton, en tout 30 articles ; 2° 60 barils de poudre représentés par 20 barils en réalité et 40 pièces de tissu ; 3° 60 pièces de tissu représentées par 30 pièces réelles et 30 lots d'objets de peu de valeur, tels que cercles de balles, bouteilles vides, etc. » A Ambrizette le fusil ne s'offre qu'en échange de l'ivoire ; pour les arachides on compte par paquets de verroteries de Bohême.

Le commerce consiste d'ailleurs en huile de palme au nord du Congo, caoutchouc, ivoire, arachides au sud du fleuve surtout, café, orseille, cire, gomme, copal, minerai de cuivre, écorce de baobab. Il est actuellement aux mains d'une vingtaine de maisons, dont deux françaises. L'importation consiste en guinées, en eaux-de-vie inférieures, cuvettes (?), coutellerie, vieilles armes, poudre, bijouterie de pacotille, vieux habits militaires, sel, quincaillerie..... J'avoue que je ne partage nullement l'admiration de certains commerçants pour ce troc des culs de bouteille, des couvercles de boîte à sardines et d'une foule d'inutilités contre les marchandises réellement précieuses du pays. Le commerce pourrait être tout aussi lucratif et chercher en même temps à importer des objets plus civilisateurs et réellement utiles.

Encore ici l'Europe aura beaucoup à faire pour combattre la traite des noirs.

Le plan de Stanley, celui qui, selon lui, permettrait au commerce d'utiliser le cours du Congo, consiste à se servir du fleuve jusqu'à Stanley-Pool et à l'abandonner là pour construire une ligne ferrée de 500 kilomètres, qui irait directement à l'embouchure ; mais ce trajet aurait l'inconvénient de traverser le territoire de populations peu commodes.

Les nations européennes apprécient hautement tous les avantages du Congo ; aussi l'embouchure de ce fleuve est-elle le théâtre, où leur compétition s'exerce depuis plusieurs années, mais surtout depuis plusieurs mois, avec le plus de violence. L'association africaine internationale, dont Stanley est le courageux agent, n'a pas toujours réussi à inspirer confiance aux indigènes ; précisément d'ailleurs en raison de son titre d'internationale elle est incapable de trancher les difficultés pendantes entre deux nations intéressées : l'Angleterre fait des efforts considérables pour accaparer cette nouvelle route, comme elle en fait sur le Niger et le Bénoué. Le Portugal avait des droits incontestables à faire valoir ; la Société de géographie de Lisbonne n'a pas manqué de les rappeler dans un mémorandum, où elle expose : que les droits du Portugal sur la région du bas Zaïre reposent sur plusieurs bases, notamment sur la découverte du pays faite en 1484 au nom de la nation portugaise, avec l'intention d'en prendre possession ; sur sa possession prouvée soit par des actes publics constatant, revendiquant ou réservant sa souveraineté, soit par des établissements politiques ou des actes de juridiction ; sur la reconnaissance de ses droits par les puissances européennes exprimée dans les instructions diplomatiques. Après avoir rappelé ces droits le mémoire portugais ajoute : « Si l'Angleterre avait dans ses parchemins diplomatiques un seul des titres que possède le Portugal, il y a longtemps que le drapeau britannique flotterait sur les bords du Zaïre. » Cela est absolument certain ! « Au commencement du siècle, en effet, le premier consul avait envoyé un navigateur français, le capitaine Baudin, explorer les côtes de l'Australie. L'Angleterre n'y avait alors qu'un seul poste, Botany-Bay. Néanmoins le gouverneur de ce poste déclara au capitaine Baudin, qu'il avait ordre de s'opposer à ce qu'il fût fait aucun établissement étranger sur les côtes du continent australien, attendu que l'Angleterre en réclamait la souveraineté exclusive par suite de la prise de possession, qu'elle en avait faite. Or, ajoute le mémorandum, la prise de possession du Portugal sur la région du bas Zaïre est vieille de quatre siècles et sa domination n'a cessé de s'y maintenir. » Une convention, signée avec l'Angleterre depuis la publication du mémorandum, concède au Portugal le bas Zaïre ; mais elle assure à toutes les nations la liberté la plus complète de la navigation du Zaïre et de ses affluents : le Portugal n'établit que des droits de douane ; une commission anglo-portugaise fixera ultérieurement les règlements de cette libre navigation.

Au surplus l'intérêt direct de la France ne concerne que le haut Zaïre depuis l'embouchure de l'Alima, car c'est sur l'Ogowé et l'Alima que portent nos efforts et que nous sommes déjà en première situation.

III. L'Ogowé. L'Alima. — Tandis que le Portugal garde l'entrée du Congo et que l'Angleterre s'apprête, par la route de Stanley, à remonter ce grand fleuve, la France peut l'atteindre par son affluent, la rivière l'Alima, qui se jette dans le Congo, au moment où ce fleuve, débarrassé des rapides, devient navigable et qui est elle-même navigable presque dès sa source. On atteint les sources de l'Alima par un grand plateau, sain, fertile, où nous conduisent deux voies françaises : le Gabon et l'Ogowé. La colonisation du Gabon se trouve donc comporter notre extension vers le centre de l'Afrique par un chemin plus court, plus facile et moins éloigné de nos possessions que le chemin du Congo. Les efforts de Marche, de Compiègne, du Dr Ballay et du courageux Savorgnan de Brazza nous auront valu cette conquête précieuse.

§ 1. *Le fleuve Ogowé.* — L'Ogowé est le premier, en venant de l'équateur, de ces grands fleuves, qui se jettent dans l'Océan sur la côte occidentale de l'Afrique. Son estuaire s'étale en bras nombreux, dont les deux extrêmes sont éloignés l'un de l'autre de 120 kilomètres ; ses rives sont d'abord plates, couvertes de pandanus et de palétuviers ; à 300 kilomètres de la côte son altitude n'est encore que de 120-130 mètres ; on rencontre néanmoins sur son cours de nombreux rapides, qui suffisent pour rendre sa navigation très difficile.

Le climat de ses rives est malsain. Pendant les 18 mois

qu'a duré leur exploration de l'Ogowé, MM. Marche et Compiègne ont eu trois jours de fièvre par semaine environ et n'ont pas absorbé moins de 750 grammes de sulfate de quinine.

Les explorations successives de Walker (1873), de Compiègne et Marche (1874), de de Brazza (1876), du Dr Lenz (1876), du Dr Ballay (1877), de de Brazza (1878) n'ont pas confirmé ce qu'on pensait d'abord. On supposait que l'Ogowé était aussi important que le Congo; il n'en est rien. Il ne vient pas comme lui du centre de l'Afrique et ne peut conduire dans ce pays tant convoité, que d'une manière indirecte. Il forme une courbe à concavité inférieure, dont le sommet est à peu près sous l'équateur, tandis que les deux arcs descendants s'inclinent d'environ 2° vers le sud, l'un vers l'embouchure à l'ouest, l'autre à l'est vers la source. On sait maintenant, que lorsqu'on arrive à remonter l'Ogowé jusqu'à la chute de Poubara, le fleuve n'est plus qu'un faible cours d'eau.

§ 2. *Populations de l'Ogowé.* — A l'embouchure de l'Ogowé se trouvent les *Oroungous*, population qui parle le m'pongué. Elle habite la rive droite du fleuve et la côte, depuis Sangatang jusqu'à l'île Lopez; on nomme également les Oroungous *Lopez* ou *Cap-Lopez*. Depuis longtemps en rapport avec les Portugais les Lopez étaient jadis les principaux courtiers pour la traite; c'étaient eux qui, en échange de marchandises, remettaient aux Portugais des îles des Princes et de Saint-Thomas des esclaves, qu'ils se procuraient par l'entremise des Galloas et des Inengas. Mais depuis 1876, époque où les gouverneurs de ces îles ont reçu des ordres sévères contre la traite, les Cap-Lopez voient diminuer leur commerce et leur nombre : ils ne sont plus que 3 000 ou 4 000. Ils se rattrapent sur le commerce des volailles et des nattes, des épingles à cheveux en dent d'hippopotame ou *tondos* et, comme ils voient dans les Européens des concurrents, ils ont à plusieurs reprises essayé de nous empêcher de remonter l'Ogowé.

Les *Cammas* habitent sur les deux rives du Fernand-Vaz, depuis 1°15′ jusqu'à 2°; ils s'étendent aussi sur l'Ogowé. Plus nombreux que les précédents ils faisaient jadis aussi eux le métier de courtiers et sont par conséquent leurs ennemis. Ils sont courageux, fabriquent comme les précédents des nattes et des *tondos;* ils font le commerce du caoutchouc et élèvent des moutons, des poules et des canards. Ils parlent le m'pongué et ont avec les Gabonais la plus grande ressemblance. Ils sont de taille élevée, très musclés; tous les caractères de leur face sont ceux des nègres, mais adoucis. Un grand nombre d'entre eux sont brachycéphales, ce qui suppose, en ces parages, l'existence d'une race analogue aux Negritos.

Okotas. Les Okotas habitaient primitivement sur la rive droite de l'Ogowé; ils ont été chassés par les Osyebas et habitent maintenant sur la rive gauche. Ils demeurent dans des cases misérables, vivent mal d'un fruit mucilagineux, sont petits, fort laids et font le commerce des esclaves.

Okandas. Les Okandas, à environ 130 kilomètres de la côte, eurent le même sort que les Okotas : chassés de la rive droite de l'Ogowé ils sont, comme eux, réfugiés sur la rive gauche où ils vivent misérablement, habitant par petits groupes dans d'immenses prairies. Leurs femmes sont jolies et bien faites.

Les *Apingis* forment une population douce, industrieuse et de relations faciles, que Marche et Compiègne ont rencontrée sur le haut Ogowé. Elle s'occupe de la récolte du caoutchouc, du miel; elle fait des nattes, des poteries, qui ne manquent pas d'élégance; elle élève des poules et des chèvres. Mais tout cela est souvent pillé par les Osyebas.

Les *Galloas*, au nombre de 10 000 environ, habitent sur les deux rives; leurs féticheurs sont renommés au Gabon et leurs femmes le sont pour leur galanterie. D'après M. Fourest c'est le peuple le plus indolent, le plus corrompu et le moins accessible à la civilisation, de tout l'Ogowé. Aujourd'hui qu'ils ne font plus, comme par le passé, la traite des esclaves chez les Okandas au compte des Lopez, ils vendent ou mieux louent leurs femmes. Adonnés à la dipsomanie plutôt qu'à l'ivrognerie ils boivent indifféremment, dit M. Fourest, l'eau-de-vie, l'huile de ricin, l'eau de Lubin et l'encre. Ils sont renommés pour leurs casse-tête et leurs pirogues.

Les *Inengas* viennent de l'intérieur et vivent maintenant réunis avec les Oroungous et les Cammas autour du lac Zilé et sur les hauteurs de Binda et d'Abanboué. Ils sont en décadence comme les Galloas.

Les *Iwilis* habitent uniquement sur les bords de l'Ogowé, dont ils ne s'éloignent pas. Ils savent bien travailler la terre; au dire des laptots du Sénégal leur langue contiendrait quelques mots arabes.

Les *Bakalais* sont des nouveaux venus sur les bords de l'Ogowé. Ils habitaient autrefois les rives du Bamboe, dont ils ont été chassés par les Pahouins, qui, bientôt, les auront encore mis hors de leur nouvel asile. Ils travaillent le fer et le cuivre.

Obongos. Sur le haut Ogowé MM. de Brazza, Marche et Ballay ont rencontré cette curieuse population de nains, les *Obongos*, dont la taille ne dépasse pas 1^m,50 à 1^m,52 chez les hommes et 1^m,42 chez la femme.

Osyebas. Les Osyebas sont le fléau de la contrée de l'Ogowé. Ils envahissent son cours de l'est à l'ouest et de la rive droite à la rive gauche. Ce sont eux, qui ont chassé les Okotas et les Okandas. Ils semblent très voisins des Pahouins. Cannibales comme eux ils jouent sur l'Ogowé le même rôle qu'eux au Gabon. Ils portent d'ailleurs la même coiffure, les mêmes ornements, forgent comme eux le fer et font surtout le commerce de l'ivoire. Ce sont eux qui, en embuscade le long des fleuves, ont plusieurs fois attaqué à coups de fusil Marche et Compiègne.

Les *Fans* purs ou *Pahouins* sont les mêmes, que ceux que

nous avons déjà vus au Gabon. Ils viennent des montagnes du sud de l'Éthiopie à 2000 kilomètres au nord-est. Ils sont arrivés sur l'Ogowé, il y a environ 40 ans; ils n'avaient alors pour armes que des arcs, des flèches et des sagaies; les Okandas avaient déjà des fusils : ils les désarmèrent et les chassèrent. Ils s'avancent aujourd'hui vers le Gabon. Leur grande occupation c'est d'empêcher les Européens de passer, parce qu'ils craignent qu'ils portent des fusils aux peuplades de l'intérieur.

Un grand nombre de ces peuples sont misérables. Ils vivent de manioc et de bananes; les hommes seuls mangent des poules, des chèvres et du gibier, plus souvent encore des chenilles fumées, des sauterelles et des papillons de nuit. La guerre est leur état continuel : elle procure des femmes et des esclaves; ces derniers sont échangés contre des cotonnades, du cuivre et des verroteries.

Ils aiment beaucoup la France. Un des rois de l'Ogowé, N'Combi (le Roi-Soleil), qui d'ailleurs ne le cède en rien en vanité à Louis XIV, mais qui donnerait certainement tout Versailles pour un tonneau d'eau-de-vie, déposa devant l'amiral de Quilio son bâton de commandement.

Un des côtés des voyages de Brazza, c'est qu'il a procédé par la douceur et, qu'au lieu de se présenter à ces populations en bruyant conquérant, il leur apparaît comme un doux libérateur. Égaux par le courage, par l'énergie, Stanley et de Brazza présentent, à ce point de vue, un singulier contraste.

Les *Européens* qui habitent les factoreries, qui sont surtout des Portugais, des Anglais et des Allemands, parmi lesquels cependant figurent des Français, la maison Pilastre de Marseille, par exemple, sont établis sur les alluvions qu'on trouve au milieu des nombreux bras de l'Ogowé. Ces maisons se transportent maintenant plus haut en amont, parce que le pays est plus sain et que le voisinage des populations de l'intérieur est moins désagréable que celui des populations côtières.

§ 3. *Le plateau entre l'Ogowé et l'Alima*. — Entre le fleuve Ogowé et la rivière l'Alima, affluent du Congo, il faut traverser un pays élevé, plateau sain, fertile, peu accidenté, d'une altitude moyenne de 800 mètres, facile à parcourir à âne ou en chariots, ne présentant aucune difficulté à l'établissement d'un chemin de fer et habité par des populations douces et pacifiques, les *Batéké*, les *Achicouya*, les *Ballali* et les *Bayaka*. L'étendue du pays à traverser, depuis Franceville pour arriver au haut Alima, est d'environ 120 kilomètres. M. de Brazza y a fait construire une route, qui relie déjà l'Ogowé et l'Alima, c'est-à-dire l'Océan et le Congo; le transit des marchandises s'y pourra faire facilement au moyen d'une voie Decauville. Le hardi voyageur nous recommande à tous les points de vue cet espace triangulaire compris entre l'Ogowé à l'ouest, l'Alima au nord, et le Congo à l'est : l'islamisme ne l'a pas encore pénétré et rien n'y entrave jusqu'à ce jour notre influence; le pays est sain et diffère considérablement des vallées inférieures ouvertes sur la mer, où la température du pays est le plus souvent de $+\ 30°$, l'humidité perpétuelle, la tension électrique considérable, les marécages abondants et où la fièvre palustre est en permanence. Sur ces hauteurs la culture du maïs et du sorgho exige un certain travail, qui empêche les habitants de tomber dans le même amollissement que ceux du bas pays, qui n'ont qu'à se laisser vivre, comptant sur la trop facile récolte du bananier.

§ 4. *La rivière Alima*. — M. de Brazza, après avoir remonté le cours de l'Ogowé, avait quitté ce fleuve, s'était jeté dans les terres, qui forment le plateau que je viens de décrire et avait rencontré un grand fleuve, qui coule du sud au nord; il l'avait suivi jusqu'à environ 30 milles au nord de l'équateur mais il avait pensé, que continuant son cours vers le nord l'Alima, car c'était elle, allait se perdre dans l'Ouadaï. Lorsqu'à son retour il vit la carte du Congo dressée par Stanley, lorsqu'il apprit que le Congo faisait au nord ce coude considérable au-dessus de l'équateur, il comprit de suite, que l'Alima devait être un affluent du Congo et qu'il avait sans s'en douter trouvé vers le Congo navigable un chemin plus court et plus sûr que le Congo lui-même avec ses 32 cascades. La découverte était d'autant plus heureuse, que l'Alima présente une largeur moyenne de 100 mètres et une profondeur de 5 mètres. L'opinion publique en comprit toute l'importance et, sur la demande du ministère de l'instruction publique, de nouveaux fonds furent accordés à MM. de Brazza et Ballay. Arrivés sur le haut Alima les courageux explorateurs fondèrent une nouvelle station, dite du haut Alima, qui, avec la station de Franceville près de l'Ogowé et celle de Brazzaville sur le Congo, forme la troisième des stations françaises dans ces parages.

§ 5. *Population de l'Alima*. — A côté des *Batékés* et des *Achicougas* vivent les *Abomas*, qui sont adonnés, comme leurs voisins, au commerce des esclaves et qui fabriquent des étoffes très fines en fil de palmier. Ces noirs, les plus beaux qu'on rencontre entre le Gabon et le Congo, sont sous la domination du roi Makoko.

§ 6. *Les Français au Congo*. — Tout en arrivant au Congo par une voie plus septentrionale et plus directe pour nous, ainsi que nous le verrons, nous nous sommes cependant implantés déjà, grâce à M. Savorgnan de Brazza, dans la région plus inférieure, au point même où le Congo devient navigable. Tout en poursuivant son expédition plus septentrionale, entre l'Ogowé et l'Alima, M. de Brazza descendit en effet jusque chez un peuple riverain du Congo, les *Oubendji* ou *Apfourous*, qui avaient déjà reçu Stanley à coups de fusil. L'accueil fait aux Français fut différent et les Oubendji signèrent un traité d'amitié en déployant le drapeau français sur leurs pirogues et leurs villages; le roi Makoko céda à la France le territoire de *N'tamo N'counia* sur le Congo et notre compatriote fonda sur cet emplacement une ville, à laquelle la Société de géographie et le comité français de l'association internationale africaine donnèrent plus tard le nom de Brazzaville. Cette nouvelle ville française se trouve tout près de Stanley-Pool. Fondée en janvier 1880 sur l'emplacement du village de Nghimi, elle se trouve à 815 kilomètres de l'Atlantique.

Makoko ne se doute peut-être pas, qu'il est le souverain le plus éloigné parmi les amis de la France dans ces régions. Nous devons honorer après tout ce pauvre noir, qui naïvement bien inspiré vient servir, plus qu'il s'en doute probablement, la cause de la civilisation : « Makoko, dit son ambassadeur à M. de Brazza, connaît depuis longtemps le grand chef blanc de l'Ogôwé ; il sait que ses terribles fusils n'ont jamais servi à l'attaque et que la paix et l'abondance accompagnent ses pas. Il me charge de te porter la parole de paix et de guider son ami. » Quant au roi lui-même, voici comment il s'exprima : « Makoko est heureux de recevoir le fils du grand chef blanc de l'Occident, dont les actes sont ceux d'un homme sage. Il le reçoit en conséquence et il veut que, lorsqu'il quittera ses États, il puisse dire à ceux qui l'ont envoyé, que Makoko sait bien recevoir les blancs, qui viennent chez lui non en guerriers mais en hommes de paix. » Puis, accordant aux Français une concession sur les rives du Congo, le souverain noir mit dans une boîte un peu de terre ; le grand féticheur la présenta à M. de Brazza en lui disant : « Prends cette terre et porte-la au grand chef des blancs ; elle lui rappellera que nous lui appartenons. » Discours auquel M. de Brazza, plantant son pavillon devant la case de Makoko, répondit : « Voici le signe d'amitié et de protection que je vous laisse. La France est partout où flotte cet emblème de paix et elle fait respecter les droits de tous ceux qui s'en couvrent. » Depuis cette époque Makoko ne manque pas, matin et soir, de faire hisser et amener le pavillon sur sa case, comme il l'avait vu faire... Quelques jours plus tard un grand *palabre* réunissait toutes les tribus *oubendji* du bassin occidental du Congo, entre l'équateur et les États de Makoko, celles-là même dont Stanley n'a pu se faire aimer; on vint en un lieu, où des balles avaient été échangées avec les blancs de Stanley; on fit en terre un grand trou, puis chaque chef défila : l'un y jeta une balle de plomb, l'autre une pierre à feu; un troisième vida sa poire à poudre; M. de Brazza et sa suite jetèrent des cartouches, on y planta le tronc d'un arbre et la terre fut remise; alors un des chefs s'approcha et dit : « Nous enterrons la guerre si profondément, que ni nous ni nos enfants ne pourront la déterrer et l'arbre qui poussera ici témoignera de l'alliance entre les blancs et les noirs. » M. de Brazza s'approcha à son tour et dit : « Puisse la paix durer, tant que l'arbre ne produira pas de balles, de cartouches ni de poudre! » Il y a dans Homère bien des scènes qui ne valent pas celle-là.

§ 7. *De Brazza et Stanley.* — On saisit toute la différence des projets de chacun de ces deux courageux explorateurs si divers à tant de points de vue.

Stanley rêve de suivre la voie du Congo depuis son embouchure; mais, comme ce fleuve n'est navigable qu'à partir de Stanley-Pool, il faut faire une route de 500 kilomètres le long du Congo entre Stanley-Pool et la mer. Or, dans toute cette région, le Congo s'ouvre un passage semé de cataractes à travers un pays extrêmement accidenté, coupé par des chaînes de montagnes de 200 ou 300 mètres, véritables murailles abruptes; les populations riveraines sont partout hostiles; la distance par ce chemin entre l'Atlantique et l'embouchure de l'Alima dans le Congo est d'environ 1 230 kilomètres; on estime la dépense à faire à 200 millions.

De Brazza a émis deux idées : un premier plan consisterait à réunir, par un chemin de fer, l'Alima d'un côté et de l'autre Libreville sur le Gabon. Les marchandises descendraient ainsi du cœur de l'Afrique sur le Congo, jusqu'au point où il reçoit l'Alima; elles remonteraient cette rivière et s'embarqueraient alors en chemin de fer jusqu'à Libreville, au Gabon, sur l'Océan.

Dans le second plan, un chemin de fer se bornerait à relier l'Alima à l'Ogowé et les marchandises auraient alors à descendre l'Ogowé jusqu'à la mer. Cette dernière voie de l'Alima et de l'Ogowé serait plus longue que celle de Stanley : elle aurait 1 410 kilomètres; mais il n'y aurait que 120 kilomètres de chemin de fer, système Decauville, sur le plateau. Le prix serait peu considérable, mais l'Ogowé a le tort d'être d'une navigation difficile. On se demande, s'il ne serait pas préférable d'adopter hardiment le premier plan, qui consiste à relier le Gabon à l'Alima et à négliger l'Ogowé. Ce serait moins cher encore que le plan Stanley.

L'autre clef du commerce de l'Afrique, clef que M. de Brazza conseille également de ne pas perdre de vue, c'est *N'tamo* (Brazzaville) sur le Congo. Un chemin de fer établi dans ces régions devrait, pense notre courageux voyageur, suivre la vallée du Quillou et du Niari.

§ 8. *Stations hospitalières du comité français de l'association africaine.* — Le comité français de l'association africaine, sous la présidence de M. de Lesseps, a inauguré une méthode, qui est la véritable méthode de la colonisation moderne. Jusqu'ici on s'était préoccupé seulement de trouver des *sanatoria* contre la malaria, des refuges, où la santé pouvait se mettre à l'abri de la maladie, lieux sacrés de l'hygiène qu'on ne saurait trop chercher à multiplier dans les pays tropicaux. Il s'agit cette fois de *sanatoria* d'un nouveau genre, d'asiles contre la barbarie, véritables lieux sacrés, où le voyageur, qui ne sera animé que de désirs pacifiques et qui n'aura d'autres mobiles que la science et la civilisation, sera certain de trouver un asile contre la compétition jalouse des Européens aussi bien que contre l'hostilité craintive des indigènes : ces stations doivent être à la fois *scientifiques* et *hospitalières*.

Scientifiques, elles poursuivront la reconnaissance hydrographique des fleuves; elles étudieront le pays environnant au point de vue de la géographie, des produits naturels du sol et des cultures qui pourraient y être faites, des conditions de l'exploitation commerciale de la contrée. *Hospitalières* et organisées dans ce but militairement, sur le modèle des postes sénégalais, elles prêteront un appui constant et désintéressé aux voyageurs, aux commerçants, à tous ceux, qui ayant un but scientifique, civilisateur ou commercial, viendront dans cette partie de l'Afrique; elles habitueront les peuples de ces régions à la vue et au contact des Européens; elles leur feront connaître la France, dont le pavillon flottera sur la station.

Trois de ces stations sont déjà organisées : ce sont Franceville près de l'Ogowé, la station du haut Alima et Brazzaville sur le Congo. Dans ces asiles non seulement les civilisés trouveront à se mettre à l'abri des moins civilisés, mais les esclaves trouveront, sous la sauvegarde de la liberté humaine, à se soustraire à leurs maîtres et à leurs avides trafiquants.

§ 9. *Commerce*. — A tous les avantages, que la science retirera des voyages de M. de Brazza, il faut joindre ceux que le commerce ne tardera pas à apprécier : sur ce sol d'une fertilité exubérante on dédaigne aujourd'hui la noix de palme, l'arachide, les essences les plus précieuses, bois rouge, ébène, etc.; le commerce de l'ivoire et du caoutchouc rapporte près de 1 000 pour 100 et toute la contrée n'est que forêts de caoutchouc! Qu'on ajoute à cette liste : le bambou, le bananier, le manioc, la patate, la canne à sucre, l'ananas, le papayer, le chanvre indien, le tabac, la cire, la gomme, le coton en échange des fusils, des pagnes en guinée et malheureusement de l'eau-de-vie de traite (*Alougou*), car à chaque nouvel arrivage l'ivresse est générale dans toutes les factoreries, même à la cour du roi Soleil, jusqu'à ce que la provision soit épuisée. Mais tout cela n'est rien à côté de ce que nous réserve l'avenir, alors que les 40 millions d'habitants, qui vivent le long du cours immense du Congo, seront mis en communication commerciale et pacifique avec l'Europe, non par le cours inférieur du Congo fermé par la nature à la navigation mais par l'Alima, par l'Ogowé et par les voies ferrées, que la civilisation aura établies entre l'Alima et l'Ogowé d'une part, entre l'Alima et le Gabon de l'autre, enfin entre le Congo (Brazzaville) et le plateau de l'Alima-Ogowé (Franceville).

CHAPITRE V

Obock.

I. Territoire. — Obock et son territoire se trouvent situés sur la rive africaine du détroit de Bab-el-Mandeb, au fond du golfe d'Aden, à l'entrée de la mer Rouge, par 11°57′ lat. N. et 42° lat. E., sur les confins du pays des Çomalis et de l'Abyssinie.

C'est en 1849, que M. Rolland, consul de France à Massahoua, entrevit la nécessité pour la France d'occuper ce point, auquel le percement de l'isthme de Suez devait plus tard donner tant d'importance. En 1856 Henry Lambert, lâchement assassiné depuis dans le golfe de Toujourra, en prépara l'acquisition, qui fut faite définitivement en 1862 au sultan de Zeilha Abou-Becker pour la somme de 50 000 francs.

II. Climat. — Bien que sa température soit très élevée, le pays est sain; l'eau de la rivière Anazo est abondante et saine; on y trouve en outre une source sulfureuse, des mines de charbon de terre, des forêts à proximité; le sol se prête bien à la culture maraîchère.

III. Utilité. — Les lignes, qui précèdent, donnent suffisamment l'idée de l'utilité, qu'il y a pour la France à occuper ce point. Cependant ce n'est que tout récemment, ce n'est qu'hier même, que l'*Infernet* a été envoyé dans ces parages, où nous n'avons encore, depuis plus de vingt ans, tiré aucun parti de notre possession.

Si pourtant il plaisait à l'Angleterre de nous empêcher de relâcher sur la route du Tonkin, à Aden, à Ceylan ou à Singapoor, nous ne saurions où prendre du charbon et de l'eau, alors que chez nous, à Obock, nous pouvons avoir l'un et l'autre. D'ailleurs le charbon coûte très cher à Aden, 60 ou 65 francs la tonne, parce qu'il vient d'Angleterre, tandis qu'à Obock nous le possédons à fleur de terre et de qualité excellente. Aden n'a pas plus d'eau que de charbon: dans ce pays torride, aride et rôti, l'eau potable coûte 22 fr.50 la tonne; on ne trouve pas de végétation, pas de bois de construction par conséquent, comme il en existe à Obock. La rade d'Obock présente, en outre, une profondeur plus grande que celle d'Aden et recevra des navires d'un plus fort tonnage.

A tous ces avantages il convient d'ajouter l'économie, que ferait la France, par l'usage de notre possession jusqu'ici négligée, des droits de port et de pilotage, que nous payons actuellement à l'Angleterre.

Les populations, qui nous entourent, n'y trouveraient pas moins d'avantages : actuellement les caravanes d'Abyssinie viennent à Zeilha, où elles payent des droits de douane, qui s'élèvent jusqu'à 11 %; elles en payent d'autres à Aden. En outre ce petit trajet de Zeilah à Aden, qui pourrait se faire en 24 heures, les petits lougres non pontés mettent parfois 15 jours à l'exécuter, lorsque la mousson est mauvaise.

Nous gagnerions en somme ce que perdrait Aden; actuellement le commerce d'Aden atteint 80 millions dont 20 millions avec l'Abyssinie et le pays des Çomalis; tout le commerce, qui correspond à ces 20 millions, passerait à Obock et nos voisins trouveraient des facilités, qui augmenteraient considérablement son importance. C'est bien ce que comprenaît l'infortuné voyageur Arnoux, assassiné lui aussi : il voulait faire d'Obock la route de tout le commerce de l'Afrique centrale et se proposait de créer une colonie française au Choa, en Abyssinie, où une concession lui avait été faite ; cette colonie du Choa serait devenue le grand entrepôt du commerce et aurait été reliée à Obock par un chemin de fer, en même temps qu'une autre voie, celle-là non ferrée à cause des rampes formidables, qui sont inévitables dans cette partie de l'Abyssinie, serait partie également d'Obock et aurait été chercher à Gondar les marchandises qu'y apportent les caravanes. Obock, dans ce projet, devenait une véritable tête de ligne africaine.

Il n'est pas nécessaire de se complaire dans de si belles espérances, pour apprécier les avantages de ce point pour le trafic de nos colonies de la Réunion, de Nossi-Bé et de Mayotte : ils sont dès aujourd'hui de toute évidence. Tout cela a d'ailleurs été bien compris et les chambres syndicales parisiennes ont émis le vœu, « que le projet de fonder des comptoirs commerciaux à Obock soit réalisé promptement par le concours de l'initiative privée et du gouvernement ».

IV. POPULATION. — La population de ce pays, ainsi que celle de la zone voisine, mérite à plusieurs égards de fixer notre attention.

§ 1. Les *Çomalis*, habitants de l'ancienne région des aromates, ont dans les veines, d'après les recherches de M. Revoil, du sang grec et du sang romain, peut-être même du sang égyptien ; l'élément arabe domine actuellement. Il y a là, dans tous les cas, des éléments intelligents, dont nous pouvons tirer parti, non, certes, pour une colonisation de conquête, mais pour ouvrir des débouchés à notre commerce et offrir une place sur notre marché à toutes les richesses de cette contrée.

§ 2. Les *Bogos* chrétiens, catholiques ont une organisation identique à celle des patriciens et de leurs clients à Rome. Ils s'étaient, il y a quelques années, placés sous le protectorat de la France, mais en 1872 nous avons laissé l'Égypte occuper leur pays.

§ 3. Les *Baréa*. — Une petite colonie française avait été fondée par M. Raoul du Bisson, en 1864, dans le pays des Baréa, à Kouffit, un peu à l'ouest du pays des Bogos, également sur la frontière d'Abyssinie.

§ 4. Les *Abyssins* proprement dits sont un mélange d'une population négroïde antochtone et d'une race sans doute caucasique, au nez aquilin, à la figure droite, au front large, aux cheveux longs et tressés. Larrey, le père, trouvait que cette population offrait la plus grande ressemblance avec les momies d'Égypte; Champollion lui attribuait du reste la colonisation de ce pays. Il est certain, qu'un croisement a eu lieu avec les Arabes au VIIe siècle et il paraît probable, qu'un autre croisement a eu lieu avec les Berbères.

Les *Gallas*, qui occupent surtout l'est et le sud-est de l'Abyssinie, sont ceux qui répondent le mieux au type précédemment décrit; la plupart sont chrétiens, quelques-uns sont mahométans.

Les *Felachas* occupent surtout le centre de l'Abyssinie; ils sont juifs de religion, mais n'ont rien du type sémite; leur teint est foncé, d'un noir rougeâtre; leur type est assez négroïde.

Les Abyssins doivent être pour nous des alliés précieux. A l'heure où le mahométisme soulève une dernière fois les populations du Soudan oriental contre l'Égypte et contre l'Europe représentée par l'Angleterre, notre rôle est de protéger cette nation intelligente et non mahométane de l'Abyssinie. Le roi de Choa, Ménélick, est un homme intelligent; il aime la France; son conseiller, son ami intime est un Français, le Dr Hamon, à qui il a donné tout un territoire pour y faire l'acclimatation du quinquina. Le roi Ménélick écrivait dernièrement au directeur du Jardin d'acclimatation pour lui annoncer l'envoi d'animaux d'Abyssinie; il ne demande qu'à aider les Français à faire chez lui de la sériciculture, à cultiver la vigne, l'olivier. C'est lui-même, qui s'occupe actuellement de la construction d'un chemin de fer, qui irait de Choa à Obock.

M. David, dans une récente étude sur *Obock port français*, n'hésite pas à dire que « la vraie route de l'Afrique centrale c'est l'Abyssinie; c'est en s'appuyant, ajoute-t-il, sur ce brave peuple abyssin, que l'on pourra faire pénétrer la civilisation et le commerce dans les régions centrales du continent mystérieux ». Le roi Johannes Kassa, le négus qui règne dans le Tigré à Adoua et dans l'Amhara à Gondar, comme le roi Ménélick règne à Ankober dans le Choa, la troisième des divisions de l'Abyssinie, se montre tout aussi favorable aux Français que ce dernier.

V. LA FRANCE SUR LA MER ROUGE. — § 1. *Possessions françaises*. — M. Romanet du Caillaud faisait dernièrement à la Société de géographie une communication importante, qui avait pour but de montrer combien la France, au milieu des événements considérables dont le Soudan oriental est actuellement le théâtre, aurait tort d'oublier, que du temps de nos anciennes relations avec les Bogos et les habitants de Kouffit nous avions reçu jadis du roi du Tigré la cession de la province de Hamazen; qu'à peu près à la même époque, vers 1835, une compagnie nanto-bordelaise avait acheté le port d'Edd, sur le littoral abyssin, par 14° lat. N.; qu'enfin en 1859 la France avait acheté du Tigré les îles d'Ouda et de Dessi, ainsi que le port de Zoulla, l'ancienne Adulis. L'île de Dessi, à l'entrée de la baie d'Adulis, possède de bonnes eaux, des pâturages capables de nourrir 500 ou 600 bêtes à cornes et trois rades bien abritées; aucun de ces points n'a encore été occupé. En outre, en face de l'île anglaise de Périm, sur la côte arabique, nous possédons, dit M. Romanet du Caillaud, la baie de Cheick-Saïd; une maison de Marseille l'a achetée en 1869.

§ 2. *Commerce.* — Le pays des Comalis pourrait apporter à Obock la gomme, l'encens, la myrrhe, la nacre, des bœufs, des moutons et des chevaux. Nous pourrions apporter du riz, des étoffes, de la quincaillerie; nous pourrions surtout faire par la côte orientale de l'Afrique une grande partie du commerce du centre.

CHAPITRE VI

La Réunion.

I

MILIEU COLONIAL

Territoire. — Climat. — Population.

I. TERRITOIRE. — L'île de la Réunion, anciennement Bourbon, est située dans l'océan Indien, à 600 kilomètres de l'île Maurice, l'ancienne île de France, qui appartient comme elle au groupe des Mascareignes. Sa position exacte permet de l'inscrire entre 20° 50′ lat. S. et 21° 58′ lat. S. d'une part et de l'autre entre 52° 55′ long. E. et 53° 40′ long. E.

La forme de l'île est celle d'un ovale dirigé obliquement du nord-ouest au sud-est. Sa longueur est de 152 kilomètres et sa largeur de 71; la superficie est de 251 160 hectares. De nature volcanique le sol de l'île a la forme d'un immense pain de sucre fracturé en pics nombreux, qui donnent un aspect tourmenté à tout ce massif montagneux émergeant des flots. La direction générale du soulèvement est du nord-ouest au sud-est. La moitié antérieure de la chaîne, qui aboutit à Saint-Denis, au nord de l'île, a son point d'altitude maximum au *piton des Neiges*, par 3 609 mètres; l'extrémité opposée aboutit au *piton de la Fournaise* par 2 616 mètres. Entre ces deux sommets principaux s'étend, au centre de l'île, un plateau très mouvementé, mais d'une altitude moyenne de 1 600 mètres, la *plaine des Cafres*. Tout le versant occidental de l'île, celui qui regarde Madagascar, est désigné du nom de partie *sous le vent* et diffère assez notablement, sous le rapport du climat, du versant oriental ou *du vent*.

II. Climat. — L'île Bourbon a été assez chantée par les poètes, pour que le charme de son climat soit devenu légendaire. Sa température moyenne est de $+24°,7$; le maximum est en janvier, le minimum en août.

On distingue quatre saisons : le printemps d'octobre à novembre, l'été ou hivernage de novembre à avril, l'automne d'avril à mai et l'hiver, ou saison fraîche, de juin à octobre. L'hivernage est caractérisé par des pluies abondantes; l'écart entre la température moyenne de l'été et celle de l'hiver est de $3°,6$; l'écart entre la température du jour et celle de la nuit de $8°,72$.

Je n'ai pas besoin de dire, que la température moyenne varie selon l'altitude : ainsi la moyenne est bien de $+24°$ dans la zone inférieure de l'île, celle qui règne tout autour; mais dans la plaine des Palmistes, à 930 mètres, elle n'est plus que de $+16°,5$; la gelée blanche n'est pas rare. A l'hôpital militaire de Salazie, par 919 mètres d'altitude, la température maxima est de $+28°$, la température minima de $+6°$; la moyenne est inférieure de $5°,28$ à celle de Saint-Denis. A Cilaos, par 1 250 mètres, on a parfois $0°$ pendant la nuit et $+22°$ pendant le jour. A Mafat, par 682 mètres, la température est de $3°$ inférieure à celle de Saint-Denis. Dans la plaine des Cafres, à 1 600 mètres d'altitude, le maximum pendant l'hivernage est de $+19°$ et le minimum de l'hiver de $-4°$.

Tous les climats se trouvent ici superposés. Dans ces conditions la végétation de l'île est splendide et variée, la chaleur toujours supportable; les nuits éclairées par les rayons de la lune sont délicieuses, lorsqu'un vent tiède apporte les effluves parfumées des *francisea*, des *jasmins de nuit*, des *acacias*, des *gardenias*.

Malheureusement ce paysage enchanteur est parfois voilé par de terribles nuages : l'Océan, qui entoure cette *perle des Indes*, ainsi qu'on l'a nommée, est inclément; quand le ras de marée s'annonce, le canon d'alarme avertit les navires en rade, qui se hâtent de lever leurs ancres et de gagner le large sous peine d'être jetés à la côte.

L'ouragan vient quelquefois du centre de la mer des Indes sous forme de cyclone. C'est du reste grâce au trajet en quelque sorte régulier, que suivent les cyclones normaux de cette région de la mer, que la Réunion doit une partie de ses pluies : elles sont bienfaisantes, tant que le cyclone passe au large de l'île; mais, lorsque sa trajectoire traverse ou effleure ses côtes avec une vitesse de 30 mètres à la seconde, tout ce qui se trouve sur son passage se trouve tordu, brisé, broyé. On compte 52 cyclones en 100 ans, soit 1 tous les deux ans en moyenne.

Les cyclones les plus célèbres sont ceux de 1829, qui causa la perte de 19 navires et de 250 personnes et celui de 1860, qui causa la mort de 55 personnes et fit subir aux assurances une perte de 3 368 882 francs.

III. POPULATION. — Nous n'avons point eu ici de population indigène à déplacer : l'île était inhabitée, lorsque la France en prit possession en 1643. En 1646 seulement Pronis, alors gouverneur de Madagascar, envoya à la Réunion 12 soldats révoltés et quelques femmes malgaches; quelques pirates vinrent s'associer à cette colonie naissante, qui fut en 1664 grossie d'un certain nombre d'orphelines et de 20 hommes envoyés par Colbert; en 1674 les Français échappés du massacre de Fort-Dauphin à Madagascar vinrent se réfugier à la Réunion; la révocation de l'édit de

Nantes y conduisit plus tard un certain nombre de protestants : telle est l'origine de la population blanche de la Réunion. La prédominance française est encore indiquée par une foule de noms de localités tels que ceux de la *Rivière des patates à Durand*, la *Rivière à Marqué*, la *Ravine du Chaudron*, etc. Mais on vient de voir, que le sang malgache y fut introduit dès le début; aux femmes malgaches envoyées par Pronis avec les premiers soldats bannis il faut même ajouter des groupes successifs d'Antananssis et de Betsimiras qui quittaient Madagascar, d'où les chassaient les Hovas, et venaient se réfugier à la Réunion; il faut enfin ajouter un certain nombre de Cafres. Le type des créoles de la Réunion laisse du reste apercevoir dans la couleur dorée de la peau, dans la forme des yeux et dans plusieurs autres particularités physiques ou morales, un certain nombre de caractères madécasses.

La population totale se compose de 183 000 individus dont 113 000 *blancs*, *petits blancs*, *mulâtres* ou *noirs indigènes* et 70 000 *Chinois*, *Malgaches*, *Indous Malabars*, *Cafres*, *Arabes* et *Annamites*.

§ 1. *Blancs et petits blancs*. — Les *blancs* sont les créoles européens des villes. Généralement riches ou au moins très aisées, ils ne se livrent à aucun travail agricole. D'une nature fine, nerveuse, ils sont spirituels, élégants, mobiles; leur constitution n'est pas très robuste. Les *petits blancs* sont depuis longtemps de pauvres petits propriétaires; ils cultivent de leurs mains, comme leurs ancêtres les premiers colons, dont ils se vantent de descendre, sans jamais avoir voulu se croiser avec aucun autre élément ethnique; ce sont là deux types absolument différents au point de vue de l'habitat, comme au point de vue du milieu social et de la constitution. Le petit blanc a le teint d'un blanc sale, les jambes arquées, le mollet haut; ses yeux souvent bleus-verts, ses cheveux sont presque toujours châtains; il passe pour apathique, vaniteux, quelque peu insouciant. Les blancs du moins le dépeignent ainsi ; il a cependant donné plus d'une preuve de vitalité. C'est certainement dans le *petit blanc*, qu'on reconnaît surtout le type malgache.

§ 2. *Noirs*. — Les noirs ont été de bonne heure nombreux à la Réunion. Au XVIIIe siècle on en comptait 64 000 pour une population de 16 000 blancs ; mais leur situation sociale fut toujours tout autre que dans nos autres colonies, qu'aux Antilles par exemple ; le préjugé de la couleur n'a jamais existé à la Réunion. La culture de la canne augmenta beaucoup leur nombre et correspondit, pour eux, à une période moins heureuse, que celle où l'île n'était pas encore transformée en une usine à sucre mise en mouvement par les bras du nègre.

§ 3. *Coolies*. — La mise en liberté des esclaves noirs, en 1848, fut pour la culture de la canne un coup assez rude ; c'est alors, que commença cette importation des coolies, qui n'est pas encore complètement dégagée de toute ressemblance avec l'ancienne traite. On comptait il y a quelques années à la Réunion 25 771 engagés volontaires africains, 413 Chinois et 46 000 Indous. Il résulte de cette supériorité de nombre des Indous-Malabars, que le travail de l'île repose tout entier sur eux. Les Anglais l'ont bien compris : protéger Maurice au détriment de la Réunion ou mieux nuire à la Réunion au grand bénéfice de Maurice, c'était tout indiqué. Afin donc de priver notre colonie des bras dont elle ne saurait plus se passer, l'Angleterre prise d'un sentiment de tendresse pour ses bons sujets de l'empire des Indes, les Indous-Malabars, leur a fait défense de partir pour la Réunion. Les colons de la Réunion se sont alors retournés vers les noirs ; mais le Portugal, par la convention du 23 juin 1881, autorise bien l'engagement des noirs de Mozambique pour Mayotte et Nossi-Bé, mais non pour la Réunion. Le conseil général de cette colonie a donc demandé au gouvernement de la République d'intervenir à Lisbonne pour faire étendre à la Réunion le privilège dont Mayotte et Nossi-Bé sont seules à jouir jusqu'ici. Rien n'est plus juste.

§ 4. *Acclimatement.* — Les races, qui se sont rencontrées sur le sol de la Réunion, même la race blanche, peuvent passer pour acclimatées. Un recensement fait en 1847 portait le nombre des blancs à 31 818, dont 16 182 du sexe masculin et 15 636 du sexe féminin. Cette proportion, qui est normale, indique en général la situation prospère d'un groupe ethnique et son acclimatement au milieu où il vit. D'autres documents puisés par le Ministère de la marine, à une autre époque, indiquaient pour la population blanche, de 1843 à 1847, une proportion annuelle de 68 décès pour 100 naissances ; elle allait donc en augmentant par elle-même et en dehors de toute importation nouvelle. Les mêmes documents nous montrent, il est vrai, pour la population esclave, 155 décès pour 100 naissances ; mais cela tient aux conditions sociales mêmes de l'esclavage et non à l'action défavorable du climat sur la race noire, car cette race prospère dans ces régions et la même statistique nous apprend, que la population noire libre avait, à la même époque, 68 décès pour 100 naissances. L'acclimatement des races est donc un fait acquis.

La Réunion présente, en effet, par l'accès facile de ses altitudes à proximité des centres de population, un avantage précieux pour l'acclimatation des colons :

Les habitants de Saint-Denis échappent aux chaleurs de l'hivernage en allant à 400-600-1 000 mètres sur la montagne de Brûlé.

Les hauteurs de Salazie, à 919 mètres, près du Piton des Neiges, sont célèbres : elles ont l'avantage de posséder une source thermale de $+ 32°$, d'un débit de 1 000 litres par heure et dont la minéralisation riche (bicarbonate de soude $0^{gr},535$ et acide carbonique libre $1^{gr},0782$ par litre) peut servir d'une manière salutaire aux personnes qui reviennent de Madagascar atteintes de la fièvre ou de lésions du foie et de l'estomac.

Les hauteurs de Cilaos, à 1 250 mètres, plus saines que celles de Salazie, dit le Dr Delteil, mais moins recherchées, parce qu'elles ne présentent pas de local installé pour les valétudinaires, possèdent également une source d'une température constante de + 30° et d'une minéralisation analogue à celle de l'eau de Salazie.

Les hauteurs de Mafat, à 682 mètres, sont pourvues d'une eau sulfureuse, minéralisée par le sulfure de sodium et l'acide sulfhydrique, d'une température de + 30° qui rappelle la Raillière, Saint-Sauveur, Cauterets et Amélie-les-Bains.

D'autres sources, celle du Bras-Rouge qui présente une température de + 38°, les eaux bicarbonatées ferrugineuses de Saint-Gilles, de Goulfray et de Saint-François pourraient également rendre de grands services et favoriser singulièrement l'acclimatement des races.

Quant à l'acclimatement individuel il était lui-même excellent, jusqu'à une époque, qui n'est pas très éloignée de nous: de 1819 à 1827 la mortalité de la garnison était, à la Réunion, d'après Dutrouleau, de 1,72 pour 100, à peine supérieure à ce qu'elle était en France dans le même temps (1,10 pour 100).

Nous verrons tout à l'heure dans quelle mesure, pour quelle cause les conditions de milieu ont changé et comment l'antique réputation de salubrité de notre jolie colonie est à la veille de se perdre.

II

COLONISATION

Salubrité. — § 1. *La fièvre*. — Le changement, qui s'est opéré depuis quelque temps dans la salubrité de la Réunion, tient à la présence d'une maladie nouvelle, qui est venue se joindre à l'*hématurie*, à la *lèpre*, à la *phtisie*, à la diarrhée des enfants ou *tambave*, à l'*alcoolisme*; cette maladie nouvelle dans notre colonie est la *fièvre intermittente palustre*. Depuis ce temps elle étend chaque année ses ravages et Saint-Denis, ville de 3 000 habitants, dont la mortalité était autrefois de 3,15 pour 100, moindre que celle de Brest qui est de 3,28 pour 100, présente aujourd'hui une mortalité de 4,02 pour 100. Les Indous sont souvent atteints.

La fièvre paludéenne était presque inconnue à la Réunion, lorsqu'elle se déclara en 1869 dans plusieurs points, notamment dans les communes de Saint-André et de Sainte-Suzanne. L'explosion était plus apparente que réelle, attendu que, depuis plusieurs années, on voyait, de temps en temps, apparaître des cas de fièvre isolés. La première idée, qui vint à l'esprit des habitants, fut que la fièvre paludéenne avait été apportée de Maurice; mais la fièvre des marais ne voyage, qu'autant qu'on fait voyager l'eau même du marais, qui en recèle les germes. Il n'y a donc pas eu d'importation.

§ 2. *Déboisement.* — L'origine de la fièvre a été attribuée, non sans raison, à certains travaux : l'irrigation des champs de canne a pris depuis plusieurs années un développement inusité et les rigoles mal entretenues forment des flaques d'eau croupissante; mais le véritable producteur des conditions nouvelles si favorables à la malaria c'est le *déboisement*.

Autrefois l'île était couverte de forêts; les pluies étaient plus régulières qu'aujourd'hui, où les 3/5 des forêts ont été incendiées : on ne voyait point ces alternatives de sécheresse et d'humidité, qu'on remarque aujourd'hui. Les sources étaient abondantes; certaines rivières, aujourd'hui dormantes et fangeuses, qui changent volontiers leurs méandres presque immobiles en marais plus ou moins stagnants, portaient à la mer un volume d'eau considérable et déblayaient elles-mêmes, par la propulsion de leurs eaux rapides, leur embouchure aujourd'hui obstruée par les galets.

Bory de Saint-Vincent avait admirablement décrit par

avance ce qui se passe aujourd'hui, quand il avait dit : « L'infécondité de Bourbon, grâce au déboisement et à la rareté des pluies qui en sera la conséquence, sera un jour comme l'aridité de l'Arabie, de l'Égypte, de la Perse et de tant d'autres déserts, la preuve indiscutable de l'ancienne possession de l'homme..... Lorsqu'il a longtemps abusé de ses conquêtes et qu'il est enfin obligé d'abandonner le sol qui l'a nourri, il ne le quitte qu'après avoir tout épuisé et quand rien ne peut plus y vivre. »

En attendant que la prédiction de Bory de Saint-Vincent se réalise, le sol arable dépourvu d'arbres, sur des pentes souvent inclinées à 45°, n'est plus retenu par les racines ; la pluie l'entraîne vers la mer et, en même temps que sa disparition produit la stérilité sur la montagne d'où il a été arraché, il forme au bas des pentes des alluvions, qui retiennent l'eau et amènent toutes les conséquences de la malaria. La dislocation même des terrains peut être la conséquence du déboisement : la catastrophe du 26 novembre 1875 n'est pas due, comme on l'a cru et comme cela avait eu lieu en 1772, à l'action volcanique directe ; il n'y a pas eu le moindre tremblement de terre précurseur. Le phénomène a été dû à l'action des eaux pluviales et de l'air sur un sol déboisé, composé de roches perméables dont les masses étaient mal équilibrées. C'est par un mouvement de glissement que, sur les six heures du soir, une partie du Piton des Neiges et du Gros-Morne s'écroula dans le cirque de Salazie, recouvrant de ses décombres 150 hectares de terre, sur une épaisseur de 40 à 60 mètres.

§ 3. *Travaux d'assainissement. Reboisement.* — Que n'a-t-on pas proposé pour empêcher le pays de prendre et de garder cette physionomie paludéenne, qu'il n'avait pas autrefois ! On a conseillé de combler les lagunes avec les galets, sans songer que cela coûterait des millions et que la mer recommencerait à apporter d'autres galets puis à creuser d'autres lagunes. On a proposé de rectifier le cours des fleuves à leur embouchure ; mais cela nécessiterait une dépense aussi considérable qu'inutile, car les alluvions, entraînées par le courant, ne tarderaient pas à barrer de nouveau l'embouchure.

Il n'existe en réalité qu'un remède, c'est le *reboisement*, qui régularisera les saisons et les pluies, qui augmentera le cours des fleuves, diminuera leur puissance alluvionnaire et empêchera l'île d'envoyer tout son sol arable à la mer ou sur les côtes, où il devient l'occasion de la formation de lagunes et de marigots, qui pendant la saison sèche sont pestilentiels.

Le reboisement sera d'ailleurs secondé favorablement par une canalisation bien faite des terres submersibles et par la plantation de rideaux d'arbres de chaque côte des marais formés.

II. ACCLIMATATION. CULTURE. — § 1. *Facilité de l'acclimatation à la Réunion. Son histoire.* — Par la diversité de son climat la Réunion se prêtait à merveille à l'acclimatation ; aussi à peu près tout ce qu'elle possède a-t-il été importé. Le passé peut donc faire préjuger de l'avenir et nous devons chercher à développer l'acclimatation dans cette colonie.

Les *chèvres* et les *porcs* ont été laissés dans l'île par les premiers Portugais qui l'ont abordée. Ils multiplièrent tellement, que lorsqu'elle fut visitée plus tard, on trouva des bandes nombreuses de ces animaux dans les forêts ; quelques chèvres sauvages ou *cabris marrons* existent encore dans les lieux retirés.

L'espèce *bovine* a été importée par Flacourt, qui, en 1649, envoya 4 génisses et 1 taureau de Madagascar. A la fin du siècle dernier des troupeaux de ces animaux sauvages existaient encore, notamment aux environs du quartier Saint-Paul, où les créoles s'amusaient à les chasser. La race bovine de Madagascar est entretenue par des importations de chaque jour. Les vaches bretonnes et normandes, qu'on importe, sont bien supérieures comme laitières, mais à la troisième génération la vache créole, d'origine normande, devient aussi sèche que celle de Madagascar. Le cerf a été importé, mais a été rapidement détruit, tandis qu'il est encore commun dans les plaines immenses de Maurice.

Le *lapin* importé n'a pas réussi : les terriers se remplissaient d'eau pendant les grandes pluies. Le *lièvre* au contraire est devenu abondant.

Un lémurien, le *maki vari* (*Lemur mococo*), a été importé de Madagascar; sa chair est fort estimée.

Les *chevaux* apportés par les premiers colons étaient redevenus sauvages, s'il faut en croire Bory de Saint-Vincent. Le Dr Vinson constate, qu'actuellement il existe à la Réunion une race spéciale, qui paraît descendre de la race d'Abyssinie. Ces chevaux sont assez laids, maigres, mais ardents, sobres et ont le pied très sûr; un grand nombre ont les yeux *vairons*. Ce savant confrère fait à ce propos une remarque fort curieuse : « Quelques autres espèces d'animaux présentent, dit-il, ce phénomène, que j'ai rencontré même chez des femmes créoles, que cette originalité ne dépare point. »

Le croisement de la *jument du pays* avec l'âne de Mascate ou de Poitou a donné des *mulets du pays* fort estimés dans l'île.

Les *tortues* étaient jadis très abondantes à la Réunion; elles ont disparu. On en consomme encore dans l'alimentation un grand nombre, qu'on fait venir de Madagascar.

L'île n'avait pas de serpents; une *couleuvre*, heureusement inoffensive, a été apportée fortuitement de Madagascar, il y a une quinzaine d'années, dans les sacs remplis d'os qu'on amène à la Réunion pour la fabrication du noir animal. Ce reptile a eu pour effet de faire diminuer considérablement le nombre des souris et de détruire le beau gecko de la Réunion (*Platydactylus cepedianus*) : nouvel exemple de l'intime solidarité des êtres d'un même pays.

Le *coq* de Sanghaï, le coq de Cafrerie aux os noirs, celui du Japon au plumage cotonneux et frisé, le *dindon*, la *pintade* de l'Inde ont été acclimatés ; la pintade de Madagascar et celle d'Afrique n'ont pu l'être encore.

A cette liste il faut ajouter l'*oie* de Madagascar, les *canards*, *pigeons*, de nombreux oiseaux. En 1767 les sauterelles dévoraient les récoltes de la Réunion : Poivre introduisit le martin (*Acridotheres tristis*), qui s'est tellement propagé, qu'il est devenu un fléau pour les fruits ; le Dr Vinson a conseillé son introduction en Algérie. Le *moineau* se propage de même aujourd'hui à la Réunion « avec une désastreuse fécondité ».

Trois précieux poissons ont été acclimatés : le *cyprin* doré de la Chine a été d'abord apporté à l'île de France par M. Céré, directeur du jardin des Pamplemousses ; il fut de là amené à Bourbon, où il est souvent désigné sous le nom de *céré*.

Le *gourami* ou *gouramier* (*Osphromenus olfax*) est une des plus précieuses conquêtes de la pisciculture ; Commerson, qui avait le premier signalé ce poisson, disait de lui : « Jamais, ni parmi les poissons de mer, ni parmi ceux de rivière, je n'ai goûté rien de plus exquis. » C'était en Chine qu'il l'avait rencontré. De là le gourami avait été porté à Java, à Madura, Punang, Bornéo, Sumatra, Malacca ; il fut introduit, en 1761, par Surville à l'île de France, où Commerson le vit en 1770. De là le gourami fut porté à Bourbon, où, en 1795, Desmanières en tenta l'acclimatation dans des rivières, sur les hauteurs du quartier de Sainte-Suzanne. Il échoua pendant une vingtaine d'années et il ne réussit à les faire multiplier, que lorsqu'il eut transporté ses poissons dans un vivier placé sur le littoral. « Souvent, dit à ce propos le Dr Vinson, qui a lui-même tant fait pour l'acclimatation à la Réunion et à qui j'emprunte la plupart de ces renseignements, l'acclimatation tient à des causes bien simples en apparence et qu'on est longtemps à connaître. » Depuis cette époque le gourami s'est répandu à la Réunion ; il atteint ordinairement le poids de 8-10 kilos. Le Dr Vinson en a vu de 16 kilos ! Le plus volumineux de ces poissons, qu'il ait rencontré, mesurait 0^m,92 de long et 0^m,39 de large ; mais Du Petit-Thouars en a vu à Java de 2 mètres de long. Le gourami a été porté de la Réunion aux Antilles et à Cayenne, en 1818, par Moreau de Jonnès. Les essais faits pour l'acclimatation de ce poisson en France et en Algérie ne semblent pas avoir encore réussi. L'Australie a été plus heureuse.

La *carpe* a été acclimatée, en 1830, par les soins de M. Lemarchand.

L'acclimatation des végétaux n'a pas été moins heureuse : elle se fait du reste quelquefois malgré la volonté de l'homme. Ainsi le Dr Vinson signale l'apparition à la Réunion d'une plante vivace, aquatique, à fleurs jaunes, qui a été apportée par les coolies de l'Inde ; les graines de cette plante presque imperceptibles se sont attachées à leur pagne et à leurs vêtements, alors qu'ils les ont fait sécher aux bords des fleuves de l'Inde. Arrivés à la Réunion les coolies lavent leurs pagnes dans les cours d'eau et sèment les graines ainsi rapportées.

L'île de la Réunion n'avait d'ailleurs originairement que des forêts et tout a été apporté : le *blé* est venu de France et de l'Inde, le *riz* et le *maïs* de Madagascar. Mahé de Labourdonnais a introduit le *manioc* du Brésil. Le *café* a été introduit de Moka en 1717 ; sa culture n'occupe plus aujourd'hui que 4163 hectares. Poivre en 1766 et Joseph Hubert en 1772 apportèrent les *épices*, le *muscadier*, le *giroflier;* pendant près de 60 ans cette culture fit la fortune de Bourbon. En 1806, en une seule nuit, l'ouragan détruisit presque tout ; ce qu'il avait épargné fut emporté par un autre ouragan en 1807.

Le *cacaoyer* introduit à la même époque est encore prospère.

Le *vanillier* a été introduit en 1819 par Philibert.

Longtemps adonnée à la culture des épices et du café

la colonie de Bourbon ne songeait pas à la *canne à sucre*. La destruction de toutes les cultures d'épices fit adopter cette plante pour culture presque unique. La Réunion, qui achetait jadis son sucre, vit pour la première fois la canne rouge dans les propriétés de M. Fréon, à Belle-Eau, en 1844 ; en 1849 elle fabriquait 9 800 000 kilos de sucre ; en 1860 la récolte atteignait 38 000 000 de kilos. La canne aujourd'hui envahit tout et, en 1873, elle occupait 43 673 hectares. L'île mourrait de faim, si elle devait se suffire elle-même, car la canne a tout envahi. Le régime social et économique a été bouleversé par les nécessités spéciales de main-d'œuvre, qu'exige cette culture industrielle, et l'île est devenue une immense usine à sucre. Maintenant que la colonie est lancée dans cette voie, voilà la canne elle-même qui dépérit : le sol semble épuisé par cette culture unique, qui nécessite maintenant l'achat de quantités considérables de guano. Le parasitisme l'envahit en outre : le *borer* ou *procreas sacchariphagus* et le *pou à poche blanche*, les chenilles de divers lépidoptères, divers pucerons s'attaquent à la canne. A ces parasites plus ou moins gros se joint enfin un champignon microscopique, qui s'étend sur les feuilles sous forme d'une mousse blanche. Cette maladie des cannes à sucre de la colonie est analogue à celles qui ont envahi à des époques différentes les végétaux d'autres contrées, non seulement en Europe, mais en Amérique et dans les îles de l'archipel des Antilles, où le maïs, par exemple, a été frappé par un champignon du genre *sclerotium*.

A toutes ces conquêtes de l'acclimatation il convient d'ajouter le *tabac*, qui occupe actuellement 693 hectares ; 75 espèces ou variétés de fruits comestibles, qui marquent les conquêtes des temps passés et surtout du siècle dernier ; les nombreuses variétés de mangue, le mangoustan, le letchi conquis par Labillardière ; l'avocatier par de Lesquelin ; la grenade, l'ananas, les dattes de Mascate, les oranges et les citrons de toutes sortes, l'atle, la sapote, l'évi, la nèfle du

Japon, la pêche vulgarisée jusque dans les bois, la fraise, la pomme de France, l'abricot acclimaté à Orère par M. O. Lemarchand, etc. Le mouvement se continuera, car il existe à la Réunion une *Société d'acclimatation* très active et, ce qui est indispensable, une pléiade d'acclimatateurs riches, persévérants et habiles, en tête desquels il convient de citer le Dr Vinson.

§ 2. *L'avenir de l'acclimatation à la Réunion.* — Il reste encore beaucoup à faire ; il reste des tentatives à poursuivre :

L'*Eucalyptus*. L'existence, à la Réunion, de fièvres intermittentes, qui, jusque il y a une quinzaine d'années, n'avaient pas été signalées, a rendu urgente l'introduction de l'*eucalyptus*. Les *E. gigantea*, *E. robusta* et *E. globulus* ont été introduits en 1854 par les soins de M. Richard. Des essais ont été faits à 900 mètres d'altitude, à Saint-Leu, par M. de Chateauvieux. Malheureusement un grand nombre ont été détruits par l'ouragan. On a pu néanmoins constater, que 11 arbres plantés à Saint-Denis en 1866 et déracinés par l'ouragan, en 1869, avaient atteint en moyenne une hauteur de 10 mètres sur une circonférence de 0^m,65, à 1 mètre du sol. M. Desaifres, ancien chef du service des eaux et forêts, est d'avis, que c'est sous l'abri protecteur des futaies, qu'il faudrait tenter de nouveaux essais pour multiplier cette essence à la Réunion. Cet arbre pourrait alors être employé avec avantage pour le reboisement. M. Richard estime, que les localités les plus convenables ne doivent pas dépasser 1 000 ou 1 200 mètres d'altitude ; il recommande surtout l'*E. robusta* et il attribue les insuccès, qui ont jusqu'ici été constatés, à ce qu'on n'a pas su tenir compte de deux conditions essentielles : la profondeur du sol et l'abri suffisant.

Le *Cinchona*. L'acclimatation des cinchonas est d'autant plus indiquée à la Réunion, que les fièvres d'accès de plus en plus fréquentes rendent la précieuse écorce de plus en plus nécessaire. C'est en 1866, que, sur la demande du Dr Vinson et de M. Morin, des graines de quinquina furent expédiées par le général Morin et par M. Decaisne. On fit lever ces graines sur la côte; des plants d'*officinalis* furent transportés à Salazie à 1 200 mètres d'altitude, à l'Illette à Guillaume à 1 000 mètres; des plants de *Calisaya* furent placés au Brûlé à 1 200 mètres et à Saint-Leu à 1 200 mètres. Les plantations à l'ombre réussissent mieux que celles qui sont exposées aux rayons du soleil; il est donc possible de planter les quinquinas à l'abri des forêts, ce qui les met, en outre, à l'abri des cyclones.

La venue d'un nouveau végétal dans une contrée est toujours une aubaine pour quelque animal ou quelque autre végétal, qui va ronger ses feuilles ou vivre sur lui en parasite : c'est ainsi que le Dr Vinson a pu constater, que la chenille vert-bleu du sphynx du laurier-rose, le *Deilephila nerii*, rongeait les feuilles de ses quinquinas.

Néanmoins la Réunion présente toutes les conditions voulues pour l'acclimatation du *cinchona;* elle est beaucoup mieux constituée pour recevoir cette culture que l'île Maurice, où ne se trouvent pas les altitudes favorables.

Les *arbres à caoutchouc* attirent, avec raison, l'attention de quelques colons : M. Frappier de Montbenoit, conducteur des ponts et chaussées, M. Delteil, pharmacien de la marine et M. Émile Trouette ont fait voir tout le parti que la colonie pourrait retirer du *ficus elastica;* des graines de *vahea gummifera* furent demandées à Madagascar et on fit venir de la Guyane des graines d'*hevea*. M. Trouette songe, en outre, à utiliser une asclepiadée de la Réunion, le *cryptostegia madagascariensis*, dont les feuilles, les tiges et le fruit contiennent un suc analogue au caoutchouc. 2 000 plants de cette liane ont été mis en culture; ils peuvent être exploités dès la première année. M. Trouette a fait venir, enfin, de Saïgon, l'*urceola elastica* de la Sonde, l'*ecdysanthera glandulifera*, le *thior (isonandra krantzii)*, arbre du

Cambodge, riche en gutta-percha, découvert par M. Pierre, directeur du Jardin public de Saïgon.

L'avenir n'a pas encore décidé de ce qu'il en sera de ces diverses cultures; il est permis d'espérer, qu'elles seront un jour une source de revenu considérable, car, du mois de juillet 1870 au mois d'août 1873, la quantité de caoutchouc de Madagascar vendu sur la place de Saint-Denis a atteint 331 825 kilogrammes, soit une valeur de 1 172 835 francs. Mais M. Trouette croit savoir, que, depuis cette époque, le produit du caoutchouc de Madagascar a diminué, parce que les Malgaches détruisent les lianes, afin d'échapper aux corvées, qui leur sont imposées pour sa récolte par la reine des Hovas. Il y a donc là, pour la Réunion, une place à prendre.

Le *Téosinté*. M. Trouette s'est également adonné à l'acclimatation à la Réunion de cette plante fourragère. C'est une graminée de haute taille, qui tient le milieu entre le maïs et la canne. Originaire du Guatemala elle y est connue, par les botanistes, sous le nom de *Reana luxurians*. Les mules, les chevaux, les bœufs se jettent sur elle et mangent tout, jusqu'aux tiges et aux racines, ce qui indique, pense M. Trouette, un végétal très saccharifère. Il croit qu'on pourrait en extraire du sucre et de l'alcool. On dit qu'une seule touffe suffit pour nourrir pendant 30 heures un couple de grands bœufs de charrue.

Il y aurait également lieu de cultiver à la Réunion l'*olivier*, la *ramie*, l'*igname de Madagascar*.

Sériciculture. Les végétaux ne doivent pas exclusivement occuper les colons : la *sériciculture* mérite de fixer leur attention.

On trouve à Madagascar une soie, que les indigènes appellent soie sauvage (*landy-dy* ou *landy-bè*, grande soie). Elle est recherchée par sa solidité. On voit des cocons, qui pèsent 8 grammes et quelques-uns 12 grammes. On les trouve suspendus aux arbres les plus élevés : ils ressemblent à des nids d'oiseaux. Ces cocons sont formés par plusieurs vers à soie, qui s'associent pour ce travail. On a vainement essayé de les dévider par les procédés du tirage de la soie. Lorsque les indigènes en ont ramassé une certaine quantité, ils mettent le tout dans l'eau, qu'ils font bouillir un moment (à Saint-Augustin, côte sud-ouest, ils les lavent à cinq eaux différentes); ensuite ils déchirent les cocons et les filent au fuseau.

Bombyx de l'ambrevade. Il y a aussi à Madagascar, et particulièrement à Emirina, un autre ver à soie indigène, qui est noir et mesure de 8 à 11 centimètres de longueur sur 1 centimètre de grosseur : les Hovas élèvent ces vers en plein air. Ils les transportent, après l'éclosion, sur un arbrisseau nommé *ambrevade*, qu'on plante dans ce but. Ils les laissent sur ces arbrisseaux, qu'ils ne visitent presque jamais que pour récolter les cocons. Au moment de la récolte ils choisissent quelques-uns des plus beaux cocons, ils les mettent sur un gros bouchon de foin, qu'ils suspendent sur la toiture de leur maison et, lorsque les œufs sont éclos, ils les portent sur les ambrevades. On ne peut pas non plus dévider ces cocons, qui produisent une soie très forte et de longue durée. Les Hovas ont l'habitude de couvrir leurs morts de cette soie : il y a même des familles riches qui les enveloppent dans vingt-cinq et quarante lambas de cette soie. Chaque lamba coûte, en moyenne, 75 francs. Plusieurs de ces lambas se sont conservés plus de soixante ans dans les tombeaux. Or l'*ambrevade* (*cytisus cajanus*) se trouve à la Réunion. La chrysalide que renferme le cocon du bombyx de l'ambrevade est en outre comestible; les Hovas la font frire.

Landy-antanety. Enfin, d'après le P. Jouen, supérieur de la mission de Madagascar, à qui j'emprunte ces renseignements, il y a aussi à Émirina des vers à soie nommés par les indigènes *landy-antanety* (vers de terre). Ces vers se nourrissent de l'herbe des montagnes et des plaines. Ils font leurs cocons presque dans la terre; lorsque les gens du pays ne voient plus les chenilles serpenter sur la terre, ils mettent le feu aux herbes des montagnes, ils cherchent ensuite les cocons avec une petite pièce de bois ou de fer. On fait avec cette soie des tissus très légers, qui n'ont pas la même valeur que ceux fabriqués avec les soies précédentes.

IV. Travaux publics. — § 1. *Ports*. — Il faut que notre colonie se lance dans l'exécution de grands travaux publics, si elle ne veut, et pour toujours, être dépassée par Maurice. Il faut qu'elle soit moins isolée ; or actuellement elle est inabordable : sur 435 navires qui l'ont visitée en 1879, on compte 30 étrangers seulement. Il faut que sa partie *sous le vent*, à l'ouest, soit munie d'un bon port.

Jadis la Réunion n'avait que deux mauvaises rades, Saint-Paul et Saint-Denis ; Saint-Pierre s'est créé ensuite. Un projet de M. Pallu de la Barrière consiste à creuser la pointe aux galets et à faire un port magnifique.

§ 2. *Chemin de fer*. — Il faut qu'un chemin de fer fasse le tour de l'île comme à Maurice.

§ 3. *Câble sous-marin*. — Si un câble sous-marin reliait la Réunion non seulement au reste du monde mais à Maurice, il y aurait d'abord pour les affaires de précieux avantages, il y aurait surtout une grande sécurité pour notre colonie. Les cyclones, dans leur trajet presque régulier, arrivent en effet presque toujours à Maurice 18 ou 24 heures plus tôt qu'à la Réunion : il serait donc aisé de prendre ses précautions, si Maurice pouvait prévenir sa voisine par télégraphe.

CHAPITRE VII

Mayotte.

I. Territoire. — Mayotte ou *Mahoré*, une des Comores, est située à l'entrée du canal de Mozambique, entre la côte d'Afrique et Madagascar, par 12°38' lat. S., entre 42°45' et 43°2' long. E. En 1840 le lieutenant de vaisseau Johanne, commandant de *la Prévoyante*, contourna les récifs qui l'entourent et, y trouvant une sorte de port d'un accès facile, vint mouiller dans une superbe rade bien abritée. L'île appartenait à un aventurier intelligent, nommé Andrian Souli, qui vendit à la France ses sujets, son pays et sa couronne pour une rente annuelle de 5000 francs, faisant en réalité une excellente affaire, que devait couronner l'éducation gratuite de ses deux fils au lycée de la Réunion.

La superficie de Mayotte, sans compter les îlots *Pamanzi*, *Zambourou*, *Dzaoudzi* qui en dépendent, est de 30000 hectares. Le sol est volcanique, tourmenté, sans que l'altitude des sommets dépasse néanmoins 600 mètres. Ces collines sont arides et les grands arbres ne se trouvent guère que dans les vallées, fort malsaines.

II. Climat. Maladies. — La température moyenne est de +27°,20; le thermomètre ne monte pas au-dessus de +34°. L'année se partage en deux saisons : une saison fraîche ou sèche, une saison humide et chaude l'hivernage. L'insalubrité de Mayotte est un peu moindre, depuis que les habitations humides en torchis ont été remplacées par des maisons en pierre et bois.

Le pays est essentiellement palustre : le Dr Grenet déclare ne pas connaître un Européen véritablement indigénisé dans l'île; on y compte cependant plusieurs colons, qui ne l'ont pas quittée depuis une douzaine d'années. L'intoxication palustre est la règle et il vient toujours un moment, où il faut quitter le pays. Les entozoaires sont fréquents : le Dr Grenet a décrit un tænia nain, spécial, le *tænia madagascariensis*.

Le siège du gouvernement a été placé sur l'îlot de Zaoudsi, séparé de Mayotte par un bras de mer d'un mille environ ; malgré cet isolement apparent le poste est rendu malsain par le voisinage de la terre ; aussi a-t-on projeté de fonder un nouvel établissement sur la presqu'île de Choa, en face Zaoudsi. En 1854 la mortalité des Européens était de 7,7 %. On y a observé fréquemment cette anémie spéciale, que les nègres nomment *mal-cœur* et qui est due aux piqûres et aux petites hémorrhagies déterminées dans l'intestin par l'*ankylostome duodénal*. Un parasite semblable existe même chez le bœuf, chez qui il détermine des troubles analogues.

On y observe également les ulcères des jambes contagieux, spéciaux en quelque sorte aux races colorées, qui sont désignés sous le nom générique d'*ulcère de Mozambique*.

III. Population. — La population de Mayotte, comme celle de toutes les Comores, est surtout un mélange de Nègres et d'Arabes ; la prédominance du type arabe constitue l'aristocratie ethnique de ces îles ; les hommes qui la composent et qu'on retrouve jusque sur la pointe nord-ouest de Madagascar ont reçu des Malgaches le nom de *Antalaots* (hommes du dehors). On distingue néanmoins les Mayottais ; les Mahouas noirs abrutis de la côte de Mozambique, esclaves doucement traités par les musulmans et d'ailleurs seuls capables de cultiver la canne dans ce pays ; les Anjouanais qui sont généralement un mélange assez inextricable de sang arabe, nègre et sakalave ; les Indiens noirs de Malabar et quelques Indous blancs ; des créoles surtout noirs, parfois mulâtres ou blancs de Bourbon; un petit nombre d'Européens et les fonctionnaires. La population indigène ne dépasse pas 8 000 habitants.

IV. Faune et Flore. — § 1. La *faune* comprend le zébu, des chèvres dont un grand nombre sont sauvages, de rares moutons, des chats sauvages. Les animaux sauvages comprennent encore les lémuriens bruns de Madagascar (*Lemur albifrons* et *Anjuanensis*), une grosse roussette (*Pteropus edwardsi*) considérée comme un gibier comparable au lapin, trois rats d'origine asiatique, dont notre rat noir et notre surmulot. Des dauphins et plusieurs balénoptères se prennent dans les détroits, où l'on harponnait encore, il y a trente ans, les cachalots disparus aujourd'hui. Les oiseaux sont représentés par notre chouette des clochers (*Strix flammea*) et par notre héron cendré ; on rencontre en outre un perroquet spécial aux Comores, le corbeau noir et blanc de Madagascar, la colombe australe, très joli pigeon vert et excellent gibier, la colombe de Madagascar ou ramier bleu, une caille, etc. Les Comores n'ont pas de serpents venimeux. On y recueille beaucoup de miel et de cire.

§ 2. La *flore* comprend la canne à sucre, le coton, le café, le tabac; on recueille de la gomme, une résine blanche et parfumée; on trouve de bons bois d'ébénisterie et de charpente. Le sol arable, absent dans un grand nombre de points, présente dans d'autres une épaisseur de 15 mètres, ce qui donne à ces régions privilégiées une extrême fertilité. Le *Jatropha curcas*, pignon d'Inde ou médicinier est abondant : il empoisonna à plusieurs reprises nos matelots notamment ceux du *La Bourdonnais*. L'eucalyptus, qui était indiqué pour tant de raisons, n'a pas réussi.

V. Exploitation. — La canne tend à devenir la culture à peu près unique de Mayotte. Grâce à la canne cette île est une colonie productive : en 1874 l'exportation était de 587 985 francs et l'importation de 1 400 675. Le café n'y réussit pas bien.

Souvent réunies dans des conditions communes nos possessions de Mayotte et de Nossi-Bé protestent contre cette réunion, toutes les fois que l'occasion s'en présente : l'avenir de Nossi-Bé est en effet lié à notre politique à Madagascar, tandis que les Comores ont surtout des relations avec la côte orientale d'Afrique. L'une et l'autre ont donc protesté contre le récent décret qui, instituant un conseil supérieur des colonies, établit que Mayotte et Nossi-Bé auront un délégué commun.

CHAPITRE VIII

Nossi-Bé.

§ I. SITUATION. TERRITOIRE. — L'île de Nossi-Bé appartient pour ainsi dire à Madagascar. Située à 2 milles de sa côte ouest, entre 13° 10′ et 13° 25′ lat. Sud par 46° 4′ et 45° 53′ long. Est, elle est reliée par un prolongement sousmarin à la pointe d'Ankifi, dont elle n'est séparée que par un canal étroit, peu profond, du milieu duquel, comme pour l'amoindrir encore, émerge l'îlot de *Nossi-Comba*. Entre Nossi-Bé et Nossi-Comba la distance n'est que de 2 500 mètres et entre Nossi-Comba et Madagascar de 5 000 mètres. La superficie de l'île est d'environ 20 000 hectares; en outre de Nossi-Comba elle est entourée de plusieurs satellites, qui sont *Nossi-Tanga, Nossi-Tanrec, Nossi-Falli* et *Nossi-Mitsiou*.

La nature du sol est volcanique; l'île n'est qu'une projection de Madagascar et c'est postérieurement à sa formation que le pont, qui la réunissait à cette grande île, s'est affaissé laissant les flots passer entre Nossi-Comba et la presqu'île d'Ankifi. Les recherches géologiques de M. Velain ont montré, que la composition géologique du sol de la presqu'île Lokobé, qui termine Nossi-Bé du côté de Madagascar, était la même que celle de Nossi-Comba et que celle de la presqu'île madécasse d'Ankifi. Les montagnes et les lacs du reste de l'île portent eux-mêmes l'empreinte de leur origine volcanique : les indigènes ne s'y sont pas trompés et donnent aux montagnes éboulées le nom de *Tané-lastak* (terres tombées dans un trou). Ces montagnes n'ont guère plus de 500 mètres d'altitude; l'îlot conique de Nossi-Comba en a 600.

II. Climat. — La moyenne de la température est de $+26°,7$; le maximum observé par le Dr Guiol est de $+35°$, le minimum de $+18°$. La saison sèche ou fraîche dure d'avril à octobre, l'hivernage d'octobre à mars. De nombreux marais existent sur différents points : sur la côte orientale de grandes surfaces marécageuses sont formées par le mélange si pernicieux de l'eau douce et de l'eau salée; elles sont couvertes de palétuviers. Dans l'intérieur de l'île les marais d'eau douce de Vouririki, peuplés de sangsues, ne sont pas moins dangereux. Le chef-lieu, Helleville, est entouré par les marais d'Andavakoutoukou, d'Amboudivaniou; le vent apporte en outre les germes palustres de ceux d'Ampassimène et d'Ambanourou.

III. Faune et flore. — § 1. *Faune*. — On trouve ici des zébus, des chèvres, peu de moutons, des hérissons (*Tenrec* des Malgaches). Les lapins n'existent plus; ils étaient jadis tellement abondants, que l'îlot boisé de Tani-Kély, dans la rade d'Helleville, se nommait l'île aux Lapins. Les caïmans sont nombreux et redoutables.

§ 2. La *flore* cultivée est représentée surtout par la canne, qui occupe 18 sucreries. On y cultive aussi le riz, le maïs, la patate; la pomme de terre donne peu. A Nossi-Comba on cultive beaucoup le bétel. Le caféier pourrait être cultivé davantage. La vanille, la cannelle, le girofle n'ont pas non plus l'extension qu'ils pourraient prendre; il en est de même du coton et du tabac. On trouve partout la banane, la mangue, la goyave, la papaye, l'avocat, le letchis, l'arbre à pain. Le Dr Guiol, qui a fait de Nossi-Bé une étude si complète, signale une papilionacée indigène, la morongue, pour ses propriétés rubéfiantes, utilisables en médecine. Il recommande le manguier comme très propice au reboisement; il pense, qu'il serait capable, par sa végétation rapide, d'épuiser suffisamment les terrains marécageux et qu'il rendrait des services analogues, sous ce rapport, à ceux de l'eucalyptus.

On trouve à Nossi-Bé une apocynée célèbre, le *cerbera veneniflua* ou tanghin, qui sert à Madagascar de poison d'épreuve; le *ravenala madagascariensis* ou arbre du voyageur, qui retient l'eau à l'aisselle de ses magnifiques feuilles; le *sagus rafia* ou sagoutier; l'*areca catechu*, etc.

IV. Population. — Le fond de la population est constitué par des Malgaches (Betsimiras, Antankars et surtout Sakalaves) qui nous aiment d'autant plus, qu'ils sont venus nous demander secours contre les Hovas. Ce sont en effet ces Malgaches, qui émigrés de Madagascar avec leur reine Tsioumeick pour fuir les Hovas demandèrent, en 1840, notre protectorat au capitaine Passot, commandant du *Colibri;* au nombre de 12 000 ou 15 000 autrefois ils sont aujourd'hui moins nombreux. On y trouve également quelques Hovas, des Anjouanais, des Comoriens divers, environ 200 Indous blancs, qui font le commerce avec Madagascar, avec Zanzibar et avec Bombay; les Indous noirs ou Malabars, qu'on faisait venir comme coolies, n'ont pu s'acclimater. On trouve aussi des créoles noirs de Bourbon, mais surtout des *Maquois* de la côte africaine. Quelques Chinois, un certain nombre de créoles blancs de la Réunion et les fonctionnaires complètent la population créole. Les blancs européens n'étaient guère plus de 175 en 1880 d'après M. Guiol. Le total de la population ne dépassait pas officiellement 7 979 en 1880; mais ce chiffre n'est pas complètement exact : les Malgaches, qui veulent fuir l'impôt de capitation auquel ils sont soumis, fuient à chaque recensement pour ne pas *payer leur tête* et reviennent ensuite.

Acclimatement des Européens. — La petite expédition, qui traita en 1840 l'acquisition de Nossi-Bé, débuta mal : en peu de temps elle perdit 80 hommes de la fièvre et de la dysenterie; aussi l'endroit, où elle était campée entre la baie d'Helleville et celle d'Ambanourou, reçut-il le nom significatif de *Pointe à la fièvre*. Les Malgaches firent preuve d'observateurs en le désignant d'un nom, qui signifie dans leur langue synthétique *lieu où il est dangereux de remuer la terre*. L'année suivante (1841), du 27 février au 10 juillet, il y eut 71 décès. Les soldats, qui revenaient chaque soir coucher à bord, étaient plus épargnés, que ceux qui passaient la nuit à terre. En 1853, dit M. Daullé, la colonie comptait 23 Européens civils (colons, marchands, ouvriers); en quelques mois 15 de ces hommes étaient morts de fièvre pernicieuse. En somme, de 1842 à 1866, la mortalité des Européens a été de 7,3 %, elle s'est élevée depuis à 7,5 %. Les fonctionnaires se renouvellent si fréquemment pour raison de santé, quand ce n'est pas pour cause de décès, que en 40 ans les fonctions de chef de service de santé ont été remplies par 39 médecins. Les effets du climat seraient plus funestes encore, dit le Dr Guiol, si la proximité de la Réunion et de Maurice ne permettaient à un grand nombre d'Européens de fuir à temps.

Ce voisinage a cependant eu une autre influence bien curieuse : les Européens vrais deviennent de moins en moins nombreux; ils sont remplacés par des créoles de la Réunion, qui, loin d'offrir au climat une résistance accrue par l'habitude, succombent au contraire plus vite; aussi la mortalité s'est-elle élevée à 8, puis à 10 %.

Une source thermale, qui se trouve sur la rive gauche de la rivière Zabaly, source qui est sulfureuse et possède une température constante de + 44°, pourrait rendre aux valétudinaires de réels services.

V. Colonisation. — § 1. *Travaux publics.* — Les centres de population sont Helleville, siège du gouvernement et résidence de la plupart des blancs, Andouane, Andavakoustoukou, Ambanourou. Les travaux publics n'ont pour ainsi dire rien fait pour assainir les marais ; aujourd'hui cependant que depuis 1878 Nossi-Bé a son administration propre, elle n'a plus à craindre d'être englobée.

§ 2. *Hygiène publique.* — L'attention de l'administration doit être éveillée, au point de vue de l'hygiène, sur le voisinage presque immédiat de Nossi-Bé et de Madagascar ; car la variole règne en permanence dans la grande île et, comme la Réunion et Maurice sont très sévères au point de vue sanitaire pour les navires de provenance madécasse, Nossi-Bé ne pourrait que gagner à s'isoler de sa voisine. M. le Dr Deblenne, qui réclame avec raison l'établissement d'un lazaret bien organisé, relate un grand nombre d'épidémies de variole et de choléra toujours importées de Madagascar. Ces épidémies sont toujours graves : l'une d'elles en 1859 a causé 1 500 décès, une autre en 1875 en a causé 1 000. En 1870 le choléra apporté de Madagascar a causé 207 décès ; en 1871 il en a causé 398 décès.

§ 3. Le *reboisement* des parties non utilisables pour la culture de la canne contribuerait puissamment à assainir l'île, dont le sol arraché par les pluies aux montagnes, qu'on dénude, vient former sur les côtes des alluvions marécageuses. Ici, comme partout, les indigènes ont incendié les territoires boisés pour faire leurs plantations.

§ 4. *Croisements.* — Il existe ici des populations intelligentes, cafres, malgaches, avec qui les blancs trouveraient à faire des croisements, qui donneraient sans doute naissance à d'excellents métis.

CHAPITRE IX

Sainte-Marie de Madagascar.

I. Territoire. — Sainte-Marie ou *Nossi-Ibrahim* forme une petite colonie indépendante. Elle est située à 6 milles de la côte orientale de Madagascar, par 17° lat. Sud et 47° long. E. Sa superficie est de 90 000 hectares; elle est divisée en deux parties inégales par un petit bras de mer. La côte orientale ou *du vent*, constituée par de larges polypiers, est inabordable; la côte occidentale ou *sous le vent*, qui regarde Madagascar, présente une belle rade, fermée par un rocher, l'îlot Madame; c'est là le port de Sainte-Marie. L'îlot Madame est le siège du gouvernement.

II. Climat. — Le sol bas, le sous-sol argileux contribuent à rendre l'île extrêmement palustre; la température moyenne n'est que de + 25°; les pluies sont abondantes. En 1722 Carpeau de Saussay écrivait : « Nous appelons l'île Sainte-Marie le cimetière des Français, parce qu'il n'y a aucun navire qui n'y laisse bon nombre de personnes, pour peu de séjour qu'il y fasse. » Les côtes orientales de l'île sont fréquemment le théâtre de ras de marée.

III. Population. — La population de l'île est d'environ 6 000 habitants; elle est composée de Sakalaves et d'une centaine de blancs, Européens et créoles de Bourbon. Les blancs habitent surtout le port de Sainte-Marie, l'îlot Madame et le village d'Amboutifoulth au N.-E. de la rade.

Acclimatement des Européens. — Malgré l'insalubrité indéniable de l'île le Dr Borius a constaté, qu'un assez grand nombre d'Européens peuvent y vivre depuis vingt-quatre ou vingt-cinq ans; néanmoins ce sont là des exceptions.

IV. Utilité. — § 1. *Nos droits sur Madagascar*. — L'utilité de cette colonie serait nulle, si elle n'était avec Nossi-Bé un jalon d'attente sur Madagascar. Or si les côtes basses de la grande île sont malsaines, en revanche les hauteurs seraient pour les Européens aussi saines que la France.

Lorsque nous nous sommes établis à Sainte-Marie, ce fut du reste avec l'idée de fonder un établissement à Tintingue sur la côte orientale de Madagascar, et lorsque le 15 octobre 1818 M. de Mackau prit possession de Sainte-Marie, il prit également possession de Tintingue le 4 novembre suivant en présence des chefs et des principaux habitants du pays réunis en *kabar* ou assemblée générale. Or cela était parfaitement reconnu, lorsque les Hovas, à l'instigation des Anglais, vinrent bombarder Tintingue et nous chasser de Fort-Dauphin, injustice qui fut vengée en 1829 par l'amiral Gourbeyre, vainqueur des Hovas à la Pointe-à-Larrée.

On voit que nos droits sur la côte occidentale sont connexes des droits incontestés, que nous avons sur Sainte-Marie.

C'est de même qu'à nos droits sur Mayotte et sur Nossi-Bé sont attachés des droits analogues sur plusieurs points de la côte ouest et nord-ouest de Madagascar. Voici en effet ce qu'écrivait récemment à ce sujet, dans la *Réforme*, M. Gerville-Réache, député de la Guadeloupe :

« Les territoires de Souhalala, de Baly et de Marambitsy appartenaient à Andrian-Souly. Andrian-Souly nous les a cédés ainsi que l'île Mayotte, en 1843, et nous lui avons consenti, pour cette cession, une rente annuelle de 5 000 francs.

« L'Ankara nous a été cédé le 10 octobre 1842 par Tsimiarou, roi des Ankakares, qui a touché pour cette cession, jusqu'à l'année 1882 époque de sa mort, une pension annuelle de 1 200 francs.

« Baratou-Bé et Ankify, les deux presqu'îles qui forment la baie de Passandava l'une des plus vastes et des plus belles du monde, nous ont été cédées, en 1841, par Tsimandrou moyennant une pension annuelle de 900 francs.

« Quant à la côte ouest les droits particuliers, que nous pouvons invoquer sur elle, nous ont été transmis par la reine Tsikomeken ou Tsoumeko, qui nous a également cédé l'île de Nossi-Bé.

« Aujourd'hui les princes, successeurs des souverains qui avaient traité avec la France, n'ont conservé, sur les territoires dont je viens de faire l'énumération, qu'un droit purement nominatif et honoraire. »

M. Gabriel Marcel dans une récente étude intitulée : *Nos droits sur Madagascar*, ajoute : « Il ne peut donc y avoir aucune discussion possible au sujet de droits établis aussi formellement. Nier notre titre à la possession de la baie de Passandava par exemple, c'est nier notre droit sur Nossi-Bé et il est impossible de séparer les unes des autres ces cessions, qui ont été faites dans les mêmes conditions, c'est-à-dire volontairement, sans qu'il y ait pression de notre part, sans que nous ayons manqué à nos engagements, puisque nous avons payé à tous les chefs jusqu'à leur mort et notamment à Tsimimiarou, jusqu'à l'année dernière, la pension convenue. »

§ 2. *Station navale.* — Sainte-Marie offre d'ailleurs par elle-même une ressource aux navires battus par la tempête : l'île est couverte de bois ; la rade est bonne.

§ 3. *Assainissement.* — La culture du café, du girofle, de la canne à sucre commence à devenir prospère ; mais il importe d'assainir ce poste avancé sur Madagascar : il serait important de planter de l'eucalyptus. Malheureusement les tentatives faites jusqu'à ce jour n'ont pas réussi.

CHAPITRE X

Colonies françaises dans l'Inde.

L'Afrique est le pays de la colonisation dans l'avenir; c'est dans cette riche contrée, que nous devons prendre notre revanche du passé; c'est là, que nous devons réparer les fautes, qui ont été commises dans l'Inde. On pourra du moins parler un jour de l'*Afrique française*, comme on eût pu parler de l'*Inde française*, si un des plus grands hommes qu'ait produit la France, un de ceux qui ont le mieux compris la colonisation commerciale, amicale et pacifique, celle que doivent seuls connaître les temps modernes, Dupleix eût été maître de donner à la France une place, que les Anglais eux-mêmes n'occuperont jamais dans l'esprit de la population des Indes. Mais actuellement il me semble dérisoire d'employer le mot d'*Inde française* pour l'appliquer aux quelques débris, que nous possédons encore, de notre ancienne puissance coloniale.

I
MAHÉ

I. TERRITOIRE. — La ville de *Maihi* fut prise en 1726 par Mahé de La Bourdonnais, qui lui donna le nom de *Mahé*. Elle est située sur la côte de Malabar par 11° lat. N. à l'embouchure de la petite rivière de Maihi. Son territoire est d'une superficie de 5 909 hectares y compris quatre aldées, qui en dépendent : *Pandakel, Chambaro, Palour* et *Chalakara*.

II. CLIMAT. — Bâtie sur une colline au milieu d'arbres touffus, Mahé a de loin plutôt l'aspect d'un parc que d'une ville; le sol est perméable, la propreté est entretenue par des bandes de corbeaux, qui font l'office de balayeurs et se chargent bénévolement du service de la voirie.

Les saisons sont délimitées par le changement de mousson, qui leur donne sur cette côte de Malabar un caractère absolument inverse de celui qu'elles présentent sur la côte opposée de Coromandel : d'avril à octobre, pendant l'été ou hivernage souffle la mousson du sud-ouest; elle vient de lécher les flots de l'océan Indien; elle est donc chargée d'humidité. Il s'en suit que l'été est pluvieux, tandis que le même vent arrivant asséché sur la côte de Coromandel donne à l'été dans cette région un caractère marqué de sécheresse. Pendant l'hiver, d'octobre à avril, souffle à Mahé la mousson du nord-est; elle vient de traverser l'Indoustan, en déposant sur la côte de Coromandel, sur les sommets des Ghattes toute l'eau, dont elle s'était chargée sur les flots du golfe de Bengale; l'hiver est donc sec à Mahé.

Les fruits sont nombreux, l'eau excellente; les maisons sont saines, coquettement cachées au milieu des cocotiers. L'air est salubre et agréable, excepté toutefois pendant l'époque où l'on fait sécher le poisson. La pêche et la préparation du poisson sont en effet la principale industrie du pays; elle rapporte chaque année 200 000 francs à la caste des pêcheurs (*Macouas*), qui expédient leur marchandise aux Laquedives, à Zanzibar et dans divers points de l'Afrique. Le mouillage de Mahé passe pour excellent.

Acclimatement. — De toutes ces conditions réunies il résulte, que Mahé est le seul point de l'Inde, où l'Européen semble jusqu'ici s'acclimater. D'après le Dr Chanot, et autant que la statistique de la seule année 1868 donne une idée juste de ce qu'elle serait pour une période plus longue, il y a eu 172 naissances européennes pour 109 décès. La population peut donc passer pour acclimatée. La réputation de salubrité que possède Mahé en a fait du reste une sorte de petit *sanatorium*.

III. Population. — En dehors des Européens on trouve à Mahé des castes nombreuses : les maplets commerçants, musulmans, ennemis jurés de l'Angleterre; les brahmanes ou prêtres; les vanniers qui préparent l'huile de coco; les chaliers ou tisserands; les tives, serviteurs qui viennent des Laquedives et à qui la légende donne une origine juive : ils ont un fort beau type; les caniziens ou devins; les tattans qui font le métier d'orfèvre; les azaris ou charpentiers; les coliens ou serruriers; les vettouens, cordiers; les paravens, maçons; les dovys qui sont blanchisseurs.

II

KARIKAL

I. Territoire. — Karikal est situé sur la côte de Coromandel par 10°35′ latitude N., sur une des branches du Cavéry. Sa superficie de 13 515 hectares est divisée en 5 districts, qui comprennent 109 aldées. Le nombre des habitants de tout le territoire est de 61 000. Les petits navires peuvent seuls aborder, le port étant encombré par les alluvions apportées par le fleuve.

II. Climat. — C'est un des points les plus chauds de l'Inde. D'après les observations du Dr Godineau la température moyenne est de + 29°,6. La moyenne de décembre est de + 22°,3; celle de juin de + 32°; le minimum de l'année est de + 20°; le maximum de + 40°,5.

Acclimatement. Malgré cette température élevée la mortalité des troupes blanches, de 1851 à 1856, n'a pas dépassé 3,57 pour 100. Cela dénote une assez grande salubrité; cependant, si l'on cherche à voir ce que devient la race dans ce milieu, où l'individu semble assez bien résister, on voit, que de 1849 à 1856 la population blanche a donné 15 naissances seulement pour 22 décès. Les croisements seuls seront donc capables d'amener l'acclimatement de la race blanche dans ce pays.

III. COMMERCE. — La principale industrie de Karikal consiste en embarcations, qui sont renommées pour leur légèreté dans tout l'océan Indien.

III

PONDICHÉRY

I. TERRITOIRE. — La ville de *Poolchéry* (Pondichéry), dans le Karnatik, a été bâtie, sous Louis XIV, par François Martin, fondé de pouvoir de la Compagnie des Indes. Elle est actuellement la capitale de ce qu'on nomme l'*Inde française*.

Elle est située sur la côte de Coromandel, par 10° 55' latitude Nord. La superficie du territoire est de 29 069 hectares; il comprend 3 districts : *Pondichéry, Bahour* et *Villemour*, 234 aldées et 180 000 habitants. 8 cours d'eau traversent ce territoire. La ville elle-même est partagée en deux : la ville blanche, qui est saine et la ville noire, qui est très malsaine.

Son territoire n'est pas d'un seul tenant : une assez grande partie est composée de Pondichéry et de ses alentours; le reste apparaît sur une carte détaillée comme une série de taches tantôt irrégulières, tantôt géométriques, semées sur un fond, qui représente les possessions anglaises ainsi étroitement entremêlées avec les possessions françaises.

II. CLIMAT. — La température moyenne annuelle est de + 28°,34; c'est un des points les plus chauds de l'Inde; c'est même une de nos colonies les plus chaudes.

Les saisons sont, au point de vue de la pluie, opposées à celles de Mahé, par suite de la nature des surfaces que traversent les moussons avant d'arriver à la côte de Malabar ou à la côte de Coromandel; l'hiver est la saison fraîche, pluvieuse et humide.

La température est plus élevée aujourd'hui, qu'elle n'était

au siècle dernier, ainsi qu'on en juge facilement en la comparant aux observations nombreuses de Legentil. Ses notes indiquent également un plus grand nombre de jours de pluie et une plus grande hauteur d'eau tombée que de nos jours. Les déboisements pratiqués ici comme ailleurs rendent suffisamment compte du phénomène. Actuellement le degré hygrométrique moyen est de 79°,20, ce qui est inférieur au degré observé à la Réunion (79,30), aux Antilles (79,51), à Mayotte (80,91), à Taïti (84,93), à la Guyane (90). Seul le Sénégal se trouve au-dessous (66). Les orages sont fréquents : aux changements de mousson, notamment, les animaux sont agités, la chaleur est excessive et accablante; la rade est alors mauvaise. La chaleur est, par moments, difficile à supporter; qu'on ajoute l'inconvénient de nombreux insectes ailés, de caryas volants, qui envahissent l'air à certains jours et de véritables poussières formées de débris délétères de libellules.

Maladies. La fièvre paludéenne est beaucoup moins fréquente que dans le Bengale et qu'à Bombay, mais elle existe cependant. Les Indiens la combattent avec la racine amère du margosier (*azadirachta indica*).

L'anémie atteint presque tous les Européens.

La dysenterie est fréquente : elle atteint surtout les Indous, puis les gens de race mixte, puis les blancs.

L'hépatite n'est pas fréquente. Ce qu'on rencontre souvent, c'est plutôt un engorgement du foie.

Le choléra est apporté du Gange par la mousson nord-est; ses ravages sont, du reste, variables; il a causé, en 1865, 78 décès; 1650 en 1866; 705 en 1876 et 1823 en 1877.

La varicelle (*papole*) est fréquente.

La gale (*carpang*) atteint presque tous les indigènes : domestiques dans les maisons des Européens ils communiquent fréquemment la maladie aux enfants, qui leur sont confiés.

La phtisie est fréquente : la sécheresse du vent sud-ouest augmente son intensité; elle prend, du reste, une marche galopante : c'est donc bien à tort, qu'il était d'usage à la Réunion, il n'y a pas encore longtemps, d'envoyer les phtisiques se refaire à Pondichéry.

L'éléphantiasis atteint surtout les Indous.

La lèpre est fréquente; il en était de même autrefois, car Dupleix et sa gracieuse femme, la célèbre Joanna Begun, avaient fondé une léproserie, qui fut relevée depuis par les soins de M. Desbassains de Richemont.

III. FAUNE ET FLORE. — Les serpents sont nombreux à Pondichéry : le plus redoutable est le *naja lutescens* ou serpent à lunettes ou *cobra-capello*. Dans la courte période de 1863 à 1866 on a observé 118 cas de morsure, dont 47 ont été mortels. Il occasionne en moyenne 13 décès par an.

Le meilleur moyen de détruire les serpents serait de détruire les *raquettes*, qui couvrent des terrains considérables et qui constituent, pour eux, des repaires, où ils pullulent à loisir. La prime était autrefois le moyen qu'on employait, mais elle allait précisément à l'encontre du but, qu'on se proposait d'atteindre : les Indiens allaient chercher des najas sur le territoire anglais et notre territoire contenait plus de serpents que jamais.

Pondichéry est également célèbre pour ses banyans ou figuiers des pagodes. Il y en a, qui par l'implantation de leurs branches descendantes ont plus de 500 pieds de tour. L'Inde tout entière possède du reste des banyans : le plus remarquable est à Guzerate; il porte le nom de *cobir-bar;* il mesure 2 000 pieds de circonférence.

La végétation est extraordinaire à Pondichéry; les bambous, les palmiers atteignent des dimensions colossales.

IV. POPULATION. — La densité de la ville blanche n'est pas considérable; on y trouve 275 mètres carrés par chaque habitant (blanc ou mixte). La ville noire ne présente que 45 mètres carrés par habitant. Sur le territoire total de Pondichéry le coefficient de densité de la population est de 23, tandis qu'il est de 67 en France.

Les *Indous* varient suivant la caste, à laquelle ils appartiennent, c'est-à-dire suivant la proportion de sang blanc ou aryen, jaune ou Mongol, noir ou dravidien qu'ils présentent; ils sont peu robustes, mais la supériorité intellectuelle des castes élevées est remarquable.

Les *musulmans* ont le type arabe, bien que leur peau soit plus ou moins foncée : leur barbe est noire et fournie, leur taille haute, leur constitution robuste. Ils présentent une aptitude remarquable au travail physique, mais ils sont plus réfractaires encore que l'Indou à tout ce qui est innovation.

Les *Topas* sont des métis de Portugais et d'Indoue. Leur nom vient, selon les uns, de ce qu'ils ont droit à porter le chapeau (*topi*); selon d'autres de ce qu'ils sont généralement canonniers (*top* canon). Ils sont en général paresseux, orgueilleux, adonnés à l'alcoolisme, où les conduit l'abus du *calou* ou suc fermenté du palmier et du cocotier; le *delirium tremens* est fréquent chez eux. Ils passent pour peu féconds : ainsi, tandis que les Indous ont 1 enfant pour 23 adultes et que les Européens en ont 1 sur 32, les Topas en ont 1 sur 40. On signale, en outre, chez eux la prédominance des filles sur les garçons dans les naissances. Beaucoup sont domestiques ou se livrent à la petite industrie.

Les *Européens*, au nombre de 800 environ, ne présentent pas une mortalité considérable : elle a été de 1856 à 1865 de 3,14 pour 100. Elle est bien moindre qu'aux Antilles, à la Guyane et en Cochinchine; elle est moindre même que dans l'Inde anglaise. Cela tient à plusieurs causes : d'abord à ce que les Français résistent mieux que les Anglais au climat des pays chauds; cela tient aussi à ce que Pondichéry présente peu de fièvres intermittentes; cela tient enfin à ce que les Européens vivant la plupart dans l'aisance habitent pendant les grandes chaleurs le coteau, à une lieue et demie de la ville, petit sanatorium relatif, où d'élégantes villas sont semées près du grand étang.

Malgré ces conditions il est difficile de regarder l'Européen comme acclimaté à Pondichéry et ce n'est que par exception, que dans la période de 1856-1864 on a constaté 300 naissances pour 246 décès. Dans d'autres périodes on trouve une moyenne de 28 naissances pour 34 décès. Si l'individu résiste d'une manière suffisante au climat, la race s'éteint par anémie.

V. COLONISATION. — Dupleix, qui était à la fois guerrier, diplomate, administrateur, hygiéniste et économiste, qui devançant son temps comprenait la colonisation scientifique, telle que nous cherchons aujourd'hui à l'exposer dans ce livre, avait conçu le projet de faire venir dans la ville l'eau excellente de *Mouttirey-Paléom;* or ce n'est qu'en 1854, que le projet de Dupleix fut repris par l'amiral Verninac Saint-Maur et ce n'est qu'en 1863, que la fontaine coula réellement. On reconnaît là cette lenteur tout administrative, encore imprégnée de l'air des bureaux, tous, comme chacun sait, pavés de bonnes intentions, qui faisait dire à un Anglais : « Pondichéry est une ville singulière, où l'on voit une fontaine sans eau, un hôtel des monnaies sans monnaie et une glacière sans glace. »

Notre administration n'a pas su éviter la famine de 1877; elle n'a rien fait pour empêcher le mélange de l'eau douce et de l'eau salée dans la rivière de l'*Avrian coupan;* elle néglige dans les villes de faire, suivant le conseil du Dr Follet, des puits perdus pour recevoir les eaux ménagères, ce qui serait pourtant bien utile dans un semblable climat. Du reste Pondichéry n'est plus aujourd'hui mis en évidence que par ses mousselines et par les services rendus à nos paquebots, qui y stationnent en allant de Marseille en Chine par Suez; encore sa rade est-elle mauvaise.

IV

YANAON

Territoire. Situation. — Yanaon est situé par 16° lat. N. sur la côte de Coromandel ou plus précisément d'Orissa, à l'embouchure du Godavéry. C'était jadis la capitale de la *province* des *Circars* acquise à la France par Bussy.

Le territoire ne comprend plus aujourd'hui que 1 429 hectares en une longue bande de terre et 7 000 habitants.

Le 16 mai 1839 un cyclone a détruit la ville et fait périr 600 personnes. La colonie ne s'est plus relevée.

La fièvre intermittente en fait un pays très malsain.

V

CHANDERNAGOR

I. **Territoire.** — Chandernagor est situé dans le Bengale, à 7 lieues au nord de Calcutta, sur la rive droite de l'Hougly, un des bras du Gange. La superficie du territoire est de 940 hectares, le nombre des habitants de 28 512; le climat est doux, bon, mais le pays est exposé aux cyclones : deux fois en 1854 et en 1867 la ville fut en partie détruite.

II. **Colonisation.** — Le climat est plus salubre que celui de Calcutta, néanmoins Chandernagor est sans avenir. Une occasion se présenta de lui donner la vie, qui lui manque, mais l'administration ne sut pas la saisir : c'était l'époque, où les Anglais faisaient le chemin de fer de Calcutta à Delhi; la compagnie anglaise avait conçu le projet de faire de Chandernagor la ville de plaisir et de luxe, le sanatorium de Calcutta la ville d'affaires; on devait y construire des villas, un théâtre, une salle de jeux. On ne demandait au gouvernement français, dit M. Gaffarel, que de fournir le terrain nécessaire à la gare et à la voie : le gouvernement refusa !

VI

LOGES FRANÇAISES

Nous possédons encore 8 loges ou comptoirs insignifiants à *Surate*, à *Calicut*, à *Mazulipatam*, à *Cassinbazar*, à *Jougdia*, à *Dacca*, à *Balassor* et à *Patna*.

A Surate notre factorerie occupe modestement un local, dont la location est de 2 000 francs. Quant à nos autres comptoirs, nous les louons aux Anglais sauf Mazulipatam et Calicut.

VII

DE L'INDE FRANÇAISE EN GÉNÉRAL

I. TERRITOIRE. — En somme le territoire de ce qui est actuellement l'Inde française contient 50 862 hectares.

II. POPULATION. — La population était en 1876 de 284 522 habitants ainsi répartis :

Européens	1 660
Métis	1 535
Indigènes	282 327

Indigènes. — Les indigènes, qui se composent de brahmanes ou prêtres, de kchatryas guerriers, de vaicyas agriculteurs et de soudras esclaves, rappellent les trois races, qui se sont superposées dans l'Inde et qui, sauf dans les castes tout à fait supérieures ou dans celles qui sont tout à fait inférieures, malgré la séparation qui existe entre elles, se sont plus ou moins mêlées.

Les autochtones de l'Inde étaient des noirs différents des noirs africains; une invasion jaune est venue et les a refoulés dans les montagnes du Dekkan; l'invasion aryenne, blanche est venue enfin; c'est elle, qui a apporté la haute civilisation.

Il y a là aujourd'hui une race intelligente, qui mise en valeur pourrait revoir les temps prospères, qu'elle a connus.

III. COLONISATION. — § 1. *Culture*. — Le climat peut permettre de récolter plus d'un produit précieux : le riz, l'indigo qui a été introduit dans le sud il y a environ 100 ans, le coton, le bétel, le tabac, la canne à sucre, le coton.

§ 2. *Industrie*. — La principale industrie de nos colonies de l'Inde c'est la fabrication de ces cotonnades bleues, qui viennent en Afrique sous le nom de *guinées* et celle de la mousseline. Mais l'intervention des machines a porté le dernier coup au tissage à la main, où depuis tant de siècles excellent les indigènes ; en outre le manque d'espace autour de plusieurs de nos territoires les a complètement stérilisés : Chandernagor, Mahé, Karikal sont aujourd'hui des villes mortes, qui ne peuvent se relever par l'industrie, parce qu'elles sont forcées de faire venir leurs matières premières du territoire anglais, où il y a à payer des droits de sortie considérables.

§ 3. *Commerce*. — Malgré tout, la puissance de ce pays est telle, que, en dépit du peu d'animation de nos colonies de l'Inde française, leur importation était cependant en 1878 de 8 346 523 francs et leur exportation de 15 220 483 francs, ce qui fait un mouvement d'affaires de 23 567 000 francs.

Le commerce avec la France seule était en 1878 de 3 622 189 francs et en 1863 de 8 949 413 francs : il est donc en baisse. En 1878, 438 vaisseaux étrangers sont entrés dans nos ports de l'Inde, 471 en sont sortis, tandis qu'il est entré 141 vaisseaux français et qu'il en est sorti 123.

Un nouveau rôle incombe à l'Inde depuis l'abolition de la traite : elle fournit de coolies nos colonies de la Réunion, des Antilles et de la Guyane ; elle en a ainsi exporté 70 000 depuis l'abolition de la traite des noirs.

Actuellement l'Inde française ne coûte du moins rien à la métropole.

§ 4. *La France et l'Inde française*. — Nous avons perdu l'Inde ; mais de tout ce roman, qui s'est déroulé au siècle dernier et où passent les figures non vulgaires de Martin, de Dupleix, de La Bourdonnais, de Bussy, de Lally-Tollendal et du bailli de Suffren, celles d'Hider-Ali et de Tippoo-Sahib, doit se dégager pour la France une grande leçon : montrer quelles fautes on aurait pu éviter, enseigner quelles vues étaient justes parmi celles des hommes, dont la postérité garde le souvenir; l'histoire n'a pas de plus noble fonction.

Or une grande figure « un Richelieu », comme le dit Henri Martin, domine toute cette histoire brillante, colorée, parfois cependant mesquine. Le rôle de la France dans l'Inde est tout entier dans la vie de Dupleix, qui d'abord petit employé de la Compagnie des Indes à Pondichéry, devint gouverneur de Chandernagor puis gouverneur général de l'Inde française. A côté de son mâle profil la postérité aime à projeter la vague silhouette d'une délicate créole, née dans l'Indoustan d'un Français et d'une Portugaise *la Joama*, *Begun* comme la nommaient les populations, qui voyaient dans « la princesse Jeanne » une sorte de fée du bien.

L'idéal de Dupleix c'est le commerce non ce colportage de boutiquier, qui consiste à échanger des couvercles de boîtes à sardines contre des monceaux d'or et d'ivoire, comme c'est le rêve de plus d'un traitant, mais cette circulation du travail de l'homme, qui répand la vie partout, enrichit tout le monde et n'appauvrit personne. Son rêve n'était pas de mettre la colonie en coupe réglée au profit de la métropole, de canaliser ses richesses pour les faire monter comme par une pompe aspirante dans les caisses de la France, mais de civiliser l'Inde, de lui enseigner les bienfaits du commerce chez elle-même, d'*Inde en Inde*. « Il consacra, dit M. Gaffarel, la majeure partie de sa fortune au commerce d'Inde en Inde, qui lui avait si bien réussi à Pondichéry. Il acheta et nolisa des navires, se procura des chargements, ouvrit des communications avec l'intérieur et attira les marchands indigènes. Animés par son exemple les agents inférieurs secouèrent leur nonchalance. Dupleix avait pour tous de bonnes paroles et des secours effectifs. Aux uns il avançait de l'argent, il s'associait aux autres; il les encourageait tous. Chandernagor devint promptement un comptoir florissant. De 1731 à 1741, pendant les dix années de l'administration de Dupleix, plusieurs milliers de maisons furent bâties et soixante-quatorze bâtiments appartenaient, quand il partit, aux négociants de Chandernagor. Ces vaisseaux portaient les marchandises du Bengale à Surate, à Yeddo dans le Japon, à Djedda et à Moka sur la mer Rouge. Ils ranimèrent le commerce, jadis actif, de Bassorah. Ils pénétrèrent même dans les ports encore fermés de la Chine. Dupleix ne négligea pas non plus le commerce continental. Il établit des relations avec les principales villes de l'intérieur, même avec le Thibet. Chandernagor, sous sa vigoureuse impulsion, devint en peu d'années le plus florissant des comptoirs européens du Bengale. Les directeurs de la Compagnie appréciaient vivement l'avantage d'avoir investi de leur confiance un homme, qui n'hésitait pas à associer sa propre fortune à celle de l'établissement qu'il dirigeait et, à plusieurs reprises, ils lui témoignaient leur satisfaction. »

Avant tout il voulut être l'ami des Indous, ce qui était bien mieux que de se déclarer l'ennemi des Anglais, comme fit plus tard Lally-Tollendal. Adoptant les coutumes, les mœurs indoues, tenant même à prendre son rang dans la hiérarchie indoue, sachant que, pour se faire aimer d'un peuple, il vaut mieux être au milieu de lui qu'au-dessus et en dehors de lui, il tenait surtout à imposer la suzeraineté de la France aux princes indous, ne demandant en fait de conquête que juste ce qu'il en fallait pour sa sécurité et ne voulant d'autre armée qu'une armée indoue disciplinée à l'européenne.

Deux hommes étaient seuls capables de le seconder; c'étaient Mahé de La Bourdonnais et Bussy, qui eussent été les bras, lui étant la tête. Malheureusement la jalousie de Mahé de La Bourdonnais le jeta dans les bras des financiers et l'amitié que Dupleix portait à Bussy empêcha celui-ci de lui succéder, quand, accablé par l'envie et la calomnie de ses ingrats concitoyens, ce grand politique s'éteignit à Paris dans la misère. « J'ai sacrifié ma jeunesse, ma fortune, ma vie pour enrichir ma nation en Asie, écrivait-il peu de temps avant sa mort; d'infortunés amis, de trop faibles parents consacrèrent leurs biens au succès de mes projets ; ils sont maintenant dans la misère et le besoin ! Je me suis soumis à toutes les formes judiciaires ; j'ai demandé, comme le dernier des créanciers, ce qui m'est dû. Mes services sont traités de fable ! Ma demande est dénoncée comme ridicule ! Je suis traité comme l'être le plus vil du genre humain. Je suis dans la plus déplorable indigence. La petite propriété, qui me restait, vient d'être saisie. Je suis contraint de demander une sentence de délai pour éviter d'être traîné en prison. »

Dupleix mort, l'Inde nous échappa : Lally-Tollendal était intègre et vaillant; mais que dire d'un conquérant de l'Inde, qui méconnaît assez la puissance de la caste pour réquisitionner les Indous faute de chevaux et de bœufs et pour les faire attacher pêle-mêle à ses chariots brahmanes et parias ! C'est encore Lally-Tollendal, qui, bouleversant une pagode pour y chercher des trésors, fait attacher les brahmanes à la bouche des canons. Comme on était alors loin de la tradition de Dupleix ! C'est encore Lally, qui, sur le conseil du Père Lavaur supérieur de la maison de Pondichéry, s'avisa de réclamer, à main armée, au rajah de Tandjare une vieille créance oubliée depuis Dupleix : « C'est ainsi, dit M. Gaffarel, que nos soldats devenaient de grandes compagnies et que Lally s'abaissait au rôle de *condottiere*. »

Le bailli de Suffren rappelle Dupleix à quelques égards, mais en réduction. Comme lui il comprit l'avantage de l'amitié des Indous; mais il ne fut pas secondé et fut, jeune encore, enlevé, dans un duel, à la France qui avait tant besoin de lui : l'Inde nous échappait chaque jour davantage. En réalité l'Inde française n'existe plus.

Si la France n'était pas rattachée à nos compatriotes de

l'Inde par les liens de l'affection, on se prendrait à regretter, que le gouvernement français n'ait pas gardé Maurice, l'île de France, qui manque à Bourbon pour faire la paire de perles, ainsi qu'on les nommait jadis. En 1815, en effet, lord Castelreagh proposa à la France d'opter entre la cession de l'Inde et la restitution de l'île de France et nous laissâmes perdre cette belle colonie. « On se demande, écrivit Victor Jacquemont, lequel était le plus inepte de celui qui le proposait ou de celui qui, maître du choix, abandonnait Maurice. »

Cela est d'autant plus regrettable, qu'une correspondance récente adressée au *Moniteur des consulats* montre que les Français sont à Maurice numériquement supérieurs aux Anglais et que ce sont eux, qui forment la véritable force, l'élite de la population. Riches, très cultivés, doués de beaucoup d'énergie et de savoir faire ils se sont cependant vus jusqu'ici soigneusement exclus de toute fonction civile ou politique. Il y a plus : les termes de la cession de l'île à l'Angleterre ont été oubliés. « Nous nous étions engagés, dit le correspondant anglais, à respecter les lois et les coutumes du pays et nous avons banni des tribunaux l'usage de la langue française, ce qui entraîne l'embarras et la dépense d'avoir des interprètes, car la population noire, en fait de langue européenne, ne parle qu'un français corrompu. Nous avons fait pire encore : nous avons vendu et laissé couper les belles forêts, que les Français avaient si sagement respectées et dont la destruction a eu pour conséquence de fatales sécheresses. Les gouverneurs anglais se sont succédé ici et il ne leur est jamais venu dans la pensée de tirer parti des admirables ressources, que leur auraient offertes la sympathie et le secours d'environ 10 000 créoles français fort intelligents. Rien ne saurait être plus injuste pour les habitants, qui ne sont nullement rebelles, mais qu'on s'est aliéné et qui oublieraient promptement la manière dont ils ont été traités, si un gouverneur bienveillant travaillait à les réconcilier à la domination britannique. On ne trouverait pas, par exemple, un plus beau personnel pour un corps de tirailleurs (*rifle corps*) que parmi les gentlemen français de l'île; les jeunes gens sont d'admirables tireurs; leur plaisir favori est la chasse au cerf dans les districts montagneux. »

Quoi qu'il en soit, les Français de Pondichéry se sont dans maintes reprises montrés animés de patriotisme et, tout en regrettant Maurice, nous ne devons pas nous montrer ingrats envers ceux de nos concitoyens, qui restent encore dans l'Inde comme pour nous rappeler nos fautes et nous empêcher de les renouveler.

CHAPITRE XI

Cochinchine.

I

MILIEU COLONIAL

Territoire. — Climat. — Faune et flore. — Population.

I. Territoire. — La Cochinchine est située à l'extrémité la plus orientale de la presqu'île indo-chinoise, entre 8° 30' lat. S. et 11° 30' lat. N. d'une part, entre 102° 10' long. E. et 105° 30' long. E. de l'autre. Avec les îles qui en dépendent, de Poulo-Condor sur la côte orientale et de Phuo-Quoc sur la côte occidentale de la presqu'île, elle présente une superficie de plus de 60 000 kilomètres carrés. Les 3 provinces les plus orientales de Bien-Hoa, de Gia-Dinh, de Ding-Tuong ont été cédées à l'amiral Bonnard, représentant la France, le 5 juin 1862; les 3 autres provinces de Vinh-Long, de Chaudoc et de Hatien ont été annexées par l'amiral de la Grandière, le 20 juillet 1867. Une septième province, celle de Binh-Thuan, a été remise au Dr Harmand par le traité du 25 août 1883.

Dans cette situation notre colonie est séparée de l'Annam à l'est par une chaîne de montagnes; au nord nous sommes couverts par le protectorat, que nous exerçons sur le royaume du Cambodje; à l'ouest et au sud nous sommes limités par la mer.

Ce pays essentiellement plat, sauf au nord-est de Saïgon où il se relève, à peine plus élevé que la mer dans sa plus grande partie, est tout entier formé par les alluvions du Mékong et par les bras qui jettent à la mer les eaux de ce fleuve ainsi que par les canaux artificiels ou naturels (*arroyos*) qui les font communiquer entre eux.

De la boue, des marais, où vivent le riz et les palétuviers, des alluvions ferrugineuses, qui portent le nom de pierre de Bienhoa, constituent tout ce pays essentiellement aquatique et où les communications ne se font guère qu'en barque par les mille dédales des arroyos. Saïgon, le Singapoor français au point de vue économique, bien que la ville soit à 100 kilomètres de la mer, a été nommé la Venise de l'Orient. Les terres hautes ne commencent qu'à Bienhoa d'un côté et à Hatien de l'autre. En réalité toute la basse Cochinchine est inondée et sans les digues elle serait complètement sous l'eau.

§ 1. Le *Mékong*. — L'étude de la Cochinchine repose tout entière sur celle du grand fleuve le Mékong. Ce formidable cours d'eau descend d'une région encore ignorée du Tibet; lorsque par 27° lat. N. il sort de la frontière méridionale de la province chinoise de Yun-Nan, son volume est déjà considérable, ce qui fait supposer, que sa source est encore éloignée; ses vastes méandres descendent en suivant une direction générale du N.-O. au S.-E. Sur ses deux rives, dans le haut Laos, s'entremêlent d'abord des collines rocheuses; son lit colossal se compose en réalité, dans cette région, de deux parties : un lit supérieur, large de 300 à 400 mètres, rempli d'eau pendant les crues, asséché en dehors de ces époques; au centre de ce large lit celui des basses eaux, canal central creusé dans le roc, à bords taillés à pic, d'une profondeur moyenne de 25 mètres et d'une largeur qui varie de 30 mètres à 100 mètres. Plus bas, après avoir traversé la ville importante de Vieng-Chang dans le Laos, par 16° lat. N., il s'étale vers 15° dans de larges plaines argilo-calcaires, où vivent des troupeaux de bœufs, de buffles, d'éléphants, de rhinocéros et de cerfs. Après un parcours de 3000 kilomètres le grand fleuve se jette dans la mer par 7 bras, qui rayonnent en formant un immense delta de 40 kilomètres de base.

La Cochinchine tout entière est une formation récente due aux alluvions : le Mékong apporte en effet chaque année dans la mer de Chine 1400 milliards de mètres cubes d'eau et cette eau contient 1/1000 de limon. C'est donc 1 milliard de mètres cubes de limon, capable de recouvrir la France d'une couche de boue de 3 millimètres d'épaisseur, que le Mékong, au calcul de M. Fuchs, apporte à son embouchure : la Cochinchine en est résultée. Elle s'accroît tous les jours par une extension alluvionnaire nouvelle, car, à une époque relativement récente, l'espace qu'elle occupe était un golfe, que les alluvions ont comblé. C'est pour cette raison que, près de Saïgon, on trouve dans le sol des bancs de corail. Mais à mesure que la Cochinchine s'élevait, elle détournait vers l'ouest les eaux du Mékong, qui ont changé leur cours et ont été se mêler à celles d'un cours d'eau par lequel le lac du Cambodje se déversait jadis isolément.

§ 2. *Le lac du Cambodje.* — Ce grand lac, dont la superficie est trois fois plus grande que celle du lac de Genève, et qui riche en poissons fait vivre sur ses bords une population de plus de 30000 pêcheurs, communique aujourd'hui avec le Mékong, aux débordements duquel il sert pour ainsi dire de soupape du sûreté : quand les eaux du fleuve sont basses, le lac s'écoule dans son lit et tend à se déverser par le Mékong; quand les eaux du fleuve sont hautes, leur débordement sur le pays est limité par un renversement dans le sens du courant de communication du lac au fleuve; c'est le fleuve qui se déverse dans le lac.

II. Climat. — L'année se partage en deux saisons : une sèche, c'est l'hiver, qui commence en décembre et finit en avril. C'est la mousson du N.-E.; pendant 4 mois il ne tombe pas une goutte d'eau; la végétation est arrêtée, le pays transformé en une savane jaunâtre. L'autre saison est la saison humide, été ou hivernage, qui correspond à la mousson du S.-O., d'avril à décembre. Aussitôt que cette saison commence, le pays change d'aspect et la végétation, sans égaler celle du Brésil ou des Antilles, devient luxuriante. Contrairement à ce qu'on pourrait supposer, le maximum de température ne correspond pas ici à l'hivernage, parce que la pluie est alors assez abondante pour modérer la chaleur; il correspond au mois d'avril : il fait en effet déjà chaud et la sécheresse est encore considérable.

Les mois, qu'il est préférable de choisir pour arriver, sont les mois de janvier et de février.

L'humidité de l'air est environ 5 fois plus considérable qu'en France et le degré moyen de l'hygromètre est de 84°.

§ 1. *Salubrité.* — Ces conditions semblent devoir donner à la Cochinchine une insalubrité très marquée; le climat est cependant devenu beaucoup plus sain que celui de l'Inde, et Saïgon notamment, avec sa petite altitude de 15-20 mètres, est beaucoup plus sain que la plupart de nos colonies de la zone torride. Bienhoa est également sain. Mytho est malsain; il est désirable que les garnisons y soient renouvelées fréquemment. L'endroit le plus sain de la Cochinchine est le cap Saint-Jacques.

L'insalubrité de la Cochinchine a d'ailleurs bien diminué,

depuis que nous y sommes installés. Le Dr Candé a réuni les chiffres, qui expriment la mortalité des Européens depuis 1861; je citerai seulement quelques années, celles qui suffisent pour montrer la décroissance :

1861,	mortalité	11,56	pour 100.
1862,	—	9,23	—
1863,	—	8,21	—
1864,	—	5,42	—
1865,	—	4,78	—
1868,	—	3,09	—
1872-1876,	—	3,04	—
1878,	—	2,10	—
1879,	—	1,22	—

La mortalité moyenne, en tenant compte de toutes les années, est de 4,82 %.

A quoi faut-il attribuer ce progrès? A plusieurs causes dont les principales sont la cessation des expéditions militaires, la plus grande rapidité du rapatriement, la diminution du temps de séjour et enfin les progrès de l'hygiène ainsi que l'expérience que nous avons prise du pays. Cela montre une fois de plus, que la colonisation n'a qu'à gagner à prendre la science pour guide.

§ 2. *Maladies. Hygiène et prophylaxie.* — Il importe de connaître les principales maladies, auxquelles l'Européen se trouve exposé dans notre colonie, ainsi que les moyens les plus propres à les prévenir par l'hygiène.

La *dysenterie* cause les 2/5 de la mortalité générale. Pour se mettre le plus possible à l'abri de cette maladie, ainsi que d'un grand nombre d'autres et des dangereux parasites, dont les germes abondent dans les eaux, il importe de ne boire autant que possible que de l'eau bouillie; c'est ainsi que les indigènes ne boivent que du thé. Il est essentiel au moins de ne jamais boire que de l'eau filtrée; le filtre à charbon est toujours le meilleur.

Le *choléra* apparaît généralement en mars et cesse brusquement au mois de juin. Il naît vraisemblablement dans le delta du Cambodje comme dans le delta du Gange. Il atteint beaucoup plus fréquemment les Annamites que les Européens; il a du reste peu de tendance à prendre une allure épidémique.

La *diarrhée parasitaire*, due à la présence d'anguillules dans l'intestin, est une des plaies de la Cochinchine. On la prend non seulement en buvant l'eau non filtrée, mais, ce qu'il est moins facile d'éviter, en mangeant les légumes arrosés par l'eau limoneuse. Le régime lacté, qui rend les forces au malade, en même temps que le parasite trouve la mort dans le lait, comme on le voit sur la plaque du microscope, lorsqu'on verse sur lui une goutte de ce liquide, a rendu plus d'un service à nos marins.

Impaludisme. — La malaria est moins fréquente en Cochinchine, qu'on pourrait d'abord le croire. Elle sévit d'ailleurs moins sur les côtes et dans la basse Cochinchine, où le riz est cultivé d'une manière en quelque sorte intensive, que dans les parties boisées et point ou peu cultivées de la haute Cochinchine.

La *fièvre typhoïde* figure dans le catalogue des maladies de notre colonie. C'est là une exception, car elle n'existe guère dans les autres; elle est même, ici, particulièrement grave.

Ulcère de Cochinchine. — Sous ce climat, la malpropreté des indigènes aidant, la moindre plaie devient le point de départ d'une ulcération, qu'on nomme aussi *plaie annamite*, parce que c'est sur les indigènes qu'on l'observe le plus fréquemment quoique non exclusivement; elle prend au moins rarement, chez l'Européen, un caractère aussi grave que chez les Annamites. L'ulcère annamite figure pour 22 %, parfois même pour 30 %, parmi les maladies traitées à l'hôpital.

Il convient d'ajouter à cette liste la *phtisie*, qui prend une marche rapide; l'*anémie*, qui est générale chez les Européens et même fréquente chez les Annamites. Enfin l'*insolation;* il importe pour l'éviter de porter ces casques légers, aujourd'hui répandus dans les pays chauds et de garantir avec soin la nuque contre les rayons trop ardents du soleil.

Les indigènes ont en quelque sorte la spécialité des *ophtalmies*, de la *variole* et de la *lèpre*, pour laquelle, mieux avisés que les Européens actuels, ils pratiquent l'isolement.

III. FAUNE ET FLORE. — § 1. *Faune.* — Le *tigre* n'est pas aussi abondant ici que dans l'Inde; néanmoins, dans le seul arrondissement de Baria, le nombre des victimes a été de 4 en 1872, de 9 en 1873, de 7 en 1874, de 8 en 1875, de 5 en 1876, de 6 en 1877, soit de 39 en 6 ans, soit une moyenne de 1 individu mangé par le tigre sur 3 631 habitants. Les Annamites en ont une frayeur épouvantable; ils ne prononcent son nom qu'en tremblant, car cela porte malheur et, lorsqu'ils le font, c'est en lui donnant du *monseigneur* avec les marques du plus profond respect.

L'éléphant et le buffle sont abondants; ce sont du reste dans ces régions deux auxiliaires indispensables.

On chasse également la panthère, le rhinocéros, le sanglier. Les serpents sont très abondants; on les rencontre à Saïgon jusque dans les maisons. Les Annamites sont grands amateurs de la chair du crocodile.

Les moustiques sont un véritable fléau; ils ont, heureusement pour l'homme, un ennemi terrible dans un autre insecte, qu'on désigne sous le nom de margouilla. Aux moustiques doivent se joindre des légions de cancrelats, de scorpions, de fourmis.

§ 2. *Flore.* — La Cochinchine est avant tout une vaste rizière. C'est en faisant allusion à l'abondance de cette céréale nommée le blé de l'Orient, qu'on a donné à notre colonie le nom de *Beauce de l'Orient*.

Les grands arbres ne manquent pas, mais les arbustes

abondent surtout et la végétation est caractérisée par la forme *en boule*.

Parmi les principaux végétaux il convient de citer les tamariniers, manguiers, jacquiers, figuiers banians, bananiers, ananas, le tabac, les arachides et les plantes diverses qu'on désigne sous le nom de bétel.

IV. Population de l'Indo-Chine. — La population de la *Cochinchine* se compose de 1 549 497 habitants, qui se décomposent ainsi :

Indigènes..........................	1 484 506
Asiatiques étrangers.................	64 027
Français..........................	1 825
Européens divers....................	139
Total........	1 549 497

Les *indigènes* méritent être étudiés avec quelque détail : on distingue entre eux les *Annamites*, les *Cambodjiens* et les *sauvages*, expression confuse sous laquelle on englobe un grand nombre de populations; d'ailleurs, comme l'étude des indigènes de la Cochinchine peut être difficilement faite d'une manière spéciale et que, pour être complète, elle doit être rattachée à celle des indigènes de l'Indo-Chine tout entière; comme, d'ailleurs, notre extension dans toute la presqu'île indo-chinoise est une affaire de temps et que c'est en Indo-Chine, que se trouve l'*Inde française* de l'avenir, c'est un exposé sommaire de l'état de la population indigène de l'Indo-Chine, que le lecteur va trouver ici. Or rien n'est compliqué comme l'histoire de cette population : la population autochtone a presque complètement disparu par absorption ou par refoulement; les envahisseurs ont été nombreux; leurs groupes se sont plusieurs fois mêlés avec des groupes différents et séparés de groupes semblables; enfin, ainsi que cela s'observe souvent dans l'histoire même contemporaine de l'Asie, les conquérants, les despotes transportent volontiers leurs peuples dans une province éloignée. « Il semble, dit le Dr Harmand, qui connaît si bien ces populations, qu'une vraie tour de Babel se soit écroulée dans les vallées du Mékong, de la Salouem, de l'Iraouaddy, couvrant de ses débris disparates toute l'Inde transgangétique, l'Indo-Chine et les archipels. »

§ 1. *Noirs.* — Il paraît assez probable, que la population autochtone fut de race noire. Plusieurs voyageurs ont pensé retrouver les vestiges de peuples noirs, à cheveux lisses et à crâne dolicocéphale dans les tribus sauvages, qui sont désignées d'une manière générale sous le nom de Moïs; mais ces noirs ont été surtout repoussés dans les archipels voisins et à l'extrémité de la presqu'île de Malacca.

Il n'est pas impossible, que les Négritos des îles Andaman, nègres brachycéphales à cheveux crépus, soient eux-mêmes les derniers vestiges d'une race négrito refoulée par les invasions successives.

§ 2. *Mongols et Malais.* — C'est sur ce fonds noir, que se sont superposées les alluvions humaines, qui forment aujourd'hui la population, alluvions apportées du Tibet par les grands fleuves qui en descendent, comme l'ont été les alluvions de sable, qui forment le sol même de toutes les vallées de l'Indo-Chine. Il suffit du reste de jeter les yeux sur une carte de la presqu'île indo-chinoise pour comprendre, comment « ces chemins qui marchent » ont pu déposer sur différents points les envahisseurs, qui s'étaient livrés à leur courant : cinq grands fleuves rayonnent en effet autour du sud-est tibétain et du Yunnan comme d'un centre et sont séparés par des chaînes de montagnes, qui rayonnent elles-mêmes autour du Yunnan; lorsqu'en lisant une carte de gauche à droite, ou mieux de l'ouest à l'est, on cherche successivement leurs embouchures dans le golfe du Bengale, dans le golfe de Siam et dans le golfe du Tonkin, qui limitent successivement de l'ouest à l'est la presqu'île indo-chinoise, on trouve d'abord l'Iraouaddy, qui coule du nord au sud et se termine dans le Pégou par plusieurs bras, sur l'un desquels est Rangoum; la Salouem; le Mé-Nam, qui se jette à Bankok dans le golfe de Siam; le Mékong ou Cambodje, qui se termine dans le Cambodje et dans la Cochinchine; enfin le Song-Koï ou fleuve Rouge le plus court de tous, celui dont le cours se relève le plus vers l'est et qui se jette dans le golfe du Tonking.

Par le Mékong et par le Mé-Nam sont descendus les Laotiens, les Siamois et les Thaïs.

Les *Laotiens* habitent aujourd'hui, sous des noms différents, sur chaque rive du Mékong, mais surtout dans le Laos. Le Dr Harmand, M. C. Bock et la plupart des récents voyageurs en font des *Malais continentaux :* au lieu de supposer, en effet, une invasion du continent par des Malais partis en barque des îles qui l'entourent, il est plus vraisemblable de supposer un mouvement contraire d'expansion des Malais continentaux, qui s'est poursuivi jusque dans les îles. On peut du reste expliquer la presque identité entre les Malais continentaux et les Malais insulaires, en supposant que ces deux groupes frères, d'abord réunis, à une époque où Sumatra et Bornéo étaient reliés à la terre ferme, ont été plus tard séparés, comme le sol qu'ils habitaient. C'est de même, que les poissons d'eau douce des îles malaises ressemblent à ceux de l'Indo-Chine, nouvelle preuve d'une communication ancienne. Quoi qu'il en soit, les Laotiens ont les plus grands rapports avec les Dayaks de Bornéo; leur langue a la plus grande analogie avec le malais et, fait qui doit attirer notre attention, leur écriture se rapproche de l'écriture, qu'on nomme khmer et qu'on trouve sur les ruines cambodjiennes d'Angkor. Plus d'un ethnologiste se demande donc, si ces Laotiens aujourd'hui relégués au nord du Cambodje ne sont pas, plus que les sujets actuels du roi Norodom, les descendants directs des constructeurs d'Angkor.

Leur peau est plus claire que celle des autres populations de l'Indo-Chine et notamment que celle des Cambodjiens actuels; le Dr Harmand les dépeint comme causeurs, vaniteux, naïfs et rusés tout à la fois. Ils sont du reste complètement infériorisés par la religion bouddhiste : le 1/8 de la population mâle endosse la robe jaune des bonzes et croupit dans les bonzeries, vivant d'aumône, dans la paresse contemplative. La plupart des populations laotiennes se pratiquent sur les cuisses d'immenses tatouages, à dessins compliqués, représentant des animaux fantastiques et des tigres, des éléphants, des vautours, des chauves-souris, des rats, des pigeons et même des nuages.

§ 3. *Malais continentaux*. — Un royaume malais couvrait jadis une grande partie de l'Indo-Chine : c'était le *Tsiampa* ou *Ciampa* ou pays des *Chams*, qui s'étendait jusqu'au Tonking et même jusqu'au Kuang-Si. D'après le Dr Harmand ce sont ces Malais qui partis de l'Indo-Chine auraient plus tard colonisé les îles. D'ailleurs c'est aux IXe et XIIe siècles, que ce royaume atteignit son apogée et au XVIe siècle une princesse Chiampa était reine de Java. Ils ont été politiquement détruits par les Annamites, avec lesquels ils soutinrent pendant 12 siècles des luttes mémorables. Il y eut des alternatives de succès, pendant lesquelles les deux races ont dû réagir l'une sur l'autre; mais aujourd'hui les Malais ont disparu politiquement non sans laisser des empreintes indélébiles dans les traits mêmes de la race victorieuse. « Pour moi, dit M. Harmand, qui ai retrouvé partout les indices du sang malais, je suis certain que l'Indo-Chine a été colonisée presque entièrement par des Malais. »

Le royaume malais n'est plus représenté que par des groupes dits sauvages, qui sont disséminés dans la vallée du Mékong, les *Chams*, les *Piacks*, les *Charais*, les *Penongs*. Ces *Chams* ou *Loïs* disséminés au Cambodje, à Chaudoc, à Tay-Ninh, au nord de Saïgon, ont une écriture javanaise.

M. Harmand a fait des Piacks une excellente étude : leur peau est brune, leurs cheveux sont gros, ondulés, noirs; les hommes même les portent longs, en chignon sur l'occiput. Hommes et femmes ont les oreilles percées et chargées d'ornements, qui par leur poids attirent le lobule de l'oreille, sous forme d'une mince lanière, jusque sur la poitrine. Leur idiome est malais ainsi que celui d'un grand nombre des populations *sauvages* de l'Indo-Chine, qui sont répandues dans les montagnes. « En somme, dit le Dr Harmand, c'est dans les montagnes indo-chinoises et non plus à Sumatra, qu'il faudra chercher l'origine d'un peuple, qui a joué le rôle le plus important dans l'histoire de l'Océanie occidentale. » Ces Malais continentaux ont eu d'autres destinées que les Malais insulaires; vivant dans d'autres milieux, ils se sont croisés avec des races différentes, de telle sorte qu'ils diffèrent aujourd'hui plus sans doute des Malais insulaires, qu'ils s'en distinguaient dans le passé ; mais les plus grands rapports sont encore sensibles entre ces sauvages des montagnes de l'Indo-Chine et les populations de Bornéo.

« Tout tableau, dit le Dr Harmand, qui renfermera les races de l'Indo-Chine proprement dite en laissant de côté celles de la Malaisie, sera forcément incomplet. Il faut faire entrer dans un cadre unique tous les pays des deux péninsules malaise et indo-chinoise, tous les territoires qui font partie de cette grande province zoologique de Wallace et de Ch. Lyell, qui comprend outre le continent, depuis le bassin du Brahmapoutre jusqu'au fleuve du Tonking en passant par le coin oriental du Tibet, tout le périmètre qui sépare Sumatra, Java, Bornéo, les Philippines, Haïnan, les Célèbes et les Moluques. » Au surplus, ajoute-t-il, « ces deux grandes presqu'îles, qui avancent au devant des îles qui les entourent pareilles à deux longues jetées dans un port immense, semblent admirablement disposées pour favoriser l'émigration du continent vers les îles, et le peuplement de l'archipel de Java, Sumatra et Bornéo nous réserve bien des surprises. »

§ 4. *Jaunes*. — Sur un fonds de population plus ou moins noire, océanienne et malaise, qui constitue la première couche et la plus ancienne de ces superpositions ethniques, des invasions jaunes venues par les vallées ont fondé le royaume de *Thays*, détruit plus tard par les Aryens; ce sont ces peuples jaunes, qui ont ajouté, par croisement, l'œil bridé, les paupières supérieures épaisses, les pommettes saillantes aux caractères des Malais antérieurs et aux quelques éléments noirs, que les Malais n'avaient pas détruits et qui avaient été refoulés sur Malacca et dans les îles.

§ 5. *Aryens*. — La superposition du Malais sur le noir et du jaune sur le Malais ne donne pas encore l'idée de la mixture complète, que tous ces éléments inégalement dosés ont fini par former et qui représente la population indo-chinoise.

Les mêmes vallées, qui avaient donné accès aux races jaunes, virent venir cette fois des Aryens, des blancs. Ils venaient de l'Inde, d'où ils apportaient avec le bouddhisme, une civilisation raffinée; ils descendent la vallée de Mékong et fondent, dans le Cambodje, en se mêlant à la population malaise, le royaume *Khmer*. Ils y bâtissent des monuments grandioses, véritables poèmes de pierre où la mythologie, la légende et l'histoire se trouvent représentées par des figures colossales et expliquées par des inscriptions; partout l'image colossale de Bouddha, du Naja sacré, les danses de l'Inde et le type même des danseuses rappellent les populations indoues actuelles. Les bayadères contemporaines reproduisent encore, fidèles à une tradition qui ne s'est pas encore perdue, les mouvements, les gestes, les attitudes, que le sculpteur a représentés. Les principales de ces ruines sont situées dans le Cambodje, derrière le grand lac d'Angkor-Waat. Nous ne connaissons que peu de chose de leur date. Nous savons seulement que, lorsqu'au XIIIe siècle les Mongols envahirent la Chine, un ambassadeur chinois fut envoyé au Cambodje : il fut émerveillé à la vue de tours en or, de portes colossales, de statues nombreuses et fit à son souverain une description enthousiaste, qui a été retrouvée et traduite par M. de Rémusat.

Que se passa-t-il dans les siècles suivants? Nous l'ignorons; toujours est-il, qu'en 1570, Mancenado raconte la découverte mystérieuse, qui vient d'être faite dans les forêts du Cambodje de ruines, dont les habitants eux-mêmes ignoraient l'existence et sur la nature desquelles ils n'avaient pas la moindre tradition. Mais elles ne sortaient un moment de l'oubli, que pour y retomber et l'étonnement, même pour les habitants, fut tout aussi grand qu'au XVIe siècle, lorsqu'en 1861 Mouhot découvrit Angkor-Thown, l'ancienne capitale des Kmers, et Angkor-Watt, la Jérusalem du bouddhisme.

Des ruines semblables ont été trouvées à Java (Bourou-Boudour); sur la côte de la Cochinchine à Binh-Thuan, à Phnon-Boc et à Phnon-Coulen M. Delaporte a rencontré des statues gigantesques; à Ca-Keo, à Prakone il a trouvé des tumuli, des pyramides, des tours, des ponts, des enceintes flanquées d'ornements fantastiques. Tout dénote donc une civilisation avancée : l'ornementation de ces monuments rappelle même celle de la Renaissance. En Birmanie certaines ruines ont montré à M. Yule le véritable chapiteau ionique. Nous ne connaissons pas encore le sens des inscriptions. Le professeur Kern en a pu en déchiffrer quelques-unes : l'alphabet employé, sinon pour toutes les inscriptions au moins pour un certain nombre d'entre elles, est l'alphabet *kawi*, qui est en même temps l'ancien système d'écriture de Java, et la langue employée est le sanscrit. Parfois ce sont des caractères *kalinga*. Dans d'autres types d'inscriptions le professeur Kern peut lire les caractères, toutefois ne connaissant pas la langue, dans laquelle l'inscription est tracée, il ne peut jusqu'ici en donner la signification.

On n'est en somme pas d'accord sur la date probable de ces constructions : elles semblent cependant dater de l'époque, où eut lieu la grande propagation extérieure du culte de Câkya-Mouni, c'est-à-dire environ du second siècle avant Jésus-Christ.

§ 6. *Revanche des jaunes.* — Jusqu'ici le processus, qui caractérise l'ethnogénie indo-chinoise, est à peu près copié sur celui de l'Indoue : c'est la même superposition de jaune sur noir, puis de blanc sur jaune; un élément spécial, l'élément malais, fait seul la différence considérable des deux populations. Mais, à une certaine époque de l'histoire, la destinée de la race aryenne en Indo-Chine fut tout autre que dans l'Inde : tandis que dans l'Inde la race aryenne est restée prépondérante et qu'elle tient au-dessous d'elle les races conquises plus ou moins mélangées, dans l'Indo-Chine le mélange a été complet, total; il a englobé les blancs; il y a plus : la suprématie est revenue aux jaunes et aux Malais, dont les éléments ont pris leur revanche.

Le peuple thaïs, qui avait été battu par les Aryens, secoua le joug et envahit le Cambodje au XIIIe siècle. Les Laotiens récupèrent leur indépendance; les Siamois envahissent le Cambodje au nord et au XVIIe siècle il n'est plus question des Khmers. Les Annamites font dans l'est, ce que les Laotiens et les Siamois font à l'ouest : après avoir détruit l'ancien royaume malais de Ciampa, ils envahissent à leur tour l'ancien royaume des Khmers.

Quant au peuple aryen lui-même, il est fondu et disparaît. On n'en retrouve plus le type que parmi les gardiens de l'épée sacrée du roi.

Un certain nombre de voyageurs prétendent cependant avoir retrouvé les Aryens dans une condition, où l'histoire nous les représente rarement, celle de sauvages et même d'esclaves. Un certain nombre de tribus auraient seules survécu à la civilisation aryenne et, tandis que les ruines des monuments de leurs pères s'écroulaient dans les forêts, eux-mêmes auraient dans les montagnes subi la dégradation du temps et rétrogradé dans la sauvagerie.

Nous connaissons mal ces sauvages; il est d'ailleurs aujourd'hui prouvé, que les noms avec lesquels on a construit leur liste ne sont souvent que les appellations diverses d'un même peuple; on a enfin trop longtemps méconnu l'origine malaise de la plupart d'entre eux; néanmoins les *Stiengs*, entre 11° et 16° latitude nord, les *Lolos*, les *Quan-dés*, aujourd'hui réfugiés dans les montagnes, sont des hommes vigoureux, au profil droit, aux yeux non obliques, au nez busqué; leurs traits sont caucasiques et on retrouve chez eux le type, qui a été figuré par les Aryens sur leurs monuments d'Angkor. M. Janneau, qui a attiré un des premiers l'attention sur ces sauvages aryens, a montré combien il serait important de faire cesser la *traite des blancs* dont ils sont l'objet.

§ 7. *Cambodjiens*. — Il ne faudrait pas chercher dans le Cambodje, l'ancien pays des Khmers, les descendants des Khmers qui ont construit Angkoor. Les Cambodjiens actuels descendent de ceux, qui ont remué avec leurs bras de vaincus les pierres dont Angkoor a été faite, mais non des architectes qui ont pensé, voulu et créé la grande cité. La nation cambodjienne, dit le Dr Harmand, est formée d'une ou de plusieurs nations sauvages de l'Indo-Chine, des Kouys et de leurs voisins ayant, sous l'influence de circonstances inconnues, pris plus d'importance que d'autres. Subjugués par les Aryens, qui ont apporté leurs mœurs, leur langage, leurs coutumes et qui se sont servis d'eux pour élever leurs monuments, les Cambodjiens ont absorbé à la longue leurs conquérants peu nombreux et sont retombés dans la barbarie. Il y a deux siècles ils étaient possesseurs de toute la basse Cochinchine, d'où ils ont été chassés par les Annamites leurs ennemis irréconciliables. Les Cambodjiens sont, avant tout, les hommes de la forêt : grands, robustes, mais apathiques et lents, ce sont, malgré tout, de meilleurs travailleurs que l'Annamite. Ils ont domestiqué l'éléphant, ce que l'Annamite ne fait pas. Ils ont la plus grande ressemblance avec certains sauvages de l'Indo-Chine centrale et méridionale d'une part, de l'autre avec les sauvages de Bornéo : mêmes armes, mêmes instruments de musique, même genre de vie.

§ 8. *Annamites*. — Le rôle, que les Siamois et les Laotiens ont joué à l'ouest, a été rempli à l'est par les Annamites. Ils sont descendus de la Chine méridionale par le Tonking et par ce qui est devenu l'Annam, en refoulant devant eux les populations sauvages. Chemin faisant ils se sont imprégnés du sang des Malais continentaux. En somme les Annamites, les Birmans et les Thays (Siamois et Laotiens) ont de grandes affinités et semblent, après être partis d'un point commun, n'avoir divergé que dans la suite des temps, par des mélanges plus ou moins nombreux et extrêmement difficiles à analyser. Après avoir conquis la Cochinchine, les Annamites se sont emparés du Cambodje, mais cette dernière partie de ce qui fut leur empire semble avoir été surtout colonisée par des gens de la dernière classe.

La peau des Annamites est généralement couleur de cannelle claire; elle est glabre, les cheveux sont noirs, lisses; le visage est plat, losangique; le front bombé, le nez épaté à sa racine; les yeux petits, obliques; les paupières supérieures épaisses; les pommettes saillantes; le crâne généralement brachycéphale; les oreilles sont écartées; les sourcils rares, mal dessinés. L'Annamite est petit, peu fort; son torse long proportionnellement aux membres inférieurs est tout d'une venue; le bassin semble large; en réalité les hanches sont larges par suite de l'écart considérable qui existe entre les grands trochanters (253 millimètres chez l'homme et 266 millimètres chez la femme); cette disposition donne à la démarche un balancement caractéristique. Le gros orteil du pied est généralement écarté des autres doigts; les Annamites sont du reste habiles à se servir du pied pour tenir les rames, le gouvernail et pour ramasser même de menus objets. Ils passent pour avoir une odeur spéciale, ce qui tient peut-être à leurs habitudes très négatives de propreté. Depuis le Tonking jusqu'au Cambodje leur type dégénère du reste par des nuances insensibles, qui sont dues autant aux mélanges divers qu'à l'action pour eux délétère du climat de la basse Cochinchine.

L'Annamite est généralement défiant, fourbe, cauteleux mais très poli du reste, obséquieux même; il aime le jeu avec passion; le Dr Harmand, qui connaît bien ce peuple, s'exprime ainsi : « Son esprit est moins fixe, plus mobile, plus ouvert aux importations étrangères, plus perfectible que celui du Chinois, plus jeune en un mot, plus sceptique et même plus crédule en même temps. Mais cet être complexe présente en même temps les vices des vieilles civilisations tyranniques. »

Ce peuple supérieur à tous ceux qui habitent avec lui l'Indo-Chine présente de réelles qualités : il est courageux, mais il aime par-dessus tout la paix et ses bienfaits; il cherche à s'instruire et le livre se trouve jusque dans les mains du pauvre; il présente une grande aptitude à l'industrie et surtout à l'agriculture : la propriété en Cochinchine est très divisée et la petite culture très florissante. Plus fin, plus mobile d'humeur, plus susceptible d'enthousiasme que le Chinois, l'Annamite présente à un point assez élevé ce que nous nommons dans nos sociétés modernes, à qui pourtant il manque encore trop souvent, le sentiment démocratique; les fonctions publiques, ici comme en Chine, sont accordées au mérite plus souvent qu'à la faveur : on vit par exemple, lorsque nous occupâmes la Cochinchine, la vice-royauté confiée à un noble caractère, à un plébéien, qui avait nom Phan-Than-Gianh et qui était arrivé, par son seul mérite, de l'extrême pauvreté à la plus haute situation.

Phan-Than-Gianh avait le cœur au niveau de sa situation et, lorsqu'il lui fallut signer au nom de sa patrie le traité, que lui dictait l'amiral Bonnard et qui livrait à la nôtre les trois premières provinces de la Cochinchine, il s'empoisonna.

Au milieu d'une organisation hiérarchique du pays extrêmement centralisatrice en apparence et semblable à la nôtre par ses préfets (Phu), ses sous-préfets (Hyen), ses cantons et ses communes administrées par un maire, l'Annamite jouit d'une sage décentralisation basée sur l'autonomie de la commune et de la province.

Comme le Chinois l'Annamite est sans religion, aussi ne sont-ce pas les hommes les plus intelligents, que les missionnaires catholiques amènent à eux. Ce qui caractérise l'organisation annamite et ce qui fait sa valeur et sa force, c'est ce que M. Le Myre de Villers a nommé, avec raison, le *collectivisme familial*. L'Annamite comme le Chinois est éminemment *laïque* et *civil :* il est ainsi également à l'abri du militarisme et de la religiosité.

§ 9. *Chinois*. — Les Chinois sont nombreux en Indo-Chine. Dans la Cochinchine seule ils sont au nombre de 60 000 environ. Cholen, sur 50 000 habitants, compte 10 000 Chinois. Partout ils servent d'intermédiaires entre les Européens et les indigènes, qui, eux, n'ont aucune aptitude pour les affaires. Le commerce est tout entier dans leurs mains : laborieux, industrieux, constants, économes, âpres au gain, sachant parfois se contenter d'un mince bénéfice, ils vendent le plus souvent meilleur marché que les commerçants européens.

§ 10. *Métis*. — Les Annamites, les Chinois, les Cambodjiens et les Européens sont trop souvent en contact, pour que de nombreux métis n'aient pas pris naissance.

Les métis de Chinois et de femme annamite portent le nom de *Minhoung*. Ils sont nombreux et passent pour supérieurs aux deux races, qui leur ont donné naissance. Ils parlent l'annamite avec accent chinois; ils se rasent la tête sur le sommet, mais ne portent pas de natte comme les Chinois; ils roulent leurs cheveux et les relèvent à la façon d'un chignon. On rencontre également des métis *Chinois-Cambodjiens :* les métis de Cambodjien et d'Annamite sont rares, car les deux races sont toujours en hostilité ; on voit cependant à Chaudoc un certain nombre de métis d'Annamite et de Cambodjienne; on voit encore quelques métis de Portugais et de Cambodjienne; les métis de Français et d'Annamite sont fréquents à Saïgon ; les femmes sont jolies.

Les *Indous* de Malabar sont nombreux en Cochinchine. Ils font surtout le commerce de l'argent, des chevaux, des voitures, du lait, des étoffes et des liqueurs.

§ 11. *Acclimatement des diverses races.* — Les *animaux*, que nous avons apportés en Cochinchine, sont loin d'avoir tous obtenu leur acclimatement : les *moutons*, qu'on fait venir de Chine, résistent beaucoup moins bien que ceux qui viennent d'Aden ; aussi la viande de mouton est-elle assez rare à Saïgon.

Les *chevaux* d'Égypte et ceux d'Australie, qui sont d'origine anglaise, se fatiguent vite et ne résistent pas, comme le font ceux de la petite race annamite. Le meilleur cheval du pays est le petit cheval cambodjien : son allure est l'amble. Les *ânes* ne résistent pas non plus.

Le *chien* d'Europe perd lui-même la plupart de ses qualités, notamment le flair. Ses métis avec les chiennes indigènes sont cependant bons : leur oreille est d'un type intermédiaire entre l'oreille droite du chien indigène et l'oreille tombante du chien européen.

Les *Européens* et notamment les Français ne sont pas encore acclimatés : leur système nerveux devient irritable, l'œil apparaît vif et brillant. Le Dr Morice et le Dr Mondière ont constaté, combien était frappant le changement de caractère, qui devient violent ; le travail intellectuel est difficile, la mémoire se perd. Sans doute on évite un certain nombre des inconvénients du pays en gagnant les faibles altitudes qu'il présente ; les malades atteints de diarrhée et de dysenterie se trouvent bien d'un séjour à Tai-Ning ou au cap Saint-Jacques, mais, quoi qu'on fasse, il est difficile de prolonger son séjour en Cochinchine pendant plus de trois ans consécutifs. Les Européens, qui n'ont pas quitté la colonie depuis 6 ans, 9 ans, 10 ans et qu'on montre avec orgueil aux nouveaux débarqués, sont des exceptions rares et la plupart des Européens ne peuvent se dispenser de revenir en

Europe ou d'aller au Japon. Les Français du Midi sont plus nombreux que ceux du Nord, mais on n'a pas remarqué, que les *premiers* supportassent mieux le climat que les *seconds ;* les uns et les autres, lorsqu'ils arrivent en bon état de santé, ont beaucoup plus de chances d'acclimatement que les créoles de la Réunion et des Antilles, qui commettent généralement l'erreur de se croire pour ainsi dire acclimatés de droit dans les pays chauds.

Le seul espoir de l'*acclimatation* des races européennes est donc dans le croisement avec les indigènes, les Chinois, les Laotiens, les Annamites, etc.

Les Annamites et les Chinois, tout en payant parfois un léger tribut à l'infection palustre, acquièrent rapidement une véritable immunité marématique. Les Laotiens résistent bien à la *fièvre des bois*, à la *diarrhée des montagnes*, formes diverses de l'impaludisme, qui les atteignent dans les régions boisées et dont le sol n'est pas assaini par la culture ; cependant l'avantage n'est pas toujours du côté des indigènes, car les épidémies de choléra frappent sur eux bien plus durement que sur les Chinois. Cela ne tient pas seulement à leur conditions d'hygiène inférieures à celles de l'Européen ; il y a là aussi une aptitude de race.

Les Annamites n'habitent la basse Cochinchine que depuis 200 ans ; ils y sont assurément acclimatés, cependant leur fécondité y est peu considérable. Le Dr Mondière estime son chiffre à 1 naissance par 56 habitants, tandis que la France compte 1 naissance sur 37 habitants et l'Europe 1 sur 29 habitants. Les conditions démographiques varient d'ailleurs suivant les régions : d'après Mondière, l'augmentation annuelle de la population indigène pour 1 000 habitants s'exprime ainsi dans les localités suivantes :

Vinh-Long	2,09
Mytho	3,72
Bassac	3,89
Saïgon	5,96

Les Annamites déclarent d'ailleurs eux-mêmes; que le climat de la basse Cochinchine est débilitant pour eux. Aussi plus au nord, au Tonking par exemple, leur race est-elle beaucoup plus forte. Toutefois le rapport des décès aux naissances est moindre qu'en France. Tandis que nous avons 89,85 décès pour 100 naissances, les Annamites ont eu d'après Mondière, de 1872 à 1878, seulement 81,38 décès pour 100 naissances. C'est là un chiffre moyen, car pour 100 naissances on trouve :

	Décès.
Saïgon	75,760
Mytho	78,672
Bassac	81,853
Vinh-Long	92,895

La mortalité des indigènes et beaucoup plus faible à Chaudoc (1,56 par 1 000 habitants), à Bentré (1,40), Tra-Vinh (1,13), Cholen (1,07), Mytho (1,02), Tanan (0,90), que dans les territoires de Co-gong (2,40), Tay-ninh (2,26) et Hatien (2,00).

II

COLONISATION

Administration. — Culture et acclimatation. — Hygiène, travaux publics. — Le Yunnan. — Le Tonking.

I. ADMINISTRATION. — M. de Carné, un des infortunés compagnons de Garnier, écrivait avec infiniment de raison à son retour en Europe : « La Louisiane et le Canada nous ont, à deux époques néfastes pour notre puissance maritime, échappé malgré l'effort de nos armes. La Cochinchine, au contraire, a vécu et prospéré en dépit de toutes les hésitations de la métropole et l'on peut dire que, de toutes nos entreprises au dehors, celle-là est la moins calculée et la plus heureuse, la plus dédaignée et la plus féconde, la plus obscure et la plus utile. C'est l'œuvre de notre fortune plus que de notre volonté. »

§ 1. *Initiative individuelle*. — M. de Carné avait parfaitement raison, mais il serait cependant injuste de méconnaître, que si nous avons été bien servis par la fortune, cela tient surtout à ce que nous avons été secondés par des hommes plus partisans de l'initiative individuelle, qu'on l'est généralement en France et que, profitant de l'expérience acquise à nos dépens, les administrateurs ont su éviter les fautes et les erreurs si souvent commises en Algérie. Il est au moins agréable et rassurant pour l'avenir de croire, que nous avons su nous inspirer de ces paroles profondément sages écrites en 1867 au sujet même de la Cochinchine par M. Siegfried, l'un des fondateurs de l'école supérieure de commerce de Mulhouse : « Il faudrait que les Français, renonçant un peu aux idées qu'ils caressent d'ordinaire pour leurs fils, pour qui ils ne voient rien de plus enviable qu'une place dans les bureaux de l'enregistrement, des douanes, ou en un mot de l'administration, finissent par comprendre, que le présent et l'avenir appartiennent maintenant à ceux qui font le plus preuve d'initiative individuelle. » Sadec, dans la Cochinchine même, peut servir de démonstration, si besoin était, à l'excellence de l'initiative individuelle : ce petit port de la basse Cochinchine, dépendant du poste de Vinh-Long, a été l'objet, de la part de M. Sylvestre, d'une sollicitude spéciale, qui l'a complètement transformé. Cet administrateur a fait faire des rues droites, des quais larges et plantés d'eucalyptus, de manguiers et de cocotiers; il a fait creuser des canaux et, avec leur terre, combler les mares, les fossés inutiles; les marais ont été assainis; les broussailles enlevées. Sadec est devenu un des postes les plus sains de l'ouest; malheureusement ce n'est point un poste militaire.

M. Sylvestre a fait plus : il a inculqué aux indigènes des habitudes de propreté et, mieux encore, su vivifier chez eux l'initiative individuelle : sous son inspiration les riches commerçants annamites et chinois ont fondé une Société d'agriculture avec un jardin d'essai, grâce auquel aujourd'hui, le marché de Sadec est le mieux approvisionné de toute la Cochinchine.

§ 2. *Politique indigène.* — On l'a dit justement, la Cochinchine est plus que soumise : elle est *ralliée;* grande différence avec l'Algérie. C'est qu'en Cochinchine nous avons amélioré la situation des indigènes : la propriété foncière n'était pas assurée, l'empereur d'Annam disposait des biens de ses sujets ; sous notre sauvegarde la propriété est devenue sûre et absolue. Les mandarins chargés de lever les impôts s'enrichissaient par la spoliation et la concussion ; une multitude d'abus ruinaient le peuple et arrêtaient le progrès; toutes les taxes pesaient sur le cultivateur et sur le producteur : nous avons établi un impôt régulier, modéré, rationnel. Alors que l'exportation du riz était interdite et que cette précieuse céréale valait 2 francs l'hectolitre, nous avons permis sa circulation, et sa valeur s'est élevée à 7 francs pour le riz avec ses enveloppes et à 10-12 pour le riz décortiqué; nous avons aboli les lois somptuaires et les châtiments corporels; voilà pourquoi les indigènes apprécient notre domination.

Nous avons en outre respecté l'autonomie communale, si précieuse pour l'Annamite, et ç'a été un des mérites de l'amiral La Grandière de comprendre et de respecter l'organisation très démocratique de ce pays. L'Annamite a eu en somme cette bonne fortune, que nous l'avons compris en secondant ses tendances autonomistes et décentralisatrices, alors que le Kabyle, chez qui cependant les mêmes vertus existent à un bien plus haut degré, s'est toujours heurté à la rigidité de notre administration.

§ 3. *Commerce.* — « Le gouvernement de la Cochinchine, écrivait M. Siegfried dans un rapport que je citais tout à l'heure, s'est inspiré des doctrines les plus saines de l'économie politique, et il a rendu le plus grand service au commerce en le déclarant entièrement libre. Il n'y a, en Cochinchine, ni droits d'entrée, ni droits de sortie sur aucune marchandise, l'opium excepté. Les formalités de douane y sont inconnues et les navires ne payent qu'un petit droit d'ancrage et de phare..... Or le commerce ne doit demander et ne demande aux gouvernants que trois choses : la sécurité politique, la justice et la liberté. En dehors de cela il doit marcher par lui-même et si, malheureusement, les négociants français jouent, même en Cochinchine, un rôle tout à fait secondaire, ce n'est pas à l'administration qu'ils doivent s'en prendre, c'est à eux-mêmes. Si le commerce de Saïgon est bien plus entre les mains étrangères que dans les nôtres, ce n'est pas la faute du gouvernement, c'est celle de chaque Français en particulier. » Le fait est que le commerce entre Hong-Kong et Saïgon se fait beaucoup plus par navires allemands et anglais que par navires français.

Il existe pourtant, en Cochinchine, les éléments d'un commerce considérable : à Cholen, ville de 60 000 habitants, le capital du commerce chinois s'élève à 500 millions de francs. Le Cambodje est pour le coton, le tabac, la soie et le riz le théâtre d'un commerce considérable. La ville principale, Penom-Penh (montagne d'abondance), située au confluent des bras nombreux du Mékong et des canaux, reçoit les produits du Laos, ivoire, cire, cornes, soie, fer, argent, ceux du grand lac, ceux de la Cochinchine et les envoie au port de Kampoot, d'où partent pour Singapoor des navires anglais chargés de riz, de coton, de peaux, de cornes, de gomme-laque, de gomme-gutte, de tabac, de poisson sec. Ils reviennent rapportant des tissus, de l'opium, de la poudre et des armes.

Les Chinois de Penom-Penh, dont le nombre est considérable, sont presque tous agents des maisons de l'Inde, pour le compte desquelles ils écoulent le madapolam, la coutellerie et la quincaillerie anglaises.

Vieng-Chang, dans le Laos, vers 15° latitude N. est également le centre d'un commerce considérable. On s'y sert, pour monnaie, de petits tuyaux de plume remplis de poussière d'or.

Dans le Siam, la ville de Luang-Pha-Bang avec ses 14 000 habitants dont 600 Chinois, fait un commerce important avec le Birman anglais et c'est la roupie de l'Inde, qui est la monnaie courante.

En 1869 M. de Varannes estimait la valeur des importations et des exportations de la Cochinchine à 64 millions de francs et la navigation à 500 000 tonneaux dont 130 000 représentés par les barques annamites.

Actuellement notre colonie de Cochinchine ne nous coûte rien. Il y a mieux : le budget provenant des ressources du pays était, en 1879, de 19 657 000 francs ; il n'a fait que s'accroître depuis. A cette époque la colonie versait 2 200 000 francs dans la caisse de la métropole.

On commence du reste à se douter, en France, de toute la valeur de la Cochinchine en particulier et de l'Indo-Chine en général.

Il est temps : car en 1864 peu s'en est fallu, qu'on ne l'abandonnât et qu'on ne rendît à Tu-Duc tout ce qu'il nous avait cédé. Un seul homme, parmi tous ceux qui géraient alors les affaires de la France, vit clair dans cette question ; ce fut d'ailleurs le seul ministre de l'empire, qui ait vu autre chose dans les affaires de la nation que des intérêts dynastiques, M. Duruy.

§ 4. *La Cochinchine et les convicts.* — Il avait été question, à une certaine époque, d'utiliser l'île volcanique de *Poulo-Condor* et l'île de *Phu-Quoc*, qui est grande à peu près comme la Martinique, pour y déporter les récidivistes. Je crois qu'on a renoncé à ce projet et on a bien fait ; notre colonie de la Cochinchine est trop proche de ces îles, pour qu'elles puissent servir de lieu de transportation ; d'ailleurs la culture par les Européens est dans ces contrées très meurtrière et nul n'a le droit de transformer la peine de la relégation en peine de mort.

§ 5. *Écoles*. — Par une exception dans nos mœurs coloniales nous avons compris, en Cochinchine, que les aptitudes et les intérêts d'un grand pays conquis valaient la peine d'être étudiés, que c'était vraiment un dommage de les confier à des gens, qui n'en n'avaient nulle idée et qui quitteraient le pays, pour avancer dans leur carrière, au moment précis où, après y avoir vécu et l'avoir étudié, ils commenceraient à le connaître. Appliquant à nos mœurs administratives l'esprit d'ailleurs excellent, moins ses exagérations, du mandarinat, nous avons fondé à Saïgon un collège d'administrateurs stagiaires, pépinière de fonctionnaires étranges, inouis et non vus encore, qui seront aptes à la fonction.

Les écoles primaires et le collège indigène ont été très appréciés des indigènes. Ils y ont appris, ce que leurs mandarins eux-mêmes ignoraient, que le rotin n'est pas le plus convaincant des arguments.

Un des meilleurs résultats de ces écoles, ç'a été d'enseigner aux Annamites à écrire leur langue en caractères latins : jusqu'alors tous les actes étaient rédigés en chinois et écrits en caractères chinois, que l'Annamite ne sait pas lire et qui ne peuvent s'appliquer à sa langue.

§ 6. *Importance méconnue du malais*. — Nous avons opéré d'excellentes choses en Cochinchine, mais par suite de la même erreur qui nous fait, en Algérie, enseigner et cultiver l'Arabe en négligeant le Berbère, dont l'importance sociale et politique est beaucoup plus grande, nous cultivons ici l'Annamite, mais nous négligeons la langue importante de toutes ces contrées, le malais. Cependant les Chinois des diverses contrées du Céleste-Empire ne s'entendent souvent entre eux, dans leurs relations commerciales en Indo-Chine, qu'en parlant le malais. C'est encore au moyen de cette langue, que communiquent entre eux les habitants de l'Inde, de l'Arabie, de la Perse et de l'Arménie, qui se trouvent réunis dans les Babel commerciales de l'Indo-Chine.

« La langue malaise, disait M. Boze dans la préface d'un vocabulaire malais, la plus douce des langues orientales, est la seule usitée dans l'archipel Indien pour traiter les affaires de commerce et toutes les personnes, de quelque nation qu'elles soient, qui vont dans une de ces îles pour commercer, ne peuvent employer que cette langue, soit en la parlant elles-mêmes, soit en se servant des interprètes. Elle est devenue, pour cette partie du globe, ce qu'est la langue française en Europe. Chaque peuple de ces contrées a bien sa langue particulière, que parlent les habitants de l'intérieur, mais le malais est généralement parlé sur les bords de la mer. Il en est partout de même, à l'exception de quelques expressions locales plus usitées dans un endroit que dans un autre... »

En 1840 le naturaliste Lesson écrivait dans le *Journal asiatique* : « Je regarde la langue malaise comme d'une utilité première pour un peuple navigateur. Généralement parlée sur les rivages de ces grandes terres de l'Est, depuis la Sonde jusqu'à la Nouvelle-Guinée, depuis les Philippines jusqu'à la presqu'île de Malacca et à Timor, elle intéresse au plus haut point nos relations commerciales. A l'aide du malais nos commerçants opéreront sûrement des transactions trop souvent interrompues par le meurtre et le pillage nés parfois de malentendus. Si les autres nations l'emportent sur nous par des spéculations lointaines, elles le doivent à leur possession de moyens de communication plus sûrs, à des idées plus arrêtées sur les mœurs, les préjugés des nations étrangères, toutes choses qui naissent de la connaissance d'un peuple et de ses productions littéraires, qui en sont le reflet. »

Le savant navigateur de Freycinet s'est également prononcé en faveur de l'enseignement du malais et son opinion, jointe à celle de Lesson, contribua à faire créer une chaire à Paris : « Je ne crains pas d'avancer, avait écrit M. de Freycinet, que la propagation parmi nous de la langue malaise serait un des services les plus éminents, qu'on pût rendre au commerce et à la navigation des mers orientales. »

Aujourd'hui, du reste, un cours de malais est fait avec succès à Marseille par M. Tugault, qui s'efforce avec raison d'en montrer l'importance et l'utilité à ceux qui sont destinés à devenir les agents de la France dans l'extrême Orient.

II. CULTURE ET ACCLIMATATION. — § 1. *Le jardin botanique de Saïgon et la ferme expérimentale des Mares.* — Le contre-amiral de La Grandière a eu le mérite de comprendre toute l'importance de l'acclimatation. Il a fondé en 1864 à Saïgon, avec le concours de M. Germain, un jardin botanique, dont M. Pierre, botaniste distingué, eut la direction; les plantes et les graines acclimatées ou étudiées sont livrées gratuitement aux colons, qui en font la demande.

En 1875, le jardin étant d'une dimension insuffisante, le contre-amiral Duperré fonda la ferme expérimentale des Mares, d'une contenance totale qui s'est élevée progressivement à 120 hectares. Depuis sa création jusqu'au 31 décembre 1877, c'est-à-dire en moins de trois ans, la ferme des Mares a livré 144 430 caféiers, 1 600 manguiers, 240 tecks, 600 vacoas (*Pandanus utilis*), de nombreux plants d'ortie de Chine, de manioc, une quantité considérable de graines de jute, d'indigo, de café, etc., et enfin plus d'un million de plants de cannes à sucre de diverses provenances. Quant au jardin botanique il a livré, dans le dernier semestre 1877, 13 347 plants divisés ainsi qu'il suit : plantes ornementales 2 470; arbres de plantations 2 760; arbres fruitiers 8 117; en outre une quantité considérable de graines.

Il y aurait lieu de créer maintenant en Cochinchine des fermes modèles, qui permettraient aux Annamites, gens tous fort aptes à l'agriculture, de faire deux récoltes par an, là où ils n'en recueillent actuellement qu'une. L'agriculture en Cochinchine a du reste d'utiles auxiliaires dans plusieurs oiseaux, *Sturnix Burmannia*, *Heterornis sericeus* et *H. malabaricus* qui abondants dans la Cochinchine française et dans bien des localités dispensent les cultivateurs de s'occuper de l'échenillage.

§ 2. *Eucalyptus*. — Cet arbre n'a pas encore bien réussi en Cochinchine. On a cultivé au jardin de Saïgon *E. gigantea*, *E. piperita*, *E. glauca* et *E. globulus;* le *glauca* est celui qui semble le mieux convenir.

§ 3. *Caoutchouc*. — Une nouvelle source de caoutchouc a été tout récemment découverte en Birmanie dans une apocynée traçante, connue en botanique sous le nom de *Chavannesia esculenta*. Cette plante très commune dans les forêts du pays est cultivée par les indigènes pour son fruit, qui a une saveur aigre, agréable. Elle rend un suc laiteux, qui donne une gomme élastique de bonne qualité. Il serait désirable, que sa culture méthodique fût tentée en Cochinchine.

§ 4. *Vin de Cochinchine*. — On désigne sous ce nom un liquide rouge, pelure d'oignon, d'une odeur agréable qui rappelle celle des vieux vins de Bourgogne, d'une saveur acide sans astringence, semblable à celle d'une bonne piquette, mais avec plus de bouquet cependant; sa composition, déterminée par M. Sambuc, est très voisine de celle des vins de France; il est fabriqué avec les fruits d'un *cissus* à racines tuberculeuses. Les grappes de cette plante sont énormes et peuvent atteindre un poids de 14 kilos. Mais il a fallu des soins persévérants pour faire perdre à ces fruits la saveur âcre et irritante, qu'ils avaient à l'origine des premiers essais de culture (1869). On assure, qu'à cette époque ils amenaient la rubéfaction de la peau chez ceux qui les écrasaient entre leurs mains. Grâce aux efforts de M. Colombier de Saïgon, qui a employé tous les moyens en son pouvoir, taille, fumures, amendements, etc., pour les améliorer, on a constaté en 1882 que ces fruits étaient devenus *mangeables sans déplaisir*. Le vin obtenu par la fermentation de ces sortes de raisins a suivi la même marche progressive : d'abord absolument désagréable au goût, il est devenu plus supportable ; mais il reste encore *plat, peu coloré, très pauvre en alcool et d'une certaine acidité*.

M. Sambuc pense, qu'on pourra l'améliorer encore, notamment en *sucrant la vendange* avant la fermentation. L'acidité diminuerait *ipso facto*, car la présence d'une plus forte dose d'alcool ferait disparaître encore du bitartrate, qui représente la plus large part des éléments acides du vin. Peut-être enfin serait-il bon d'insister, ajoute-t-il, sur les engrais potassiques pour diminuer la proportion de l'acide tartrique libre ; l'augmentation du bitartrate, qui en résulterait dans la composition du jus, ne se ferait pas sentir dans le vin, pourvu que sa richesse alcoolique assurât la précipitation de l'excès de ce sel.

§ 5. *Suif végétal*. — On désigne sous ce nom une matière grasse, blanche, solide et cassante à la température ordinaire, qui se ramollit quand on la pétrit entre les doigts ; maintenue à $+ 18°,5$ C. elle reste solide ; entre $+ 27°$ et $+ 40°$ C. elle a la consistance de la pâte à pain ; elle fond à $+ 46°,6$ C. et reste en fusion jusqu'à $+ 44°,4$. Dans l'Inde on connaît cette matière sous le nom de *Minyak-tangkawand* ou *Minyak-sangkawang* ; on l'obtient des semences d'une ou plusieurs espèces d'arbres du genre *Hopea*, que l'on trouve dans les parties sud et est de Bornéo. Les Dayaks nomment ce suif *kakawang* et donnent à l'arbre qui le produit le nom de *Upu kakawang*. L'arbre est un des géants des forêts. Le *Hopea splendida* ou Tangkawang Tonggul est désigné sous le nom de *Dammar-tangkawang*. Pour obtenir cette matière grasse, dit M. Holmes dans la *Nature*, on récolte le fruit, quand il tombe de l'arbre ; on le fait germer dans un endroit un peu humide, puis on le dessèche au soleil pour le rendre friable. Cela fait on enlève l'écorce; on met alors les fruits dans un panier de rotang ou de bambou au-dessus de l'eau bouillante. Quand ces fruits sont bien pénétrés par la vapeur ils deviennent mous et en pâte; on les exprime et on coule dans des bambous, d'où la forme cylindrique du produit commercial. Ce produit est aussi préparé à Java et à Sumatra. On s'en sert pour graisser les machines : il est supérieur pour cet emploi à l'huile d'olives. A Manille on en fait des chandelles. Il fournit de la glycérine et environ 95 pour 100 d'acides gras saponifiables.

§ 6. *Produits divers*. — Le *riz*, en Cochinchine, fournit une exportation annuelle (1872) de 200 000 tonnes d'une valeur de 25-40 millions de francs. La quantité récoltée dans 300 000 hectares au delta du Mékong s'élève à 500 000 tonnes, qui représentent une valeur de 100 millions de francs. La Cochinchine fournit encore le poivre surtout dans la province d'Hatien, la soie, le coton, l'indigo, le cacao, l'huile de coco, celle d'*arachides*, le china-grass ou mâ de Chine produit par l'urtica nivea abondante dans la plaine de Long-Thank, l'huile de sésame, le benjoin, l'anis étoilé, l'asa-fœtida, la noix vomique, le borax, la cire d'abeilles, la cannelle, le gingembre, la laque, des cuirs, des bois.

En 1869 une usine à sucre s'est fondée à Bien-Hoa; elle devint la propriété d'une compagnie anglaise et ne fit pas de bonnes affaires.

On récolte aussi du tabac, mais il contient trop de nicotine: on a dû faire venir des graines de Manille, de la Havane et de Sumatra.

III. Hygiène. Travaux publics. — § 1. *Eau potable*. — Les plus grands sacrifices devront être faits, en Cochinchine, pour se procurer de l'eau potable; celle des fleuves étant malsaine, il ne faut pas craindre de dépenser pas mal d'argent pour en faire venir des montagnes. L'eau des fleuves contient beaucoup de matières organiques; l'*alunage* est donc très utile : l'alun précipite en effet ces matières organiques : au bout de quelques heures une eau d'abord louche et jaunâtre devient claire et limpide; elle prend même un petit goût, qu'on ne trouve pas désagréable. Le procédé consiste à mettre au bout d'un bâton un morceau d'alun de la grosseur d'une noix, enveloppé dans un linge et à s'en servir pour agiter à 3 ou 4 reprises en 1 heure 70 ou 80 litres d'eau. On laisse reposer pendant 6-8 heures et on décante ensuite.

Il est également très utile d'essayer l'eau avec le nitrate d'argent. Comme celle que les indigènes vendent à nos postes doit avoir été puisée dans les sources au pied des montagnes et qu'il est beaucoup plus simple pour eux de prendre celle de la rivière, ce réactif est indispensable, car il précipite le chlorure, que contient toujours l'eau de rivière mêlée d'eau de mer et décèle ainsi sa présence en même temps qu'il lui permet de se déposer au fond du vase.

§ 2. *Travaux d'irrigation*. — Il semble étrange d'avoir à recommander l'irrigation dans un pays aussi inondé que l'est la Cochinchine par ses nombreux arroyos. Cependant l'eau n'abonde que pendant six mois de l'année; si, ainsi que l'a demandé M. Taillefer, on avait des machines à irriguer, cela permettrait non seulement de faire deux récoltes de riz par an, mais en outre de cultiver cette céréale même sur les points relativement élevés. M. Taillefer a donc conseillé l'emploi de machines à élever l'eau, comme il en existe en Cornouailles pour l'épuisement des eaux de drainage. Notre colonie, pense-t-il, arriverait alors à produire 15-20 millions d'hectolitres de riz, qu'elle vendrait facilement aux 400 millions d'Asiatiques, qui l'entourent et qui en vivent.

§ 3. *Chemins de fer. Télégraphes*. — Les travaux publics ont été conduits beaucoup plus rapidement qu'en Algérie. D'ailleurs les Annamites en apprécient toute la valeur et récemment encore ils ont envoyé une adresse au gouverneur pour le remercier de la construction d'un chemin de fer. Actuellement les travaux exécutés forment un total de plus de 3 000 kilomètres de route, 6 kilomètres de ponts, 70 kilomètres de chemins de fer et de plus de 400 kilomètres de ligne télégraphique.

Il est juste d'ajouter à tous ces travaux un bassin de radoub de 53 mètres de long sur 4^m,50 de profondeur; de nombreux canaux creusés ou rendus plus profonds; un hôpital annamite; des écoles; un collège d'interprètes, etc.....

A côté des travaux publics de la Cochinchine doit enfin prendre place le percement du canal maritime de Malacca, qui donnera à Saïgon l'importance, que Singapoor possède jusqu'à ce jour.

IV. Le Yunnan. — La Cochinchine est destinée à s'étendre et ce n'est pas sans fondement, qu'on a prédit à l'Indo-Chine une situation, qui lui mériterait le nom de *Nouvelles Indes françaises*. Or, parmi tous les éléments qui contribuent à faire de cette contrée une des plus riches du monde, il faut placer le voisinage du Yunnan.

§ 1. *Richesse du Yunnan*. — Le Yunnan est un massif montagneux, qui constitue la province la plus méridionale de la Chine; c'est également sa plus riche : on y trouve en abondance le fer, le cuivre, l'étain, qui est à Kuo-Chiu près de Lui-An l'objet d'une exploitation importante; le sol renferme des saphirs, des topazes, des rubis et une foule d'autres pierres précieuses.

§ 2. *Population*. — La population est nombreuse, très dense et très commerçante; les mariages se contractent à 17 ans et chaque famille élève de nombreux enfants. On estime le nombre des habitants à 10 millions, dont 5 millions sont musulmans. L'existence de ces musulmans dans le Yunnan a été du reste le point de départ de graves complications : les Chinois, peuple sceptique chez lequel les préoccupations mystiques tiennent peu de place, ne sont pas gens à se battre pour la question religieuse; mais ici, comme ailleurs, le zèle des fidèles ne dédaigne pas le temporel et les musulmans notamment soulevèrent des difficultés au sujet de filons de mines argentifères. En 1855 une véritable insurrection éclata; en 1856 un massacre des musulmans acheva de mettre aux prises les deux camps; la guerre dura 16 ans et, pendant ce temps, elle épuisa les ressources et la population du Yunnan.

Cette population diffère d'ailleurs, au point de vue ethnique, de celle de la Chine. Les indigènes de cette contrée sont connus sous le nom de *Miao-tsé* ou *Man-tsé*. Ils occupaient la vallée du Yang-tsé-Kiang, avant que les Chinois ne descendissent des hauts plateaux du nord-ouest. Ces Miao-tsé ont du reste plus d'affinité avec les populations de l'Indo-Chine qu'avec celles de la Chine; ils regardent les Chinois comme des envahisseurs : on les divise, d'après le P. Fenouil, en *Y-Djin* montagnards soumis qui payent un tribut à la Chine et en *Men-tsé* encore indépendants, réfugiés dans leurs montagnes inaccessibles. « Nous savons bien, disent-ils aux Chinois, que vous nous appelez voleurs et brigands; mais c'est vous qui êtes les voleurs. Toutes ces terres ont appartenu à nos pères, ils en avaient toujours été les maîtres et les paisibles possesseurs, quand les Chinois vinrent les en chasser injustement. Nous étions les plus faibles, il fallut céder : retirez-vous sur vos terres et vous verrez que nous n'irons pas vous y poursuivre. »

§ 3. *Commerce*. — Le commerce du Yunnan et celui d'une grande partie de l'immense empire, dont dépend cette province, n'ont d'autre débouché que le grand fleuve chinois Yang-tsé-Kiang, qui aboutit à Shang-Kaï; mais le trajet ne demande pas moins de 80 jours et le prix du transport revient à plus de 1 franc par kilogramme (65 francs pour

60 kilogr.). Le commerce peut, il est vrai, prendre également la voie chinoise du fleuve Si-Kiang, qui aboutit à Canton, mais le trajet est aussi cher et exige 90 jours. Or la Chine est le plus grand marché du monde et l'Europe ne vient, dans ces ports considérables, qu'après l'Amérique : en effet, depuis l'établissement du Transcontinental américain, qui a relié New-York à San-Francisco, le commerce de Shang-Kaï et celui de Canton aiment mieux traverser le Pacifique, l'Amérique du Nord et l'Océan à peu près en ligne droite pour arriver sur la côte occidentale de l'Europe, que de contourner les presqu'îles indo-chinoise et indienne pour arriver en Europe par Suez. L'Europe ramènerait donc à elle le courant, qui dévie actuellement vers l'Amérique si, dans ses possessions de l'Indo-Chine, elle avait une route, sur laquelle le Yunnan et la Chine derrière lui s'ouvrissent directement.

§ 4. *Les débouchés du Yunnan.* — Pour comprendre la question du Yunnan, il suffit de jeter les yeux sur la disposition rayonnante, déjà rappelée plus haut, des fleuves, qui partis du Yunnan et traversant l'Indo-Chine s'embouchent à la mer sur ses côtes : le Brahmapoutra, l'Iraouaddy, le Salouem, le Me-Niam, le Mé-Kong et le Song-Koï.

L'*Angleterre* a de bonne heure apprécié toute l'importance d'une route commerciale, qui relierait le Yunnan à ses possessions. Des échanges n'ont-ils pas eu lieu dès longtemps entre la Chine et l'Inde ? Renouer ces anciennes relations, dont un précieux portulan grec, connu sous le nom de Periple, de la mer Érythrée, fait mention au premier siècle de notre ère, était une idée qui devait tenter les Anglais ! En 1867 le général Arthur Cotton, du corps royal des ingénieurs, proposa de faire un chemin de fer, qui partirait du grand coude du Brahmapoutra par 28° lat. N. et irait aboutir au Yang-tsé-Kiang supérieur, après un parcours de 400 kilomètres. M. Mac Cosh fit observer avec raison, que le pays était extrêmement montagneux et qu'il faudrait traverser des tribus hostiles; il proposa donc un tracé plus long, mais plus méridional. Le Dr Williams, reprenant le projet, fut d'avis de ne pas commencer par faire un chemin de fer entre le Yunnan et Bamo sur le haut Iraouaddy, mais il admit le chemin de fer entre Bamo et le Bengale; les conseils, qu'il donnait à ses compatriotes en cette circonstance, sont bons à recueillir de la bouche d'un Anglais, c'est-à-dire d'un homme à la fois hardi et pratique : « Procédez, leur dit-il, en gens prudents et ménagers des deniers de vos actionnaires, quand vous aurez des actionnaires. » Au lieu du mot actionnaire et de l'idée d'initiative individuelle un Français n'eût parlé que de l'État ! « Ouvrez d'abord une bonne route ; elle suffira aux premiers temps ; puis, quand la position sera bien connue, on fera un chemin de fer, si la nécessité en est démontrée. »

Les Anglais ont d'ailleurs mieux à faire que de prendre la route de Brahmapoutra, car ils s'étendent dans cette partie du littoral occidental de l'Indo-Chine, qui borde, à l'orient, le golfe du Bengale, sur un développement de 13° du nord au sud, depuis l'angle oriental du delta du Gange jusqu'au milieu de la presqu'île de Malacca. Cette longue bande, qui continue pour ainsi dire l'Inde anglaise, comprend l'Arrakan avec Akyab, le Pégu avec Rangoun, le Ténasserim avec Moulmeïn comme villes principales ; depuis 1862 ces trois territoires forment la Birmanie anglaise (*British Burmah*) ; les Anglais ont donc songé à l'Iraouaddy. Ce chemin leur était d'ailleurs tracé d'avance par les Chinois eux-mêmes, qui apportent à dos de bêtes jusqu'à Bamo, sur l'Iraouaddy, la soie, le thé, le cuivre, les tapis, le mercure, le vermillon, les drogues de leur riche matière médicale, des fruits et qui remportent en échange du coton, de l'ivoire, de la cire, des cornes, des pierres précieuses, des nids d'hirondelles et des plumes. Ce commerce atteint chaque année plus de 12 millions.

C'est donc le long de l'Iraouaddy, que le Dr Williams proposait de faire un chemin de fer, qui apporterait les marchandises de la Chine jusqu'à Rangoun. En 1867 un Français, le P. Bigandet, écrivait à cette occasion au ministre : « Il se passe en ce moment un fait très important pour la Birmanie et pour la Chine occidentale : une expédition anglaise va partir de Rangoun pour la capitale de la Birmanie; de là elle remontera l'Iraouaddy jusqu'à Bamo, puis tournant à l'est elle traversera une chaîne de montagnes; suivant ensuite une direction un peu au nord elle se rendra à Monnien, à Laout-Chang et à Thaï-Phing, villes principales de la partie occidentale du Yunnan ». Un traité avait d'avance été conclu entre l'Angleterre et le roi du Barmah indépendant pour autoriser le passage, mais les troubles du Yunnan arrêtèrent ces projets.

Dans un autre projet la route partant toujours de Bamo, dernier port du cours supérieur de l'Iraouaddy, atteignait Talifou, marché important du Yunnan occidental; un autre plan faisait aboutir la route à Kieng-Hong, port sur le Mékong, à la frontière méridionale du Yunnan.

En 1855 le lieutenant-colonel Phayre, gouverneur du Barma anglais, fit explorer le Salouen par le capitaine Yule, mais il fut démontré, que ce fleuve n'est pas navigable : c'est un énorme torrent, dont la largeur varie entre 100 et 1000 pieds; en certains endroits l'eau couvre à peine le fond; ailleurs la profondeur est considérable, les crues atteignent parfois 24 mètres. Enfin l'Anglais Gibson avait proposé d'établir un chemin de fer entre Ava, sur l'Iraouaddy, dans la Birmanie indépendante et le Tonking, sur une longueur de 170 lieues.

Toutes ces tentatives, toutes ces explorations, qui ne furent d'ailleurs pas sans profit pour la science, finirent par éveiller la jalousie des Chinois. En 1875 un agent consulaire anglais, M. Margary, fut assassiné par les Chinois à Bamo; les Anglais ont en effet contre eux, entre le Yunnan et la Birmanie, les mêmes préoccupations indigènes, que nous rencontrons en Afrique, lorsque nous tentons de traverser le Sahara pour aller du sud algérien à Tombouctou : les gens du pays sont persuadés, que, si les Anglais construisent un chemin de fer entre Bamo et le Yunnan, c'en est fait des populations, qui servent actuellement d'intermédiaires entre le sud-ouest de la Chine et le nord de la Birmanie.

Les *Italiens* ont cherché à profiter du peu de sympathie qu'ont su éveiller les Anglais en Birmanie.

Il y a quelques années le commandeur Negri fut frappé de la rapidité, avec laquelle une lettre écrite dans le Yunnan par un missionnaire de Birmanie était parvenue à un prêtre de Turin; le trajet n'avait pas demandé plus de deux mois. On lui apprit, pour lui expliquer le fait, qu'il existe par le haut Iraouaddy un passage facile entre le Yunnan et la Birmanie. Les Anglais voudraient bien reconnaître ce passage, mais le souverain birman se montre méfiant à leur égard; il affectionne au contraire les Italiens, qui sont assez nombreux et très bien vus en Birmanie. En 1873 plus de 80 navires italiens avaient remonté l'Iraouaddy.

Les *Français* ont donc mille raisons pour se hâter : abandonnons l'Inde aux Anglais, d'accord; mais que l'Indo-Chine soit au moins l'objet de nos préoccupations! D'ailleurs nous sommes au moins aussi bien placés que les Anglais pour communiquer avec le Yunnan; car sans doute l'Iraouaddy est précieux pour rattacher la Birmanie anglaise au Yunnan, puisque de forts navires, qui avaient fait le tour du cap de Bonne-Espérance, ont pu le remonter jusqu'à Mendalé, où des barques transportent les marchandises jusqu'à Bamo; mais d'autres voies peuvent rattacher notre Cochinchine au Yunnan.

Le Mékong a tout d'abord attiré l'attention : on a projeté de faire un canal entre l'Iraouaddy, le Salouem et le Mékong; ce canal serait fait dans le Laos tributaire des Birmans; il n'y aurait plus qu'à descendre le Mékong pour amener dans nos possessions les marchandises du Yunnan. Il fallait pour cela se rendre un compte exact du cours du Mékong; c'est pour satisfaire ce besoin, que fut organisée la mission du Mékong en 1866. Doudart de Lagrée, Garnier, Joubert, Thorel, Delaporte et de Carné remontèrent le Mékong à plus de 1500 milles de son embouchure et parcoururent, en Indo-Chine et en Chine, plus de 10000 kilomètres dont 6000 en barque et 4000 à pied. Il fut malheureusement reconnu, que la navigation du Mékong est le plus souvent impossible. Il faudrait établir un chemin de fer, ce qui serait extrêmement coûteux.

Il est bon cependant de ne pas abandonner toute idée de transit par le Mékong; M. Taillefer a même proposé de faire un canal, qui rejoindrait le Mékong au Yang-tsé-Kiang, dans un point du Yunnan, où les deux fleuves ne sont éloignés l'un de l'autre que d'une quinzaine de lieues. On dit que ce canal existait autrefois; en tout cas il faudrait, que la Chine consentît à l'entreprise.

Il reste une autre route, c'est celle du Tonking.

V. LE TONKING. — § 1. *Le fleuve*. — Le chemin le plus court pour descendre du Yunnan, c'est le fleuve Son-Koï ou fleuve Rouge ou Tonking, qui prend sa source dans le Yunnan et parcourt, en sortant de cette province, une vaste contrée annexe de l'Annam, à laquelle il donne son nom, le Tonking. Le Son-Koï devient navigable à Mang-Hao, dans le Yunnan et coule du nord-ouest au sud-est, en passant successivement à Sing-Kaï ville chinoise, à Long-Pô première ville annamite, à Lao-Kaï, à Touen-Hin, à Houen-Ce, à Hong-Hoa, à Son-Taï et à Ha-Noï la capitale du Tonking. A partir d'Ha-Noï il se divise en 7 branches, qui forment un delta, dont la base à la mer mesure 30 lieues d'écart et dont les principaux bras sont le Day, le Traly, le Cua-Cam, le Cua-Nam-Trieu. D'après M. Rocher il ne faut que 35 jours, dont 10 de voyage par terre, pour se rendre du centre du Yunnan à Ha-Noï; cette route est donc tout indiquée.

§ 2. *Dupuis. Le Bourayne. Garnier.* — On assure, que

les Chinois connaissent depuis le XIVe siècle les avantages de ce chemin du fleuve Rouge et que certains jésuites en eurent connaissance au XVIIIe siècle (1708-1718); on prétend même, que de 1790 à 1797 le P. Le Pavec remonta le fleuve Rouge de Ha-Noï au Yunnan; ce qui est certain, c'est que c'est un négociant français, Dupuis, qui le remonta pour la première fois, on peut dire en connaissance de cause, en 1872-73.

L'insurrection musulmane du Yunnan venait de se rallumer; le gouvernement chinois promit 4 millions à M. Dupuis, s'il parvenait, comme il comptait le faire avec l'aide de quelques volontaires français, à reprendre aux insurgés la ville de Tali-Fou. M. Dupuis devait se procurer des armes en Europe; il songea alors à la vallée du Son-Koï, tout en n'ignorant pas qu'elle était occupée par les bandes rebelles des Pavillons noirs; outre la rapidité, que ce fleuve assurait au transport des armes impatiemment attendues, M. Dupuis voyait dans le Tonking une entreprise minière considérable. Il devait transporter par le Son-Koï tout le matériel de guerre, puis faire passer par le même chemin les marchandises du Yunnan en échange de celles de l'Europe. Notre compatriote partit de Saïgon pour le Tonking en 1872 et remonta le fleuve sur des bateaux chargés du matériel de guerre avec 12 Européens et 30 indigènes; le 16 mars 1873 il entrait dans la capitale du Yunnan au milieu d'un immense concours d'habitants.

A peine arrivé au Yunnan M. Dupuis repartit pour le Tonking avec un chargement de cuivre et d'étain, suivi d'une escorte de 150 soldats. Il fut assez mal reçu par les autorités annamites d'Ha-Noï et M. Millot son compagnon dut venir à Saïgon implorer la protection de l'amiral Duperré. « Je devais en outre, ajoute M. Millot, demander à l'amiral ce qu'il comptait faire au sujet du Tonking, que M. Dupuis voulait donner à la France. En cas d'hésitation de sa part, nous devions nous-mêmes planter le drapeau français sur la citadelle d'Ha-Noï et proclamer, sous le protectorat de la France, la restauration de la dynastie des Lé, ancienne famille indigène, qui avait laissé des souvenirs vivaces dans l'esprit des Tonkinois et dont les populations appelaient le rétablissement de leurs vœux. »

C'est alors, que Francis Garnier, qui déjà célèbre par sa part active à l'expédition du Mékong et par ses expéditions dans le Yunnan s'apprêtait à chercher la route depuis longtemps rêvée par lui du Yunnan au Tonking, fut envoyé par l'amiral pour intervenir comme médiateur entre les Tonkinois et Dupuis.

Le pavillon français n'était pas du reste inconnu dans ces contrées : déjà, pendant que Dupuis entreprenait son premier départ, le *Bourayne*, commandant Senez, s'était montré dans les eaux du golfe, pour faciliter les tentatives de notre compatriote et le faire respecter au besoin. Il est vrai, que le *Bourayne* n'était pas resté longtemps et M. Dupuis s'en aperçut assez ; cependant il avait relevé des ports et des abris ignorés sur la côte; ayant pénétré dans le Cua-Cam, il l'avait remonté ; il avait combattu, coulé et brûlé 7 jonques pirates, portant ensemble 100 canons et 700 ou 800 hommes dont plus de 500 avaient péri ; ces démonstrations avaient du reste pour autre but d'ouvrir la voie à la mission Delaporte, que le gouvernement devait envoyer pour étudier le passage du Yunnan. Malgré tout le respect que le nom français, qui s'était ainsi fait connaître, devait lui attirer, la situation de M. Dupuis devenait critique.

Garnier arriva et pour commencer s'empara d'Ha-Noï en 35 minutes. En moins de trois semaines une poignée de soldats commandés par lui et par ses intrépides compagnons Balny d'Avricourt, le jeune aspirant de 21 ans Hautefeuille qui s'empara presque seul de la citadelle de Nim-Binh, de Trentinian, Harmand, Bain et Perrin, prit successivement les places fortes de Phu-Ly, de Hung-Yen, Haï-Dsoung, Nam-Dinh et de Ning-Binh.

Ces jeunes conquérants organisaient le pays, levaient des milices; le Tonking nous appartenait et la population était dans l'allégresse d'être délivrée des Annamites. Tu-Duc demanda la paix. Les hostilités cessèrent, mais, pendant que les pourparlers étaient engagés, une attaque imprévue eut lieu sur Ha-Noï. C'est là que Garnier se montra, mit les assaillants en fuite et en rentrant fut lâchement assassiné par un petit groupe, qui s'était caché dans un fossé et qui prit aussitôt la fuite en emportant sa tête depuis longtemps mise à prix.

Le Tonking ne nous en appartenait pas moins et les compagnons de Garnier étaient de force à tenir tête à la situation, qui leur était faite par la mort de leur chef. Mais un beau jour arrive un bâtiment français; le lieutenant de vaisseau Philastre en descend : il a l'ordre de faire évacuer la contrée. Nous rendons aux Annamites tout ce que nous leur avons pris; les compagnons de Garnier et M. Dupuis quittent le Tonking; tout est à recommencer!

§ 3. *La possession du Tonking*. — La reprise du Tonking par la France est devenue indispensable non seulement pour nos intérêts, mais pour l'honneur du pavillon ; seulement ce que Dupuis avait obtenu d'abord pacifiquement des Chinois, ce que Garnier avait pris presque sans coup férir dans le Tonking, il nous faut maintenant le reprendre par la diplomatie et le canon! Au moment où Garnier a été assassiné les Chinois allaient fonder dans le Tonking une puissante association financière, dont Dupuis devait être le chef.

§ 4. *Commerce*. — On se fait une idée de l'importance de cette voie commerciale, lorsqu'on songe que les *Pavillons noirs*, qui ont établi une douane à Lao-Kaï, prélèvent sur les marchandises en transit une somme de 150 000 francs par mois. M. Dupuis pense que le commerce régulier, le long du fleuve, atteindrait 300 millions de francs. Pour donner une idée des bénéfices que le commerce pourrait réaliser, M. Millot rapporte que « Dupuis devait fournir 75 000 piculs de sel et recevoir en échange 75 000 piculs de cuivre (le poids du picul est de 60 kilogrammes). Le prix d'un picul de sel rendu au Yunnan n'était que de 3 francs, tandis que le picul de cuivre valait 45 francs. Ce marché produisait donc à lui seul un bénéfice de plusieurs millions de francs. Le maréchal Mâ, désirant assurer la nouvelle voie de communication, voulait envoyer 10 000 hommes pour mettre les mandarins annamites à la raison; mais Dupuis, pour éviter l'introduction des Chinois dans un pays qu'il espérait voir un jour à la France, se contenta de 150 hommes commandés par un des parents du maréchal Mâ. »

§ 5. *Productions du Tonking*. — Les produits de ce pays sont aussi nombreux que variés :

Végétaux. Parmi les végétaux il faut citer le mûrier, le coton, le thé, le café, le tabac, l'indigo, l'arbre à vernis d'où se tire le laque, l'opium, le caoutchouc.

Le riz est très abondant; on en fait deux récoltes par an. La production est susceptible d'être augmentée; on pourrait exporter des millions de tonnes chaque année. Cette céréale représente actuellement 39 % dans l'exportation et son commerce est entre les mains des Chinois. On cultive également le maïs, l'igname, les patates douces. La canne à sucre est récoltée partout; le hoang-nan, strychnée qui croît dans les montagnes, est devenu célèbre comme remède de la lèpre.

Le ricin, la sésame, l'arachide sont très estimés. Le lam-wa produit un suif végétal. Ajoutons la cardamone, la muscade, le poivre, le bois odoriférant de Calembac, les bois de rose, de fer, d'ébène, le sapin, le santal.

Minéraux. La *houille* abonde. M. Fuchs estime la superficie du bassin houiller du Tonking à 1000 kilomètres carrés. Il est situé non loin de la mer, à 5 ou 6 kilomètres, au-dessus du niveau de la mer, dans l'angle nord-est de la contrée. La quantité est estimée, au-dessus de la mer, à 1 million de tonnes et, si on voulait aller en profondeur, on arriverait, en comptant 45 000 tonnes par mètre de profondeur, à un rendement de 4 500 000 tonnes, à une profondeur de 100 mètres.

La houille du Tonking ressemble à celle de Charleroy : elle est sèche, à longue flamme ; l'analyse, qui en a été faite à l'école des Mines, a montré que ce charbon contenait 80 % de carbone pur. Sa dépense dans une locomotive serait, d'après M. Fuchs, de 2 kilogrammes par heure et par cheval-vapeur. Il estime que 14 kilomètres d'un chemin de fer industriel suffiraient pour centraliser tous les gisements ; on pourrait ainsi amener le charbon à bord au prix de 15-17 francs la tonne. Or Singapour, Shang-Haï, Saïgon et Hong-Kong consomment actuellement par an 400 000 tonnes, à un prix qui varie entre 32 et 70 francs. Dans certaines contrées du Tonking la houille se paye aujourd'hui 5 francs la tonne et le coke coûte 10 francs. A la frontière du Laos la houille alterne souvent, dit M. Sérullas, avec l'anthracite et donne 72 % de carbone par sa transformation en un coke finement poreux.

Le *minerai* du Tonking contient de 50-55 % de fer.

Un grand nombre de cours d'eau contiennent des paillettes d'*or* ; leurs alluvions boueuses sont tellement riches, qu'on élève au Tonking des canards uniquement pour ramasser dans leurs excréments l'or, qu'ils ont avalé en barbotant dans les ruisseaux. Ce métal est tellement abondant, que les femmes, qui sont passionnées pour le jeu comme tout Annamite, jouent parfois, dans les villages, des sommes considérables sous forme de poudre d'or.

Les quartz aurifères analysés à l'école des Mines ont donné jusqu'à 40 grammes d'or par tonne de quartz ; or ceux de l'Oural, de la Transylvanie, du Colorado, de l'Inde ou de l'Australie ne produisent que 12-20 grammes par tonne. Les quartz du Venézuéla seuls s'en approchent ; ils donnent 36 grammes.

Les mines d'argent, de cuivre et d'étain abondent ; elles occupaient en 1853 plus de 10 000 Chinois. Quand le minerai de cuivre est mélangé de plomb, il renferme habituellement 700 grammes d'argent par tonne de minerai. Dans certaines mines de plomb argentifère 800 kilogrammes de plomb fournissent plus de 1 kilogramme d'argent.

Animaux. L'animal de labour est le buffle; on emploie le bœuf pour la culture non immergée.

Les chevaux sont petits, ardents. Le porc est très abondant et joue dans l'alimentation un rôle important.

Il n'existe pas de moutons, mais les chèvres sont abondantes.

Le tigre, la panthère, l'ours, le rhinocéros, l'éléphant sont nombreux et ne disparaîtront qu'avec l'extension de la culture. On trouve le chevrotin porte-musc.

Le *ver à soie* réussit très bien; les Tonkinois le nourrissent sur un mûrier nain, le *Morus indica*, qui se multiplie par boutures avec une grande facilité. Cet arbuste végète ordinairement dans les terrains d'alluvions, qui bordent les cours d'eau. Les Tonkinois ne savent pas bien dévider les cocons; aussi les soies grèges se vendent-elles à un prix relativement très bas. Les tissus de soie du Tonking ont également besoin d'être perfectionnés; jusqu'à présent il n'y a guère que quelques étoffes écrues de nuance crème, qui aient été acceptées par l'Europe. L'industrie séricicole est très développée; on y remarque aussi, comme dans le Yunnan, la soie du chêne, qui est produite en grande abondance : c'est un textile moins brillant mais plus solide et beaucoup moins cher que la soie du mûrier. Elle serait, paraît-il, surtout précieuse pour la chaîne des étoffes mates et solides comme le gros grain et le drap de soie.

§ 6. *Travaux publics.* — Si le fleuve Rouge devient navigable sur tout son parcours entre le Yunnan et la mer, c'est-à-dire si les rapides qui l'obstruent sont aménagés, si l'irrégularité de son débit est corrigée par l'art, c'est jusqu'à nouvel ordre le plus sûr et le plus commode des chemins de transit ; néanmoins plusieurs tracés ont été mis à l'étude dans le delta : MM. Henri Vienot et Albert Schroeder ont étudié celui d'Haï-Phong à Hanoï. Il aurait une seule voie de 45 kilomètres avec 10 stations en comptant les deux extrêmes.

Une communication télégraphique est aujourd'hui établie entre Haï-Phong au Tonking et Saïgon en Cochinchine.

§ 7. *Climat*. — On peut dire du climat du Tonking, qu'il est hybride, selon l'expression du Dr Maget : tempéré en hiver, il est tropical en été.

A la fin de janvier le soleil se cache pour 3 mois : d'abord voilé, le ciel devient de plus en plus couvert ; la pluie arrive en mai et tombe à torrents en avril. Mai et juin sont caractérisés par des éclaircies et des averses alternantes ; août, septembre et octobre deviennent de plus en plus secs. Novembre et décembre sont très secs.

L'hiver, de novembre à avril, est en somme sec, sain ; on fait souvent du feu ; on voit la vapeur d'eau éliminée par la respiration se condenser en petit nuage ; la température moyenne est de $+$ 19° ; pendant l'hiver elle s'abaisse jusqu'à $+$ 9°, même $+$ 8° et $+$ 7° ; l'été est tropical ; sa température moyenne est de $+$ 28° : il est plus chaud que l'été de Saïgon. Grâce à l'hiver l'Européen peut vivre en bonne santé pendant 2 ans, dit le Dr Maget, mais pendant 2 ans seulement ; si on reste plus longtemps, une anémie grave se déclare. L'eau potable est mauvaise comme en Cochinchine : toutes les rivières sont saumâtres et leur eau donne aux bœufs de boucherie un goût détestable. Depuis 1875 on a fait un marché avec un Chinois, qui approvisionne nos postes d'eau de source ; cette eau vient de Quang-Yen et est filtrée dans du grès. Il est prudent de l'essayer par le nitrate d'argent. Elle coûte de 4 000 à 5 000 francs par an, mais grâce à elle on évite la dysenterie.

§ 8. *Maladies*. — La fièvre intermittente n'existe pas au Tonking, bien qu'il y ait quelques marais ; on n'y observe pas non plus la diarrhée de Cochinchine, ni la fièvre typhoïde. Chaque année le choléra fait son apparition au début de l'été.

Nous ne devons pas oublier, que la peste est endémique dans le Yunnan et que, plus nos relations avec ce pays augmenteront, plus nous devrons veiller à ce que la maladie ne soit pas importée au Tonking. Voici au surplus comment s'exprime le Dr Rochard sur ce point très important de la pathologie du Yunnan et par conséquent du Tonking : « Les lettrés du pays affirment, que la peste a été importée de Birmanie à une époque qu'ils ne précisent pas; d'autres prétendent qu'elle y est entrée avec les Taï-Ping venus du nord de la Chine lors de la grande insurrection de 1856; ce qui est certain, c'est qu'à cette époque elle acquit un redoublement d'activité et qu'elle ravagea toute la province. Depuis lors elle n'a pas cessé d'y régner. Quand elle ne fait que traverser une localité, elle lui inflige une mortalité, qui dépasse à peine 4 à 5 % de sa population; mais, lorsqu'elle s'y implante, les familles disparaissent les unes après les autres et l'on voit, dans quelques districts, les habitants abandonner leurs maisons et leurs récoltes, pour échapper au fléau et se réfugier sur les hauteurs, où l'épidémie les suit parfois. Dans le Yunnan les ravages de la peste sont encore aggravés par une croyance superstitieuse, qui interdit aux habitants d'inhumer les victimes : ils pensent que les pestiférés sont possédés du démon et qu'on ne peut les enterrer sans s'exposer à troubler le repos des ancêtres ; aussi se bornent-ils à les placer dans des bières et à les laisser se putréfier au soleil. En général l'épidémie diminue d'intensité pendant l'été, qui dans le Yúnnan est la saison des pluies. Ce n'est là qu'un temps d'arrêt, pendant lequel les cas sont moins nombreux et moins graves; mais, une fois cette saison passée, le fléau redouble d'intensité jusqu'à l'année suivante. C'est là du moins ce qui eut lieu en 1871, en 1872 et en 1873. Cette maladie est bien la peste avec son début brusque, son appareil fébrile intense, ses bubons d'un rouge sombre apparaissant au bout de quelques jours aux aines, aux aisselles et au cou et atteignant le volume d'un œuf de poule ou d'un œuf d'oie... J'ai extrait ces renseignements d'un rapport de fin de campagne de M. le médecin en chef Vauvray. Il les tenait lui-même d'un jeune Français, M. E. Rocher attaché à la douane chinoise d'Amoy, lequel les avait recueillis dans le cours d'un long voyage dans le Yunnan. Ils sont tellement précis, qu'ils paraissent mériter toute confiance. »

Le seul moyen de résister au climat de l'été c'est de gagner les hauteurs.

Il faut se méfier de l'ulcère de Cochinchine et de l'insolation. Le ténia est général. La lèpre n'est pas rare, du reste on pratique l'isolement des lépreux. La variole est fréquente.

On a pensé à faire du Tonking le sanatorium de la Cochinchine; mais le Dr Foiret fait observer avec raison, que si on renvoie en Cochinchine les malades améliorés par le séjour momentané au Tonking, la récidive est assurée et qu'il faut ensuite les envoyer en France. Autant vaut donc prendre dès le début ce dernier parti.

§ 8. *Population*. — La population du Tonking est extrêmement dense; elle est à peu près trois fois plus considérable qu'en France. Hanoï est une ville de 150 000 habitants. Le Tonking tout entier mesure environ 150 000 kilomètres carrés, près du quart de la France. Les *Tonkinois* sont très intelligents; ils ont une grande aptitude au commerce, à l'industrie et à l'agriculture. Plus grands que les habitants de l'Annam ils leurs ressemblent cependant beaucoup. Le peuple est sale et vit mal, mais se livre cependant à un grand commerce.

Muongs. Les plus anciens habitants du Tonking sont les Muongs. Ils habitent aujourd'hui, au nombre de 300 000 à 400 000, la province de Nin-Binh au sud-est du delta; alors qu'ils l'occupaient en maîtres, elle portait le nom de d'Aï-Lao. Lorsque les Annamites arrivèrent, les Muongs de l'Aï-Lao se liguèrent d'abord avec eux contre les Chinois; cette lutte commune contre la Chine dura jusqu'au xie siècle; mais, lorsqu'à cette époque les Annamites du Tonking se séparèrent de ceux de l'Annam sous la dynastie des Lé, les Muongs abandonnèrent alors leurs anciens alliés et gardèrent avec indépendance leurs mœurs féodales jusqu'au xvie siècle. Cette indépendance, que les Lé souverains du Tonking avaient respectée, fut renversée par la dynastie annamite des Gia-Long, lorsqu'elle s'empara du Tonking au xviiie siècle; l'Aï-Lao perdit son nom. On comprend que les Muongs détestent les Annamites; aussi furent-ils les premiers à se placer dans les milices, que Garnier et ses compagnons levèrent pendant leur courte mais brillante occupation du Tonking. Encore aujourd'hui ils forment un parti, qui nous est très favorable.

Annamites du Tonking. — Les Annamites sont venus du nord comme les Thaïs et les Birmans. Les annales chinoises du xve siècle les désignent sous le nom de *Lao-Tchi* (hommes au pied fourchu), ce qui semble faire allusion à la disposition spéciale de leur gros orteil écarté des autres doigts. Ces annales semblent même faire mention des phénomènes géologiques, qui durent donner naissance aux terrains alluvionnaires; « les alluvions marécageuses, disent-elles, s'étant exhaussées, les Lao-Tchi descendirent des montagnes pour se livrer à la pêche. »

Ils luttèrent d'abord contre la Chine; c'est cependant elle qui leur donna ses institutions et son cachet spécial de civilisation. En 1010 le roi tonkinois Lé assura complètement l'indépendance du Tonking et, libre du côté de la Chine, il s'empara du royaume de Chiampia. Sous la dynastie des Lé les Tonkinois dominaient donc une grande partie de l'Indo-Chine orientale, lorsqu'au xve siècle un des généraux que le roi Lé avait chargé d'administrer en son nom la Cochinchine et le Cambodje, le général Nguyen se révolta contre son souverain et victorieux proclama l'indépendance des provinces, qu'il avait ravies. Il avait été secondé par la Chine heureuse de saisir cette occasion de se venger de la dynastie des Lé, qui lui avait arraché le Tonking : aussi, comme signe d'alliance avec le Céleste-Empire, le nouveau royaume de Nguyen prit-il le nom de *Paix du midi* (Annam).

La guerre s'engagea dès lors entre les deux royaumes de Tonking et d'Annam, entre les Lé et les Ngugen et ces deux royaumes réunis étaient sans cesse agités par la révolte du parti vaincu. Si la dynastie des Ngugen était populaire à Hué, celle des Lé avait ses partisans à Hanoï, car pour le Tonking les Lé représentent l'indépendance de la patrie : c'est la dynastie légitime. Malgré bien des différences on a pu sous ce rapport comparer le Tonking à la Vendée légitimiste. Les luttes dont ce pays a été le théâtre rappellent en effet, sous certains rapports, la guerre acharnée des Chouans. La comparaison n'est toutefois que superficielle, car les Lé ne représentent pas ici, comme leurs homologues de la Vendée française, la religion et le passé ; ils représentent au contraire la civilisation, l'industrie et l'indépendance de la patrie.

Politique au Tonking. — A la fin du siècle dernier les Lé l'emportaient ; un Nguyen, qui se nommait Gia-Long, décida M. de Behaine, évêque *in partibus* d'Adran, à obtenir pour lui l'appui de la France. En échange du service rendu il devait nous donner la baie de Tourane et l'île de Poulo-Condor. Plusieurs officiers français apportèrent leur épée et leur talent à Gia-Long ; ils l'aidèrent à reprendre Hué et Saïgon, fortifièrent les villes à la Vauban, ne se doutant pas que des Français auraient plus tard à reprendre ces citadelles construites par des Français. Nous n'avons été récompensés que par l'ingratitude de Mingh-Mang, de Thientri et de Tu-Duc, fils, petit-fils et arrière-petit-fils de Gia-Long ; il a fallu envoyer en 1858 le *Catinat* devant Tourane et l'amiral Rigaud de Genouilly a dû reprendre les ouvrages construits par ses prédécesseurs français en Annam.

Le gouvernement avait compris, que nous avions été impolitiques en combattant les Lé et en soutenant les Nguyen ; l'occasion se présenta de changer de côté : un Lé, béarnais de son pays, s'était habilement fait catholique ; il avait été élevé au séminaire et portait le nom de Pierre : en 1858 il lève l'étendard de la révolte ; des mots français sont inscrits sur son drapeau ; la France et l'Espagne attaquent Tu-Duc en même temps. Le prétendant vole d'abord de succès en succès ; il voit déjà l'empire annamo-tonkinois reconstitué et comme récompense il place son futur royaume sous le protectorat de la France; Tu-Duc prend peur. Il offre la paix et nous abandonnons notre malheureux protégé. Les revers commencent alors pour lui. Son implacable ennemi le fait prendre et le condamne à la peine du *lang-tri*, qui consiste à couper d'abord les quatre membres de la victime, puis à lui arracher les entrailles, après quoi on coupe la tête. Les missionnaires pleurèrent le chrétien : « Ainsi mourut, dit l'un d'eux, ce prince vertueux et vaillant, qui promettait d'être le régénérateur de sa nation et qui eût été le Constantin du Tonking. » Les Tonkinois, qui n'ont aucunement le sentiment religieux, regrettèrent surtout l'homme, qui les aurait soustraits au joug détesté de Nguyen. Ils ont aujourd'hui trouvé en nous les libérateurs perdus, aussi nous accueillent-ils bien, mais nous ne savons pas assez profiter du sentiment *vendéen* du pays; mieux avisé était Dupuis, qui n'hésitait pas, il y a quelques années, à déclarer qu'il voulait rétablir la dynastie des Lé.

Le gouvernement français était, il est vrai, lié. Après avoir soutenu les Nguyen contre les Lé avec M. Behaine, nous avions en 1858 soutenu les Lé contre les Nguyen ; cette fois notre traité avec Tu-Duc nous obligeait à changer encore une fois de parti et, lorsqu'en 1873 éclata une nouvelle insurrection des Lé, nous la combattîmes.

Il est probable, que si nous avions eu une politique suivie et favorable aux Lé comme aux Muongs, en même temps qu'hostile à Tu-Duc, nous aurions été plus tôt les maîtres ou au moins les protecteurs depuis le Tonking jusqu'au Cambodje.

CHAPITRE XII

Taïti.

I

MILIEU COLONIAL

Territoire. — Climat. — Population.

I. SITUATION. TERRITOIRE. — Taïti, la principale des îles de la Société, est située dans l'océan Pacifique, entre 17° 29′ 30″ lat. S. et 17° 47′ lat. S. d'une part et de l'autre entre 151° 29′ 53″ et 151° 56′ long. O.; elle appartenait autrefois au groupe des îles du Protectorat. Les îles sous le Vent, dont Huahine, Raiatea et Borabora sont les principales, ont été reconnues indépendantes par une déclaration signée le 19 juin entre la France et l'Angleterre. Chacune de ces îles est maintenant régie par un gouverneur et possède des règlements particuliers. Seule de l'archipel la petite île de Moorea ou Eimeo a suivi les destinées de Taïti, dont elle n'est séparée que par un étroit canal. Les petits îlots de Teturoa, l'île de Matea, l'archipel de Tubuai relèvent aussi de Taïti. Le 29 juin 1880 Pomaré V, roi de Taïti, s'est déclaré citoyen français et a annexé tout son royaume à la République. L'île de Taïti se compose de deux parties : Taïti proprement dit et Tiararapu réunies par un isthme de 22 000 mètres de long et de 14 mètres d'altitude maxima. La superficie totale est de 104 215 hectares. La capitale est Papeete. La nature du terrain est volcanique; il se compose d'un squelette basaltique, soulevé au milieu de productions madréporiques anciennes, sur lesquelles se sont éboulés des terrains d'alluvions, qui forment autour du massif montagneux, abrupt et central une ceinture de 25 000 hectares ouverts à l'agriculture. Le centre renferme des pics élevés, tels que celui d'Aorai (2 064 mètres), d'Orohena (2 236 mètres) et celui de Nin dans Taiarapu (1 324 mètres). Ce massif est riche en sources ferrugineuses et en lacs, dont le principal est le lac Waïpiri au centre de l'île.

Constitution générale des îles océaniennes. — La structure des îles océaniennes est d'ailleurs partout la même depuis les Sandwich par 23° lat. N. jusqu'à la Nouvelle-Zélande par 23° lat. S. L'hypothèse de Dumont d'Urville, qui voyait dans toutes ces îles les sommets émergeants d'un grand continent englouti sous les eaux, n'est plus aujourd'hui admise par personne. Toutes ces îles appartiennent à deux modes de formation : la formation ignée et la madréporique. 350 environ sont basaltiques et trachytiques; elles ont été produites par une éjaculation volcanique; 290 ont été formées par la lente superposition des débris des coraux qui, vivant dans une eau dont la température ne s'abaisse pas au-dessous de $+20°$, s'emparant des carbonates de la mer et servant de point d'appui à de nouvelles générations de coraux, ont fini par former une surface émergeante. Les oiseaux, les plantes marines qu'ils apportent formèrent un mélange d'humus et de guano, qui devint de plus en plus fertile et qui s'éleva de plus en plus au-dessus de l'eau, jusqu'au jour où la végétation fut assez importante pour permettre à l'homme d'y vivre.

Souvent, à Taïti par exemple, les deux formations se succèdent : sur un cône volcanique, qui émerge lentement, s'installent les coraux : ils forment une plate-forme traversée à son centre par l'éjaculation volcanique, qui a formé les montagnes.

II. Climat. — Le climat de Taïti a toujours eu le don de charmer les navigateurs. Il est caractérisé par deux saisons : la saison sèche, tempérée, de mai à septembre; la saison chaude, pluvieuse, ou hivernage, d'octobre à avril. La température moyenne de l'année est de $+24°,79$; le maximum absolu $+35°$ et le minimum $+14°$.

Absence d'impaludisme. Ce qui caractérise les îles de la Polynésie, comme celles de l'Océanie, c'est l'absence d'impaludisme. Dans toute la couronne alluvionnaire, qui entoure le centre montagneux, existent cependant des dépôts d'eau, auxquels on donne le nom de marais; mais le sous-sol est ici formé par des récifs de coraux, qui rendent le fond perméable. Ces marais sont en réalité des sources, qui forment de charmants ruisseaux; l'eau n'est nulle part stagnante, aussi n'y trouve-t-on aucune des plantes des marais, charas, palétuviers, sphagnum, etc.; les mélaleuca contribuent en outre à assainir l'air.

J'ai déjà dit, que l'impaludisme était dans les pays chauds le principal obstacle à l'acclimatement. Les Européens vivent en effet très facilement à Taïti; d'après le Dr Aze, la mortalité de l'effectif de garnison, qui se composait de 239 hommes, a été pendant 28 mois qu'il a pu l'observer de 0,42 %. D'après Dutrouleau, de 1848 à 1855 la mortalité de la garnison française était de 0,98 % d'abord, puis de 0,39 %. Le pays est donc sain.

III. POPULATION. — Les Taïtiens appartiennent à la race polynésienne, qui est elle-même une race mixte, dans laquelle entrent à dose variable des éléments de la race blanche, de la race jaune, de la race noire océanienne et de la race malaise elle-même complexe.

§ 1. *Polynésiens en général.* — Quelque complexe qu'elle soit, la race polynésienne est une; c'est même une des meilleures preuves, que les îles de l'Océanie ne sont pas les sommets d'un continent englouti, car un continent aussi vaste qu'eût été celui-là, eût contenu plus d'une race. Or partout le type est le même, la langue est la même, les usages sont les mêmes.

Les éléments divers, qui la composent, apparaissent néanmoins par atavisme, chez quelques individus, à l'état plus isolé, que dans le gros de la population. En 1606 Quiros trouva à Taïti un chef, qui avait les cheveux rouges ; Wallis, en 1767, remarqua que les chefs étaient souvent blonds. Le sang d'une race blanche avait donc déjà pénétré là ; il en fut de même, en 1560, aux îles Salomon et, en 1772, à l'île de Pâques.

C'est par voie de migration, que les Polynésiens ont successivement peuplé de l'ouest à l'est toutes les îles de l'Océanie et de la Polynésie. Au XIIe siècle, en même temps qu'un mouvement de l'est à l'ouest poussait les Mongols vers l'Europe, un mouvement presque symétrique poussait de l'ouest à l'est ceux qui devaient devenir les Polynésiens. Cette projection des futurs Polynésiens vers l'est se faisait par les Malais. Ce peuple éminemment *traçant*, comme on dit des végétaux, *expansif* et colonisateur représente en effet le jet initial des populations parties du Tibet. Le jet de populations immigrantes se faisait d'ailleurs au travers de peuples déjà fixés, avec lesquels les Malais se croisaient en les traversant, donnant ainsi naissance à des populations mixtes. Les Malais rencontrent d'abord dans l'Indo-Chine des jaunes, des noirs et des blancs, tous déjà mêlés ; l'adjonction de l'élément malais produit les Annamites. Poussant plus loin les Malais arrivent sur les côtes de l'Indo-Chine et dans l'archipel voisin : ils rencontrent les Négritos avec lesquels ils forment le Malais de la Malaisie. Plus loin, dans la Nouvelle-Guinée et dans la Polynésie occidentale, ils rencontrent les Papous ; au nord l'union de ces émigrants avec les jaunes et avec les Aïnos forme les Japonais. Se prolongeant vers l'est la poussée arrive dans des îles inhabitées, où le Polynésien se dégage plus pur.

Les légendes polynésiennes ont du reste conservé le souvenir d'une émigration en pirogue, qui, partie de l'île Bourou, entre les Célèbes et la Nouvelle-Guinée, a peuplé successivement toute la Polynésie. Un premier essain gagna les îles Palaos, les Carolines; un autre toucha la pointe de la Louisiane et atteignit la côte orientale d'Australie; un troisième aborda aux îles Salomon et poussa jusqu'à l'île Santa-Cruz, aux Nouvelles-Hébrides et en Néo-Calédonie; un quatrième gagna les îles Fidji; un cinquième peupla les îles Samoa et l'île Tonga. De Tonga part un noyau, qui va coloniser la Nouvelle-Zélande et l'île Chatam d'un côté, les Marquises de l'autre. De Samoa une colonie part pour Raiatra; une seconde pour Taïti; une troisième pour Raratonga, Rapa et Mangareva. De Taïti une colonie part pour les îles Havvaï.

Ces longues migrations ont pour elle l'océan et l'atmosphère : le premier prête ses contre-courants d'ouest à est, qui, au-dessus comme au-dessous de l'équateur, poussent les barques vers l'Est; le second, dans toute la zone des calmes, protège les émigrants contre la tempête.

Grâce à cette communauté d'origine les Polynésiens ont partout la même langue, la même civilisation caractérisée par l'absence de l'arc et des flèches, l'usage de la double pirogue, celui du kawa fait avec la racine mâchée du *piper methisticum*, par le tabou et la fréquence de l'infanticide. Partout ils ont les mêmes caractères anatomiques, généralement intermédiaires entre ceux de la race jaune et ceux des nègres océaniens, témoins l'indice nasal et l'indice céphalique.

Les Polynésiens constituent une race douce, intelligente et digne d'être soutenue. Les îles Sandwich ne nous donnent-elles pas le spectacle d'une population hier sauvage, qui massacrait Cook il y a 104 ans, aujourd'hui en plein régime parlementaire, avec 2 chambres, le suffrage universel, l'instruction gratuite et obligatoire!

§ 2. *Polynésiens de Taïti*. — Les Taïtiens présentent les caractères communs à tous les Polynésiens : la race est belle, mais l'obésité est précoce chez elle; les pieds et les mains sont larges; le front est peu élevé; le nez épaté, parfois aquilin; la face est grosse; les cheveux sont quelquefois crépus, quelquefois soyeux et d'un beau noir; les yeux sont grands et expressifs; les dents blanches; la bouche large; les lèvres épaisses; la peau brune.

§ 3. *Démographie.* — La population taïtienne est depuis longtemps en décadence : depuis la première visite des Européens jusqu'à une époque récente le nombre des Taïtiens a toujours été en décroissant. En 1774 on estimait leur nombre à 80 000, à 16 000 en 1797, à 8 568 en 1829, à 8 000 en 1838. Un recensement fait en 1848 portait la population au chiffre de 8 082 et accusait, par conséquent, si les chiffres antérieurs sont exacts, un léger accroissement; mais de 1852-1854 sévit une épidémie de rougeole, qui donna un excédent des décès sur les naissances de 821. Depuis lors la population se relève : elle avait de 1855-1860 un excédent de 394 des naissances sur les décès; on comptait 7 169 habitants en 1860 et 9 086 en 1862; en 1877 la population s'élevait à 9 500; on l'évalue actuellement à 10 347. La race taïtienne est-elle destinée à se relever? L'administration française doit tout mettre en œuvre pour l'aider à le faire.

§ 4. *Maladies.* — On sait que cette décroissance présentée par les Taïtiens est générale dans toute la Polynésie; partout cette belle race semble appelée à disparaître à notre contact aussi bien dans les colonies qui nous appartiennent que dans celles soumises à l'Angleterre, comme la Nouvelle-Zélande, et dans celles qui sont indépendantes, comme les îles Sandwich.

La grande cause de décès chez ces insulaires est la phtisie tuberculeuse, qui n'existait pas chez eux avant notre arrivée et qui prend dans leur race et sous le climat de leur pays une allure particulièrement rapide. La maladie ne dure pas plus de 3 à 4 mois. La preuve que la race polynésienne est bien par son essence même, plus apte à la phtisie pulmonaire que les autres races, nous est fournie par le fait suivant : un planteur de Taïti avait fait venir des Canaques des îles Gilbert ; tous moururent phtisiques. Il renonça alors aux Polynésiens et fit venir 1 700 Chinois, dont pas un seul ne devint tuberculeux. Les métis sont moins sujets à la maladie que les Polynésiens purs. Si la médecine avait besoin d'une preuve nouvelle en faveur de la contagion de la tuberculose, elle la trouverait dans la lamentable histoire des Polynésiens.

Toutes les fois qu'une maladie est nouvellement importée dans un pays, elle atteint un nombre d'individus beaucoup plus considérable que dans les pays, où les habitants sont en quelque sorte habitués à ses coups et vaccinés contre elle : cela est vrai pour la phtisie ; cela l'est également pour la rougeole, qui importée à plusieurs reprises par nos navires a contribué puissamment à amoindrir la population.

L'alcoolisme, que nous avons apporté et qui a ajouté ses ravages à ceux de l'ayaïsme résultant de l'abus du kawakawa, prend également sa part dans cette dépopulation de la Polynésie.

II

COLONISATION

Commerce, administration. — Agriculture, acclimatation.

I. COMMERCE. ADMINISTRATION. — § 1. Le *canal de Panama*. — Le percement de l'isthme de Panama est appelé à donner à notre colonie de Taïti, comme à toute cette partie de la Polynésie, une importance considérable. Nous nous trouverons en effet sur le chemin de la Nouvelle-Zélande et de l'Australie. Mais, si l'importance de notre colonie est appelée à grandir, lorsqu'à la fin de 1888 le canal sera terminé, il faudra songer aussi à la possibilité de l'importation de la fièvre jaune par un point, qu'on n'avait pas besoin de surveiller jusqu'à ce jour et instituer bientôt dans notre colonie un système spécial de lazaret.

§ 2. *Administration*. — Il faut reconnaître, que pendant longtemps nous avons fait tout ce qu'il fallait pour éloigner de Taïti, que nous protégions, les étrangers et par conséquent le commerce. Il fallait un permis de séjour ; il fallait rentrer en ville à une certaine heure ; on avait fait de Papeete quelque chose d'intermédiaire entre un couvent et une caserne. Bien que depuis 1861 toutes ces mesures d'un autre âge aient été abolies, les navires ont pris l'habitude d'un autre chemin et ne passent encore à Papeete aussi souvent que nous serions en droit de l'espérer.

On a créé une commission municipale, des écoles, une caisse agricole ; on a depuis 1872 remplacé le régime des patentes proportionnelles par un octroi de mer, qui a considérablement augmenté le revenu de la colonie. Mais il existe une lacune énorme dans notre conduite vis-à-vis les Taïtiens : pourquoi cette colonie n'est-elle pas représentée à la Chambre des députés ? Son commerce atteint 5 millions (2 millions d'exportation et 3 millions d'importation). Malheureusement il est encore en grande partie aux mains des étrangers.

II. Agriculture. Acclimatation. — L'importance, que Taïti pourrait prendre comme colonie agricole, est égale à celle qu'elle mériterait comme colonie commerciale. L'île est d'ailleurs en progrès : en 1865 la culture n'occupait encore que 195 hectares ; elle en occupait 1 017 en 1866 et 2 162 en 1867 ; aujourd'hui ce chiffre est largement dépassé.

L'annexion récente des îles de la Société à la France a provoqué des demandes de concession de terres à Taïti par des émigrants, qui se proposaient de porter dans la colonie leur activité et leur industrie. Il y a là un bon symptôme ; le tout est de le mettre à profit. Il importe d'ailleurs, que ceux qui partent avec l'intention de coloniser, emportent avec eux cette idée capitale, que la colonisation ne peut reposer que sur l'agriculture et que le champ qu'il laboure rapporte plus au travailleur que la mine qu'il pioche ou qu'il fait sauter. Une fois déjà la découverte de mines d'or en Californie a dépeuplé Taïti de ses colons; ils ont laissé là leurs exploitations naissantes, séduits par l'attrait toujours invincible des paillettes californiennes. Ils ont amèrement regretté leur illusion, mais leur exemple ne servirait peut-être pas de leçon, si une circonstance analogue se présentait.

Taïti peut cependant rivaliser quelque jour avec la Martinique : « Taïti produit peu, dit le général Ribourt, et pourrait tout produire. Toutes les plantes importées des différents continents se sont naturalisées là d'une manière surprenante. En moins d'un siècle elles se sont développées sans culture et reproduites au point de le disputer aujourd'hui aux végétaux indigènes. La fertilité du sol est extrême : d'innombrables ruisseaux entretiennent partout dans la plaine une fraîcheur délicieuse; d'abondantes rosées rendent à la terre, pendant la nuit, ce qu'ont pu lui enlever les ardeurs du soleil. Jusque sur leurs sommets les plus élevés les montagnes sont couvertes d'une végétation luxuriante; les vallées en sont obstruées.

« S'il était possible d'employer d'une manière utile tous ces terrains incultes aujourd'hui, si une main intelligente et expérimentée venait à tirer de ce sol fertile tout ce qu'il peut produire, Taïti, qui fournit à peine aujourd'hui des vivres à une population peu nombreuse, deviendrait une des colonies les plus riches du monde. Il est bien peu des produits si recherchés des Antilles ou des Indes, qui, disposés convenablement, suivant la nature du sol, l'exposition ou la hauteur, ne réussissent parfaitement à Taïti. Déjà le coton, l'indigo, le tabac croissent sans culture; Bourbon et les Antilles vont jusque-là chercher des plants nouveaux de canne à sucre; le *roucou*, nouvellement importé, se multiplie rapidement. Le café, cultivé sur quelques points, donne des produits, que le Chili préfère à ceux du Brésil et qui l'emporteraient, je crois, sur nos cafés de Bourbon même et de la Martinique. Mais, pour cette transformation, des bras sont nécessaires. Le Taïtien, insouciant et paresseux, ne comprendra pas de bien longtemps la nécessité du travail. La nature a pourvu abondamment à ses besoins et l'avenir l'inquiète peu : ce n'est pas lui qui viendra en aide à la civilisation de Taïti. Nos colons militaires n'ont pas non plus jusqu'ici produit des résultats remarquables. »

Aux colons civils de répondre à l'appel du général Ribourt. Aux produits que cite le général, on peut d'ailleurs en ajouter bien d'autres : le taro, l'igname, le beurre de coco, les fibres de pandanus avec lesquelles on fabrique du papier et des sacs à café, une urticacée qui sert à faire des filets de pêche, le jute si précieux dans l'industrie et qui aujourd'hui envahit l'île à l'état spontané, le goyavier introduit en 1815, l'oranger introduit par Coock en 1774 ; les oranges, qui valent 25 francs les 1 000 à Taïti, sont expédiées à San-Francisco, où elles valent 250 francs les 1 000 ; avec elles on fabrique un vin d'orange. Citons encore le bananier, l'arbre à pain si utile dans l'alimentation des indigènes, la pomme de cythère (*Spondias dulcis*), le mapé (*Inocarpus adulis*), de nombreuses fougères, le *jusseia patibiliensis* apporté du Pérou ; enfin deux précieuses plantes tinctoriales étudiées par M. Lavigerie, pharmacien de la marine, et qui pourraient être utilisées largement : le *morinda citrifolia*, rubiacée connue à Taïti sous le nom de *nono*, qui pousse sans culture et donne une matière colorante jaune, dont les Taïtiens se servent pour teindre leurs étoffes et avec laquelle M. Lavigerie fait également une teinture rouge ; le *feï* (*Musa fehi*), musacée dont les fruits sont comestibles et dont M. Lavigerie a pu faire une teinture en bleu sur la soie et en vert, en violet et en gris sur la laine.

CHAPITRE XIII

Les Marquises.

Territoire. — Climat. — Population. — Exploitation et administration.

I. TERRITOIRE. SITUATION. — Le groupe des Marquises se compose de 12 îles situées à 250 lieues marines au N.-E. de Taïti et semées entre 7° 50' lat. S. et 10° 20' lat. S.; entre 141° et 143° long. O. Nouka-Hiva, qui est l'île la mieux connue de l'archipel, est située par 8° 35' lat. S.

II. CLIMAT. — Le sol est volcanique, mais le soulèvement volcanique est entouré d'une ceinture de récifs madréporiques. La température moyenne et annuelle du jour est de $+28°$; celle de la nuit de $+20°$. La chaleur semble plus accablante qu'à Taïti; néanmoins, comme la fièvre intermittente n'existe pas non plus ici, le travail de la terre est sans dangers pour les Européens. En raison de sa nature volcanique le pays est riche en sources d'eaux chaudes et minérales : il existe une source d'eau gazeuse au puits de la Mission; c'est une sorte d'eau de Seltz légère.

III. POPULATION. — La population ne diffère pas de celle du reste de la Polynésie. Elle subit comme elle une décroissance marquée. En 1812 on estimait le nombre des Marquisans à 80 000; en 1838 Dupetit-Thouars donna le chiffre de 20 000; en 1862 il n'en restait plus que 12 000 et en 1863 une épidémie de variole en fit périr 2 000. Dans une seule vallée, dite *vallée des Taïpos*, on comptait il y a quelques années 3 500 guerriers; on n'en compte plus actuellement que 300.

La population indigène de la seule île de Nouka-Hiva a passé en quelques années de 6 000 à 1 000.

Les Marquisans sont d'ailleurs moins avancés en civilisation que les Taïtiens. La propriété individuelle n'existe pas chez eux; chacun n'a que la jouissance momentanée des biens que concède le caprice du chef. Les enfants, qui sont très aimés, gâtés même dans tout le pays, n'appartiennent pas au père et à la mère mais à la personne qui les a adoptés : aussitôt qu'une femme est enceinte, il se trouve toujours une famille pour retenir son enfant et la mère adoptive a le plus souvent elle-même abandonné son enfant à une autre. On voit que l'état civil aura quelque peine à fonctionner régulièrement.

Les Polynésiens appartiennent à la sous-race Maori, qui occupe toute l'Océanie, depuis la Nouvelle-Zélande jusqu'à l'île de Pâques. C'est une race magnifique, dit un voyageur contemporain, digne de donner des modèles à la statuaire; les femmes sont surtout remarquables par les épaules, les bras et les mains; mais leur visage est tout au plus supportable, tandis que les hommes seraient souvent jolis sans les tatouages en teinte plate qui les défigurent. Le tatouage le plus compliqué est en effet fort répandu dans le pays. Cette coutume se perd cependant, à mesure que s'avance la civilisation. C'est le même phénomène que nous constatons encore chez nous-mêmes, dans nos vieux pays civilisés, où les tatouages se sont conservés, on peut le dire, en raison inverse de l'instruction. Au moral ce sont de grands enfants sans les grâces de l'enfance. Ce qui frappe le plus, c'est l'absence de tout sentiment autre que celui de la vengeance.

IV. EXPLOITATION ET ADMINISTRATION. — La culture aux Marquises pourrait être très développée. On y trouve l'arbre à pain (*Artocarpus incisa*), l'igname, le taro, la canne à sucre, la mangue, la pomme-cythère, la goyave. Dans la petite île Vaitahou, l'ancienne Santa-Cristina des navigateurs espagnols, il existe d'immenses forêts de santal, qu'on a malheureusement détruites en partie. Le coton importé a bien réussi.

Il y a peu de temps que nous avons eu à venger chez eux le massacre d'un Européen.

Depuis lors on a décidé que le résident aurait désormais sous ses ordres une compagnie d'infanterie de marine et un bâtiment, dont il sera même probablement commandant. On lui donne une position analogue à celle qu'avait autrefois le commandant de Grand-Bassam.

CHAPITRE XIV

Iles Gambier et Pomotou.

Situation. — Population. — Utilité.

I. SITUATION. — Les îles Gambier, au nombre de six, sont situées par 23°12' lat. S. et 137°15' long. O. Les principales îles du groupe sont Mangarewa, Ankene, Akkavitaï. Elles sont sous le protectorat de la France depuis 1844; ce sont des îles hautes, volcaniques.

Les îles Pomotou font suite au nord aux îles Gambier. Au nombre de 79 environ elles sont échelonnées dans l'Océan, sur une longueur de 2 000 kilomètres et sur une largeur de 1 200 kilomètres. Ce sont des îles basses, de nature madréporique et non volcanique.

II. POPULATION. — La population est intelligente; le voyageur Constantin de Popp regarde les habitants des îles Gambier comme supérieurs aux Taïtiens et considère l'acquisition de ces îles comme excellente pour la France.

Le Dr Brassac dépeint les indigènes comme ayant le teint bronzé, rouge-brun, les cheveux lisses, le nez épaté. Bien qu'ils appartiennent à la grande famille polynésienne, ils sont loin de présenter, dit-il, les beaux types que l'on admire aux Sandwich et à Taïti.

La langue mangarévienne n'est qu'un dialecte de la langue maori se confondant avec le dialecte des Pomotou, s'écartant légèrement du dialecte taïtien, davantage du dialecte des Marquises et encore plus de celui des îles Havaï.

Les missionnaires de la congrégation de Picpus s'y sont établis en 1834 ; ils y ont naturellement apporté une certaine apparence de civilisation ; mais ils ont, comme partout, négligé d'y apporter le mouvement, l'esprit de lutte, de concurrence et d'initiative.

La civilisation, dont on les a affublés, n'est pas plus faite à leur mesure, que les habits européens dont les indigènes se sont couverts à titre de luxe. Ils arrivaient à bord de l'*Astrolabe* et de la *Zélie*, confiants, gais, serrant la main à tout propos, « ôtant leur chapeau, en bourgeois endimanchés », dit M. Brassac, mais pieds nus et prononçant avec autant de fierté que s'ils avaient compris quelque chose à toute la métaphysique dont on leur a bourré le cerveau : *Catholica Romana!* Une fois rentré « chez lui », le Mangarévien ôte son pantalon pour se mettre à l'aise, absolument comme nous ôtons nos gants. Des maisons, les missionnaires n'ont pas manqué d'en construire pour eux, mais il ne leur ont pas inculqué le désir de les habiter. Beaucoup sont ruinées, inhabitées, soit que les familles se soient éteintes, soit que les locaux aient été abandonnés, suivant la coutume établie dans le pays d'évacuer toute case visitée par la mort. Les maisons habitées n'ont, dit le docteur Brassac, ni portes, ni fenêtres, ni plan-fond et sont d'une malpropreté révoltante. La scrofule et la phtisie sont très répandues et dans quelques années la race mangarévienne aura disparu.

De la civilisation, les missionnaires ne leur ont donné en somme que le mauvais côté ! Aussi leur population, dont l'état civil est bien tenu par la mission, est en rapide décroissance. En 1840 les quatre principales îles du groupe des Gambier avaient 1 630 habitants; en 1871 la population était tombée à 650 : la phtisie est la principale cause des décès.

III. Utilité. — Ces îles sont peu fertiles; les cocotiers et les pandanus sont le fond de la végétation. Leur seul avenir est dans l'élevage artificiel des huîtres perlières, qui a déjà été tenté par un Français, M. le lieutenant de vaisseau Mariot. Cet officier avait envoyé à l'exposition permanente des colonies françaises, au palais de l'Industrie, des huîtres perlières de différents âges, provenant des parcs artificiels de l'île d'Arutua, des nacres, des perles blanches et noires de la même provenance. Le succès obtenu par le lieutenant Mariot avait éveillé l'attention des indigènes, qui ont fait des demandes pour obtenir la permission d'établir des parcs analogues à ceux de l'île d'Arutua.

CHAPITRE XV

Nouvelle-Calédonie.

Territoire. — Climat. — Population. — Faune et flore. — Culture et acclimatation. — Mines. — Colonisation.

I. Territoire. — La Nouvelle-Calédonie, dans la Mélanésie, est comprise entre 20° et 23° lat. S., entre 161° et 164° long. E. Elle mesure 75 lieues de long sur 13 de large et présente une superficie de 2 millions d'hectares. Autour de cette île allongée du N.-O. au S.-E., se trouvent semées l'île Nou ou Dubouzet, les trois îles le Prédour, Hugon et Ducos, l'île Ouen, l'île des Pins et enfin celles de l'archipel Loyalty composé des trois îles Maré, Lifou et Uvéa. D'une manière générale on peut considérer la longue crête de la grande île et la série parallèle des îles Loyalty, comme deux émersions volcaniques, parallèles, entre lesquelles existe une vallée aujourd'hui recouverte par les eaux, mais qui tend d'un mouvement lent et progressif à émerger à son tour. Il est même permis d'entrevoir dans l'avenir une époque, où la Nouvelle-Calédonie réunie aux îles Loyalty ainsi qu'aux îlots qui l'entourent et prolongée dans tout son périmètre deviendra un continent comparable à l'Australie ou à la Nouvelle-Guinée. Actuellement on doit, sur tout le périmètre de ses côtes, s'écarter assez loin du littoral pour trouver la mer profonde et, d'une marée basse à une marée haute, notre colonie voit tour à tour sa superficie doublée ou réduite de moitié. Cette extension se fera d'autant plus sûrement, que deux formations, une volcanique et une madréporique, constituent la Nouvelle-Calédonie : tout autour d'un squelette volcanique s'étend la formation madréporique, qui dépasse de beaucoup ses contours et qui, recouverte par l'eau, forme autour de l'île et assez loin de ses bords, environ à 20 kilomètres, une ceinture de coraux qui brise la vague du large. Cette particularité rend les abords de la côte très difficiles; en revanche le mouillage est excellent pour le navire qui est parvenu à entrer dans cette sorte de canal circulaire, aux eaux calmes, compris entre la côte et le rempart madréporique. Cette dernière muraille s'abaisse heureusement devant les fleuves, dont le courant l'ont brisée et ouvre ainsi une série de portes, par où les navires peuvent pénétrer. La plus grande altitude de l'île est actuellement le mont Humboldt à 1 600 mètres.

II. Climat. — Le Dr Bourgarel, dans une étude sur cette colonie, dit de la Nouvelle-Calédonie : « C'est le climat le plus agréable que j'aie rencontré. » Il est en effet moins chaud et moins humide que celui des Marquises; l'hivernage n'est pas trop pluvieux.

On distingue deux saisons : une saison fraîche et sèche de mai à décembre; une saison pluvieuse et chaude, l'hivernage de janvier à avril. Les orages et les cyclones ne sont pas rares; ils sont toutefois moins terribles et moins fréquents qu'aux Antilles. La température ne monte guère au-dessus de + 25° et descend rarement au-dessous de + 14. Le maximum constaté à Nouméa est + 30° et le mininum + 15°; la température moyenne oscille entre + 20° et 24°. La brise de mer la rend toujours facile à supporter. Le seul inconvénient du pays c'est la multitude des moustiques, dont on ne parvient à se débarrasser qu'en s'entourant d'épais nuages de fumée.

L'île se divise du reste, au point de vue du climat, en trois zones : la côte orientale est bonne pour les cultures tropicales; la côte occidentale convient aux cultures tempérées. Quant au sud de l'île il est constitué par des rochers abrupts; cette partie de l'île est demi-stérile, demi-féconde, le plus souvent recouverte de forêts, qu'il serait imprudent de défricher et qui ne découvriraient d'ailleurs qu'un sol impropre à la culture. Il a été en effet essayé des défrichements, qui n'ont produit aucun résultat, car il a fallu les abandonner pour cultiver des lambeaux de sol crayeux, voisins du littoral.

L'eau potable manque à Nouméa. Cependant en 1864 M. Antony Garnault, pharmacien de la marine, constatant la qualité défectueuse de l'eau de puits, qu'on trouve à Nouméa, avait conseillé de faire venir dans la ville l'eau des rivières voisines.

§ 1. *Acclimatement des Européens. Absence de paludisme.* — L'acclimatement des Européens se fait très facilement, ce qui tient à ce que la constitution madréporique du sous-sol empêche la formation de marais malsains. Des troupes ont pu rester six mois sous les tentes sans présenter de maladies. MM. Leroy de Méricourt et de Rochas s'expriment ainsi : « Les marais sont nombreux et, en apparence, aucun caractère palustre et fébrigène ne manque à la colonie. Eh bien, fait incroyable, s'il n'était constaté par une observation prolongée, la fièvre intermittente y est presque inconnue et les fièvres larvées y sont même excessivement rares. La même immunité existe pour les Européens comme pour les indigènes, qui vivent dans de biens pires conditions et construisent de préférence leurs cabanes sur le bord de la mer et des rivières..... Les Européens ont pu fouiller le marais, sur lequel s'élève une partie de la petite capitale de l'île, le dessécher et y construire, sans qu'aucun cas de fièvre intermittente se soit déclaré parmi eux. Nos soldats ont pu faire des expéditions de plusieurs jours traversant des marais et des rivières et couchant sur le sol, sans qu'aucun cas sérieux de maladie se soit déclaré. » Aussi la mortalité des troupes ne dépasse-t-elle pas 2,76 pour 100.

§ 2. *Maladies.* — Les maladies qui dominent sont la dysenterie, la diarrhée, l'embarras gastrique; viennent ensuite le scorbut, l'héméralopie et les maladies vénériennes. Mais, en tête de toutes, il faut placer la phtisie pulmonaire. La méningite est fréquente par suite d'insolation. Le tétanos n'est pas rare chez les indigènes.

§ 3. *Acclimatement des animaux.* — Les bœufs de l'Australie, qui les a reçus elle-même d'Angleterre, se sont bien acclimatés à la Nouvelle-Calédonie. Le mouton n'a pas réussi; son élevage est empêché par l'abondance d'une graminée spontanée, qui abonde dans le pays, l'*andropogon austrocaledonicum*. Ses graines barbelées et piquantes s'attachent à la laine du mouton, piquent sa peau et donnent naissance à des abcès, qui abîment la laine et font maigrir l'animal. La chèvre devient ici anémique, comme dans beaucoup de pays chauds. Les porcs, introduits par Coock, ont prospéré et sont redevenus sauvages.

Les chevaux sont bien acclimatés; il est même remarquable, qu'on n'ait jamais encore signalé la morve ni le farcin.

III. Population. — Une superposition de races a eu lieu ici comme dans presque tous les points que nous avons étudiés. Les Polynésiens se sont superposés aux Mélanésiens, eux-mêmes formés peut-être par la fusion de deux races noires. Cette superposition de races se reconnaît facilement encore chez la population canaque. M. Bourgarel a décrit en effet en Nouvelle-Calédonie deux types très tranchés : le nègre océanien, à la peau foncée, aux cheveux courts et crépus, aux membres grêles, au crâne aplati et allongé, au nez épaté, déprimé à sa racine, à la face très prognathe, aux apophyses orbitaires énormes; ce type inférieur abonde à Balade.

L'autre type a la peau plus jaune; le front est haut, les yeux moins enfoncés, la conjonctive moins injectée, le nez moins épaté, les muscles sont moins grêles; c'est le type polynésien, fréquent surtout chez les chefs. Ce type est surtout fréquent à l'île des Pins, au sud de la grande île, à Unia, à Kanala, à Toniaka.

Enfin, entre ces deux types tranchés, se trouvent de nombreux métis, qui tiennent de l'un et de l'autre. Le Dr Bourgarel estime que le dernier type, le jaune ou polynésien, figure dans la population totale pour 1/5; que le premier, ou nègre océanien, figure pour 2/5 et que le type moyen métis figure pour 2/5.

Un caractère du squelette des Canaques, sur lequel Bertillon a insisté, c'est le volume énorme des maxillaires, aussi bien du supérieur que de l'inférieur. Les traits les plus saillants du maxillaire inférieur, sont la largeur de la branche montante et surtout la différence de forme que présente la surface articulaire du condyle comparée à celle des autres races: tandis que chez nous cette surface articulaire forme un segment d'ellipsoïde très convexe, long et étroit, se rapprochant de la disposition qu'on rencontre chez les carnassiers, au contraire chez les Néo-Calédoniens cette surface est à peine convexe, large autant que longue; c'est en somme un condyle d'herbivore permettant d'amples mouvements de latéralité; les dents larges, plates et usées ressemblent d'ailleurs à de véritables meules. Tout cela tient à l'alimentation grossière des Canaques.

L'influence de l'alimentation s'étend plus loin : le crâne du Néo-Calédonien est très étroit et sa face très large; Bertillon attribuait cet aplatissement latéral du crâne à l'énergie et à la contraction des muscles temporaux, qui mettent en mouvement et soutiennent ces énormes mâchoires.

Les Canaques sont au nombre de 50 000 environ. La phtisie pulmonaire fait parmi eux des ravages considérables.

Ces sauvages ne sont cependant pas aussi inférieurs qu'on pourrait le croire, mais ils sont paresseux, fourbes, cruels et orgueilleux : « Souffrir pour souffrir, j'aime mieux avoir faim que travailler, » disent la plupart des simples *Tayos*. Les missionnaires catholiques n'ont fait d'ailleurs qu'augmenter leur tendance à la fourberie et à la dissimulation. En voici une preuve : M. Bourgey raconte qu'un Canaque « que la grâce venait de toucher », entra un jour chez un missionnaire pour se faire baptiser. Le pêcheur d'âmes assuré de tenir celle du Tayo chercha par divers refus à doubler le prix de la faveur. Où la coquetterie ne met-elle pas son grain? — Tu as deux femmes; je ne te baptiserai, lui dit-il, que lorsque tu n'en auras qu'une. Le lendemain le Tayo revient et veut cette fois son baptême! — Et tes femmes? — Je n'en ai plus qu'une. — Qu'as-tu fait de l'autre? — Mais je l'ai tuée! — Du reste la logique naïve de ces grands enfants ne connaît pas ces termes moyens, qui caractérisent le civilisé : dès 1843 les Canaques montrèrent pour la religion catholique extrêmement peu d'enthousiasme; il leur arriva même de manger les prêtres. Or voici leur raisonnement et sa base : les missionnaires avaient soin de se tenir au courant de l'état des malades et, sitôt que la situation de l'un d'eux devenait désespérée, on se hâtait de le baptiser et de le mettre en règle avec la conscience du missionnaire. Or les courses sont longues et le missionnaire arrivait le plus souvent juste à temps pour recevoir le dernier soupir du mourant en échange du baptême. Les Canaques firent donc un raisonnement, que bien de savants font eux-mêmes : *post hoc ergo propter hoc;* pour eux le baptême avait tué le malade. Cela ralentit singulièrement l'enthousiasme des néophytes.

IV. Faune et flore. — La faune n'a rien ici de particulièrement intéressant : en dehors des roussettes et du rat les mammifères sont peu représentés. On rencontre un grand nombre de pigeons, entre autres le noton (*Phœnorrhina goliath*), le *janthenas hypœnochroa*, une tourterelle (*Chalcophaps*), un oiseau remarquable, le kagou (*Rhinochetos jubatus*).

La flore n'a pas partout ici l'aspect tropical, qu'elle présente dans certaines îles voisines; sans les palmiers, les pandanées, les araliacées et les fougères arborescentes les forêts offriraient la plus grande ressemblance avec celles de l'Europe. Sous les tropiques le nombre des plantes monocotylédones est en effet proportionnellement plus grand qu'en Nouvelle-Calédonie : les monocotylédones y forment généralement le tiers de la flore, tandis qu'en Nouvelle-Calédonie elles n'en forment que le cinquième.

La flore varie d'ailleurs suivant les régions de l'île : dans les régions maritimes on trouve le cocotier, qui est là à sa limite australe; sur les collines le niaouli; à 900 ou 1 000 mètres les rubiacées; plus haut les conifères, les *dammara* et *araucaria* australes; à 1 200 ou 1 300 une belle fougère arborescente, *dicksonia berteroana*, qui, au lieu de pousser comme la plupart des fougères, dans les lieux bas et humides, pousse au milieu des nuages qui garnissent les cimes. Les montagnes sont dénudées par l'action des pluies torrentielles sur leur pente rapide; c'est sur elles que croissent certaines myrtacées, protéacées, casuarinées et épacridées, propres au pays.

La culture de la canne est ancienne. Un Canaque ne se met jamais en route sans avoir à la bouche un morceau de canne qu'il mâche. C'est en 1866, que la maison Clain et Joubert, première usine fondée à Koe-Dumbea, expédia en Australie les 10 premiers tonneaux de sucre néo-calédonien.

Le bois de l'*hibiscus* sert aux indigènes à produire le feu par friction; le mûrier à papier (*Broussonetia papyrifera*) sert à faire des ceintures, des ornements pour la tête; le *thespesia populnea* et le *Pachyrrhisus angulatus* fournissent des fibres corticales d'une grande ténacité, qu'on emploie à faire des filets de pêche; le bois des casuarinées sert à faire des canots et des armes; le niaouli (*Melaleuca viridiflora* et *M. leucodendron*) recouvre des espaces considérables, on regarde même sa présence dans un terrain comme indice des qualités nécessaires à un bon pâturage; l'écorce sert à calfeutrer leurs cases, à calfater les pirogues et à faire des torches. On attribue en outre au niaouli les mêmes propriétés antipaludéennes qu'à l'eucalyptus; il sert avec le *melaleuca cajeputi* des Moluques à la fabrication de l'huile de Cajeput.

Les ressources que la Nouvelle-Calédonie présente par ses bois sont du reste considérables : dans les forêts de l'intérieur le *tamenon* fournit un bois précieux pour la construction. Le santal a malheureusement disparu; mais le bois de rose est encore abondant. Quelques kauris, analogues à ceux de la Nouvelle-Zélande, mériteraient d'être exploités.

V. Culture et acclimatation. — Le riz, le maïs, la pomme de terre, la betterave, la patate douce et tous les légumes d'Europe se sont acclimatés facilement. La culture de la vigne paraît également devoir réussir. M. L. Armand, directeur de l'administration pénitentiaire, a acclimaté des plants connus dans les Alpes maritimes sous le nom de *raisin-framboise*; il avait à Nouméa 2 récoltes par an et une treille de 6 pieds de vigne lui a donné au bout de 3 ans plus de 700 raisins. Le pêcher, le fraisier, surtout la variété *Victoria Trollopes* de Sydney, l'ananas, l'oranger, le citronnier, le papayer, le pommier cannelle, le mango, le vanillier, le bananier, le cocotier, les piments sont des produits indigènes ou importés, qui donnent des fruits excellents. J'ai déjà parlé de la canne à sucre, qui fournit 5-6 tonnes de sucre par hectare; or la tonne vaut plus de 700 francs à Sydney; mais la canne est menacée par les légions de sauterelles, qui abondent et qui s'opposent au développement de cette culture. L'igname, le taro, le ricin, le niaouli et le sandal donnent des rendements toujours de plus en plus considérables; il en est de même du coton, dont la culture tend tous les jours à se propager. Le tabac et le café ont l'avantage d'être épargnés par les sauterelles. La culture du café fournit les meilleures qualités et l'on admet dans le pays, qu'un hectare de caféiers rapporte 2000 francs par an au bout de 3 ans et que 2 ou 3 hommes suffisent à l'entretien de 20 hectares de plantation. Quant au tabac on a introduit avec succès les plants de Maryland, Havane et Virginie qui prospèrent bien.

En présence de l'envahissement des cultures par les sauterelles, qui trouvent un asile sûr au milieu des nombreux végétaux herbacés du pays et qui ne rencontrent pas beaucoup d'ennemis dans le monde restreint des oiseaux, il serait utile d'acclimater un grand nombre d'insectivores. On a déjà importé le merle des Moluques, mais c'est un oiseau des villes et non des campagnes désertes, où vivent les sauterelles. M. Germain, vétérinaire qui s'est beaucoup occupé de ces questions d'acclimatation en Nouvelle-Calédonie, recommande le *sturnopastor temporalis* et l'*acridotheres cristalleus*. C'est l'importation de ces deux oiseaux, qui a sauvé les cultures du tabac de Manille jusque-là détruites chaque année par les insectes. On pourrait acclimater aussi *francolinus perlatus*, *gallus ferrugineus*, *polypectron germani* et *euplocomus prœlatus*. Il faut reconnaître d'ailleurs, que l'administration coloniale s'est occupée avec beaucoup de sollicitude, notamment à l'embouchure de la Foa ainsi qu'à la presqu'île Ducos et à l'île des Pins, de créer des centres agricoles ayant pour but de faciliter l'introduction et la propagation de plantes et d'animaux utiles.

Le succès de la vigne en Nouvelle-Calédonie a sans doute rappelé à M. Raveret-Watel le mot d'Olivier de Serres : « Là où croist la vigne, là peut venir la soye », car en 1874 il a cherché à montrer quels avantages la Nouvelle-Calédonie présenterait à la sériciculture. Il conseillait surtout d'y *faire de la graine* plutôt que de la soie, afin de régénérer nos magnaneries, qui achètent actuellement à l'étranger pour plus de 16 millions de graine.

VI. Mines. — Il existe dans la vallée du Diahot de riches gisements aurifères : une première concession de 25 hectares fut accordée en 1873, mais on estime que l'étendue du gisement est de 250 hectares. L'or se trouve, à l'état natif, au milieu de grès et de schistes magnésiens métamorphiques; on a fait de nombreux puits; malheureusement l'eau a envahi les mines.

Le nickel existe à l'état hydraté, associé à la magnésie; son minerai est très riche et donne 21,51 % de nickel; la plus grande partie vient en France. Ce nickel est le meilleur qui soit au monde, absolument exempt d'arsenic, malléable et du travail le plus facile. En 14 mois quelques centaines de mineurs en avaient extrait plus de 2 000 tonnes; on pourrait en tirer 500 tonnes par mois.

Le cuivre est également très abondant; le rendement des pyrites est de 16,84 %. Le cuivre d'Ouaïla est le plus pur et le meilleur de tous les cuivres connus. Sur la rive droite du Diahot une compagnie française de Balade possède une exploitation importante.

On trouve également du fer chromé avec 60 % de chrome; du minerai de cobalt qui contient 4,35 % de cobalt.

VII. Colonisation. — § 1. *Immigrants volontaires.* — La colonisation est loin d'avoir tiré de la Nouvelle-Calédonie le meilleur parti possible; l'acquisition des terres fut, il est vrai, fixée d'abord au prix très modique de 25 francs l'hectare, mais on exigeait, sous peine de déchéance, des constructions souvent ruineuses. Cependant, ainsi qu'on l'a dit avec raison, l'expérience nous avait montré, que des procédés de ce genre avaient compromis l'Algérie et qu'au contraire la liberté la plus absolue laissée à l'initiative privée avait permis à des villes, comme Sydney et Melbourne, de devenir en 25 ans des centres de 150 000 habitants. Il en a été tout autrement en Nouvelle-Calédonie : grâce à cette manie française de faire le bonheur des gens malgré eux n'a-t-on pas expérimenté la communauté fouriériste dans la plaine d'Yate!

Des passages gratuits sont accordés aux familles d'émigrants, qui désirent obtenir des concessions de terres à la Nouvelle-Calédonie; l'administration locale a été invitée à tenir des lots de terrains prêts à être mis à la disposition des émigrants immédiatement après leur arrivée à Nouméa. Indépendamment des concessions il est accordé quelques mois de vivres à titre gratuit, ainsi que des outils, graines et semences aux colons, dont les efforts méritent d'être encouragés. Malgré tout le développement est moins rapide, qu'il pourrait être. Au début, de 1863 à 1868, le nombre des immigrants volontaires était peu considérable; ils étaient cependant 1 060 en 1864, 1 417 en 1868 et 2 782 en 1877. Le nombre des hectares en exploitation était de 1 092 en 1866, de 9 088 en 1867 et de 11 825 en 1869; il atteignait plus tard le chiffre de 26 703 représentant une valeur de 2 700 000 francs, auxquels il faut encore ajouter 500 000 francs de constructions rurales bâties par les colons. Nouméa est devenue une ville; les bourgs de Nakety, de Kanala, de Kouahoua, de Houagap, d'Hienguene, de Poebo et de Balade se sont créés, les défrichements et les plantations se sont étendus, le commerce et l'industrie ont pris une certaine activité; l'importation représentait 9 683 000 francs et l'exportation 3 061 955.

§ 2. *Travaux publics. Écoles.* — Les travaux publics sont menés avec une certaine activité : on a inauguré, au mois de février dernier, les routes carrossables de Païta et de Bouloupari. Ce travail très difficile a été parfaitement fait et les municipalités ont envoyé des adresses de remerciement au gouverneur.

Une école fréquentée par une vingtaine d'enfants indigènes a existé pendant plusieurs années à Kanala et il y a eu d'assez bons résultats obtenus. Mais les cours en ont été interrompus, faute de local, pendant une année; une décision du gouverneur les a rétablis. Une autre école pour les Canaques existe à Nouméa et une troisième est ouverte à Gatope. Actuellement la question capitale en Nouvelle-Calédonie est celle de la transportation des condamnés.

§ 3. *Transportation des convicts.* — La colonisation de la Nouvelle-Calédonie se trouve en effet dans l'opinion publique inséparable de la transportation des condamnés récidivistes ou non. C'est en 1864, que, renonçant à envoyer les condamnés à la Guyane, dont l'insalubrité était nettement constatée, on fit partir pour la Nouvelle-Calédonie un premier convoi de 250 forçats, qui furent internés à l'île Nou ou du Bouzet. En 1866 un second convoi partit avec 250 autres condamnés: les meilleurs sujets étaient plus tard admis à quitter l'île Nou et envoyés comme concessionnaires sur la grande île à Bourail et à la ferme-modèle de Yahoué.

Au 31 décembre 1871 l'effectif des forçats était de 2 735 dont 2 461 en cours de peine et 274 libérés. De ces derniers 173 avaient obtenu des concessions dans le nord de l'île.

La mortalité de ces forçats n'est pas supérieure à ce qu'elle est en France dans les maisons centrales, c'est-à-dire chez des hommes du même milieu social, de même catégorie et dans des conditions psychiques analogues; elle a été exceptionnellement de 15,4 pour 100 pendant une période, où régnait la fièvre typhoïde; elle est en général de 14,5 pour 100;

or dans les maisons centrales de France la mortalité est de 15 pour 100. L'Australie, qui pourtant compte tant de convicts dans les éléments dont elle est formée, était donc pour les condamnés anglais un milieu beaucoup moins sain, que l'est la Nouvelle-Calédonie pour les transportés français, car la mortalité des convicts y était de 16 pour 100. Au point de vue du climat le choix de la Nouvelle-Calédonie est donc très heureux; j'ajoute que son éloignement au milieu des mers rend les évasions peu faciles.

Malheureusement, si le climat est bien choisi, les procédés de l'administration pénitentiaire ont singulièrement différé de ceux qu'avaient suivi Philipp et Macquarie en Australie. J'ai raconté plus haut les débuts de l'Australie; j'ai montré que, si du mauvais grain avait donné sur cette terre où on l'avait semé une récolte aujourd'hui belle et prospère, c'est parce que la liberté et le sentiment de la responsabilité individuelle avaient été appelés à projeter sur les jeunes semis leurs rayons fécondants. Rien de semblable n'a été fait en Nouvelle-Calédonie ou du moins à Bourail, car le régime qui a fondé Ouarail était beaucoup moins éloigné de celui qui a si bien réussi en Australie.

Je ne parle ici, bien entendu, que de l'île Nou et des condamnés de droit commun avant et après libération, car parler de la transportation des condamnés politiques et supposer que de pareilles monstruosités puissent jamais être revues, ce serait à mon avis faire une tache volontaire dans un livre consacré à l'avenir scientifique de la colonisation.

L'île Nou est une petite île très accidentée, aux pentes rapides, boisée dans une partie, couverte dans l'autre d'une herbe courte, jaune pendant la sécheresse. Avec la grande terre elle forme la rade et le magnifique port de Nouméa. Les ateliers de Nou ne manquent pas d'importance : ils comprennent une scierie, une fonderie, de belles forges; tout cela est dirigé par un conducteur de travaux fort intelligent. Un visiteur M. Branda décrit ainsi le camp, où sont parqués les condamnés : « Le camp, entouré d'un mur élevé, se compose de bâtiments rectangulaires contenant chacun cinquante transportés. Ces bâtiments, vastes et bien aérés, ne laissent rien à désirer sous le rapport de l'hygiène. Un condamné de bonnes manières, d'une extrême propreté, très soigné dans sa tenue, dirigeait le nombreux personnel des cuisines, où d'immenses chaudières de cuivre reluisaient sur de vastes fourneaux. Au premier coup d'œil je reconnus un ecclésiastique. En effet, c'est un ex-vicaire général condamné pour escroquerie. Les condamnés sont divisés en cinq classes : dans la troisième on distribue les arrivants, qui peuvent par leur bonne conduite s'élever à la deuxième, puis à la première, ou descendre par de nouveaux méfaits à la quatrième et à la cinquième. L'inégalité dans la scélératesse a conduit à faire encore un choix, celui des internés : c'est le dessus du panier, la fine fleur du bagne. Les internés ne sont astreints à aucun travail ; on ne leur ménage ni l'air ni la lumière ; mais ils sont privés de hamacs et portent la double chaîne ; la conversation à haute voix leur est interdite ; leur porte, au lieu de donner sur le camp, qui est la cité animée du bagne, donne sur une petite cour entourée d'un mur élevé : seuls moyens, pense-t-on, de réduire ces natures indomptables. Quand on ouvrit la grille, il me sembla pénétrer dans une cage de fauves : tous se dressèrent, tête nue, en faisant sonner leurs chaînes. Il y a là des cous de taureau, des mâchoires énormes, des visages où l'on cherche vainement quelque chose d'humain. » On voit que cela ne ressemble guère au tableau des condamnés dans l'Australie de Macquarie. C'est cependant l'avantage de la relégation, que de pouvoir s'y départir des mesures rigoureuses et incapables d'amender le coupable, que nécessite dans la mère-patrie la sécurité des honnêtes gens. Indispensables en France ces mesures sont inutiles dans une petite île comme l'île Nou ; au surplus ce qui nous intéresse le plus, ce sont les condamnés libérés. C'est pour eux, que les conditions de la relégation doivent être vraiment thérapeutiques et restaurantes.

Or, dans le système qui prédomine en France, système qui a été suivi notamment dans la fondation de Bourail, les libérés sont internés dans des centres pénitentiaires agricoles, où ils ne jouissent que d'une liberté relative. On leur donne des terres, on les aide à les cultiver, on marie ceux qui n'ont pas de famille à des filles provenant des maisons centrales, on pousse les familles des autres à les rejoindre, enfin, marque distinctive de ce système, on exclut avec le plus grand soin de ces centres agricoles toute population libre, de sorte que cette nouvelle société est tout entière composée de forçats et de familles de forçats.

A une certaine époque on avait introduit un autre élément, élément libre, mais qui n'était pas de nature à améliorer beaucoup l'espèce qu'on se proposait de faire sortir du noyau des forçats européens; cet élément était composé de femmes canaques. Dans les expéditions contre les indigènes on faisait des razzias de ces noires sabines; ailleurs même l'administration autorisa de simples liaisons entre les forçats et les femmes indigènes et fournit double ration pour le forçat qui avait une Canaque chez lui. Je suis loin de trouver scandaleuse, comme on l'a dit, cette conduite de l'administration; cela vaut même mieux à certains points de vue que de marier les condamnés avec des filles condamnées comme eux en France, car on a ainsi moins de chances de multiplier une hérédité criminelle et pathologique, qu'en accouplant ensemble l'épilepsie, l'alcoolisme, la manie, l'hystérie et tout ce qui résulte d'une somme d'ancêtres déclassés, misérables ou criminels.

Le résultat de l'isolement des forçats à Bourail n'a pas d'ailleurs été favorable. « Faire un tableau moral de Bourail, dit M. Doucin, est une tâche qui répugne, car on y touverait toutes les souillures des bas-fonds les plus immondes, qui là s'étalent en plein jour. » Il n'en est plus de même à Ouarail, où l'on s'est appliqué au contraire à entremêler les forçats libérés aux colons libres, comme cela avait lieu en Australie.

Dans ce second système, au lieu de repousser systématiquement la colonisation libre, on s'efforce, au contraire, de l'attirer dans le pays : les centres agricoles créés sont accessibles tout d'abord aux colons libres et c'est au milieu de cette population nouvelle, qui ne redoute pas le contact du forçat et qui a besoin de main-d'œuvre, que l'on verse les libérés, soit comme ouvriers, soit comme propriétaires. Le libéré se fond dans ce milieu nouveau, y travaille à l'exemple des autres, cherche à faire oublier son origine, se mêle de plus en plus aux colons libres et finit par former corps avec eux.

« La morale de la fable, qui nous représente une orange mauvaise gâtant les bonnes oranges, n'est heureusement pas toujours vraie ; si elle l'était, il y a longtemps que le monde entier serait gangrené. Le forçat placé en face de l'homme libre cherche à lui faire oublier son origine, à prouver qu'il n'est pas aussi mauvais ni aussi coupable qu'une société injuste, selon lui, a bien voulu le déclarer et tous ses efforts tendent à l'élever au niveau des autres en faisant oublier son passé. Un fait matériel bien curieux vient à l'appui de cette opinion : à Bourail le forçat, après sa libération, ne se donne même pas la peine de se dépouiller de son costume de bagne ; il continue à s'en revêtir. Peu lui importe : tout le monde sait d'où il sort et, comme tous ceux qu'il rencontre sont dans le même cas, il n'a point à rougir. Voyons, au contraire, le forçat libéré dans tout autre endroit de la colonie. Le jour de sa libération il rejette au loin l'uniforme du déshonneur ; il revêt au plus vite de nouveaux habits, qu'il a fait préparer à l'avance. Sa barbe, qu'il laisse pousser depuis huit jours, lui permet de montrer une moustache naissante. Le jour de sa libération c'est au physique un homme nouveau. Eh bien, il en sera bientôt de même au moral! » (Doucin.)

C'est ce mélange de l'homme libre et du libéré qui a si bien réussi en Australie. Nous ne coloniserons donc la Nouvelle-Calédonie avec des convicts, qu'en nous imprégnant de cette idée et qu'en évitant de transformer l'île en un vaste pénitencier. « Au lieu d'établir des institutions et des règles, dit encore

M. Doucin, qui permettent de fonder une société nouvelle, dans laquelle le condamné libéré serait soumis aux lois ordinaires des gens libres, on veut fonder une colonie dans laquelle l'homme libre serait soumis aux lois et règlements des pénitenciers. On renverse l'ordre logique des choses ; en d'autres termes on veut transformer entièrement ce beau pays en un vaste pénitencier. »

On a commis encore une faute, celle-là très impolitique au point de vue de l'autorité morale, que le blanc doit conserver sur le noir : on a transformé les indigènes en chiens de garde ou mieux en chiens de chasse. Dès qu'une évasion est constatée, on hisse un drapeau sur un blockhaus, qui domine la plus vaste vallée de Kanala et de tous les points de laquelle il est aperçu : c'est le signal convenu. Les Canaques se mettent alors immédiatement en chasse, aiguillonnés qu'ils sont par la prime de 25 francs, qu'obtient le naturel assez heureux pour mettre la main sur l'évadé ; celui-ci, quand il est saisi par les indigènes, est ramené garotté au chef de l'arrondissement, commandant territorial. Il est rare que, dans ces conditions, un condamné puisse rester dehors plus de deux ou trois jours.

Du reste il est étrange de penser, que le seul modèle que nous ayons à suivre en pareille matière, l'Australie, qui par sa vigueur prouve l'excellence de la méthode suivie par ses fondateurs, soit précisément la puissance, car puissance il y a désormais, qui prétende nous empêcher de faire en Nouvelle-Calédonie ce que les pères des Australiens actuels ont fait en Australie. C'est ainsi qu'elle a depuis longtemps refusé elle-même de recevoir les convicts de l'Angleterre, comme l'avait fait le Maryland, qui précisément le jour, où l'Australie fut choisie comme terre de déportation, avait refusé de continuer à recevoir le limon dont il avait fait de la pierre dure. Dans un récent congrès fédéral les colonies australiennes ont élevé la prétention de nous empêcher de faire ce que nous voulons dans la Nouvelle-Calédonie, qui nous appartient. Cela est à coup sûr excessif; mais il ne me déplaît pas après tout de voir cette exubérance, cette vigueur juvélines. Que l'Australie se déclare autonome, qu'elle proclame son indépendance, elle aura mille fois raison, mais je ne vois pas sous quel prétexte elle se mêlerait des affaires de la France.

§ 4. *Nouvelles-Hébrides*. — Ces îles sont destinées à devenir une annexe de la Nouvelle-Calédonie et pourront également servir à la transportation. Elles forment une chaîne d'îlots, qui a 120 lieues de longueur entre 15° et 21° latitude sud, entre 164° et 168° longitude est. Elles sont volcaniques; des fumerolles forment de tous côtés de petits nuages suspendus aux flancs des montagnes.

Les habitants appartiennent au même type que les Néo-Calédoniens, avec une plus grande prédominance du sang papou. Leur crâne est petit et perdu dans une épaisse toison, sorte de bonnet à poil, qui résulte de l'arrangement compliqué qu'ils donnent à leurs cheveux longs, crépus et emmêlés avec art.

CHAPITRE XVI

Guyane.

I

MILIEU COLONIAL

I. Territoire. — On désigne, en géographie, sous le nom de *Guyane*, un vaste territoire compris entre l'Orénoque au nord, l'Amazone au sud, le Rio-Negro à l'ouest et l'océan Atlantique à l'est. Ce territoire est actuellement divisé en plusieurs sections, qui sont : la Guyane brésilienne, au sud de l'Équateur, entre l'Amazone et les monts Tumuc-Humac; la Guyane française entre l'Oyapock et le Maroni; la Guyane hollandaise entre le Maroni et le Corentin; la Guyane anglaise entre la Guyane hollandaise et la Guyane espagnole ou Vénézuéla. Ajoutons un *territoire contesté* à l'est de notre Guyane française, entre elle et la Guyane brésilienne : la contestation roule sur la limite orientale; elle doit être constituée par l'Oyapock, mais deux cours d'eau voisins portent ce même nom; or les Français considèrent comme le véritable Oyapock, l'Oyapock le plus éloigné d'eux à l'est; tandis que pour les mêmes raisons, le véritable Oyapock est, pour les Brésiliens, celui qui est le plus éloigné d'eux, à l'ouest.

La Guyane française a donc la forme d'un grand quadrilatère obliquement placé entre 8° latitude nord et 3° latitude nord, entre 58° longitude ouest et 55° longitude ouest. L'Océan, le Maroni, l'Oyapock sont des limites nettes, mais la limite équatoriale vers les monts Tumuc-Humac est moins précise. Dans ce court espace plus de 22 fleuves, dont la plupart sont très considérables, échelonnent leur cours vers l'Océan parallèlement à celui du Maroni et de l'Oyapock.

II. CONFIGURATION. CLIMAT. — Une coupe du pays montrerait depuis la mer jusqu'au fond de la Guyane une succession de trois zones échelonnées l'une derrière l'autre. Au bord de la mer règne une zone plate d'alluvions récentes, actuelles, qui s'accroît chaque jour : c'est la zone des *pripris*, des *savanes*, où poussent les palétuviers et les pinotiers dont on retire du sel; le bétail trouve là des pâturages extrêmement riches. Derrière cette zone s'en trouve une plus élevée, qui correspond aux alluvions anciennes; on la nomme zone des *terres basses;* elle est formée d'un fond plat, sur lequel se détachent une série de petits mamelons arrondis, de telle sorte qu'on l'a comparée à une immense assiette *d'œufs sur le plat*. L'altitude de chacun de ces mamelons émergeant au-dessus de la zone plate ne dépasse pas 300 mètres; cette région, beaucoup moins malsaine que celle qui est devant elle, se prête à merveille aux cultures industrielles. Derrière elle enfin, sur le troisième plan, se trouvent les *hautes-terres* : la montagne commence ; les fleuves présentent là leurs premières cataractes. Ces montagnes ne dépassent guère 1 400 mètres ; leur hauteur moyenne oscille entre 800 et 900 mètres. On a du reste beaucoup exagéré la hauteur des montagnes de la Guyane ; cela ressort des voyages de Crevaux et les Anglais, dans leur Guyane, ont constaté la même chose : là où les géographes dessinaient une chaîne de montagnes d'un aspect formidable, sous les noms de *Sierra Acaraï*, de *Sierra Tumuraque*, M. Brown a vu un pays ondulé de 400 mètres en moyenne.

Le sous-sol est argileux, ce qui augmente l'humidité et ce qui explique l'antique habileté des indigènes dans la fabrication des poteries.

La température moyenne est, à Cayenne, de $+27°,8$; elle est plus élevée dans l'intérieur des terres. Le thermomètre ne descend jamais au-dessous de $+20°$; dans l'hivernage, il atteint parfois $+38°$. Les Guyanes hollandaise et anglaise un peu plus éloignées de l'équateur sont un peu moins chaudes. La température moyenne de la Guyane hollandaise est de $+26°,5$.

La Guyane est le pays, où la pluie est le plus abondante : l'intensité de ces pluies a pour cause la réfrigération relative et la condensation sur la chaîne du Tumuc-Humac des vapeurs chaudes de l'Atlantique. Il pleut donc pendant 7 mois consécutifs ; la quantité de pluie tombée s'élève à 3-4 mètres ; pendant les 5 autres mois il tombe de $0^m,50$ à 1 mètre d'eau ; Aussi l'hygromètre est-il toujours voisin du point de saturation : il marque 0,95, 0,96, 0,97.

§ 1. *Maladies. Impaludisme.* — Toutes les conditions, qui sont favorables à la malaria, se trouvent ici réunies : aussi l'impaludisme revêt-il, à la Guyane, un caractère exceptionnel de fréquence et de gravité. La fièvre paludéenne présente même ici ceci de particulier, qu'elle prend une allure quelque peu modifiée et *protéiforme*. Sur 8 444 cas observés par un de nos plus distingués confrères de la marine, M. le Dr Maurel, 6 118 appartiennent aux fièvres *irrégulières* ou *atypiques*. Il a observé 269 accès *pernicieux*. C'est sous forme *quotidienne*, que le poison frappe ses premiers coups ; puis le type s'altère et la forme chronique avec anémie et cachexie lui succède. Les types continus ou subcontinus sont très fréquents ; les accès débutent plus souvent le soir que le matin.

Si l'individu atteint par l'impaludisme offre déjà une lésion organique, une plaie, une affection du foie, du poumon, etc., on verra la fièvre se compliquer de manifestations du côté de ces organes ; si ces complications portent sur des organes essentiels à la vie (cerveau), la *perniciosité* apparaît. Pour M. Maurel la *perniciosité* ne réside donc pas dans l'agent toxique mais dans l'organisme, qui offre un point de *moindre résistance* soit du côté du cerveau, soit du côté du poumon, soit du côté de l'intestin.

Fièvre bilieuse inflammatoire ; fièvre jaune. Après la fièvre intermittente la maladie la plus redoutable est la *fièvre bilieuse inflammatoire*. D'après M. le Dr Burot, qui a rempli pendant deux ans les fonctions de médecin du pénitentier du Maroni, il existe à la Guyane, à côté de l'influence palustre, une influence morbide générale de même nature que la fièvre jaune. Cette influence morbide est constante : elle se traduit par des fièvres improprement nommées *bilieuses*, puisque la coloration jaune de la peau tient ici, comme dans la fièvre jaune, à la décomposition des matières colorantes du sang qui teignent la peau et non pas à la bile ; ces fièvres ne sont pas justiciables du sulfate de quinine et les épidémies réelles de fièvre jaune, lorsqu'elles éclatent à la Guyane, ne sont que leur exacerbation épidémique.

On voit du reste de temps en temps de véritables cas de fièvre jaune isolés, avec un caractère contagieux, peu marqué, mais qui seraient susceptibles de prendre une extension considérable, si de nouveaux aliments venaient donner au foyer la puissance qui lui manque. Ce sont, en un mot, de petits centres d'infection, que les mesures d'hygiène peuvent annuler comme leur oubli peut les étendre.

La preuve que la nature de la fièvre bilieuse est bien différente de celle du paludisme, c'est que la plus grande mortalité produite par elle ne coïncide pas avec l'époque des défrichements et des déboisements et que le moment où elle sévit, n'est pas la saison, où les influences palustres ont le plus d'activité.

Tout montre, au contraire, le plus grand rapport avec la fièvre jaune : c'est ainsi qu'on voit des personnes tomber malades, après avoir visité des dépôts d'objets d'habillement ayant servi; c'est ainsi qu'on voit des hommes atteints tous à la fois, après avoir transporté de la literie militaire et des gardes-magasins être pris avant tous les autres hommes des symptômes de la fièvre bilieuse. Tout cela rappelle les allures contagieuses de la fièvre jaune, qui se transmet surtout par les hardes. D'ailleurs, quand un individu a eu la fièvre bilieuse, il a moins de chances de contracter plus tard la fièvre jaune.

A ces maladies il faut ajouter l'*hépatite*, la *lèpre*, le *beriberi*, le *tétanos*, l'*ulcère de la Guyane*, maladie identique à l'ulcère de Cochinchine, dont j'ai parlé plus haut; l'*anémie rapide*, la *diarrhée grave* et l'*insolation*.

III. Faune. — Un ennemi plus redoutable que gros donne naissance à une maladie parasitaire, dont M. Maurel a signalé la fréquence; cette maladie c'est l'*onyxis* ou inflammation ulcéreuse de la matrice de l'ongle des doigts du pied; le parasite, qui le produit, c'est la chique ou *pulex penetrans*.

M. Maurel a constaté que dans le 1ᵉʳ semestre de 1876, au pénitentier de Saint-Laurent, 1 200 hommes ont fourni 8 163 journées d'hôpital et que, sur ces 8 163 journées, 1 079 ont eu pour cause l'onyxis et 3 421 des ulcérations dues également aux lésions de la chique sur le pied, soit un total de 4500 journées d'hôpital, la moitié du total des journées du pénitencier, dues à ce parasite.

La *mouche hominivore*, qui dépose ses larves dans les fosses nasales, est encore un parasite redoutable.

Les *moustiques* sont horriblement désagréables; on rapporte même, que des matelots européens se sont jetés à l'eau dans les accès de rage et de désespoir provoqués chez eux, sous ce climat, par leurs nombreuses piqûres.

La faune comprend encore le jaguar, les caïmans, qui sont nombreux et redoutables dans les rivières; leur vigilance, qui n'a d'autre mobile que le désir de happer l'homme, les a fait considérer par l'administration pénitentiaire comme des gardiens très sûrs et très capables d'empêcher les évasions; la faune comprend encore les serpents, dont quelques-uns sont redoutables; enfin le tapir, l'agouti, qui seraient, au contraire, dignes d'être protégés, ainsi que l'*urubus* ce grand agent de la voirie dont il semble à Cayenne avoir l'entreprise.

IV. MINES D'OR. — Il n'est pas de rivières dans les Guyanes, qui ne charrie de l'or. Ce métal objet dans tous les temps de la convoitise des hommes se rencontre du reste dans deux gîtes distincts : il ne se trouve pas seulement dans les alluvions aurifères, mais dans des filons quartzeux; ce n'est donc pas sans une apparence de raison, que la légende plaçait dans la Guyane le pays de l'*Eldorado*. Au XVIe siècle le chevalier anglais Walter Raleigh, en 1596 Laurent Keynis, en 1740 Nicolas Horsman s'étaient mis à la recherche d'un lac d'or avec la même conviction, qu'on apporte maintenant à la recherche d'une mer libre au pôle Nord; ils ne trouvèrent pas l'or tant convoité; ce n'est qu'en 1819 qu'un métis d'Indienne et de Portugais, Paoline, trouva de l'or sur le haut Aprouague; avec Félix Couy, commandant du quartier de l'Aprouague, il organisa la première exploitation; mais par une injustice du sort, qui n'est que trop fréquente, Paoline, qui devait faire la fortune de tant de gens, mourut à l'hôpital dans la misère; Couy fut assassiné. En 1856 une compagnie fondée au capital de 20 millions exploita de nouveau les mines de l'Aprouague; c'est elle, qui introduisit à la Guyane les premiers émigrants indous. De 1857-1860 elle recueillit 180 000 grammes d'or; mais cette société, pour des causes multiples, ne fit pas de bonnes affaires; elle sombra. Les mines de l'Aprouague reprises un instant par un Français ont été achetées en 1875 par la Société du Mataroni. La quantité d'or extraite par mois a été, pendant quelque temps, de 70 000 francs. La Société a introduit environ 400 travailleurs indous.

Tout en nous gardant bien de tout sacrifier, dans la Guyane, à la recherche de l'or, car c'est là le danger dans les pays aurifères, nous pouvons prendre modèle sur la Guyane hollandaise. La Compagnie des mines de Surinam a en effet exporté par les steamers de la Compagnie générale transatlantique, en 1876, environ 49 900 florins, en valeur déclarée; 293 880 en 1877; 407 059 en 1878 et 143 136 en 1879; à cette époque la Compagnie avait affermé plus de 260 000 hectares; or le titre de l'or est ici de 944, de 933 et 925 grammes, ce qui constitue une espèce fine.

V. POPULATION. — La population totale de la Guyane française est d'environ 38 000 ou 40 000 habitants. La Guyane hollandaise, qui est moins fertile mais mieux cultivée, compte 50 000 habitants, déduction faite des Indiens et des métis.

Les *indigènes* sont au nombre de 13 000 environ dans la Guyane française. Ils appartiennent à la race rouge; ils sont peu nombreux. Crevaux, frappé du petit nombre des hommes et même des animaux dans la Guyane, exprime son impression en disant: « Que la vie animale y est écrasée par la vie végétale, tout le pays n'étant qu'une immense forêt interrompue par les cours d'eau, qui sont les bouches de ventilation, par où l'homme et les animaux viennent jouir de l'air et de la lumière. » Dans l'Oyapock il n'y a pas plus de 1 000 habitants dispersés ; il faut 6 jours de marche, dit Crevaux, pour atteindre un village de 30 Oyampis ; 6 jours plus loin se trouve un autre village de 20 individus. Entre l'Oyapock et la crique Kou Crevaux a trouvé 5 villages, qui ne comptaient pas en tout plus de 200 habitants.

Les *Roucouyennes*, qui habitent le Yarri, le Parou et le haut Maroni, ne sont pas plus de 250-300. Leurs cheveux sont noirs et droits, leurs pommettes saillantes ; ils ont peu de barbe et s'arrachent d'ailleurs la moustache « pour mieux embrasser leur femme ». Leur poitrine est fortement développée ; leurs épaules sont larges et carrées ; leur tronc haut et long. Leur langue est du caraïbe presque pur, car Crevaux, parlant le roucouyenne, a pu se faire entendre des Caraïbes de l'Orénoque et même, au pied des Andes, dans le Japura, des Indiens Carijones, qui ont les mêmes mœurs et la même langue que les Roucouyennes. Crevaux trouvait aux Roucouyennes une odeur spéciale de cuir neuf.

Les *Trios* n'existent plus ; une épidémie les a tous détruits jusqu'au dernier. Les *Apalys*, qui sont en contact avec les Européens, sont décimés par la phtisie.

Les *Aravaks* habitent principalement dans la Guyane anglaise et dans la Guyane hollandaise, entre les rivières Corentyn et Pomeroun. Ce sont des peuples extrêmement doux ; ils occupaient jadis également les Antilles, d'où les ont chassés les Caraïbes. Ce sont eux, dont Christophe Colomb a décrit la simplicité et la douceur ; ils sont petits, mais agiles, bien faits. Leur origine est sud-américaine et c'est en partant du continent, qu'ils ont peuplé les Antilles, « tant il est vrai, dit Brinton, que dans ses migrations l'homme a toujours suivi le fil conducteur de la nature organique, car la faune et la flore des Antilles appartiennent à l'Amérique du sud ». Les *Galibis* habitent surtout la Guyane française ; on nommait leurs ancêtres *Calibi*, *Caribi*, *Caraïbi*, d'où nous avons fait le mot Caraïbe ; on les nommait aussi *Canibi*,

Caniba. Christophe Colomb, latinisant leur nom, les appela *Cannibales* et, comme ces Caraïbes passaient pour féroces, le mot cannibale est devenu un adjectif synonyme de féroce anthropophage. En réalité ils ne sont féroces qu'avec leurs ennemis les Aravaks, qu'ils ont dépossédés des Antilles. Exaspérés, en 1644, par un gouverneur de la Guyane française plus féroce qu'eux, Poncet de Bretigny, ils ont massacré les Européens; mais, depuis ce temps, ils sont avec nous doux et pacifiques. C'est chez eux, qu'existe cette étrange coutume de la *couvade*, en vertu de laquelle, lorsqu'une femme vient d'accoucher, c'est le mari qui s'allonge pour quinze jours dans son hamac, où il pousse des gémissements plaintifs, se laissant dorloter, choyer et féliciter, tandis que l'accouchée lave son enfant et vaque aux soins du ménage. Dans nos établissements les Galibis apportent à nos fonctionnaires et à nos colons du gibier et du poisson, qu'on leur achète volontiers; sans être réfractaires à la civilisation européenne, sans lui être hostiles, ils l'ignorent et l'ignoreront toujours. Au moyen du produit de leur chasse ils savent seulement se procurer quelques objets, dont ils ont reconnu l'utilité ou l'agrément: des couteaux, des haches, quelques pointes de fer pour leurs flèches, un peu de cotonnade, des verroteries, du tafia pour lequel ils ont un goût prononcé et c'est tout : à part cela ils ont conservé le mobilier et l'outillage de leurs ancêtres. Ils sont assez habiles dans l'art du potier, mais ce sont de mauvais travailleurs. La plupart des noms, que nous donnons aux animaux de la Guyane, *tapir*, *macaque*, *caïman*, *ara*, *toucan*, sont empruntés au dialecte des indigènes du pays. L'ananas, qui est à l'état sauvage dans cette contrée, s'y appelle *nana*. Les mots *canot*, *pirogue*, *pagaie*, *hamac* sont d'origine caraïbe et ont été introduits dans notre langue dès le XVIIe siècle. D'autres tribus rouges, les *Émérillons*, les *Oyacoulets*, les *Aramichaux*, les *Aprouagues* vivent encore dans les Guyanes, mais la colonisation n'a sans doute que bien peu à attendre d'eux.

Les *Nègres marrons* forment un élément de la plus haute importance pour la colonisation. Aujourd'hui à l'état de tribus libres et isolées dans les forêts ils descendent de nègres esclaves, importés d'Afrique, mais qui ont recouvré leur liberté en s'échappant dans les bois. Ce sont les colons hollandais, qui ont donné naissance, en 1712, à une bonne partie de ce courant violent d'émigration : l'amiral français Cassar venait de prendre Surinam et de frapper la ville d'une contribution de guerre de 1 million et demi de francs ; pour trouver la somme le gouvernement hollandais établit un impôt proportionnel au nombre des esclaves. Les maîtres, heureusement pour les noirs, eurent alors l'imprudence de dire à leurs esclaves : « Sauvez-vous dans les bois ; vous reviendrez chez nous quand l'impôt sera payé. » Mais, comme il était aisé de le prévoir, les noirs ne revinrent pas bénévolement reprendre leur chaîne ; ceux qui voulurent essayer de travailler librement eurent d'ailleurs à se repentir d'avoir cru naïvement à la bonne foi du blanc vis-à-vis le noir. En 1772 un Spartacus noir, qui se nommait Boni, fit une guerre d'indépendance terrible et se chargea pour son compte d'acquitter plus d'une dette de sa race. C'est en souvenir de lui, que la tribu la plus importante de noirs marrons prit le nom de tribu des *Bonis*. Les *Boschsnegers*, comme les nomment les Hollandais, se composent du reste d'un certain nombre de tribus, qui sont : celle des *Yoncas* établis à l'embouchure du Tapanahoni, dans la Guyane hollandaise ; des *Poligoudoux* établis à la bifurcation du Tapanahoni et du Maroni ; des *Bonis* sur l'Aouré, à 25 kilomètres, dans l'intérieur de la Guyane française ; des *Paramacas* sur la rive gauche du Maroni. Un Boni, le célèbre Apatou, fut pour Crevaux dans ses voyages plus qu'un appui, un défenseur, un soutien indispensable : le fidèle Apatou, que j'ai vu à Paris avec Crevaux, était devenu l'ami de l'intrépide voyageur. Les nègres des bois ne sont peut-être pas au nombre de plus de 8 000, mais il est certain, que c'est sur eux que repose l'avenir de la colonie.

§ 1. *Acclimatement des diverses races*. — La façon, dont chacune des races implantées à la Guyane supporte le climat de ce pays, peut seule en effet permettre d'assigner à chacune d'elles le rôle, qu'elle peut espérer jouer. Or une différence capitale existe, sous ce rapport, entre la race blanche et la race noire : sur 1 000 hommes de troupe la mortalité annuelle des blancs est de 84, tandis que celle des noirs est de 40.

Blancs. Dans quelque situation qu'ils se trouvent, les hommes de race blanche sont incapables de s'acclimater à la Guyane. En 1747 des paysans allemands (du Paltz) vinrent coloniser la Guyane hollandaise ; ils échouèrent complètement malgré le renfort de quelques familles suisses. En 1845, encore à la Guyane hollandaise, des paysans hollandais vinrent s'établir sur la rivière Saramacca (plantation Groningue) ; ils échouèrent malgré les sacrifices faits pour eux par le gouvernement hollandais : sur 304 colons 189 moururent dès le début ; il n'en resta bientôt plus que 168, qui se sauvèrent à Paramaribo. Tous les auteurs sont d'accord d'ailleurs pour reconnaître, que les ouvriers de race blanche sont incapables de supporter le travail ; on ne trouve dans les placers, en fait d'ouvriers blancs, que quelques scieurs de long, transportés libérés, qui ont appris leur métier sur les exploitations de bois du service pénitentiaire.

Les Français n'ont pas été plus heureux que les Hollandais : malgré les encouragements donnés, en 1604, par La Ravardière qu'Henri IV avait envoyé explorer le terrain, 3 compagnies se ruinent successivement en 1626, en 1633, et en 1643 ; en 1652 même insuccès de la Compagnie dite des *Douze-Seigneurs ;* en 1664 même insuccès de la Compagnie des Indes occidentales ; mais nulle part l'inexpérience française, en fait de colonisation, n'apparut d'une manière aussi désastreuse que dans la trop célèbre expédition du Kourou en 1763 : Choiseul et son cousin Praslin imaginèrent de créer de toutes pièces une colonie sur un vaste territoire, dont ils avaient obtenu la concession entre le Kourou et le Maroni. Des prospectus pleins de promesses furent répandus à profusion : une foule de grands seigneurs rêvèrent d'aller vivre un roman dans ces contrées et d'en rapporter surtout un blason doré à neuf. On débarqua aux *îles du Diable* que, pour ne pas effrayer les nouveaux colons, on nomma les *îles du Salut;* on construisit là-bas des bergerades à la Watteau, tout un petit Trianon, des théâtres, tout ce qu'il faut pour laisser couler noblement la noble vie de nobles gentilshommes ; on emporta des paniers de champagne ; mais des bêches, des pioches, des charrues et surtout des mains calleuses pour manier ces véritables engins de colonisation, il n'y en avait pas ! Des boutiques élégantes, où l'on allait marivauder comme au Palais-Royal, s'élevèrent en un clin d'œil; la seule différence avec la capitale était que tout s'y vendait 10 fois plus cher. Un négociant de Paris eut une idée, qui peint l'état de la colonie naissante : il expédia à la Guyane quoi? une boutique de patins! Les colons si bien approvisionnés fondirent comme glace sous le soleil de la Guyane : 13 000 étaient partis; en 1765, c'est-à-dire deux ans après le départ, il en restait 918.

Encore si la leçon avait profité ! mais il n'en fut rien : en 1767 une nouvelle colonisation entreprise par Bessner n'est pas plus heureuse; en 1788 Villebois échoue également; la Guyane était marquée pour la malechance. Le climat se montrait décidément terrible. Pour compléter la mauvaise réputation de cette terre il ne lui manquait plus que la souillure de la déportation politique: Collot-d'Herbois, Carnot, Barthélemy, Pichegru et tant d'autres appartenant à des partis divers y furent exilés ; en 1852 l'empire y envoya ses victimes. Toutes ces expériences n'ont que trop montré combien, malgré les efforts faits par quelques écrivains, notamment par M. Mourié et M. Sagot pour prouver la salubrité du climat de la Guyane, il fallait peu compter sur l'acclimatement de la race blanche.

Race noire. Il n'en est pas de même de la race noire. Les nègres marrons sont magnifiques ; l'avenir de la Guyane repose sur l'emploi, que les colons européens sauront faire de ces bras noirs. Le Dr Van Leënt, dans une étude remarquable sur la Guyane hollandaise, arrive aux mêmes conclusions : « Il faut, dit-il, compter surtout sur les nègres marrons, dont on se sert déjà avec succès dans la nouvelle colonie (*Nickerie* et *Coronie*). » De son côté M. Van den Brandhoff, commissaire du district de Surinam pour l'immigration, reconnaît, que les nègres créoles peuvent seuls assurer le succès de la colonie de Surinam. Il faut donc, que leurs anciens maîtres se résignent à voir en eux des travailleurs libres. La véritable colonisation de la Guyane consistera dans l'avenir à civiliser la race nègre, à la décider à quitter les forêts, où elle est réfugiée et à venir dans les centres de culture et d'industrie débattre elle-même ses intérêts.

Les *Chinois* supportent également bien le climat de la Guyane. Quant aux *Indous* et aux *Arabes* le climat est aussi mauvais pour eux que pour les Européens.

§ 2. *Déportation. Convicts.* — Malgré ce que l'expérience nous apprend sur l'impossibilité pour les blancs de travailler à la Guyane, on s'obstine à considérer cette colonie comme propre à la déportation et on ne cesse de la mettre, sous ce rapport, sur la même ligne que la Nouvelle-Calédonie, dont j'ai dit plus haut, quelle était la salubrité. On s'obstine à rêver de faire à la Guyane avec les convicts ce que les Anglais ont fait avec les mêmes éléments en Australie, c'està-dire d'obtenir non seulement la survie de quelques condamnés, mais, ce qui importe davantage, de créer avec eux une race vigoureuse et honnête. Il n'y a cependant qu'à consulter les chiffres, qui sont rassemblés dans une très intéressante étude du Dr Orgéas, médecin de la marine, sur la *colonisation de la Guyane par la transportation*, pour voir que l'acclimatement des convicts, depuis 23 ans, n'a donné aucun résultat favorable. Cela doit être un enseignement et l'observation est suffisamment longue. Car « si, dit ce distingué confrère, 23 ans après que Philipp fondait la première colonie sur les rives de Botany-Bay et de Port-Jackson, quelqu'un avait fait sur la nouvelle colonie des convicts anglais l'étude, que je me propose de faire sur l'établissement du Maroni, il aurait pu prédire les destinées futures de l'Australie : ces recherches lui auraient démontré, que, abstraction faite des premières années, la mortalité de la race anglo-saxonne sur ce sol nouveau était moindre qu'en Angleterre. En se basant sur ces observations on aurait pu, dès les premières années de ce siècle, prévoir, sans s'écarter beaucoup de la vérité, le développement prodigieux des colonies anglaises de l'Australie. » On va voir, que l'enquête du Dr Orgéas autorise une prédiction diamétralement opposée à celle qu'on eût pu faire pour l'Australie.

Suivons le Dr Orgéas dans son intéressante et minutieuse étude : d'après les documents officiels la mortalité annuelle pour les 5 premières années a été sur les déportés à la Guyane de 16,62 pour 100, ce qui donne comme durée probable de la vie 3 ans 9 mois et 21 jours. Dans les 10 premières années (1852-62) cette moyenne est de 12,58 pour 100, ce qui donne comme durée probable de la vie 5 ans 6 mois et 28 jours. Enfin, pour la période 1852-1878, soit pour un ensemble de 26 années, la mortalité annuelle moyenne des transportés a été de 8,80 pour 100. La durée probable de la vie est de 7 ans 6 mois et 7 jours.

A la Nouvelle-Calédonie, depuis le début de la transportation (1864) jusqu'à l'année 1878, soit pour une période de 14 ans, la mortalité annuelle moyenne a été de 3,15 pour 100. La durée de la vie probable d'un transporté à la Nouvelle-Calédonie est de 21 ans 7 mois et 24 jours, c'est-à-dire près de 3 fois plus longue qu'à la Guyane.

Mais il importe de suivre cette étude dans chacun des pénitenciers. La mortalité aux *îles du Salut* a été de 15,6 pour

100 en 1853 (fièvre typhoïde et dysenterie), de 35,0 pour 100 en 1855 et de 17,0 pour 100 en 1856 (fièvre jaune). L'élévation de la mortalité dans ces dernières années s'explique facilement par la nature du personnel que l'on y évacue (cachectiques, infirmes, vieillards). Ces établissements, qui comptaient en 1865 plus de 400 transportés, n'en ont pas aujourd'hui plus d'une quarantaine.

A la *Montagne-d'Argent* en 1852 on mit 109 transportés; 206 furent ajoutés en 1853, ce qui fit 315 forçats. Au 31 décembre de cette même année il n'en restait plus que 210. La mortalité tout entière imputable à la fièvre paludéenne avait été de 33,3 pour 100. En 1854 on comble les vides avec 188 hommes; l'effectif ainsi porté à 398 offre dans le courant de la même année 83 décès (20,8 pour 100). En 1858 l'effectif porté à 462 hommes compte 94 décès (20,3 pour 100). La mortalité diminue à partir de 1857; elle était encore de 11,5 pour 100, lorsque en 1867 le pénitencier de la *Montagne-d'Argent* fut évacué définitivement.

Saint-Georges de l'Oyapock fut inauguré en 1853. La mortalité annuelle sur 248 transportés fut de 43,2 pour 100; la durée probable de la vie de 1 an 2 mois 19 jours.

En 1855 et 56 l'effectif devient exclusivement composé de nègres : la mortalité tombe alors à 5,0 et 2,5 pour 100, soit une moyenne de 3,75 pour 100, ce qui donne à la vie probable du nègre une durée de 18 ans 1 mois et 16 jours. « C'est là, comme le fait remarquer le Dr Orgéas, un exemple frappant de l'inégale aptitude des différentes races à vivre dans un milieu paludéen. Là où la vie probable de l'Européen est de 1 an 2 mois et 19 jours, la vie probable du nègre est de 18 ans, 1 mois et 16 jours. »

Sainte-Marie de la Comté est le troisième établissement. C'est il est vrai un des points les plus insalubres de la Guyane, mais des motifs puissants désignaient cet endroit à l'administration et l'engageaient à choisir *Sainte-Marie*, car « ce nom, disent les considérants de la décision du gouverneur, *rappel-*

lera la haute protection sous laquelle sont placés spécialement tous les établissements de la Comté. » La mortalité y fut de 22,9 pour 100, puis de 25,4 pour 100.

Je continue à suivre le Dr Orgéas :

« Au mois de mai 1855 un nouvel établissement destiné à recevoir les libérés fut créé à la Comté sous le nom de *Saint-Augustin, attendu*, disaient les considérants de la décision insérée au *Bulletin officiel de la Guyane, que cet établissement est formé par des hommes ayant donné des garanties premières de leur repentir.* » La mortalité y fut de 44,1 pour 100 ; on dut encore renoncer, malgré ce pieux patronage, à ces endroits inhospitaliers.

L'administration eut alors l'idée de faire des chantiers forestiers au haut Maroni, à *Sparhouïne*. Voici ce que le Dr Kérangal dit de ce chantier : « Lorsque nous l'avons visité, au mois d'octobre 1866, il n'y avait pas encore un an qu'il était créé et, sur les 850 transportés qui y étaient passés depuis sa fondation (novembre 1865) et qui n'y étaient arrivés que successivement, 100 étaient morts, 119 avaient disparu (évadés ou morts dans les grands bois), 75 avaient été évacués sur l'établissement des convalescents à l'Ilêt-la-Mère, 132 existaient aux hôpitaux de Saint-Louis et de Saint-Laurent, 32 étaient à l'infirmerie du Chantier et 83 étaient aux travaux légers. Nous avons ramené à Saint-Louis le jour de notre départ 41 malades. Par conséquent il ne restait plus pour le chantier de Sparhouïne et de la Crique-Serpent que 270 hommes et ces 270 hommes, censés valides, étaient pour la plupart profondément anémiés. Pouvait-il en être autrement? Quel serait l'Européen soumis à de rudes travaux, n'ayant qu'une nourriture insuffisante, couchant souvent avec des vêtements mouillés et livré pendant son sommeil aux intempéries de l'atmosphère, qui pourrait résister? Ces hommes contractent rapidement des fièvres intermittentes rebelles, ou la dysenterie, ou la colique sèche, ou des bronchites interminables, le tout conduisant à un état anémique très grave. » Il faut citer encore les lignes suivantes extraites du rapport du même médecin pour le premier trimestre 1867 : « La mortalité à la Guyane française est réellement effrayante!... Elle est très considérable pour les chantiers, où elle va toujours s'élevant de plus en plus, surtout à Sparhouïne. Sur les 208 hommes envoyés en octobre et novembre 1866, à la date du 15 février 1867 il ne restait plus que 33 hommes valides : 28 étaient morts, 45 étaient à l'hôpital, 40 étaient évadés, 31 restaient à l'infirmerie, 16 aux travaux légers et 14 exempts de services, plus 1 libéré. Ce chantier donne une idée exacte de ce que deviennent les Européens nouvellement débarqués et jetés au milieu des grands bois de la Guyane avec le peu de ressources hygiéniques qui s'y trouvent. »

On fit ici une nouvelle expérience : on voulut avec raison réhabiliter le condamné par le travail et par la famille, mais, comme si toujours la maladresse devait gâter chez nous les meilleures intentions, on oublia que le travail et la famille ne sont chose saine et fortifiante, que parce qu'ils éveillent le sentiment de la *responsabilité* et de l'*initiative individuelles*. Or l'État toujours tutélaire se chargea de penser, de vouloir pour les condamnés ; il se fit entrepreneur de bois et le condamné fut la scie ; mais pour la scie le travail n'est pas moralisant ! Il se chargea même de marier le condamné, le caporalisme ne connaissant point de bornes pour faire le bonheur des hommes. On maria par pavillon, par escouade et par peloton, comme les vieux médecins de l'Hôtel-Dieu purgeaient, dit-on, à certains jours tout le côté gauche d'une salle et saignaient tout le côté droit. Les pourvoyeuses furent les sœurs de Saint-Joseph de Cluny, qui amenèrent des troupeaux de reproductrices. Les fiancées avaient déjà subi l'épreuve de la prostitution, de l'alcoolisme, du vol ; elles étaient souvent filles et sœurs de criminels et d'aliénés ; que pouvaient-elles apporter en ménage, qui fut capable de compenser l'hérédité de crime et d'aliénation, dont leurs époux portaient eux-mêmes le poids? C'était bien là de la consanguinité dans le crime et c'était bien mal comprendre l'*anthropotechnie*, rameau principal de cette science, qui sous le nom de *zootechnie*, car les animaux ont seuls le privilège d'en jouir, rend tous les jours de si grands services à notre bétail et à nos chevaux, qu'elle améliore et perfectionne.

Depuis l'année 1859 jusqu'au 1er janvier 1882 plus de 418 ménages ont vécu et travaillé au Maroni; c'est ce groupe, qui a servi de base au travail, que M. le Dr Orgéas a fait sur la démographie des convicts. On peut ainsi juger ce que peut donner à la Guyane un semis de convicts protégé par l'État. Toutes les races sont représentées parmi les époux, européens de toute nationalité, nègres, Indous, Chinois et Annamites; mais la plupart des concessionnaires du Maroni ont obéi, dans le choix de leur compagne, à l'*affinité ethnique*, c'est-à-dire, qu'ils se sont presque tous unis avec des femmes de leur race.

L'âge moyen des hommes au moment de leur mariage était de 38,53 ans et l'âge moyen des femmes de 29,94. Toutes ces données sont importantes à connaître pour apprécier les résultats de l'enquête. Lorsqu'on considère, qu'en France l'âge moyen des hommes au moment de leur mariage est de 31,75 ans et de 27,4 en Angleterre, que celui des femmes est de 25,8 en Angleterre, il faut s'attendre à voir ces différences réagir sur le produit de l'union.

Le Dr Orgéas étudie la durée des mariages en les divisant en quatre catégories : 1° ceux qui existent encore; 2° ceux qui ont été légalement rompus par la mort d'un des conjoints; 3° ceux dont les deux conjoints ont quitté ensemble la colonie (évadés ou partis légalement); 4° ceux dont un des conjoints est évadé ou parti. La durée des 53 mariages dont les deux conjoints existent encore est de 6 ans 1/2; la durée des 264 mariages divisés légalement par la mort a été de 5 ans 1/2; le nombre des années passées à la Guyane par chacun des ménages partis ou évadés a été de 5 ans 1/2; la durée moyenne des mariages rompus par le départ ou l'évasion de l'un des conjoints a été de 5 ans.

Maintenant que nous savons de quelle manière ces unions sont formées, il est intéressant de connaître leurs résultats : or, tandis que le nombre moyen des enfants par ménage est en France de 3, en Hongrie de 5, en Russie de 4,68, de 3,96 en Belgique, de 3,75 en Danemark et de 4 en Angleterre, ici le nombre moyen des enfants pour chacun de ces 418 mariages a été (mort-nés compris) de 0,96 et de 0,906 sans les mort-nés.

Un grand nombre de ces mariages ont d'ailleurs été stériles : 215 mariages ont été sans enfants et 203 féconds. Si l'on ne compte, pour établir le nombre moyen des enfants, que les mariages féconds en défalquant les stériles, on trouve que, même dans ces conditions où ne se place jamais la statistique, le nombre moyen des enfants dans chacun de ces ménages choisis n'a pas dépassé 1,98 (mort-nés compris).

Le Dr Orgéas fait ressortir avec raison, que la contrainte morale n'a rien à voir ici et que le déficit des naissances doit être compté tout entier comme une preuve manifeste du défaut d'acclimatement.

Au climat il faut sans doute joindre une autre cause, je veux parler des conditions mêmes de dégénérescence physique et morale, diraient les moralistes, physique tout court, diront les physiologistes, où se trouvent les deux sexes. Il faut tenir compte de ceci : que les parents ne sont que les produits avortés et, heureusement pour l'humanité, le plus souvent inféconds, d'une race dégénérée. C'est pour cela qu'en Australie le mélange des libérés et des libres est autrement productif. La plupart des survivants présentent en effet à un degré considérable le cachet de la dégénérescence, développement inférieur à leur âge, teint cachectique ; ils rentrent dans le type des *dégénérés* si bien peint par le Dr Morel.

Le *milieu social* spécial, dans lequel se trouvent les convicts, devait en outre agir autant que le milieu climatérique sur les phénomènes démographiques qu'ils présentent, car dans les maisons centrales, en France même, la mortalité est de 5,99 pour 100; celle des condamnés aux fers est de 8,69; celle du pénitentier de Beaulieu de 12,09; enfin celle du pénitentier de Casabianca, en Corse, de 20,87.

Cette réserve faite pour tous les criminels, il faut reconnaître que, toutes choses égales d'ailleurs, la Nouvelle-Calédonie doit être préférée à la Guyane comme lieu de transportation, puisque, alors que les chances de survie d'un condamné sont à la Nouvelle-Calédonie de 21 ans 7 mois 24 jours, elles sont à la Guyane de 7 ans 6 mois et 5 jours. Un condamné à 10 ans a donc des chances, pour que la mort l'empêche de finir sa peine.

Dans la colonie matrimoniale du Maroni les avortements, dit le Dr Orgéas, sont au moins aussi nombreux que les accouchements à terme; quant aux mort-nés, tandis qu'en France leur nombre est de 3,44 pour 100 naissances, qu'il est de 3,59 en Belgique, de 3,62 en Norvège, il est au Maroni de 5,955 pour 100.

Sur les 379 enfants de la colonie pénitentiaire nés vivants depuis le mois d'avril 1861 jusqu'au 1er janvier 1882, il y en a 238 qui sont morts, à cette dernière date. C'est une proportion de 62,79 pour 100, en ne tenant pas compte des 40 enfants qui ont quitté la colonie et dont la moitié, au moins, a, par ce moyen, échappé à une mort certaine. En somme, pendant la première année de la vie, la mortalité des enfants du Maroni a été deux fois plus forte que la mortalité des enfants légitimes en France; pour les enfants de 1 à 2 ans la différence a été de plus du double; de 2 à 4 ans la mortalité de la colonie a été trois fois plus forte.

Voici, au surplus, comment s'exprime le Dr Orgéas sur les chances de survie comparées à la Guyane et en France : « Sur 100 enfants qui naissent vivants en France, il y en a plus de 78 (78,27) qui arrivent à l'âge de 2 ans. Au Maroni, sur

100 enfants nés vivants, un peu plus de 58 seulement (58,78) atteignent l'âge de 2 ans.

« En France sur 100 enfants nés vivants, plus de 72 (72,28) parviennent à l'âge de 5 ans ; sur 100 enfants nés au Maroni 41 seulement sont parvenus à l'âge de 5 ans.

« Sur 100 enfants nés vivants en France, il y en a près de 69 (68,78) qui atteignent l'âge de 10 ans. Sur 100 enfants nés au Maroni, moins de 32 (31,97) sont arrivés à l'âge de 10 ans.

« En France, sur 100 enfants qui naissent vivants, il y en a plus de 60 (60,78) qui parviennent à l'âge de 25 ans, près de 58 (57,87) qui arrivent à l'âge de 30 ans, plus de 42 (42,62) qui atteignent l'âge de 55 ans, et près de 32 qui survivent à l'âge de 65 ans (31,95).

« Nous pouvons dire, par conséquent, qu'un enfant né en France a plus de chances d'arriver à l'âge de 30 ans qu'un enfant né au Maroni n'a des chances d'atteindre l'âge de 2 ans.

« Un enfant né en France a plus de chances d'arriver à l'âge de 55 ans qu'un enfant du Maroni n'a de chances d'arriver à l'âge de 5 ans. »

Résumant ailleurs l'observation individuelle qu'il a faite de chacun des enfants survivants, le Dr Orgéas, à qui j'emprunte tous ces documents et dont j'ai suivi presque pas à pas la remarquable étude, s'exprime ainsi : « La race blanche représentée par les transportés-colons du Maroni, vivant à la Guyane en cultivant le sol, est éteinte dès la première génération. Si parmi les filles, nées au Maroni, qui sont parvenues à l'âge nubile, quelques-unes sont encore en état d'avoir des enfants (et il est permis de supposer qu'elles ne sont pas nombreuses), ce ne peut être en s'alliant aux enfants mâles nés comme elles au Maroni, car aucun de ces derniers n'est et ne sera apte à reproduire son espèce en fécondant ces filles et procréant des enfants. L'extinction finale de la race s'est opérée par suite de l'absence d'élément mâle apte à la procréation. Lors de la plupart des essais de colonisation par la race blanche, entrepris dans les climats torrides, même dans des conditions matérielles supérieures à celles où se sont trouvés les transportés-colons du Maroni, la rareté des enfants mâles arrivant à l'état adulte a été le phénomène qui a le plus attiré l'attention. Dans l'Inde le gouvernement anglais a tenté, par tous les moyens, de multiplier les mariages de ses soldats avec des femmes anglaises; malgré tous ces efforts nous savons qu'on n'a jamais pu, suivant l'expression du major général Bagnold, élever assez d'enfants mâles pour recruter le corps des tambours et des fifres. » Je souhaite que ces lignes tombent sous les yeux de l'administration.

II

COLONISATION

I. ADMINISTRATION. HYGIÈNE. — § 1. *Administration*. — Ici, comme ailleurs, l'administration française a abusé des règlements; contrairement aux préceptes que recommandait déjà Malhouët, on a préféré le système des concessions à celui de la vente des terrains à prix débattu. On fut surtout d'une injustice révoltante avec les nègres; lors de leur émancipation, en 1848, les blancs voulurent faire face à la crise, que la nouvelle mesure allait entraîner pour l'agriculture : mais, au lieu de se rendre compte que l'intérêt de la colonie était de se faire des amis libres des anciens esclaves libérés, puisque les noirs seuls peuvent travailler la terre en ce pays, on imagina, pour empêcher les affranchis de devenir propriétaires, un impôt inique sur les mutations de terrain; au lieu d'instruire les nègres on supprima les écoles gratuites; on créa, en un mot, pour les affranchis, une situation plus dure et moins franche que l'ancien esclavage. Il arriva, ce qu'il était aisé de prévoir, que les nègres exaspérés s'enfuirent dans les bois et que la crise, qu'on aurait pu conjurer, acquit une acuité extrême. Il faut bien d'ailleurs, que notre administration ait été mauvaise, pour que la colonie de la

Guyane ait subi la déchéance, dont les chiffres suivants empruntés à Leroy-Beaulieu et relatifs à certaines productions, ainsi qu'à l'importation et à l'exportation totales donnent une idée :

	1867	1878
Canne	1 375 699 fr.	58 890 fr.
Café	107 424	35 396
Coton	883	» »
Cacao	56 581	38 070
Importation	10 699 239	7 640 255
Exportation	2 154 870	504 132

§ 2. *Hygiène*. — Nous ne devons compter relever la Guyane que par une nouvelle méthode et par une application scientifique des lois de l'hygiène : gagnons les hauteurs, qui sont plus saines que les régions basses ; pratiquons le déboisement avec méthode et mesure ; ne comptons que sur le travail des noirs et des métis d'Indous.

La Guyane française n'a qu'à méditer cette conclusion, qui termine l'étude du Dr Van Leent sur la Guyane néerlandaise et qui s'applique complètement à la Guyane française : « C'est *l'hygiène dans l'acception la plus étendue du mot,* qui, de concert avec une modification radicale dans la position sociale et dans les conditions vitales de la population noire aujourd'hui si dispersée, ainsi que de la partie malheureuse de la société coloniale, doit régénérer ce pays si richement doté sous plusieurs rapports, mais dont le climat pathologique, les maladies héréditaires et contagieuses surtout et en premier lieu le terrible fléau de la fièvre jaune menacent la santé et la vie des Européens colonisateurs, font hésiter le risque des capitaux, compromettent l'immigration des races blanches, mongoles et malaises, et, en dernier lieu, la domination européenne dans les parages intertropicaux de l'Occident. »

II. Culture. Acclimatation. — § 1. *Forêts*. — Crevaux a dit une parole bien juste : « L'avenir de la Guyane n'est pas dans l'exploitation de l'or et des pierres précieuses, mais dans celle des forêts et du sol. Quand la soif de l'or sera apaisée en Guyane, on s'occupera des bois précieux et des bois de construction, qui tombent de vétusté sur le bord des fleuves ; on se mettra à cultiver le sol fertile, qui rend avec usure, au centuple ce que les efforts de l'homme lui demandent. » Ici, comme toujours, la découverte de l'or est en effet le plus grand malheur, qui puisse arriver aux agriculteurs. Il en est de même à la Guyane hollandaise : le Dr Van Leent se plaint, que depuis que la foule se précipite sur les *placers* la colonie n'est plus exploitée comme elle devrait l'être. Les forêts sont en effet dans ce pays une richesse, qui n'a pas sa pareille dans le monde : les grands bois commencent à 50 ou 60 kilomètres des côtes et renferment plus de 600 essences propres à la construction, à l'ébénisterie, à la teinture, à la médecine et à l'industrie; malheureusement toutes ces richesses sont inexploitées. Le Dr Harmand, qui signale le fait, accuse la pénurie des capitaux d'avoir empêché jusqu'ici toute exploitation sérieuse. Si, ainsi qu'il le dit du reste, les 9 dixièmes des Français, ne réussissent pas à l'étranger, ce n'est pas, comme on le croit vulgairement, par un défaut d'aptitude, d'activité et de persévérance, mais bien par cette seule cause que, leurs ressources trop minimes s'épuisant rapidement, ils se trouvent dans l'impossibilité de trouver en France des capitaux suffisants. La timidité de notre épargne, qui nous est si souvent et avec tant de raison reprochée par les étrangers, ne permet pas à nos colons de monter leurs entreprises sur un assez large pied, ce qui est cependant, dans les pays neufs, la condition *sine qua non* de la réussite. En outre la Guyane n'a pas de port : une côte basse sous-marine empêche les vaisseaux d'approcher et les force à ne pas dépasser les îles du Salut. Le pays n'a pas non plus d'aboutissant et, en aurait-il, qu'il manque de routes pour y parvenir; aussi tandis que les exportations de la Guyane française se sont montées pour 1875 à 391 000, celles de la Guyane hollandaise ont dépassé 5 000 000 de francs. Que de richesses cependant renferment les forêts!

La *salsepareille* abonde sur les rives du Parou et du Yary; le *châtaignier* (*Bertholotia excelsa*) se trouve partout.

Le *caoutchouc* est fourni par l'*Hevœa guyanensis*, syringa des Brésiliens ou siphonia; cet arbre a été découvert par l'ingénieur Fresneau, en 1751, sur les indications des Indiens Nourajes qui modelèrent devant lui avec de la terre glaise l'image du fruit pour lui apprendre à le reconnaître.

Le *bully tree* produit en abondance la balata, substance qui tient à la fois de la gutta-percha et du caoutchouc; c'est un arbre magnifique, qui atteint jusqu'à 20 mètres de haut sous branches avec un diamètre de 15 à 80 centimètres.

Les produits oléagineux sont très abondants : en tête il faut placer un des plus beaux arbres de la Guyane, qui atteint jusqu'à 30 mètres de haut sur 1^m,50 de diamètre, le carapa (*Carapa guianensis, Xylocarpus carapa, Crab wood* des Anglais). Avec le bois de cette méliacée on fabrique des lattes, des pièces d'ébénisterie et de charpente, des planches, des caisses de voiture; du fruit les Galibis et les nègres retirent une huile épaisse; ils la mêlent au rocou et s'enduisent avec le mélange les cheveux et toute la surface du corps, afin de se préserver des piqûres des chiques. Cet arbre est très abondant dans l'Oyapock, dans l'Aprouague, sur la rive gauche du Courouaïe. Dans certains endroits le sol est recouvert d'une telle quantité de fruits du Carapa, que, d'après le Dr Harmand, on *y enfonce jusqu'aux genoux :* « Il y a certainement, ajoute-t-il, de quoi alimenter une bonne partie des savonneries de Marseille. » Les fruits du carapa, traités par l'éther, le sulfure de carbone, donnent en effet 36,22 d'huile pour 100. Débarrassées de leur péricarpe les amandes donnent jusqu'à 60 pour 100; on peut compter sur un rendement industriel de 25 pour 100 sur les noix sèches.

Cette huile donne un excellent savon, très dur; on pourrait donc la mélanger avec d'autres corps, qui produisent des savons mous. Épurée elle peut être employée pour graisser les machines; elle est excellente pour l'éclairage.

Le *cocotier* ne réussit pas aussi bien qu'en Asie méridionale et qu'en Océanie. Un palmier indigène, l'*astrocaryum*, pourrait être utilisé.

Le Dr Harmand signale parmi les euphorbiacées une autre plante très recommandée, l'*omphalea diandra* d'Aublet, ou ouabé; c'est une grande liane, qui porte des graines à coque ligneuse, cornée, très dure, très noire, dont on fait, à l'emporte-pièce, des grains de colliers, que l'on exporte aux Antilles. L'amande contient une huile extrêmement limpide, d'une couleur ambrée, très bonne pour l'éclairage, la saponification et le graissage des machines fixes. La proportion d'huile atteint jusqu'à 64,58 pour 100.

Dans les forêts de la Guyane se trouve la liane *urari*, qui sert à la fabrication du poison de flèches des Indiens Trios. Cette liane est une strychnée et la substance qu'on en retire est un *curare;* l'urari de la Guyane française est le *strychnos crevauxiana;* celui du haut Amazone le *strychnos castelneauna* et celui de la Guyane anglaise le *strychnos toxifera*.

§ 2. *Cultures diverses.* — Parmi les cultures, qui ont été le plus souvent recommandées, il convient de citer le coton, la canne, le café, le manioc, la vigne même, dont le Brésil cultive un grand nombre de variétés.

La Guyane hollandaise possédait, en 1879, 42 plantations de sucre, 43 de cacao et céréales, 25 de cacao, 8 de bananes, 5 de coton. On peut cultiver le copal, le copahu, le ricin, l'arow-root, le tabac, l'indigo, le gingembre, le curcuma; les eucalyptus n'ont pas réussi : la fréquence et l'abondance des pluies ne leur conviennent pas. Le Dr Michely a conseillé la culture d'une plante indigène, qu'il considère comme un tonique amer des plus puissants, l'*emilia rigidula*. M. Martinet a conseillé la culture de l'*erythroxylon coca* : cette plante précieuse, qui ne réussit pas à Lima à cause de la sécheresse, trouverait, pense-t-il à la Guyane les conditions les plus favorables, c'est-à-dire, comme dans presque toutes les terres équatoriales, un climat très chaud, très uniforme et très humide.

§ 3. *Élevage*. — Mais dans beaucoup de contrées de la Guyane les agronomes, qui connaissent le pays, s'accordent à reconnaître qu'on s'obstine trop à faire de la canne, au lieu de faire du bétail, qui ne demanderait pas comme cette culture un nombre considérable de bras et qui se ferait seul comme dans la province brésilienne de Para, où la population a été enrichie par lui depuis quelques années. La Guyane éviterait ainsi de faire venir ses bœufs du Sénégal et ses mulets du Poitou.

La culture méthodique du poisson très abondant dans certaines parties de la Guyane mériterait également d'attirer l'attention des colons. Parmi les meilleurs poissons on cite le *moroquo* à la chair jaune, qui vit dans l'eau vive et claire; le *coumaron* poisson aplati, qui vit dans les ressauts et les rapides; le *gourami* dont j'ai parlé déjà, que les Galibis nomment *counani* et les Brésiliens *toucounaré titangue*. Tous ces poissons pourraient être non seulement cultivés à la Guyane, mais acclimatés dans nos autres colonies.

M. Barthélemy-Lapommeraye a recommandé un beau gallinacé indigène, dont la chair est excellente et dont l'élevage ressemblerait un peu à celui de l'autruche, le hocco de la Guyane (*Crax globicera*), connu sous le nom de *Paoui* en Colombie et très abondant au Para.

III. L'Amazone. — Une colonie ne vaut pas seulement par elle-même; elle emprunte encore une grande partie de sa valeur à la richesse des régions, qui l'entourent et dont elle peut devenir le canal commercial. C'est ainsi, que j'ai longuement insisté sur la valeur, que les richesses de l'Afrique centrale et notamment du Soudan donneraient à notre colonie du Sénégal et à nos possessions du Gabon.

La Guyane se trouve dans des conditions analogues par son voisinage du riche bassin de l'Amazone et M. Wiener, un de nos agents consulaires les plus actifs en même temps que les plus intrépides, a montré, au retour d'un long voyage à travers l'Amérique méridionale, quel était l'avenir de cette immense région du bassin de l'Amazone, grande comme 27 fois la France, peuplée de 1 million et demi d'habitants, parcourue par le plus beau fleuve du monde, grossi dans son cours de 1 100 affluents. « Lorsqu'on déboise un terrain dans cette contrée, dit ce voyageur, qu'on brûle les feuilles et les bois, lorsqu'ensuite on sème sur ce sol non labouré des haricots, du maïs, de la canne à sucre, des bananes, de la yuca (sorte de manioc), on obtient les résultats suivants : 15 jours après les semailles on récolte des haricots verts ; 30 jours après des haricots mûrs ; 45 jours après le maïs ; 90 jours après la yuca ; au bout de 6 mois la canne à sucre ; au bout d'un an les bananes et en prenant certaines précautions les plants de canne à sucre, des bananes et de yuca peuvent durer plus d'une génération. » Or, comme dans cet étrange pays les centres de population sont séparés par des forêts impénétrables, les communications ne peuvent se faire que par eau et la navigation à vapeur a littéralement transformé cette contrée. « Du Para à l'embouchure du Rio-Negro on mettait jadis 3 mois ; aujourd'hui on parcourt ces 1 200 kilomètres en 2 jours et demi. Du Para à la frontière du Pérou (à Tabatinga) on mettait 9 mois ; aujourd'hui on s'y rend en 7 jours. La ville du Para, qui avait à peine 1 200 habitants il y a 30 ans, en compte 60 000. Alors on exportait de ce point des fruits destinés aux autres ports brésiliens, d'une valeur de 10 000 francs environ ; aujourd'hui il s'agit d'un commerce annuel de plus d'un quart de milliard. Alors la petite cité de Manaos, à l'embouchure du Rio-Negro, était une colonie pénitentiaire de 300 à 400 condamnés; de nos jours c'est une ville de 15 000 habitants, parmi lesquels on trouve de notables commerçants. L'excédent des recettes de cette ville se chiffrait en 1880 par une dizaine de millions. « Dans l'Amazone, dit-il encore, il ne s'agit ni de spéculations financières, ni de gisements de guano, qui peuvent s'épuiser, ni de mines, qui donnent des résultats trop souvent aléatoires; il s'agit de la sève inépuisable de l'arbre de caoutchouc et de gutta-percha; il s'agit de baumes précieux et de fruits tels que la châtaigne ou l'ivoire végétal, de bois de grande valeur, de racines médicinales comme la salsepareille; il s'agit de plantations, qui augmentent la valeur du sol et de l'extension de la navigation fluviale, qui augmente la valeur des régions éloignées de la mer. » Voilà ce qui double la valeur de notre Guyane.

CHAPITRE XVII

Les Antilles.

I. Situation. Climat. — Les petites Antilles ferment en quelque sorte le golfe du Mexique, dont le fond est constitué par l'isthme de Panama et par l'Amérique centrale. Lorsqu'on considère sur une carte la chaîne montagneuse de l'Amérique centrale d'une part et de l'autre la chaîne des petites Antilles, on voit qu'elles sont la bifurcation des Andes de l'Amérique méridionale : une des branches se continue sur la côte occidentale de l'Amérique du Nord, sous le nom de Cordillère des Andes; l'autre, celle de la chaîne des Antilles, se continue avec les monts Alleghanis. Ces îles forment deux rangées :

la plus orientale ou *du vent* est calcaire; la plus occidentale ou *sous le vent* est volcanique.

L'année y est partagée en deux saisons : l'été ou hivernage, saison humide et l'hiver, saison sèche; la température moyenne est de $+26°$, mais elle est rendue plus facile à supporter par la douceur des matinées et des soirées, qui sont délicieuses; malheureusement les ouragans sont fréquents et causent souvent des ravages considérables; ils s'accompagnent parfois de tremblements de terre : ainsi en 1718 tous les cacaoyers de la Martinique furent détruits; en 1776 toutes les cannes et tous les cotons furent déracinés; le tremblement de 1843 tua 5 000 personnes à la Guadeloupe et occasionna pour 80 millions de pertes. A la Martinique Fort-de-France fut détruit en 1859.

Insalubrité. La nature du sol et le peu d'altitude rendent le climat des Antilles assez insalubre : les *maladies des vaisseaux lymphatiques* sont fréquentes; la *fièvre jaune* prend tous les 6-8 ans environ un caractère épidémique, qui se maintient pendant le même nombre d'années à peu près; elle attaque surtout les Européens non acclimatés; les créoles ont en général un certain degré d'immunité, mais ils le perdent souvent, lorsqu'ils reviennent aux Antilles après avoir fait un séjour en France. Originaire du golfe du Mexique et de la côte de l'Amérique du Sud, où elle est endémique, la fièvre jaune est souvent apportée aux Antilles par le vent sud-ouest. Le *choléra* fait souvent de dangereuses apparitions; la *phtisie* est extrêmement fréquente et elle suit une marche rapide.

La mortalité est donc assez considérable : d'après le Dr Walther celle des troupes a été, pendant une période de 37 ans, de 9,11 pour 100 en moyenne; elle varie d'ailleurs de 1,68 pour 100 dans les bonnes années à 23,45 pour 100, lorsque sévit la fièvre jaune.

II. Population. — La population des Antilles ne se compose plus aujourd'hui que d'Européens, de nègres importés d'Afrique, de créoles blancs, de nègres créoles, de mulâtres, d'Indous et de Chinois. Les Caraïbes ont, en effet, été complètement détruits. Mais nulle part le préjugé ridicule de la couleur n'est plus vivace et la population s'y partage en réalité en deux portions très tranchées : les blancs et les gens de couleur.

Les *blancs* sont évidemment acclimatés aux Antilles, puisqu'il existe une population créole; mais cet acclimatement est difficile; Rochoux allait même jusqu'à dire : « Qu'on ne saurait peut-être citer des exemples de créoles à la troisième génération de père et de mère, sans croisement avec du sang européen. » Les créoles ont un type très spécial et très facilement reconnaissable, même en dehors de leur accent, qui est très caractéristique; leur taille est souvent assez élevée; les reliefs musculaires sont chez eux peu accusés; leur teint est généralement pâle et terreux; leurs cheveux sont plus souvent châtains que noirs; leur barbe est peu fournie; les hommes sont généralement maigres, mais les femmes ont souvent de la tendance à l'embonpoint.

Les *nègres* sont facilement acclimatés aux Antilles; le nègre créole est moins lourd que le nègre africain; il est plus intelligent, plus affectueux, mais il est généralement moins fort.

Les *mulâtres* sont nombreux. Jouissant de l'immunité de la race noire pour la fièvre jaune et de son aptitude aux pays chauds, ils présentent en outre les qualités intellectuelles du blanc; l'avenir leur appartient donc évidemment dans ces colonies, où seuls ils sont capables de travailler la terre. Malheureusement les blancs ne comprennent pas, que l'élévation, l'éducation, la liberté du citoyen noir sont la seule sauvegarde de nos colonies; indignés de voir les esclaves d'hier armés d'un bulletin de vote ils poussent le préjugé de la couleur jusqu'à s'écarter de la boîte du scrutin, parce que la main noire y jette son bulletin. Ils se condamnent eux-mêmes, impuissants qu'ils sont à arrêter l'essor et le développement de la race mulâtre, qui dominera certainement quelque jour et que leur intérêt comme leur devoir de frères aînés serait d'élever et d'instruire sans retard !

III. Travaux publics. — Le devoir des blancs serait, en oubliant toutes les anciennes inimitiés de couleur, de multiplier les écoles d'agriculture, comme il en existe déjà une à la Guadeloupe, de compléter le réseau des chemins de fer économiques. De riches soufrières pourraient être exploitées; la France cesserait alors d'être tributaire de l'Italie. Croirait-on qu'on a refusé à un colon l'autorisation de le faire ! La Martinique prépare avec raison un arsenal maritime à Fort-de-France en vue des besoins, que créera le percement de l'isthme de Panama. Tout cela est nécessaire et indispensable. Actuellement le mouvement commercial de la Martinique est de 55 millions et celui de la Guadeloupe de 47 millions; chacune de ces colonies nous coûte encore 3 millions, mais la Martinique fait entrer 13 millions et la Guadeloupe apporte 9 millions dans les caisses de l'État.

IV. Culture et acclimatation. — Les Antilles doivent à l'acclimatation une grande partie de leurs richesses : la canne à sucre leur a été apportée d'Afrique; le café d'Arabie; un grand nombre de plantes alimentaires sont venues de la côte de Guinée avec les nègres. On pourrait encore acclimater de nouvelles plantes : le Dr Poyet conseille d'acclimater aux Antilles le *caféier du Mexique* magnifique arbuste, qui atteint souvent des proportions considérables, que la maladie n'attaque jamais et qui donne des récoltes extrêmement abondantes. Il conseille également d'acclimater la *canne à sucre du Mexique*, auprès de laquelle la canne de la Louisiane et celle des Antilles sont pauvres en sucre; tandis en effet que ces dernières donnent au plus 10 pour 100, celle du Mexique donne 50 pour 100; cela serait d'autant plus utile, que la canne actuelle trouve aujourd'hui dans la betterave une concurrence redoutable, bien que depuis 1863 les colonies aient le droit de fabriquer elles-mêmes leur sucre; la culture de quinquina (*C. calisaya*, *C. paludiana* et *C. lanceolata*) a été tentée à la Guadeloupe et à la Martinique, mais je ne crois pas qu'on ait obtenu des résultats très satisfaisants.

Un grand nombre d'animaux se sont assez mal acclimatés: c'est ainsi que le bœuf, le cheval et le mulet dépérissent aux Antilles; le mouton perd sa toison; le porc perd sa tendance à l'engraissement.

Voyons au surplus chacune de nos îles des Antilles en particulier.

I

LA MARTINIQUE

§ 1. *Climat.* — Cette île est située entre 14° 53' et 14° 23' lat. et entre 63° 31' et 63° 6' en long. Montagneuse dans plus des 3/4 de son étendue elle est exempte d'impaludisme sauf dans sa partie méridionale, qui est plate. Sa température moyenne est de $+27°,15$; le degré hygrométrique moyen de $87°,7$. On se réfugie pendant l'été sur les hauteurs, au sanatorium de Balata. Elle mesure 64 kilomètres en longueur, 28 de large; sa surface est de 98 782 hectares.

§ 2. *Maladies.* — La *fièvre paludéenne* est peu fréquente à la Martinique : de 1866-1870 elle figure pour 47 sur 1 000 décès; sur le même nombre la *dysenterie* figure pour 311 et la *fièvre jaune* pour 307; c'est en effet surtout cette dernière maladie, qui empêche le développement de la race blanche à la Martinique.

§ 3. *Population.* — Le nombre des habitants est de 161 991, dont 10 000 créoles et 130 000 personnes de couleur. C'est évidemment à ces dernières qu'appartient l'avenir, car tandis que 1 000 blancs présentent 26 naissances, 1 000 noirs esclaves en présentaient 33 et 1 000 noirs libres en présentent 37. La population blanche est en déficit, tandis que la population noire, qui s'accroissait de 3 pour 1 000 malgré l'esclavage, s'accroît maintenant de 8 pour 1 000 grâce à la liberté. L'histoire enseigne d'ailleurs, que la race blanche ne s'est jamais maintenue à la Martinique que par l'immigration : de 1635-1740 elle s'accroît par immigration et atteint le chiffre de 15 000 ; sous Louis XV l'immigration cesse : en 1769 on comptait 12 069 blancs, 12 000 en 1778 et 9 500 en 1848. Il en est du reste de même aux Antilles anglaises. Mais les choses se sont passées tout autrement dans les Antilles espagnoles : j'ai suffisamment montré dans d'autres parties de ce livre, que la race espagnole avait pour s'acclimater dans les pays chauds une aptitude incomparablement plus marquée que nous autres Français.

§ 4. *Administration*. — Le conseil général de la Martinique est entré récemment dans une bonne voie, en votant trois mesures importantes : 1º l'enseignement laïque ; 2º un réseau de chemins de fer ; 3º un crédit pour le recrutement des travailleurs indous.

§ 5. *Acclimatation*. — La Martinique possède un animal redoutable, c'est le *Bothrops* fer-de-lance. On compte en moyenne 200 accidents de son fait par année et 10 morts ; le seul moyen de traiter la morsure c'est le fer rouge, mais il serait urgent, ainsi que l'a proposé M. L. Soubeyran, d'acclimater les animaux destructeurs de serpents. J'ai déjà parlé, dans une autre partie de ce livre, du serpentaire du Cap (*Serpentarius reptilivorus*), d'un autre oiseau qui habite l'Australie, le jacass (*Daselo gigantea*), enfin du hérisson (*Erinaceus europœus*).

M. Gosse (de Genève) conseille l'acclimatation à la Martinique de l'*erythroxylon coca*, qui, pense-t-il, trouverait là des conditions excellentes.

II

LA GUADELOUPE

§ 1. *Territoire. Climat.* — La colonie de la Guadeloupe comprend la Guadeloupe proprement dite, divisée elle-même en deux îles séparées par un canal étroit, la *Rivière salée :* la *Grande-Terre* dont les principales villes sont la Pointe-à-Pitre et le Moule; la *Guadeloupe* proprement dite, par 16° 14' lat. N. et 63° 52' long. O., dont la principale ville est la Basse-Terre; elle se compose en outre des *Saintes*, de *Marie-Galante* entre 15° 53' et 16° 01' lat. N., à 27 kilomètres sud-est de la Basse-Terre; de la *Désirade* et du nord de l'île *Saint-Martin*.

La nature géologique des unes et des autres n'est pas la même : elle varie à gauche et à droite du canal, qui sépare les deux parties de la colonie : à gauche la Guadeloupe et les Saintes sont volcaniques; à droite la Grande-Terre, la Désirade, Marie-Galante sont calcaires. Les parties volcaniques de la Guadeloupe laissent encore échapper des fumerolles : en 1847 la soufrière fut l'origine de désastres considérables. Le point culminant de la Guadeloupe s'élève à 1 680 mètres.

La température moyenne est de $+ 26°,33$; le maximum de $+ 32°$, le minimum de $+ 19°$; on se réfugie pendant l'hivernage sur les hauteurs du camp Jacob (545 mètres), où la température moyenne n'est plus que de $+ 21°,6$. La hauteur de la pluie est d'environ deux mètres par an.

§ 2. *Maladies*. — La fièvre paludéenne, les affections abdominales et la dysenterie dominent la pathologie de la Guadeloupe. La nature des maladies varie d'ailleurs suivant le terrain : ainsi la Grande-Terre, qui est calcaire, présente beaucoup plus de fièvres intermittentes que la Basse-Terre, qui est volcanique, témoins les chiffres présentés par chacune des deux principales agglomérations : à la Basse-Terre, la fièvre figure pour 7,472 dans les maladies ; à la Pointe-à-Pitre pour 13,642 ; en revauche la dysenterie est plus fréquente à la Pointe qu'à la Basse-Terre. La forme la plus fréquente de la fièvre dans les deux îles est la forme algide. Les affections du foie ne sont pas rares : on compte en moyenne 1 hépatite pour 200 fièvres et pour 32 dysenteries.

§ 3. *Population*. — La population de la Guadeloupe était en 1876 de 175 516 habitants ; celle des Saintes de 1 500 ; celle de Marie-Galante de 13 000 ; celle de Saint-Martin de 3 200. Le percement de l'isthme de Panama ne fera qu'accroître l'importance de cette colonie.

La population se compose d'émigrants et d'habitants fixes : les émigrants forment 1/10 de la population totale. Dans ces émigrants les Indous figurent pour 52 pour 100 ; les Africains pour 32 pour 100 ; les Européens pour 16 pour 100. Quant à la population fixe elle se compose de 6 pour 100 de blancs, de 32 pour 100 de noirs et de 62 pour 100 de métis !

Il s'en faut, si l'on considère la population totale, que la situation démographique de la colonie soit satisfaisante : à certaines années il y a du déficit ; à certaines autres un léger accroissement ; ainsi avant 1848 déficit de — 2,3 pour 1 000 ; de 1848-52 déficit de — 1,3 ; de 1853-62 accroissement de + 2,3 ; de 1863-67 déficit de — 10 : cette période correspond au choléra de 1865 ; de 1862-72 déficit de — 7 ; de 1872-75 augmentation de + 4,6 ; d'une manière générale de 1848-1875 la population présente un déficit annuel de — 4 pour 1 000. Un autre signe, qui en général n'est pas l'indice d'un état démographique satisfaisant, c'est la supériorité numérique des naissances féminines sur les naissances masculines : sur 1 000 naissances on compte 497,5 garçons et 502,5 filles, autrement dit 990 garçons contre 1 000 filles.

Du reste la classe aisée et la classe ouvrière vivent dans

des conditions très dissemblables au point de vue de l'hygiène : tandis que la première vit dans de bonnes conditions, la seconde composée de créoles noirs et de métis semble avoir pour l'hygiène le plus profond mépris. Rien n'égale l'insalubrité des habitations des nègres ; ils se nourrissent mal et peu de manioc, de racines un peu farineuses, de morue, de fruits ; ils abusent du tafia. Le nègre passe souvent sa nuit à danser et à courir ; grâce à ce régime il est pour beaucoup d'épidémies une victime désignée.

§ 4. *Administration*. — Récemment le conseil général de la Guadeloupe vient de voter l'établissement de droits de douane, qui frapperont à l'entrée les produits manufacturés de provenance étrangère. Cependant depuis 1866 les droits de douane avaient été supprimés et remplacés par un octroi de mer ; ce retour au passé et aux doctrines protectionnistes ne rappelle que trop les beaux temps du *pacte colonial* et je doute que la Guadeloupe y trouve bientôt son compte.

III

LA DÉSIRADE

La Désirade est située à 10 kilomètres au nord-est de la *Pointe-des-Châteaux* (Grande-Terre). Elle mesure environ 22 kilomètres de tour, 10 de longueur sur 3 de largeur. Sa superficie est de 2 720 hectares.

Elle est en général saine et sert de sanatorium aux colons des Antilles. C'est là, qu'est établie la léproserie des Antilles, qui contient 100 malades environ. L'île compte 1 800 habitants.

IV

SAINT-BARTHÉLEMY

Cette petite île a été achetée à la Suède le 16 mars 1878 pour la somme de 400 000 francs.

Située entre Saint-Martin et la Guadeloupe, à 6 lieues de Saint-Martin et à 42 lieues de la Guadeloupe, elle mesure 13 kilomètres de long.

Elle possède 3 000 habitants, qui s'occupent de la pêche de la tortue, du commerce des fruits, des légumes, de l'indigo, de la casse, du bois de sassafras et de la culture du tabac. Quelques filons de plomb et de zinc non encore exploités paraissent devoir un jour donner de gros bénéfices. L'unique port, malheureusement médiocre, est celui de Gustavia, qui fut fondé en 1785, au bord d'une baie de la côte ouest : la seule portion qui en soit tout à fait sûre, le carénage, ne peut admettre que des navires d'un faible tirant d'eau.

CHAPITRE XVIII

Saint-Pierre et Miquelon.

Ces deux petits îlots situés au sud de Terre-Neuve par 47° lat. N., sont tout ce qui nous reste de notre grandeur coloniale au Canada; après les avoir perdus avec le reste, nous les avons recouvrés par les traités de 1815. Saint-Pierre mesure 2 600 hectares; Miquelon 18 000. La population totale était en 1874 de 4 846 habitants, sans compter les pêcheurs ni les marins des navires venus de France.

Bien que sous la même latitude que la Normandie, ces îlots ont un climat bien moins doux; c'est que le gulfstream ne passe pas sur leurs côtes, comme il le fait le long des côtes de Normandie, qu'il réchauffe.

La seule richesse de ces îlots est constituée par le *grand banc de Terre-Neuve*, alluvions vaseuses situées à une profondeur moyenne de 160 mètres environ et où viennent frayer les morues, qui amènent des quantités de Basques et de Bretons.

J'ai terminé l'étude des colonies françaises. Les débris de notre ancien empire colonial seraient encore trop nombreux et trop étendus, si, dédaigneux des enseignements de l'histoire, nous devions gaspiller les éléments de richesse qu'ils contiennent. Ils s'étendront certainement, mais ils constituent déjà un champ bien suffisant à notre activité, à la condition que, substituant la science à l'empirisme, nous ayons le bon esprit de nous imposer la loi de ne jamais sortir de la voie des conquêtes pacifiques, de favoriser partout et toujours le développement des peuples jeunes, de solliciter chez tous l'initiative individuelle et de favoriser par tous les moyens l'expansion du commerce. La *politique coloniale* ne peut être en résumé la nôtre, qu'autant qu'elle aura pour devise ces deux mots : *paix* et *liberté*.

FIN.

TABLE ALPHABÉTIQUE

A

Abeilles (leur acclimatation), 141.
Absentéisme, 161.
Abyssins, 330.
Acacias (en Algérie), 243.
Acclimatation, 121-124.
— (en Algérie), 247.
Acclimatement, 36-37.
Achour, 191.
Afrikanders, 51.
Afrique centrale, 310.
Agave (en Algérie), 233.
Age (son influence sur l'acclimatement), 61.
Agoney, 297.
Agriculture (son action), 4.
— (en Algérie), 236.
— (Écoles pratiques), 239.
Alabama (émigration scandinave), 9.
Alcoolisme (ses dangers dans les pays chauds), 112.
Alfa, 203, 256.
Algérie, 169.
— (Sa population), 172.
— (Indigènes), 173.
— (Décadence des indigènes), 179.
— (Immigration des Européens), 182.
— (Acclimatement des Européens), 183.
— (Colonisation), 187.
— (Écoles), 190.
— (Vie politique), 191.
— (Travaux publics), 201.
— (Chemins de fer), 202.
— (Mines), 225.
— (Animaux nuisibles), 225.
— (Élevage du mouton), 228.
— (Acclimatation des poissons), 231.
— (Son importance comme station d'acclimatation), 232.
Alima, 316, 321.
Alimentation (dans les colonies), 111.
Allemagne (misère en), 4.
Allemands (émigrent en Amérique), 8.
— (Leur peu d'acclimatement en Algérie), 184.
Alpacas, 132.
Altitude (son importance pour la colonisation des pays chauds), 93.
Amazone (importance du commerce de la vallée de l'), 486.
Ambrevade, 349.
Amérique (migrations en), 7.
Angleterre (densité de sa population), 3.
— (Misère en), 4.
— (Intensité de son émigration en Amérique), 8.
Animaux (destruction des) nuisibles, 153.
Annamites, 393.
Antilles, 488.
— (Population), 489.
— (Travaux publics), 491.
— (Culture et acclimatation), 491.
Apingis, 318.
Arabes, 13, 175-179.
— (Leur rôle dans l'acclimatation), 126.
Aravaks, 467.
Arbre à suif, 254.
— (à beurre, en Algérie), 215.
Aryens (leurs migrations), 6.
Ashantis, 298.

Assimilation (en Algérie), 200.
Assinie, 296.
Association (son utilité), 160.
— (africaine), 325.
Australie (émigration chinoise en), 10.
— (Convicts en), 67.
— (Acclimatation en), 132.
— (Herbe de prairie d'), 152.
Autruche (son acclimatation), 138.
— — (Sa domestication en), 231.
Aventuriers (leur rôle dans la colonisation), 5.
Avoine (en Algérie), 233.
— (Son acclimatation), 152.

B

Bakalais, 303-319.
Bambarras, 267.
Bambous (en Algérie), 248.
Barbares (envahissement de l'empire romain), 13.
Barea, 330.
Barthélemy (Saint-), 496.
Basques (leur émigration), 5.
Bassam (Grand-), 296.
Basters, 50.
Berbères, 175.
Blancs (traite des), 85.
— (Petits), 93, 335.
Blé (en Algérie), 151, 233.
Bœufs (leur acclimatation en Australie), 136.
Bogos, 329.
Bohême (émigration allemande en), 9.
Bois brûlés, 52.
Bombyx (leur acclimatation), 141.
— (de l'ambrevade), 349.
Bonis, 469.
Boulous, 303.
Bourgeonnement (social), 13.
Brésil (émigration allemande au), 9.
Brome de Schrader, 152.
Buenos-Ayres (émigration basque), 5.
Bully-Tree (à la Guyane), 484.

C

Cabindos, 313.
Café (de Liberia), 308.
— (Acclimatation du), 149.
Cafres, 51.
Cafusos, 53.
Calédonie (Nouvelle-), 443.
— (Acclimatement des Européens), 445.
— (Absence d'impaludisme), 445.
— (Population), 446.
— (Acclimatement des animaux), 446.
— (Maladies), 446.
— (Faune et flore), 449.
— (Culture), 450.
— (Mines, 452).
— (Colonisation), 452.
— (Immigrants volontaires), 452.
— (Transportation des convicts), 454.
— (Travaux publics), 454.
Californie (émigration chinoise en), 10.
Cambodje (lac du), 379.
Cammas, 303, 318.
Canis (primævus), 123.
— (dukkunensis), 123.
Canne à sucre (acclimatation), 126, 151, 254, 345.
Cannibales, 468.
Caoutchouc (à la Réunion), 347.
— (en Cochinchine), 406.
— (à la Guyane), 484.
Capra egagrus, 123.
Caraïbes, 467.
Carapa (Guianensis), 484.
Carnauba (en Algérie), 251.
Caroubier (en Algérie), 240.
Casuarinées (en Algérie), 243.
Celtes, 6.
Chamærops (excelsa), 125.
Chameau, 134.
Chams, 387.
Chandernagor, 370.
Chemins de fer agricoles, 204.
Chêne (à glands doux), 240.
Chevaux (à la Réunion), 342.
— (Leur acclimatement en Cochinchine), 396.
— (Leur acclimatement en Australie), 136.
Chèvres (leur acclimatement en Australie), 136.

— (angora en Algérie), 230.
Chichimèques, 7.
Chien (marron), 155.
— (Son acclimatement en Cochinchine), 396.
Chinois (leur émigration), 9, 10, 51.
— (Leur rôle dans l'acclimatation), 124.
— (à la Guyane), 472.
Choléra (au Sénégal), 278.
— (en Cochinchine), 382.
Chotts algériens, 171.
Clavelée (immunité des moutons algériens), 229.
Climats locaux, 170.
Cimbres, 6.
Cinchona, 142.
— (en Algérie), 247.
— (à la Réunion), 346.
Citronnier, 257.
Civilisation (son action), 43.
Cobra capello, 367.
Cochenille, 142.
Cochinchine, 377.
— (Climat), 380.
— (Maladies, hygiène), 381.
— (Faune et flore), 383.
— (Acclimatement des diverses races), 396.
— (Administration), 398.
— (Politique indigène), 400.
— (Convicts), 402.
— (Écoles), 403.
— (Culture et acclimatation), 405.
— (Vin de), 406.
— (Travaux publics), 408, 409.
Cocotier (à la Guyane), 485.
Colons (choix des), 54.
— (Leur rôle dans l'administration coloniale), 159.
Colonial (aptitude), 60.
— (Préparation), 116.
— (Régime), 163.
Colonies (leur utilité), 27.
— (Classification), 30.
— (Choix), 88.
Colonisation, 1, 88, 89, 167, 197, 199.
Comalis, 329.
Compagnie des Indes, 162.
Comptoirs, 14.
Concessions (en Algérie), 198.

Congo, 311.
— (Climat), 312.
— (Population), 312.
— (Commerce), 313.
— (Les Français au), 322.
Conquistadores, 5.
Convicts, 64.
— (en Cochinchine), 402.
— (en Nouvelle-Calédonie), 454.
— (à la Guyane), 472.
Coolies, 10, 85.
Corya Alba (en Algérie), 251.
Coton, 147, 255.
Criquet (en Algérie), 227.
Croisades, 10.
Croisement, 46-49, 358.
Crowmenn, 298.
Cuba (émigration chinoise à), 10.
Culture (en Algérie), 247.
— (Son action sur la malaria), 117.

D

Dabou, 296.
Danemark (émigration), 9.
Déboisement, 241.
— (à la Réunion), 339.
Décentralisation (en Algérie), 200.
Dechera, 178.
Densité de population, 20.
Départ (moment favorable pour le) du colon, 107.
Déportation, 472.
Désirade (la), 496.
Despotisme (cause d'émigration), 4.
Diarrhée (parasitaire de Cochinchine), 382.
— (des montagnes), 397.
Diss, 257.
Djemmâa, 178.
Domestication, 121.
Dysenterie (au Sénégal), 278.
— (en Cochinchine), 381.

E

Écoles (d'agriculture), 239.
Écosse, 8.
Éducation (coloniale), 15.
Éléphant, 135.
Émigrants (transport des), 32.

Émigration, 1, 17.
Émigré, 32, 33.
Empirisme, 88.
Épidémies (leurs effets sur le corps social), 18.
Équation des subsistances, 17.
Erg (dans le Sahara), 217.
Erythroxylon coca, 493.
Esclaves, 74.
Espagnols, 13, 175, 183, 184.
État civil (son influence sur l'acclimatement), 62.
États-Unis d'Amérique (leur émancipation), 16.
Eucalyptus (son action sur la malaria), 119.
— (en Algérie), 242.
— (à la Réunion), 346.
— (en Cochinchine), 406.
Eurasiens, 51.
Europasiens, 51.
Européens (leur conduite impolitique dans les colonies), 40.
— (Leur acclimatement), 181.
— (en Algérie), 182, 183, 191.
Évolution coloniale, 15.

F

Fam, 319.
Famines (leur effet sur le corps social), 18.
Felachas, 330.
Ferka, 178.
Fièvre (jaune au Sénégal), 278.
— (bilieuse mélanurique au Sénégal), 278.
— (typhoïde en Cochinchine), 382.
— (des bois en Indochine), 397.
Figuier (en Algérie), 240.
— (de Barbarie), 233.
Filaire de Médine (au Sénégal), 278.
Flotte (la), 164.
Forêts (en Algérie), 241.
Fouta-Djalon, 289.
Français (en Algérie), 184, 193, 195.
France (densité de sa population), 3.
— (Émigration), 9.
Frêne, 239.

G

Gabon (migration des Pahouins), 10, 301, 302, 306, 307, 326.
Galibis, 467.
Galions, 164.
Gallas, 330.
Galloas, 318.
Gallus Bankiva, 126.
Gambier (îles), 441.
Garance (acclimatation), 152.
Géjis, 298.
Génois (en Algérie), 175.
Géologie (importance de sa connaissance pour la colonisation), 103.
Germains, 6.
Goths, 6.
Gourami, 141, 343.
Greffe (sociale), 14.
Griquas, 50.
Guadeloupe (la), 494.
Guerre (ses effets), 17.
Guinée (Côte de), 296, 297, 298, 299.
Guyane, 462.
— (Maladies), 463.
— (Hygiène), 482.
— (Population), 466.
— (Acclimatement), 466.
— (Diverses races), 470-472.
— (Déportation), 472-474.
— (Colonisation), 481.
— (Commerce), 482.
— (Acclimatation), 483.

H

Hébrides (Nouvelles-), 460.
Hellènes, 6.
Hépatite (au Sénégal), 278.
Hicsos, 10.
Hongrie (émigration allemande en), 9.
Hordeum, 124.
Houblon (acclimatation du), 151.
Huile de palme, 300.
Hygiène (coloniale), 107.
— (publique), 113.
— (sociale), 159.

I

Immigrants, 38.
Impaludisme (son importance dans les colonies), 93.
— (en Cochinchine), 382.
Inde (son rôle dans l'acclimatation), 126.
— (Colonies françaises dans l'Inde), 362.
— (Population), 371.
— (Loges françaises dans l'), 371.
— (Colonisation), 372.
— (Commerce), 372.
Indo-Chine (population), 384.
— (Mongols en), 385.
— (Noirs en), 385.
— (Laotiens), 386.
— (Malais continentaux), 387.
— (Aryens), 387.
— (Race jaune en), 389-391.
— (Cambodjiens), 392.
— (Chinois), 395.
— (Métis), 395.
Indous, 51.
Inengas, 319.
Initiative individuelle (son utilité), 160.
Ipecacuanha (acclimatation), 152.
Irlande (misère en), 4.
— (Émigration en Amérique), 8.
Israélites (en Algérie), 175, 184.
Italiens (en Algérie), 183, 184.
Iwilis, 319.

J

Jalap (acclimatation), 152.
Japonais, 51.

K

Kalmouks (exode des), 10.
Kangourou (son acclimatation), 137.
Karikal, 364.
Kauri (en Algérie), 253.
Kebaïles, 178.
Kidnapping, 41.
Kotonou, 296.
Kouloughlis, 51.

L

Ladinos, 53.
Lahobés, 267.
Lama (son acclimatation en Australie), 132.
Lapins (leur acclimatation en Australie), 137.
Laptots, 306.
Lezma, 191.
Lièvres (leur acclimatation en Algérie), 137.
Lin, 253.
Lipplapen, 52.
Loàngos, 313.
Loïs, 387.
Lopez, 317.
Lybiens, 173.

M

Madagascar (droits de la France sur), 360.
Mahara (leur emploi en Algérie), 212.
Mahé, 362.
Maïs (acclimatation), 152.
Malais, 51.
Malaise (importance de la langue), 403.
Malaria (sa disparition devant la culture), 117.
Maltais (leur acclimatement en Algérie), 184.
Mandingues, 266.
Mariage (sa fréquence chez les émigrés), 33.
Marie de Madagascar (Sainte-) (son utilité), 359-361.
Marquises (îles), 439.
Martinique (la), 492.
Maures, 13, 268.
Mayotte, 351, 352, 353.
Médecins de colonisation, 114.
Médical (service) aux colonies, 113.
Mékong, 378.
Mer intérieure (d'Algérie), 204.
Mer Rouge (la France sur la), 331.
Migrations, 1-3, 10, 11, 123.
Milieu social, 121.
Militarisme (cause d'émigration), 4.
Minas, 298.

Mines (de la Guyane), 465.
Minhoung, 395.
Minnesota (émigration scandinave dans l'État de), 9.
Miquelon, 497.
Misère (ses effets sur la population), 3.
Missouri (émigration allemande dans le), 9.
Moké-Forès, 268.
Monopole (ses dangers dans les colonies), 162.
Moral (état) (son influence sur l'acclimatement), 62.
Mosquitos, 53.
Mouche hominivore, 465.
Mouchicongos, 313.
Mousserongos, 313.
Moustique, 465.
Moutons (leur acclimatement en Australie), 136.
Musimon Argali, 124.

N

Naja, 226, 367.
Natalité (chez les émigrés), 34.
Navigation (acte de), 164.
Nègres, 13.
— (en Algérie), 175.
— (marrons à la Guyane), 469.
Niger, 289.
Noirs (traite des), 83, 291.
Norvège (émigration), 9.
Nossi-Bé, 354, 357, 358.

O

Obock, 327, 329, 332.
Obongos, 319.
Océaniennes (îles), 430.
Octroi de mer (en Algérie), 181.
Ogowé, 316, 317.
Ohio (émigration allemande dans l'), 9.
Okandas, 318.
Okotas, 318.
Olivier, 239.
Opium (acclimatation), 146.
Oroungous, 317.
Osyebas, 319.

P

Pacte colonial, 16.
Pahouins, 10, 304.
Palatinat (densité de la population), 3.
Palmarès (République de), 53.
Palmier nain, 257.
Panama (canal de), 435.
Paulistas, 53.
Pays chauds (leur valeur comme colonie), 91.
— (sans impaludisme), 98.
Pays froids (leur valeur), 90.
Pélasges, 6.
Penongs, 387.
Peuls, 269.
Peuplement par voie de migration, 2.
Phéniciens, 174.
Phormium tenax (en Algérie), 252.
Piacks, 387.
Pierre (Saint-), 497.
Pin (en Algérie), 239.
Pitcairn (île), 52.
Plata (la) (émigration basque), 5.
Plateaux algériens, 170.
Poisson (leur acclimatement), 139.
Politique coloniale, 29, 498.
Polynésiens, 7, 431.
Pomme de terre (en Algérie), 233.
Pomotou (îles), leur utilité, 441-443.
Pondichéry, 365, 366, 369.
M'Pongués, 303.
Popo (Grand-), 297.
Popo (Little-), 297.
Population (lois de), 3.
Porto-Nuovo, 296.
Prusse (origines de sa population), 5.
— (Émigration), 8.
Puits artésiens (en Algérie), 212.
Pyrénées (Basses-), émigration, 5.

R

Races (leur disposition différente à l'acclimatement), 9, 54, 55, 57, 59.
Ramie, 252.
Reboisement, 241, 358.
Récidivistes, 6.
Régime colonial, 15.
Religieuses (guerres), 4.

Renégats (en Algérie), 175.
Reproduction sociale, 11-13.
Réunion (la), 332, 333, 334.
— (Noirs), 336.
— (Coolies), 336.
— (Acclimatement), 337, 341, 346.
— (Colonisation), 338.
— (Travaux), 340, 350.
Romains, 6.
Roucouyennes, 467.
Rôum (en Algérie), 174.

S

Saccharum (officinale), 126.
Sahara, 170, 216.
Saïgon, 405.
Sang de rate (immunité des moutons algériens), 229.
Sarracolets, 264.
Saumon (acclimatation du), 139.
Sauterelles (en Algérie), 227.
Scorpions (en Algérie), 226.
Self-government (dans les colonies), 162.
Sénégal, 258.
† (Climat), 260.
† (Population), 262.
— (Acclimatement), 273.
— (Maures), 275.
— (Noirs), 275.
— (Impaludisme), 277.
— (Maladies), 277.
† (Colonisation), 278.
— (Choix des soldats et des fonctionnaires), 278.
— (Assainissement), 279.
— (Fièvre jaune et phylloxéra), 281.
— (Sanatorium de Kita), 281.
— (Croisements), 284.
— (Politique ethnique), 286.
— (Chemins de fer), 289.
— (Culture et acclimatation), 294.
— (Écoles), 295.
Senrha, 203.
Sériciculture (à la Réunion), 348.
Serpentarium reptilivorus, 493.
Service médical (aux colonies), 113.
Signarres (au Sénégal), 285.
Slaves, 6.
Soaproot, 153.

Socialisme, 161.
Sociétés (histoire naturelle des), 11.
Sol (assainissement du), 116.
Solidarité (des êtres qui habitent un même pays), 157.
Sonderbunds, 97.
Sonhraï, 264.
Soninkés, 264.
Sorgho (son acclimatation), 151.
Soudan, 214.
Subsistances (équation générale des), 3, 17, 44.
Suède (émigration), 9.
Suif végétal, 407.
Sus palustris, 124.
Sus scrofa, 124.

T

Tabac, 151, 255, 345.
Tagals, 51.
Taïti, 429, 430.
— (Absence d'impaludisme), 431.
— (Polynésiens de), 433.
— (Démographie), 434.
— (Maladies de), 434.
— (Acclimatation), 436.
— (Administration), 436.
Tamahou, 173.
Tell, 170.
Temps (son importance dans l'acclimatement), 36.
Teosinté (à la Réunion), 348.
Teraï, 97.
Termites (en Algérie), 226.
Teutons, 6.
Thé (acclimatation du), 148.
Tokolors, 270.
Tombouctou, 291.
Tonking, 416, 419, 420, 423.
— (Travaux publics), 420.
— (Maladies), 423.
— (Population), 425.
— (Politique au), 427.
Topas, 368.
Transsaharien (chemin de fer), 214, 219.
Transylvanie (émigration allemande en), 9.
Trios, 467.

Triticum vulgare, 124.
Truite (acclimatation de la), 140.
Turcs (en Algérie), 175.

U

Ulcère de Cochinchine, 382.
Utah (émigration scandinave), 9.

V

Vandales, 175.
Ventilation (des pays élevés), 98.
Ver à soie (du mûrier), 141.
— (de l'ailante), 141.
— (du ricin), 142.
Vêtements (dans les colonies), 109.

Vie (genre de vie), 108.
Vigne, 132, 149, 233.
Visconsin (émigration allemande), 9.

W

Wisigoths, 6.

Y

Yoloffs, 263.
Yorubas, 298.
Yanaon, 370.
Yunnan, 410, 411, 412.

Z

Zekkart, 191.
Zélande (Nouvelle-), 8.
Zizanie aquatique, 118.
Zorreg, 226.

FIN.

BIBLIOTHÈQUE
DES SCIENCES CONTEMPORAINES
PUBLIÉE AVEC LE CONCOURS

DES SAVANTS ET DES LITTÉRATEURS LES PLUS DISTINGUÉS

PAR LA LIBRAIRIE C. REINWALD

Depuis le siècle dernier, les sciences ont pris un énergique essor en s'inspirant de la féconde méthode de l'observation et de l'expérience. On s'est mis à recueillir, dans toutes les directions, les faits positifs, à les comparer, à les classer et à en tirer des conséquences légitimes. Les résultats déjà obtenus sont merveilleux. Des problèmes qui semblaient devoir à jamais échapper à la connaissance de l'homme ont été abordés et en partie résolus. Mais jusqu'à présent ces magnifiques acquisitions de la libre recherche n'ont pas été mises à la portée des gens du monde : elles sont éparses dans une multitude de recueils, mémoires et ouvrages spéciaux, et, cependant, il n'est plus permis de rester étranger à ces conquêtes de l'esprit scientifique moderne, de quelque œil qu'on les envisage.

Un plan uniforme, fermement maintenu par un comité de rédaction, préside à la distribution des matières, aux proportions de l'œuvre et à l'esprit général de la collection.

Conditions de la souscription. — Cette collection paraît par volumes in-12 format anglais, aussi agréable pour la lecture que pour la bibliothèque; chaque volume a de 10 à 15 feuilles, ou de 350 à 500 pages au moins. Les prix varient, suivant la nécessité, de 3 à 5 francs.

EN VENTE

I. **La Biologie**, par le docteur Letourneau. 3ᵉ édition. 1 vol. de 518 pages avec 112 gravures sur bois. Prix, broché, 4 fr. 50 ; relié, toile anglaise..... 5 fr.

II. **La Linguistique**, par Abel Hovelacque. 3ᵉ édition. 1 vol. de 454 pages. Prix, broché, 4 fr.; relié, toile anglaise........................... 4 fr. 50

III. **L'Anthropologie**, par le docteur Topinard, avec préface du professeur Paul Broca. 3ᵉ édit. 1 volume de 576 pages avec 52 gravures sur bois. Prix, broché, 5 fr.; relié, toile anglaise.......................... 5 fr. 75

IV. **L'Esthétique**, par M. Eugène Véron, directeur du journal *l'Art*. — Origines des Arts. — Le Goût et le Génie. — Définition de l'Art et de l'Esthétique. — Le Style. — L'Architecture. — La Sculpture. — La Peinture. — La Danse. — La Musique. — La Poésie. — L'Esthétique de Platon. — 2ᵉ édition, 1 vol. de 524 pages. Prix : broché, 4 fr.; relié, toile anglaise............ 4 fr. 50

V. **La Philosophie**, par M. André Lefèvre. 2ᵉ édition. 1 vol. de 612 pages. Prix, broché, 5 fr.; relié, toile anglaise.......................... 5 fr. 75

VI. **La Sociologie** d'après l'Ethnographie, par le Dʳ Charles Letourneau. 2ᵉ éd. 1 vol. de 598 pages. Prix : broché, 5 fr.; relié, toile anglaise..... 5 fr. 75

VII. **La Science économique**, par Yves Guyot. 1 vol. de 474 pages, avec figures graphiques. Prix : broché, 4 fr. 50; relié, toile anglaise.............. 5 fr.

VIII. **Le Préhistorique**. Antiquité de l'homme, par Gabriel de Mortillet, professeur d'Anthropologie préhistorique à l'école d'Anthropologie de Paris. 1 volume de 642 pages avec 64 figures intercalées dans le texte. Prix, broché, 5 fr.; relié, toile anglaise......................... 5 fr. 75

IX. **La Botanique**, par J. L. de Lanessan, professeur agrégé d'histoire naturelle à la Faculté de médecine de Paris. 1 volume de 570 pages avec 132 figures intercalées dans le texte. Prix, broché, 5 fr.; relié toile anglaise... 5 fr. 75

X. **La Géographie médicale**, par le docteur A. Bordier. 1 vol. de 688 pages, avec figures dans le texte. Prix, broché.............................. 5 fr.
Le cahier de 21 cartes explicatives se vend séparément en sus du prix du volume, 2 fr. — Les exemplaires reliés en toile angl., avec les cartes insérées aux endroits utiles, se vendent.................... 7 fr. 50

SCIENCES NATURELLES

OUVRAGES DE CH. DARWIN

L'Origine des Espèces au moyen de la sélection naturelle ou la Lutte pour l'existence dans la nature, traduit sur l'édition anglaise définitive par Edmond Barbier. 1 volume in-8°. Cartonné à l'anglaise................ 8 fr.

De la Variation des Animaux et des Plantes à l'état domestique, traduit sur la seconde édition anglaise par Ed. Barbier, préface par Carl Vogt. 2 vol. in-8°, avec 43 gravures sur bois. Cart. à l'anglaise.......... 20 fr.

La Descendance de l'Homme et la Sélection sexuelle. Traduit de l'anglais par Edmond Barbier, préface de Carl Vogt. Troisième édition française. 1 vol. in-8° avec grav. sur bois. Cartonné à l'anglaise............ 12 fr. 50

De la Fécondation des Orchidées par les insectes et du bon résultat du croisement. Traduit de l'anglais par L. Rérolle. 1 vol. in-8° avec 34 grav. sur bois. Cart. à l'anglaise.. 8 fr.

L'Expression des Émotions chez l'homme et les animaux. Traduit par Samuel Pozzi et René Benoit. 2ᵉ édition, revue. 1 vol. in-8°, avec 21 grav. sur bois et 7 photographies. Cartonné à l'anglaise..................... 10 fr.

Voyage d'un Naturaliste autour du Monde, fait à bord du navire *Beagle*, de 1831 à 1836. Traduit de l'anglais par E. Barbier. 1 vol. in-8° avec gravures sur bois. Cartonné à l'anglaise....................................... 10 fr.

Les Mouvements et les Habitudes des Plantes grimpantes. Ouvrage traduit de l'anglais sur la deuxième édition par le docteur Richard Gordon. 1 vol. in-8° avec 13 figures dans le texte. Cart. à l'anglaise............ 6 fr.

Les Plantes insectivores, ouvrage traduit de l'anglais par Edm. Barbier, précédé d'une Introduction biographique et augmenté de Notes complémentaires par le professeur Charles Martins. 1 vol. in-8° avec 30 figures dans le texte. Cartonné à l'anglaise... 10 fr.

Des Effets de la Fécondation croisée et directe dans le règne végétal. Traduit de l'anglais par le docteur Ed. Heckel, professeur à la Faculté des sciences de Marseille. 1 vol. in-8°. Cartonné à l'anglaise............ 10 fr.

Des différentes Formes de Fleurs dans les plantes de la même espèce. Ouvrage traduit de l'anglais avec l'autorisation de l'auteur et annoté par le Dʳ Éd. Heckel, précédé d'une Préface analytique du professeur Coutance. 1 vol. in-8° avec 15 gravures dans le texte. Cartonné à l'anglaise.... 8 fr.

La Faculté motrice dans les Plantes, avec la collaboration de Fr. Darwin fils, traduit de l'anglais, annoté et augmenté d'une préface par le Dʳ E. Heckel. 1 vol. in-8° avec gravures. Cartonné à l'anglaise.......... 10 fr.

Rôle des vers de terre dans la formation de la terre végétale, traduit par par M. Levêque, préface par M. Edmond Perrier, professeur au Muséum d'histoire naturelle. 1 vol. in-8°, avec 15 gravures sur bois intercalées dans le texte. Prix, cartonné à l'anglaise.................................... 7 fr.

LA SÉLECTION NATURELLE
ESSAIS
par Alfred-Russel WALLACE
TRADUITES SUR LA 2ᵉ ÉDITION ANGLAISE, AVEC L'AUTORISATION DE L'AUTEUR
par Lucien de CANDOLLE
1 vol. in-8° cartonné à l'anglaise...................... 8 fr.

TRAITÉ
D'ANATOMIE COMPARÉE PRATIQUE

Par MM. le professeur **Carl VOGT**, directeur,

et Émile YUNG, docteur ès-sciences, préparateur

du Laboratoire d'Anatomie comparée et de Microscopie de l'Université de Genève.

Le *Traité d'Anatomie comparée pratique*, dont nous annonçons la publication, est destiné surtout à servir de guide dans les travaux des laboratoires zoologiques.

Une longue expérience, acquise autant dans divers laboratoires et stations maritimes que dans la direction du laboratoire d'anatomie comparée et de microscopie de l'Université de Genève, a démontré à MM. C. Vogt et E. Yung l'utilité d'un traité résumant la technique à suivre pour atteindre à la connaissance intime d'un type donné du règne animal.

Ce *Traité*, conçu à un point de vue essentiellement pratique, sera, aux manuels d'anatomie comparée usités jusqu'ici, ce que les manuels d'analyse chimique, par exemple, sont aux traités de chimie générale. Il enseignera les méthodes à suivre pour acquérir la science et non pas seulement la science acquise, comme le font les autres ouvrages sur l'anatomie comparée.

Les auteurs ont choisi pour chaque classe un représentant typique facile à se procurer et résumant en lui le plus grand nombre de caractères propres à cette classe. Pour certains embranchements, ils ont même jugé nécessaire de descendre jusqu'aux ordres. Après avoir indiqué les méthodes pratiques qui doivent être appliquées pour faire l'étude approfondie du type et après avoir suivi couche par couche, organe par organe, les faits dévoilés par le scalpel et le microscope, les auteurs mentionnent, dans un résumé, les modifications les plus importantes qui sont réalisées chez les autres animaux de la même classe, en les comparant entre elles pour en tirer des conclusions scientifiques. De nombreuses figures intercalées dans le texte et dessinées, pour la plupart, par les auteurs d'après nature, élucident les descriptions. Sous le titre de « Littérature », les principales sources — monographies et mémoires originaux — auxquelles le lecteur devra remonter pour avoir de plus amples renseignements, sont indiquées à la fin de chaque chapitre.

En résumé, le but de ce *Traité*, qui sera composé comme nous venons de l'indiquer, d'une série de monographies anatomiques de types, résumant l'organisation animale tout entière, est de mettre l'étudiant en mesure de questionner méthodiquement la nature pour lui arracher ses secrets. En sortant des écoles préparatoires, le jeune homme doit apprendre à voir, à observer, à faire des expériences, et c'est alors qu'il lui faut des jalons, des points de repère pour suivre une route aussi hérissée de difficultés.

Mais, si le *Traité d'Anatomie comparée pratique* s'adresse, en premier lieu, aux étudiants et aux commençants, il ne sera pas moins utile aux professeurs et aux chefs de travaux chargés d'enseigner la science ou de diriger des laboratoires, car ils y trouveront un résumé de toute l'anatomie comparée et pourront y renvoyer l'étudiant arrêté par une difficulté.

Cet ouvrage formera un volume grand in-8, publié par livraisons de 5 feuilles chacune, avec des gravures intercalées dans le texte. L'ouvrage entier se composera d'environ 12 livraisons.

Prix de chaque livraison : 2 fr. 50. La 4ᵉ livraison est en vente.

AUTRES OUVRAGES DE CARL VOGT

Lettres physiologiques. Première édition française de l'auteur. 1 vol. in-8° de 754 pages, 110 gravures sur bois. Cartonné toile.................. 12 fr. 50

Leçons sur les animaux utiles et nuisibles, les bêtes calomniées et mal jugées. Traduites de l'allemand par M. G. Bayvet, revues par l'auteur et accompagnées de gravures. 3ᵉ édition. Ouvrage couronné par la Société protectrice des animaux. 1 vol. in-12. Prix, broché, 2 fr. Cart. toile anglaise, 2 fr. 50

Leçons sur l'Homme, sa place dans la création et dans l'histoire de la terre. Traduites par J. J. Moulinié. 2ᵉ édition, revue par M. Edmond Barbier. 1 vol. in-8°, avec gravures intercalées dans le texte. Cartonné toile......... 10 fr.

La Provenance des Entozoaires de l'homme et de leur évolution. Conférence faite au Congrès international des sciences médicales à Genève, le 15 septembre 1877. Gr. in-8 avec 61 figures dans le texte.................. 2 fr.

OUVRAGES DE ERNEST HAECKEL

Professeur de Zoologie à l'Université d'Iéna.

Histoire de la Création des Êtres organisés d'après les lois naturelles. Conférences scientifiques sur la doctrine de l'évolution en général et celle de Darwin, Goethe et Lamarck en particulier, traduites de l'allemand par le D' Letourneau et précédées d'une introduction par le prof. Ch. Martins. Deuxième édition. 1 vol. in-8° avec 15 planches, 19 gravures sur bois, 18 tableaux généalogiques et une carte chromolithogr. Cart. à l'anglaise.. 15 fr.

Anthropogénie ou **Histoire de l'évolution humaine.** Leçons familières sur les principes de l'embryologie et de la philogénie humaines. Traduit de l'allemand sur la 2° édition par le D' Ch. Letourneau. Ouvrage contenant 11 pl., 210 grav. et 36 tableaux généalogiques. 1 vol. in-8°. Cart. à l'anglaise. 18 fr.

Le Règne des Protistes. Aperçu sur la Morphologie des êtres vivants les plus inférieurs suivi de la classification des protistes, traduit de l'allemand et précédé d'une introduction de 64 pages par Jules Soury. Ouvrage contenant 58 gravures sur bois. Broché, 5 fr.; cartonné à l'anglaise............ 6 fr.

(Notre édition du *Règne des Protistes* est la seule qui soit précédée de l'introduction complète de 64 pages de M. J. Soury.)

Lettres d'un voyageur dans l'Inde, traduites de l'allemand par le D'. Ch. Letourneau. In-8°. Cartonné.. 8 fr.

OUVRAGES DU PROFESSEUR LOUIS BÜCHNER

L'Homme selon la Science, son passé, son présent, son avenir, ou D'où venons-nous? — Qui sommes-nous? — Où allons-nous? Exposé très simple, suivi d'un grand nombre d'éclaircissements et remarques scientifiques, traduit de l'allemand par le docteur Letourneau, orné de nombreuses gravures sur bois. Troisième édition. 1 vol. in-8°.................................... 7 fr.

Force et Matière, études populaires d'histoire et de philosophie naturelles. Ouvrage traduit de l'allemand avec l'approbation de l'auteur. 5° édition, revue et augmentée. 1 vol. in-8°.................................. 5 fr.

Conférences sur la Théorie darwinienne de la transmutation des espèces et de l'apparition du monde organique. Application de cette théorie à l'homme, ses rapports avec la doctrine du progrès et avec la philosophie matérialiste, du passé et du présent. Traduit de l'allemand avec l'approbation de l'auteur, d'après la seconde édition, par Auguste Jacquot. 1 vol. in-8°......... 5 fr.

La Vie psychique des bêtes, traduit par le docteur C. Letourneau. 1 vol in-8° avec gravures. Broché, 7 fr.; relié, toile, tr. dorées.................. 9 fr.

Lumière et Vie. Trois leçons populaires d'histoire naturelle sur le soleil dans ses rapports avec la vie, sur la circulation des forces et la fin du monde, sur la philosophie de la génération, traduit de l'allemand par le docteur Ch. Letourneau. 1 vol. in-8°.. 6 fr.

MANUEL D'ANATOMIE COMPARÉE
par CARL GEGENBAUR
Professeur à l'Université d'Heidelberg.

AVEC 319 GRAVURES SUR BOIS INTERCALÉES DANS LE TEXTE

TRADUIT EN FRANÇAIS SOUS LA DIRECTION DU

Professeur CARL VOGT

1 vol. gr. in-8°. Broché, 18 fr.; cart. à l'anglaise, 20 fr.

EMBRYOLOGIE ou TRAITÉ COMPLET
DU
DÉVELOPPEMENT DE L'HOMME
ET DES ANIMAUX SUPÉRIEURS

par Albert KÖLLIKER

Professeur d'anatomie à l'Université de Wurzbourg.

TRADUCTION FAITE SUR LA DEUXIÈME ÉDITION ALLEMANDE

par Aimé Schneider

Professeur à la Faculté des sciences de Poitiers.

Revue et mise au courant des dernières connaissances par l'auteur avec une préface

par H. de LACAZE-DUTHIERS

Membre de l'Institut de France.

SOUS LES AUSPICES DUQUEL LA TRADUCTION A ÉTÉ FAITE.

L'ouvrage du professeur A. Koelliker forme un volume grand in-8° de 1,078 pages, avec 606 gravures intercalées dans le texte.

Ce traité d'Embryologie est trop important, les observations et les recherches de son célèbre auteur sont trop récentes, pour qu'il ne devait pas être mis à la portée de nos savants, de nos médecins et de nos étudiants français, par une traduction fidèle et l'emploi des figures identiques dessinées sous les yeux de l'auteur et reproduites avec finesse par la gravure sur bois.

C'est donc une bonne fortune pour nos savants et nos Universités que le professeur Koelliker ait bien voulu consentir à collaborer à l'édition française, en l'enrichissant d'observations nouvelles et de notes qui n'ont pu trouver place dans l'édition allemande.

Prix de l'ouvrage complet, 1 vol. gr. in-8° avec 606 figures dans le texte, cartonné toile anglaise.. 30 fr.

ÉLÉMENTS D'EMBRYOLOGIE
PAR
M. FOSTER et Francis BALFOUR

OUVRAGE CONTENANT 71 GRAVURES SUR BOIS, TRADUIT DE L'ANGLAIS

par le D' E. ROCHEFORT

1 vol. in-8°. Cartonné à l'anglaise...... 7 fr.

LE LIVRE DE LA NATURE
OU

Leçons élémentaires de Physique, d'Astronomie, de Chimie, de Minéralogie, de Géologie, de Botanique, de Physiologie et de Zoologie, par le docteur Frédéric Schödler. Traduit sur la 18° édition allemande, par Adolphe Scheler, et Henri Welter. 2 volumes in-8° avec 1026 gravures dans le texte, 2 cartes astronomiques et 2 planches coloriées. Broché..................... 12 fr.
Relié, toile tr. jaspée, 14 fr. Relié, avec plaque spéciale et tr. dorées. 16 fr.
On vend séparément :
Le *Tome II* contenant les Éléments de Minéralogie, de Géologie, de Botanique. de Physiologie et de Zoologie. 1 vol. avec 656 fig. et 2 planches coloriées. Broché 7 fr,
Éléments de Botanique. In-8° avec 237 gravures. Broché.................. 2 fr. 50
Éléments de Physiologie et de Zoologie. In-8° avec 226 gravures. Broché. 4 fr. »

LES INSECTES ET LES FLEURS SAUVAGES

LEURS RAPPORTS RÉCIPROQUES

Par sir John LUBBOCK, M. P. — Traduit par Edmond BARBIER

1 vol. in-12 avec 131 gravures dans le texte.

Broché, 2 fr. 50. — Relié toile anglaise, plaque spéciale .... 3 fr.

DE L'ORIGINE
ET
DES MÉTAMORPHOSES DES INSECTES

Par Sir John LUBBOCK, M. P.

Traduit par Jules GROLOUS

1 volume in-12 avec de nombreuses gravures dans le texte.

Broché, 2 fr. 50. — Relié toile anglaise, plaque spéciale .... 3 fr.

ARCHIVES
DE
ZOOLOGIE EXPÉRIMENTALE ET GÉNÉRALE

HISTOIRE NATURELLE — MORPHOLOGIE — HISTOLOGIE — ÉVOLUTION DES ANIMAUX

publiées sous la direction de

HENRI DE LACAZE-DUTHIERS

Membre de l'Institut de France (Académie des sciences),
Professeur d'anatomie comparée et de zoologie à la Sorbonne (Faculté des sciences),
Fondateur et directeur des laboratoires de zoologie expérimentale de Roscoff
et de la station de Banyuls-sur-Mer.

Les *Archives de Zoologie expérimentale et générale* paraissent par cahiers trimestriels. Quatre cahiers ou numéros forment un volume format gr. in-8°, avec planches noires et coloriées. Prix de l'abonnement : pour Paris, 40 fr.; pour les départements et l'étranger, 42 fr.

Les volumes I à X (années 1872 à 1882) sont en vente. — Prix de chaque volume, cartonné toile : 42 francs. — Le tome XI (année 1883), 2ᵉ Série, tome I, est en cours de publication. Prix de l'abonnement, 40 fr. pour Paris et 42 fr. pour les départements et l'étranger.

Nouveau Dictionnaire universel
DE LA
LANGUE FRANÇAISE

Rédigé d'après les travaux et les Mémoires des membres

DES CINQ CLASSES DE L'INSTITUT

ENRICHI D'EXEMPLES EMPRUNTÉS AUX ÉCRIVAINS, AUX PHILOLOGUES ET AUX SAVANTS
LES PLUS CÉLÈBRES DEPUIS LE XVIᵉ SIÈCLE JUSQU'A NOS JOURS

Par M. P. POITEVIN

Nouvelle édition, revue et corrigée. 2 vol. in-4°, imprimés sur papier grand raisin. Prix, ouvrage complet, 40 fr. Relié en 1/2 maroq. très solide, 50 fr.

Paris. — Typographie Paul Schmidt, 5, rue Perronet.

www.ingramcontent.com/pod-product-compliance
Lightning Source LLC
Chambersburg PA
CBHW051400230426
43669CB00011B/1710